U0942111

名人传记

伊萨多拉·邓肯自传

MY LIFE : ISADORA DUNCAN

【美】伊萨多拉·邓肯　著

胡　彧　译

辽宁人民出版社

图书在版编目（CIP）数据

伊萨多拉·邓肯自传 /（美）伊萨多拉·邓肯（Isadora Duncan）著；胡彧译. —沈阳：辽宁人民出版社，2019.3（2022.2重印）

ISBN 978-7-205-09479-9

Ⅰ. ①伊… Ⅱ. ①伊… ②胡… Ⅲ. ①邓肯（Duncan, Isadora 1878-1927）—自传 Ⅳ. ①K837.125.76

中国版本图书馆 CIP 数据核字（2018）第 264389 号

出版发行：辽宁人民出版社

地址：沈阳市和平区十一纬路 25 号　邮编：110003

电话：024-23284321（邮　购）　024-23284324（发行部）

传真：024-23284191（发行部）　024-23284304（办公室）

http://www.lnpph.com.cn

印　　刷：辽宁新华印务有限公司

幅面尺寸：145mm × 210mm

印　　张：13

字　　数：312千字

出版时间：2019 年 3 月第 1 版

印刷时间：2022 年 2 月第 2 次印刷

责任编辑：阎伟萍　顾　宸

装帧设计：留白文化

责任校对：吴艳杰

书　　号：ISBN 978-7-205-09479-9

定　　价：58.50元

伊萨多拉·邓肯
（1878—1927）

邓肯小传

伊萨多拉·邓肯，美国舞蹈家，现代舞创始人，世界上第一位披头赤脚在舞台上进行表演的艺术家。

邓肯原名安琪拉·伊萨多拉·邓肯（Angela Isadora Duncan），她出生于美国加利福尼亚州的旧金山市，父亲约瑟夫·查尔斯·邓肯（Joseph Charles Duncan）是银行家、矿主和艺术鉴赏家；母亲玛丽·伊萨多拉·格雷（Mary Isadora Gray）是钢琴教师。邓肯是4个孩子中的老幺；两个哥哥分别是奥古斯丁·邓肯和雷蒙德·邓肯；姐姐伊丽莎白·邓肯，也是位舞蹈家，一生跟着邓肯创办舞蹈学校并兼做教师。

邓肯婴儿期，父亲破产。父母离异后，随做家庭音乐教师和为人做零活的母亲生活，她虽家境贫寒，可从小便展现出了对舞蹈的热爱和天分，但一直没有受过正规舞蹈教育，她曾有机会学习芭蕾舞，但只上了三课，便由于忍受不了死板严格的程式化教学而拒绝继续学习。她完全依靠自学，阅读了大量文学作品，从绘画、诗歌、音乐、雕塑、建筑等各种艺术中吸取营养，将解释性舞蹈提高到了创造性舞蹈的艺术地位，她主张舞蹈应建立在自然的节奏和动作上，以本能的舞蹈节奏为出发点去诠释音乐。

她的舞蹈动作已经从人为的技术性限制中解放出来，摆脱了对辉煌而空洞的动作技巧的依赖，变得完全自由、随兴而发，并且经常进行即兴创作，她曾经这样评价舞蹈：“舞蹈是一种伟大的原始艺术，是一种能唤醒其他艺术的艺术。”邓肯坚持认为舞蹈艺术来源于自然人体动作的原动力、来自大自然的波浪运动：海、风、地球的运动永远处在同一的持久的和谐之中。她认为在自然中寻找最美的形体并发现能表现这些形体内在精神的动作，就是舞蹈的任务。她的美学思想可以归结为一句话：美即自然。邓肯认为芭蕾规范违反万有引力定律和个人的自然意志，它的每一种姿势都是一种终止，没有一种动作、姿态或节奏是连续的或可以发展的。她为使现代舞发展成一种重要的舞蹈艺术铺平了道路。她的著作有《伊萨多拉·邓肯自传》和《论舞蹈艺术》。她的舞蹈艺术的确对当时许多艺术领域产生了影响——雕塑家为她塑像、画家为她作画、作曲家为她作曲、诗人为她作诗，她成了欧洲当时的明星。

她在舞蹈上的创新最初并没有在美国受到重视，1897 年，她去了英国、法国，在那里，她的舞蹈艺术受到了欧洲第一流诗人、画家、音乐家、雕塑家等艺术家的重视，她先后在欧洲各地旅行，在布达佩斯的表演首先引起了轰动，并逐渐开始成为欧洲著名的舞蹈家，她访问欧洲各地的博物馆，在意大利和雅典拜访希腊罗马的古代艺术，从中汲取艺术上的营养，她的舞蹈迅速风靡欧洲，她在欧洲各地创办了舞蹈学校，致力于培养年轻的自由技巧舞蹈演员。

她在访问俄罗斯的时候，曾经对请愿工人被枪杀感到震惊。1920 年，受新成立的苏联政府之邀，邓肯在莫斯科创办了舞蹈学校，并将《国际歌》改编成了舞蹈，免费教育孩子，后来她还加入了苏联国籍。其后，为了给学校筹集经费，邓肯又回到美国进行演出，一度受到当时反共情绪强烈的美国政府的层层阻挠，但是观众对她的舞蹈却有着热烈的反应，她曾经在波士顿的舞台上面一边挥舞着红色的围巾，一边裸露着胸部，嘴里呐喊着“这是红色，我也是红色的，这是生命与活力的颜色”，并因此被市长以“有伤风化”的名义禁演。

邓肯一生蔑视各种传统的道德和“风化”，邓肯认为一切艺术的使命在于表现人类最崇高、最美好的理想。舞蹈家的天职就是表现艺术中最有道德、最健全、最美的事物。邓肯早期的舞蹈大多表现生之欢乐，抒情题材的作品较多。1913 年以后，她的创作转向悲壮的、英雄的题材——贝多芬、瓦格纳、柴科夫斯基的音乐。这其中有她创作和表演的最著名的作品《马赛曲》《斯拉夫进行曲》《国际歌》《第六交响曲》等。

邓肯反对婚姻制度，她曾经先后与英国演员和剧场设计师克雷格、英国百万富翁罗恩格林同居，最后与苏联诗人叶赛宁结婚又离异。她和克雷格生有一女，和罗恩格林有一子，后来，这两个孩子和保姆乘坐的车抛了锚，司机下车去修理发动机引擎，但他并没有刹车。车突然重新启动时，直接冲过河岸掉进了塞纳河，两个孩子和保姆都溺水而死。邓肯悲痛欲绝，很长一段时期，她觉得自己不会再跳舞了。

1927 年，邓肯在法国的尼斯和朋友聚会之后，她的长围巾脱落，被汽车轮绞住，尽管汽车立即停住，但她还是因颈骨骨折而当场身亡。在邓肯的葬礼上，棺木上覆盖着她表演《葬礼进行曲》时所穿的紫色斗篷、一面美国国旗和一束大红唐菖蒲花，红色缎带上写着“俄罗斯人民永远悼念你”。火化后，她的骨灰和她的孩子们一起被安葬在了巴黎拉雪兹神父公墓的壁龛中。

序

坦率地说，当别人一开始建议我写这本书时，我还有些忐忑不安，这倒不是因为我的生活经历不像小说那样丰富有趣，或者不像电影那样精彩刺激，也不是因为我担心这本书写成以后无法成为一本具有划时代意义的传记，我担心的只是如何把它写出来——对我而言这确实是一个问题。

为了一个简单的舞蹈动作，我经常要花上几年的时间去研究和探索。我也很了解写作这门艺术，我知道，要想写出一句既简单又精彩的话，同样也需要我花费多年的心血。我始终有这样一种看法：有的人可以不远万里到赤道地区降狮伏虎，干出一番轰轰烈烈、惊世骇俗的事业，但如果让他把自己的事迹形诸笔墨，他可能也会变得左支右绌；而有的人虽然足不出户，却可以把在丛林中降狮伏虎的经过描绘得活灵活现，使读者有身临其境之感，甚至能够感觉到作者的剧痛与惊恐，能够嗅到狮子的气味，能够听到响尾蛇所发出的可怕的啪啪声。想象力是最为重要的。我没有塞万提斯的生花妙笔，甚至比不上卡萨诺瓦，我那曲折丰富的生活经历恐怕会在我的笔下失去其应有的韵味。

还有一个问题就是，如何用文字来再现真实的自我呢？我们真的了解自己吗？朋友们对我们有一种看法，我们自己对自己也有一种看法；爱我们的人对我们有一种看法，仇恨我们的人对我们也有一种看法，所有这些看法都是不一样的。这些话并非无稽之谈。就在今天早上喝咖啡时，我看到了一份报纸上的评论，作者说我是美丽绝伦的天才；就在我脸上的笑容还未退去时，我又随手拿起了另外一份报纸，上面的文字居然把我说成了一个丑陋不堪的庸才。我决定以后再也不看有关我的评论文章了，我不能阻止别人去评论我，赞美的话固然会让我心情愉快，但批评指责的话也着实让我心灰意冷，而且这些话往往还带着恶意的人身攻击。柏林有一位批评家对我总是挑三拣四，甚至说我根本就不懂音乐。为了让他明白自己的错误，有一天我写信邀请他当面谈谈。他来了以后，我们相对而坐，我努力地向他讲述我根据音乐创造舞蹈动作的理论，足足讲了一个半小时，可是我却发现他迟钝、愚蠢至极。最令我啼笑皆非的是，他从口袋里掏出了一副助听器，告诉我他耳朵很背，即使戴上助听器、坐在第一排，也很难听清楚乐队的演奏。让我夜不能寐的评论，竟然就出自这样一个人之手！

既然别人对我们的看法是如此的千差万别，我们又如何能在本书中写出更新的人物形象呢？是该写成圣母玛利亚，还是淫荡的玛萨琳娜①？是从良的妓女抹大拉的马利亚②，还是才华横溢的女人呢？在她们的经历中，我如何能够找到女性的形象？当然，真实的女性形象也许

① 玛萨琳娜（Valeria Messalina，有时也拼成 Messallina），罗马皇帝克劳狄一世的妻子。她是尼禄皇帝的堂亲，也是奥古斯都的曾侄孙女。她是一位充满力量、影响力的女性，却在婚内出轨，将丈夫暗算，别人发现后，她被处以死刑。声名狼藉的她饱受政治偏见，但她的故事却被当作素材，在文学艺术创作中一直使用至今。

② 抹大拉的马利亚（Mary Magdalene，又译为玛利亚·玛达肋纳），在《圣经·新约》中被描写为耶稣的女追随者。罗马天主教、东正教和圣公会都把她作为圣人。

不止一个，而是成百上千，但是我的灵魂超乎寻常，从来不受她们之中任何一个人的影响。

有人说得好，搞好写作的基本前提就是作者对自己所写的内容从来都没有经历过。当你想将自己的亲身经历用语言表达出来时，你就会感觉到这些语言是有多么的难以捉摸！对往昔的记忆并不像梦境那样生动有趣。我做过的很多梦都要比真实经历的回忆生动有趣得多。幸好，人生如梦，要不然又有谁能够承受得了一生中如此之多的经历呢？比如那些经历过“露西塔尼亚号”豪华轮沉没事件的幸存者们，也许人们会觉得他们脸上会铭刻着永恒的惊恐，但事实并非如此，不论在哪儿遇到他们，我都能从他们脸上发现幸福快乐的笑容。只有在浪漫的故事里，才会发生身心突变的事情。而在现实生活中，即便历经大喜大悲、大惊大恐，人们仍会依然故我。你看那些俄国的逃亡贵族，他们在失去了曾经占有的一切之后，现在还不是像战前一样，夜夜在蒙马特大街上与歌女们醉生梦死吗？

不管什么人，只要能够如实地写下自己的生活经历，都能使之成为一部杰作。但是没有几个人敢于写出自己生活的本来面目。让－雅克·卢梭为人类作出了最大的牺牲，他如实地袒露了自己的灵魂、最隐秘的行为和内心深处的思想，因此他写出了一部不朽之作。沃尔特·惠特曼向美国人民展现出了最真实的自我，他的作品曾一度以“不道德的书”的名义被查禁。现在看来，这项罪名真是太荒唐了。不过直到今天，还没有哪一位女性能够如实地讲述自己生活的全部。许多著名女士的自传，讲的只是自己生活的表象，以及各种琐事和趣闻，全都没有触及自己真实的情感和生活。每当行文到欢乐或痛苦的关键时刻，她们便都奇怪地顾左右而言他了。

我的艺术就是通过舞蹈的动作和节奏来努力地向世人展现真实的

自我。因此，为了发现一个绝对真实的动作，我往往需要花费几年的时间。这与用文字来表达思想是完全不同的两回事。在蜂拥而至的观众面前，我可以随心所欲地用舞蹈艺术来展示我心灵深处最隐秘的冲动。从一开始，我的舞蹈就是用来展现自我的。在童年时代，我用跳舞的方式来表达自己对于万物生长所感到的那种难以抑制的欢乐。少年时期，当我初次意识到生活中存在悲剧的一面时，我的舞蹈便开始由欢乐转向忧郁，我为生活的残酷和时间的流逝感到忧郁。

十六岁那年，有一次我在没有音乐伴奏的情况下表演舞蹈。舞蹈结束时，有一位观众突然喊道："这是死神与少女！"于是这段舞蹈就起名为《死神与少女》。这不是我的本意，我最初只是想表达自己对一切欢乐表象下隐含的悲剧的认识，因此，按照我的本意，那段舞蹈应该叫《生命与少女》的。后来，我便用舞蹈来表现自己对于生活的抗争，表现生活中难得一见的瞬间欢乐。

没有什么人能够比电影或小说中的主人公更为脱离现实的了。这些人往往具有出众的美貌和高尚的品德，绝对不会犯什么错误。男主人公一定是高贵、勇敢的，女主人公肯定是纯洁、温柔的。所有的卑鄙和罪恶都出现在"坏男人"和"坏女人"的身上。其实，我们知道，生活中的人是不能简单地按照好、坏的标准来划分的。并不是每个人都会触犯"十戒"，但他们肯定都有触犯的能力。我们每个人的身上都隐藏着另一个不守清规戒律的自我，一有机会，"他"就会跳出来。一个人之所以品德高尚，是因为他还没有受到足够的诱惑，或者是他的生活较为单调平静，或者是他专心致志于某事而无暇他顾。我曾经看过一部叫《铁路》的电影，大概内容是说人的一生就像在固定轨道上运行的火车一样，一旦火车脱轨或遇上难以逾越的障碍，灾难就会降临。幸运的是，当司机看到陡峭的下坡时没有产生恶魔般的冲动，要不然，他就会关闭所有的制动装置而使火车冲向无底的深渊了。

曾经有人问我爱情是否高于艺术，我说两者是不可分割的，因为艺术家都是真正的性情中人，他们对美有着一种至纯至真的理解。当他满怀爱心去对待永恒的艺术之美时，艺术就成了对心灵的阐释。

在我们这个时代，最了不起的名人也许应该算是加布里埃尔·邓南遮[①]了。尽管他的身材不高，而且只有在笑起来时才算好看，但是当他与他所爱之人交谈时，却能变得像阿波罗一样富有魅力。加布里埃尔·邓南遮赢得了当今世上最著名、最美的几个女人的爱。当邓南遮爱一个女人时，他能够让她情绪高涨，使她觉得自己仿佛一下子从肉体凡胎变成了仙界的贝缇丽彩[②]。但丁也曾经为贝缇丽彩写下许多不朽的赞歌。有一个时期，巴黎曾一度对邓南遮崇拜成风，绝大多数的美女都爱上了他。受到他宠爱的女人仿佛都蒙上了一层闪闪发光的面纱，在言谈举止间，她们的脸上都洋溢着不同凡响的神采。但是当对诗人的热情退去之后，面纱也随之消失，这些女人神采不再，便又恢复到了肉体凡胎的样子。她自己也许还不知道究竟发生了什么变化，

① 加布里埃尔·邓南遮（Gabriele d'Annunzio，1863—1938），意大利诗人、小说家。他对美有着敏锐的感觉和丰富的表现手段，善于精确地捕捉和展示自然界的美和色彩。他的作品文字优雅、柔美，对意大利现代文学和语言都产生了很大的影响。代表作有诗集《新歌》和小说《死的胜利》《玫瑰三部曲》等。

② 贝缇丽彩（Beatrice di Folco Portinari，1266—1290），意大利佛罗伦萨女士，是但丁诗中的灵感，也因此而著名。贝缇丽彩是但丁《新生》的主要创作灵感。同时在《神曲》的最后作为他的向导出现，在那里她接替拉丁诗人维吉尔成为新的向导，因为作为一个异教徒，维吉尔无法进入天堂。她是幸福和爱的化身，正如她的名字那样，自然地成了但丁的向导。

但却能感受到这种从神仙到凡人的突变。回顾以往受邓南遮宠爱的日子，她会觉得邓南遮是这个世上可遇不可求的情人，于是也会更加哀叹自己的命运，心情会变得更加悲凉，也许有一天人们遇到她时会不解地说：“哎呀，邓南遮怎么可能喜欢这个姿色平平的红眼睛女人呢？”邓南遮的爱的力量就是如此的伟大，它可以让最平淡无奇的女人拥有天仙般的容貌。

在邓南遮的一生中，只有一个女人经受住了他这种魔力的考验。这个女人原本就是仙女贝缇丽彩的化身，因此也就无需邓南遮向她投去面纱了。我一直觉得埃莉诺拉·杜丝[1]就是但丁笔下贝缇丽彩的化身。邓南遮对她只能是仰慕、倾倒——这的确是他快乐的一生中绝无仅有的事情。他可以随心所欲地改变别的女人，唯有埃莉诺拉像神灵一样高高在上。

面对美妙的赞誉，人们是多么无知啊！邓南遮的赞誉，就像夏娃在伊甸园中所听到的毒蛇那不可抗拒的诱惑一样，具有非凡的魔力，能够让任何女人都觉得自己是世人关注的焦点。

我曾经与他一起在林中漫步，当我们停下来时，谁都没有说话，然后邓南遮突然感叹道：“啊，伊萨多拉，只有与你独处的时候才能领略大自然的美妙。别的女人会把风景都糟蹋了，而你却能与大自然融为一体，你和花草、蓝天是不可分割的一个整体，你就是主宰自然的女神。”试问有哪位女子能够受得了这样的赞词？

---

① 埃莉诺拉·杜丝（Eleonora Duse，1858—1924），意大利女演员。她善于对人物内心世界进行朴实无华、细腻委婉的剖析，因此形成了鲜明的表演风格。她戏路广阔，既擅长悲剧，也擅演喜剧。她在戏剧舞台上成功地塑造了朱丽叶、奥菲利娅、娜拉等女性形象，受到欧洲许多国家的热烈欢迎。

这就是邓南遮的天才，他能够让每个女人都觉得自己是一位女神。

躺在内格雷斯科酒店[1]的床上，我努力地回忆过往之事。我感觉到了米迪[2]那炎热的阳光。我听到了附近公园里孩子们嬉闹的声音。我觉得自己全身都变得暖融融的。我看到我赤裸的双腿随意地舒展开来，柔软的乳房与双臂从来都没有静止过，它们总是轻柔地波动着。我意识到，十二年来我始终疲惫不堪，我的乳房一直在隐隐作痛。我的双手充满了忧伤。当我独处时，我的双眼很少是干着的，我的泪水已经流淌了十二年。十二年前的一天，我在另一张床上睡觉，却突然被一声大喊惊醒，我看到洛[3]像一个病人一样，对我说道:“孩子们都死了。”

我记得当时我似乎像突然得了一种奇怪的病一样，觉得喉咙灼痛，就像吞下了烧红的煤块。但我不明白究竟发生了什么事。我想安慰他，温柔地对他说，这不是真的。后来又进来一些人，我更加搞不清楚究竟发生了什么事。接着，又进来了一位留着黑胡子的人，有人对我说他是医生。医生说：“这不是真的，我要救活他们。”

我相信了他的话，并想跟着他一块儿进去，但是人们拦住了我。我现在才明白，他们是不想让我知道孩子们确实是不行了。他们怕我承受不了这样的打击。可我当时的心情却很高兴。看见周围的人都在哭，我倒是很想去安慰每一个人。现在想想，还是搞不清为什么当时

---

① 内格雷斯科酒店（Hotel Negresco），位于法国南部城市尼斯的盎格鲁街，面向地中海天使湾。这座富丽堂皇的酒店于1912年建成。2003年，内格雷斯科酒店被法国政府列为国家历史建筑，是世界顶级宾馆（Leading Hotels of the World）成员。酒店共拥有119间客房和22间套房。2009年8月被评为五星级酒店。

② 米迪（The Midi），法国南部的简称。

③ 洛（L），指美国百万富翁罗恩格林，他当时正与邓肯相恋。

会产生这种奇怪的心情。我真的看破红尘了吗？我真的知道死亡是不存在的吗？难道那两个冰冷的小蜡像并非我的孩子，而只是他们脱掉的外套吗？我的孩子们的灵魂会不会在天堂中得到永生？在人的一生中，母亲的哭声只有两次是听不到的——一次是在出生前，一次是在死亡后。当我握住他们冰凉的小手时，他们却再也无法握住我的手了，我哭了，这哭声与生他们时的哭声一模一样。一种极度喜悦时的哭声，一种极度悲伤时的哭声，为什么会是一样的呢？我不知道是为什么，但我知道这哭声真的是一样的。茫茫人世间，是不是只有一种伟大的哭声——一种能够孕育生命的母亲的哭声，既能包含忧伤、悲痛，又能包含欢乐、狂喜呢？

目 录

第一章

一个人的性格，其实早在胎儿时期就已经形成了。在我出生之前，妈妈正处于极度的痛苦之中，饮食也很不规律，除了冻牡蛎和冰镇香槟以外，几乎吃不下任何东西。如果有人问我——最早在什么时候开始跳舞？我就会对他说："在娘胎里的时候，大概是由于牡蛎和香槟的缘故吧，你要知道，那可是爱与美之神阿芙洛狄蒂最爱吃的东西啊。"

妈妈在怀着我的时候，强烈的妊娠反应让她痛苦不堪，她总是说："这孩子将来肯定不怎么正常。"她或许以为会生下一个怪物呢！实际上确实如此，从我降生的那一刻起，我就开始不停地舞动着自己的小手小脚，所以妈妈就说："你们看我说对了吧？这孩子真是个小疯子！"但到了后来，我逐渐成了家人和朋友们的开心果，只要他们给我围上小围兜，我就会在音乐的伴奏下翩翩起舞。

我最早的记忆与一场火灾有关，我记得当时我被人从楼上的窗户扔到了一个警察的怀里。虽然那时我只有两三岁，但我至今仍然能够清楚地记起当时的情景：火光熊熊，四周一片混乱，尖叫声不绝于耳。我还记得，那个警察当时紧紧地抱着我，我用小手钩住了他的脖子——他大概是个爱尔兰人。我还听到了妈妈发疯般地哭喊："我的孩子！我的孩子！”她想冲进楼里去，但是被人拉住了——她以为我的两个哥哥奥古斯丁和雷蒙德还都在楼里呢。后来，两个哥哥被找到了。我记得他们俩先是坐在一家酒吧的地板上穿鞋袜，后来又坐到了一辆马车上，再后来他们就坐在酒吧的吧台上喝热巧克力了。

我出生在海边，在我的一生中，几乎所有重大的事件都是在海边发生的。我的第一个舞蹈动作便是从海浪翻腾的韵律中产生的。我是在阿芙洛狄蒂之星的照耀下降生的，她也出生在海上，当阿芙洛狄蒂之星在夜空出现时，我往往就能心想事成，一帆风顺；当这颗星消失时，我常常是厄运连连，灾难接踵而至。现在，占星术已经不像古埃及人或迦勒底人时代那么受重视了，但是我们的心灵却一定还受着星座的影响。如果做父母的了解这一点的话，他们肯定会研究星座的秘密，因为这样才能生出更漂亮的宝宝。

我也相信，出生在山里与出生在海边，对一个孩子一生的影响是大不相同的。大海对我来说有着无穷的吸引力。但当我置身大山之中时，我会莫名其妙地产生一种不适应的感觉，总觉得自己变成了大地上的一个囚徒。仰望山峰，我不像一般的游客那样会产生一种敬畏之情；相反，我总是想着脱离山巅的羁绊。因为我认为我的生命和艺术属于大海。

小的时候，妈妈很穷——我应该感谢上帝，妈妈雇不起用人，也请不起家庭教师，但也正因为如此，我才有可能过上一种无拘无束的生活，才有机会将一个孩子的天性展露无遗，而且我从来都没有失去过这种机会。母亲是一位音乐家，靠教音乐糊口，她在学生的家里上课，往往一整天都在外面，晚上很晚才能回家。只要能够逃离学校的牢笼，我就完全自由了。这个时候，我可以独自在海边漫步，任自己的思绪自由地飞翔。那些富家子弟虽然衣着光鲜，却总是由保姆和家庭女教师来保护和看管，我真是同情他们。他们哪里有机会去接触真实的生活呢？母亲忙得顾不上考虑自己的孩子会有什么危险，因此我和两个哥哥可以毫无约束地四处闯荡。有时我们也会做出些很冒险的事情，如果妈妈知道了，非急疯了不可。谢天谢地，她总算对这些事情一无所知，这真是我的运气。之所以说是我的运气，是因为我的舞蹈本来就是表达自由的，而正是童年时代这种无拘无束的生活给了我创作的灵感。从来没有人对我说“不许干这”“不许干那”，在我看来，这些没完没了的“不许”，在孩子们的生活中，恰恰是一种灾难。

五岁时，我就去上公立学校了。现在想起来，母亲当时肯定是虚报了我的年龄，因为当时她必须要找一个能够安置我的地方。我觉得，一个人长大以后能做些什么，在童年时期就已经表现出来了。我在童年时代就已经是一个舞蹈家和革命者了。母亲受过天主教的洗礼，并且在一个信仰天主教的爱尔兰家庭里长大，原本是一个虔诚的天主教徒，后来，她发现父亲并不像她心目中所期望的那么完美，便与父亲离了婚，独自带着四个孩子闯荡世界。也就是从那个时候起，她彻底抛弃了天主教信仰，开始坚定地信仰无神论，并且成为鲍勃·英格索尔①的信徒，在以后的日子里，她经常给我们朗读英格索尔的著作。

另外，母亲认为所有矫情做作的行为都是极其荒谬的。因此当我还是一个小孩子的时候，她就给我们讲了圣诞老人究竟是怎么回事。后来有一年在学校里过圣诞节，老师要给大家分发糖果和蛋糕，老师说：“孩子们，看看圣诞老人给我们带来了什么？”结果当时我站起来

---

① 鲍勃·英格索尔（Robert Green “Bob” Ingersoll，1833—1899），美国著名律师、政治家、美国“自由思想黄金时代”的演讲家、废奴主义者、女权主义者和不可知论者。

非常庄重地对老师说："我不相信老师说的话，因为从来就没有什么圣诞老人。"老师很生气，说道："糖果只发给那些相信圣诞老人的孩子。"我说："那我就不要你的糖果。"老师听了以后更加气恼，她让我走到前面，坐在地板上，以示惩罚。我走到前面，站在那里，转身面对全班同学发表了我有生以来的第一次演讲。我大声说道："我不相信谎话。妈妈告诉我，她太穷了，当不了圣诞老人；只有有钱的妈妈才能打扮成圣诞老人给孩子送礼物。"

听了我的话，老师一把抓住我，使劲地把我往下按，想强迫我坐到地板上。但是我绷直了双腿，就是不肯屈服，结果她只能是将我的脚后跟在地板上磕几下。老师见"罚坐"这一招不行，便罚我站在墙角。我虽然站在了墙角，但仍然扭过头来大声说道："就是没有圣诞老人！就是没有圣诞老人！"最后，老师毫无办法，只好把我打发回家了事。在路上，我还一直在喊："就是没有圣诞老人！"对于这次遭受的不公正待遇，我一直耿耿于怀：难道就因为我讲了真话，就不发给我糖果，还要惩罚我吗？我向妈妈讲述了事情的经过，问她："我说错了吗？没有圣诞老人，对不对？"妈妈回答说："没有圣诞老人，也没有上帝，只有你自己的灵魂和精神才能帮助你。"那天晚上，我坐在妈妈脚下的地毯上，她为我们朗读了鲍勃·英格索尔的演讲词。

我认为，孩子们在学校里接受的那种普通教育毫无用处。记得在学校时，有时我会被当成绝顶聪明的好学生，我的成绩在班里名列前茅；有时又会被看作愚不可及的大笨蛋，成绩在班里倒数第一。学习成绩的好坏，全靠死记硬背，就看我是不是乐意背诵所学的那些东西。说实话，我真的不知道自己究竟学到了些什么。不管是名列前茅还是倒数第一，上课对我来讲都是极为乏味的。我不时地看表，因为指针一到下午三点，我就自由了。到了晚上，我真正的教育才开始。

这时母亲会为我们演奏贝多芬、舒曼、舒伯特、莫扎特、肖邦的曲子，或者为我们朗读莎士比亚、雪莱、济慈或彭斯①的作品。这时，我们便像着了魔一般。母亲朗诵的诗篇大部分都是她背诵出来的。六岁时，有一次在学校组织的一个晚会上，我模仿着母亲的腔调背诵了威廉·利特尔②的《安东尼致克利奥佩特拉》中的一段：

啊，埃及，我就要死了，就要去了！

生命的红潮，

在飞速地退落！

这让听众们大为惊异。

还有一次，老师让每个学生写一段自己的简历。我写的内容大概是这样的："在我五岁时，我们家住在二十三号大街的一间小房子里。由于付不起房租，我们便不能再住在那里了，于是就搬到了十七号大街。不久，由于没钱，那里的房东也不让我们住了，我们又搬到了二十二号大街。在那里我们过得也不安生，于是又搬到了十号大街。"

我的生活简历就是如此，一次又一次、没完没了地搬家。当我站起来朗读这篇作文时，老师一听就生气了，她觉得我是在捣乱，把我带到了校长那儿，校长派人将我的母亲找来。可怜的妈妈在读了我的作文之后，泪水夺眶而出。她向校长发誓，说这篇文章写的句句都是实话。这就是我们的流浪生活。

---

① 彭斯（Robert Burns，1759—1796），苏格兰著名诗人。被视为浪漫主义运动的先驱，在死后成为自由主义和社会主义的灵感来源，也是苏格兰和散居在世界各地苏格兰人的一个文化偶像。纪念罗伯特·彭斯的活动在19世纪和20世纪几乎风靡全苏格兰，他对苏格兰文学影响深远。代表作：《自由树》《苏格兰人》《一朵朵红红的玫瑰》《高原玛丽》《往昔时光》等。

② 威廉·利特尔（William Haines Lytle，1826—1863），美国政治家、诗人。

我希望现在的学校教育不再像我小时候那样，已经发生了一些好的变化。在我的记忆里，公立学校的教育是冷酷无情的，丝毫不会体谅孩子的感受。我记得那时候自己空着肚子，或者穿着冰冷潮湿的鞋子，还要强迫自己一动不动地坐在硬板凳上，简直是活受罪。在我看来，老师就像不通人性的凶神恶煞似的，专门在那里折磨我们。对于这些折磨，孩子们却从来都不想多说。

家里的日子虽然穷困，但是我并没有觉得难过，因为我们过惯了这样的穷日子。只有在学校里，我才觉得是在受罪。在我的记忆里，公立学校的教育对于像我这样既敏感又骄傲的孩子而言，简直就像监狱一样让人觉得耻辱。我一直都是学校教育的叛逆者。

大概是我六岁那年的某一天，母亲回家后发现我找来了街坊的六七个孩子，他们有的小得还不会说话，我让他们坐在我面前的地板上，正在教他们挥动手臂。母亲问我在干什么，我说这是我办的舞蹈学校。母亲乐了，便坐在钢琴前面开始为我伴奏。这所“学校”就继续办了下去，而且很受欢迎，邻居家的小女孩们都来了。她们的父母给了我一点钱，让我教她们。后来的事实证明，这个很赚钱的职业就是这样开始的。

到我十岁那年，来学跳舞的小姑娘已经越来越多了。我对母亲说，我已经会挣钱了，不想上学了；上学只会浪费时间，我觉得挣钱比上学重要多了。我将头发盘在头顶上，对别人说我已经十六岁了。单就年龄而言，我长得已经算是很高了，我说自己十六岁，不管谁听了都会相信。我姐姐伊丽莎白是由祖母带大的，她后来也跟我们住在了一起，并且跟我一起教这些孩子跳舞。我们的名气越来越大，甚至连旧金山的很多有钱人家都请我们去教他们的孩子跳舞。

第二章

当我还是一个襁褓中的婴儿时，我的父母就离了婚，因此我从来都没有见过父亲。有一次，我问姨妈，我是不是曾经有过一个爸爸？她回答说：“你爸爸是个大恶魔，他毁了你妈妈的一生。”从那以后，我总是把爸爸想象成长着角和尾巴，像是画册上的恶魔的样子。每当学校里其他孩子说起他们的爸爸时，我总是一声不吭。

在我七岁时，我们一家人住在三层楼上的两间房子里，家徒四壁。有一天，我听到前门铃在响，于是便跑过客厅去开门，我看见门口站着一位头戴高顶黑色大礼帽的英俊绅士。他对我说：

“你知道邓肯太太住在哪里吗？”

“我就是邓肯太太的小女儿。”我回答说。

“这就是我的翘鼻子公主（这是我小时候他给我起的名字）吗？”这个陌生人说。

他猛地将我抱在怀里，不停地亲我，脸上满是泪水。我一下子蒙了，问他是谁，他泪流满面地说：“我是你的爸爸。”

听了这句话，我高兴得不得了，赶紧冲进屋里去告诉家里人。

“来了一个人，他说是我爸爸！”

母亲一下子站起来，脸色苍白，神情激动。她跑进隔壁的房间，然后锁上了门。我的一个哥哥钻到了床下，另一个藏进了碗柜，我姐姐则歇斯底里地大喊大叫。

“叫他滚开！叫他滚开！”他们喊道。

这让我感到非常吃惊。但我是一个懂礼貌的孩子，我走到客厅对他说：“家里人都觉得不舒服，今天不见客。”一听这话，陌生人拉起我的手，要我陪他出去走一走。

我们下了楼，来到了大街上，我快步跟在他的身旁，觉得困惑不解：眼前这位英俊的先生真的是我爸爸吗？可是他既没有长角也没有长尾巴，跟我以前想象的一点儿都不一样。他带着我来到了一家小冷饮店，给我买了冰淇淋和蛋糕，让我吃了个够。我高高兴兴地回到家里，发现全家人都万分沮丧。

“他非常英俊，他说明天还要来给我买冰淇淋呢！”我告诉他们。

但是家里人都拒绝见他，不久他就回到了他位于洛杉矶的家里。

从那以后，我有好几年没见过父亲，直到他再次突然出现。这一次，母亲很大度地见了他，他送给我们一套非常漂亮的房子，房子里有一间很大的舞蹈室，还有一个网球场、一个仓库和一间磨房。这是在他第四次发财时置下的产业。他以前曾经发过三次财，但都破产了。他第四次发了财，但最后又破产了。房子和其他的家产都没了。但我们毕竟在那里住了好几年，它成了我们躲避惊涛骇浪的港湾。

在父亲破产之前，我经常能够见到他。我知道他是一位诗人，并且非常欣赏他的作品。他有一首诗，从某种程度上讲，是我一生事业的预言。

我之所以提到父亲，是因为在我的童年时代，他给我留下的印象对我以后的生活产生了巨大的影响。一方面，我那时将伤感的小说作为精神上的食粮；另一方面，在我的眼前就是一个活生生的不幸婚姻的例子。在我整个的童年时代，似乎都没走出这位谁也不愿提及的、神秘的父亲留下的阴影。“离婚”这个可怕的字眼儿，一直深深地铭刻在我敏感的内心。由于我无法从任何人那里问出个所以然，所以只好自己试着分析父母离婚的原因。在我读过的小说里，大多数的婚姻都有一个美满幸福的结局，这里就没有必要细细列举了。但是有些小说，尤其是乔治·艾略特[1]的《亚当·比德》，这本书里描写了一个女孩未婚而育，结果却遭到了世人的侮辱和唾弃。在这一类事情上，女人总是会受到伤害，这也给我留下了非常深刻的印象。当我将这些事情和父母的婚姻悲剧联系在一起进行思考时，我立即下定决心，要和不公正的婚姻作斗争——反对结婚，争取妇女解放，争取让每一位妇女都有权按照自己的意愿来决定要生几个孩子，而不会受到社会的歧视和伤害。这些想法从一个十二岁的小女孩的头脑中产生，听起来似乎很奇怪，但是当时的生活环境确实让我早熟。我研究过婚姻法，也了解妇女奴隶般的地位，这让我变得更加义愤填膺。我开始用探询的目光去观察母亲那些已婚女友们的面容，我觉得每张脸上都留下了魔鬼的影子和奴隶的印记。从那时起，我就发誓，永远都不能把自己降低到如此卑贱的地步。我终生恪守这个誓言，为了这个誓言，我甚至不惜与母亲闹别扭，遭受世人的误解。苏联政府的善举之一，便是废除了旧的婚姻制度，两个自愿结合的人只要在一本小册子上签名就可以了。签名的下面印着：“本签字不需要任何一方承担任何责任，并可以根据任何一方的意愿而终止。”这样的婚姻是所有拥有自由思想的妇女们所赞成的，而且是唯一的一种形式，这也是我赞成的唯一的婚姻形式。

---

① 乔治·艾略特（George Eliot，1819—1880），英国小说家。代表作：《佛罗斯河畔上的磨坊》《米德尔马契》《亚当·比德》《掀开面纱》等。

现在，我认为我的想法或多或少地与每位拥有自由性格的女性都有相同之处。但是，就在二十年前，我拒绝结婚和争取不婚而育的权利的行为却招致了许多非议。随着社会的发展，现在我们的观念已经发生了很大的变化。我认为今天的知识女性大都会同意我的观点，那就是：任何的婚姻道德观念都不应该成为女性追求自由精神的枷锁。尽管如此，有知识的女性还是一个接一个地结了婚，道理很简单，因为她们没有勇气站起来维护自己的信念。如果你看一看近十年的离婚统计数字，你就会相信我说的都是实话。许多女性在听我宣传了自由婚姻的思想之后，都胆怯地反问道："可是由谁来抚养孩子呢？"在我看来，这些人之所以认为婚姻的形式必不可少，是因为觉得这种形式能够迫使男人承担起抚养孩子的义务，这难道不是从反面证明了你所嫁的这个人，实际上恰恰是一个让你觉得可能会拒绝抚养孩子的人吗？这样的假定未免太卑鄙了，因为你在结婚的时候就已经认定对方是一个不道德的人。我虽然反对结婚，但对于男人的评价却还不至于差到认为他们之中大多数人都是恶棍。

由于母亲的原因，我们的童年时代都充满了音乐和诗歌。每天晚上，她都会坐在钢琴前面，一弹就是几个小时。我们的作息没有固定的时间，她也从不用各式各样的规矩来约束我们。相反，我倒觉得母亲忘记了我们，忘记了周围的一切，完全沉浸在自己的音乐和诗歌世界中了。她的一个姐妹——我们的奥古斯塔姨妈，也是一个极有天分的人。她经常来我家看我们，并且经常参加一些私人的业余演出。她长得很美，有一双黑色的眼睛和一头乌亮的黑发。我还记得她穿着天鹅绒"黑短裤"来扮演哈姆雷特时的样子。她有一副好嗓子，要不是她的父母认为所有和戏剧有关的东西都与恶魔有关，她一定会成为一个很有前途的歌唱家的。我现在才明白，她的一生都被今天看上去难以解释的美国清教徒精神给毁掉了。美国早期移民带来了这种精神观念，后来也一直没有完全抛弃掉。他们以专横的方式将自己的性格力量强加给了这个荒蛮的国家，并以令人吃惊的方式驯服了原始的印第安土著和野兽。同样，他们也一直在驯服自己，这也给艺术带来了灾难性的后果。

奥古斯塔姨妈从小就受到了这种清教徒精神的摧残。她出众的容貌、优雅的仪态和美妙的歌喉，全都被埋没了。那时，人们会说："我宁愿看着女儿死去，也不愿看到她出现在舞台上！"这到底是为什么呢？今天的男女明星们连最为排外的社交圈子都可以出入，可见人们过去的思想观念有多么的不可理喻。

我想，或许是因为我们的爱尔兰血统的缘故，我们家的孩子们对于这种清教徒式的残暴都极力排斥。搬进父亲送给我们的大房子里之后，发生的第一件大事就是我的哥哥奥古斯丁在粮仓里成立了一个剧院。我记得他从客厅里割下一小块皮毛毯子，用来做胡子，然后扮成了瑞普·凡·温克尔[①]的样子。当我坐在一个饼干桶上看他演出时，感

①《瑞普·凡·温克尔》(*Rip van Winkle*)，是19世纪美国小说家华盛顿·欧文所写的短篇小说主人公。另外英文书名也是主角的名字。这篇故事来自于德国的传说，并且为小说*The Sketch Book of Geoffrey Crayon*(1820年发表)中的一篇短篇故事：一边总是被恶妻大吼大叫，一边又喜欢自然的乐天派樵夫瑞普·凡·温克尔，有一天和爱犬一起去打猎而不小心进入到森林的深处。然后他忽然听见有人叫他名字。呼叫温克尔的人，是一位从未见过的老年人。温克尔和他一起走到像是广场的地方。在那里，有一群看起来不可思议的人在玩着九柱戏的游戏(类似保龄球的游戏)。温克尔在那里和他们一起痛快地喝酒玩耍，然后在喝醉后很快地睡着。当温克尔醒来时，小镇的样子已经完全改变了不仅全部的亲友都已经老去，而且美国也早就独立了。就连妻子也早就过世，这让他摆脱了恶妻。他这短短的一觉竟然已经在世间过了二十年。温克尔不仅成为美国的传说人物，也变成"晚于时代的人"的代名词。

动得流出了眼泪，他演得太逼真了。我们都是感情非常丰富的孩子，一点儿都不想压抑自己。

奥古斯丁的这个小剧院越办越好，在我家附近小有名气。受他的启发，我们组织了一个剧团，到沿海地区去做了巡回演出。我跳舞，奥古斯丁朗诵诗歌，然后我们一起演了一出喜剧，伊丽莎白和雷蒙德也参加了演出。虽然我当时还只有十二岁，其他人也不过十几岁，可是我们在圣克拉拉、圣罗莎和圣巴巴拉等海滨地区的演出却是非常成功的。

反对当时社会的狭隘意识，反抗生活中的种种束缚和限制，以及对于宽容的东方世界的日益向往，成了我童年时期的精神基调。当时我经常没完没了地向家里人和其他亲戚陈述我的思想，最后又总是以这样的方式来结束谈话："我们一定要离开这个地方，在这里，我们将一事无成。"

在我们家，我是最有勇气的一个。在家里没有食物时，我总是自告奋勇到肉铺去，利用我的小聪明让肉铺老板赊给我几块羊肉。家里人也总是让我去面包铺，想出各种理由来说服老板——继续让我们赊购面包。在这些差事中，我总是能够体会到冒险的乐趣，特别是当我获得成功的时候。当我带着战利品，一路蹦蹦跳跳地回到家里时，心里高兴得就像一个抢劫成功的强盗。这是一种很好的教育——用花言巧语从凶恶的肉铺老板那里哄骗到东西的经历，让我具备了一种能力，这也是我后来为什么能够对付那些狡诈的经纪人的原因。

我记得当我还很小的时候，有一次看见母亲正守着一堆东西哭。她为一家商店织了东西，但人家却不收购了。我从她的手里接过篮子，把她织的一顶帽子戴在头上，把她织的手套也戴上，然后挨家挨户地去推销。我居然将这些东西全都卖完了，而且挣的钱比卖到那家商店还要多一倍。

我经常听到有些家长说，他们努力工作就是为了能够给孩子们留下很多钱。不知他们是否意识到，这样做反而伤害了孩子们的冒险精神。他们给孩子留下的钱越多，对孩子的伤害就越大。我们留给孩子的最好遗产，就是让他们自己闯荡天下，完全用自己的双脚走路。由于教舞蹈，姐姐和我曾经去过旧金山最富有的家庭。对于那些富家子弟，我不仅一点儿也不羡慕，反倒觉得他们可怜——他们生活在一个狭隘而愚昧的世界，这令我十分惊异。跟这些百万富翁的孩子们相比，我在各方面好像都比他们富有一千倍，我所做的每一件事，都能够让生活变得更有意义。

我们的舞蹈学校名气越来越大，我们将自己的舞蹈称为新舞蹈体系，但实际上并没有形成什么体系。我完全是即兴表演，凭着自己的想象力进行创作，想到什么就教什么。最开始，我表演的舞蹈之一是朗费罗[①]的诗《我把箭射向天空》。我经常背诵这首诗，并且经常教孩子们用舞蹈动作来表现诗的含义。到了晚上，母亲为我们弹琴伴奏时，我就即兴编创舞蹈动作。那时有一位可爱的老太太是我们家的朋友，她经常在晚上来我们家。她曾经在维也纳住过一段时间，并说一看见我就会想起著名的芭蕾舞演员范妮·埃斯勒[②]。她经常向我们讲述范妮·埃斯勒的辉煌成就，还说："伊萨多拉会成为第二个范妮·埃斯勒的。"她的话激励了我，让我产生了勃勃的雄心。按照她的建议，母亲将我带到了旧金山一位很有名气的芭蕾舞老师那里去学习，但是

① 朗费罗（Henry Wadsworth Longfellow，1807—1882），美国诗人、翻译家。代表作：《人生颂》《伊凡吉琳》《基督》《夜吟》《奴役篇》等。

② 范妮·埃斯勒（Fanny Elssler，1810—1884），奥地利著名的芭蕾舞者。

我一点儿都不喜欢他教的课。老师要我用脚尖站在地上，我问他为什么要这样做，他说“因为这样美”，我说这样既难看又别扭。就这样，上了三节课之后，我就离开了，而且再也没回去。他竟然将这种做作而又陈腐的体操动作称为舞蹈，这只能干扰我对舞蹈的理想，我理想中的舞蹈并不是这样的。我也说不清楚自己理想中的舞蹈究竟是什么样子的，但是我能够感觉到，有一个无形的世界在等待着我，只要我能够找到一把钥匙，就可以进入这个世界畅游。当我还是一个小女孩的时候，就已经拥有了非凡的艺术潜质，它之所以没有被扼杀，完全是因为母亲的勇敢和不屈的闯荡精神。我认为，一个人一生的事业从小时候就应该着手去做。真不知道有多少父母能够认识到，他们给予孩子的所谓“教育”，恰恰会让孩子变得平庸，会剥夺他们展现和创造美的机会。当然这样也不是不可以，要不然的话，在文明有序的社会生活中，谁来做我们所必需的成千上万的商店店员和银行职员呢？

母亲生了四个孩子，如果按照传统的教育制度，也许她早就把我们变成了居家过日子的普通人了。有时候她也觉得惋惜：“为什么四个孩子非要全当艺术家，难道就没有一个本分的吗？”但实际上，正是受到了她追求美好和不甘平庸的精神的影响，才让我们最终都成了艺术家。母亲对物质上的生活毫不计较，她教育我们要看淡身外之物，对房子、家具和各种用品都不要太在意。母亲的言传身教对我产生了很大的影响，我一辈子都没有戴过珠宝。她对我们说，这些东西其实都是生活的累赘。

辍学以后，我开始大量地阅读各种书籍。那时候我们一家住在奥克兰，那里有一个公共图书馆，虽然离家很远，但我总是蹦蹦跳跳地跑着去看。图书馆的管理员是一位可爱的漂亮女子，名叫爱娜·库尔伯斯[1]，她是加利福尼亚的一位女诗人。她鼓励我多读书，每当我跟她借好书看的时候，她总是显得非常高兴，美丽的眼睛里闪烁着像火一样的热情。后来我才知道，我的父亲曾经与她热恋过一段时间。显然，她是我父亲终生挚爱的人，可能就是这条无形的命运之线将我们连在一起了吧。

那时，我读遍了狄更斯、萨克雷[2]、莎士比亚的所有著作，还有其他作家的许多小说，无论好坏，无论它们给人带来的是启迪还是误导，我都贪婪地阅读着。我经常在白天捡来的蜡烛头的亮光下，整夜整夜地读书。从那时起，我开始写小说，还编过一份报纸，从社论到当地新闻，再到刊登其上的短篇小说，都由我一个人来写。另外，我还养成了写日记的习惯，为此我还特意发明了一种秘密文字，因为当时我有一个不愿让别人知晓的天大秘密：我恋爱了。

除了儿童班以外，姐姐和我还招收了一班年纪稍大的学生，姐姐教他们跳“交际舞”，也就是华尔兹、玛祖卡、波尔卡那一类的东西。这个班里有两个年轻人：一个是医生，另一个是药剂师。药剂师长得非常漂亮，还有一个很可爱的名字：弗农。当时我只有十一岁，可是因为我盘起了头发，又穿着肥大的衣服，所以看上去比实际年龄要大一些。就像《丽塔》中的女主人公一样，我在日记里写道：“我狂热地爱上了一个人，而且我相信就是这样的。”至于弗农当时是否觉察出来我的爱，我就不知道了。在那样的年龄，我实在不好意思向他表白。我们一起参加舞会时，他几乎每一场舞都要和我跳。舞会结束之后，

---

① 爱娜·库尔伯斯（Ina Coolbrith，1841—1928），美国诗人、作家、图书管理员。

② 萨克雷（William Makepeace Thackeray，1811—1863），与狄更斯齐名的维多利亚时代的英国小说家。最著名的作品是《名利场》，此外还有《潘丹尼斯》等。

17 岁时的邓肯

我总是无法入睡，直到凌晨三四点钟还在写日记，记录下我那难以平抑的激动心情："在他的怀抱里，我有一种飘飘然的感觉。"白天，他在大街上的一家药店里工作，为了能够从药店门前路过，我经常要走好几英里的路。有时我会鼓足勇气走进去说一句："你好吗？"我还找到了他住的房子，晚上我经常从家里跑出来，到他家去看他窗口的灯光。这种单相思持续了两年的时间，我觉得非常痛苦。后来，他向我宣布，他要和奥克兰上流社会的一位年轻小姐结婚了，我只好将痛苦和绝望都写进了日记里。我清楚地记得，在他结婚那天，他和一位头戴白色面纱、相貌平常的姑娘走出了教堂，当时我的心情是那么的难过。从那以后，我再也没有见过他。

直到最近在旧金山演出时，我又遇到了弗农。当时我正在化妆间里化妆，有个满头银发的人走了进来，不过他看上去很年轻，也非常漂亮。我马上认出他就是弗农。当时我想，过了这么多年，我把当年对他的感情告诉他总可以了吧？我原以为他会被我逗乐，可谁知他听了以后非常害怕，并马上谈起了他的太太——那个相貌平常的女子。她好像还活着，他从来没有在感情上背叛过她——有些人的生活是多么单调呀！

这就是我的初恋。我疯狂地恋爱，而且从那时起，我就没停止过疯狂地恋爱。现在，我正从最近的一次爱的打击、爱的伤痛中慢慢恢复——看来这次打击来得太猛烈、太残酷了。可以说，我现在正处于最后一幕开幕前的休息间隙——或许我的爱情戏剧已经是最后一幕了吧？我不知道。我也许会将我当时的影集出版，然后问问读者对此有何感想。

第三章

读书开阔了我的眼界，受其影响，我有了离开旧金山到国外看看的打算。我想跟随某个大剧团出国。于是，有一天我去拜访了一位巡回演出剧团的经理（当时这家剧团正在旧金山举行为期一周的演出），请他允许我在他面前表演一下舞蹈。试跳是在上午进行的，在一座又大又黑的空荡荡的舞台上，母亲为我伴奏。我穿着一种叫作“丘尼卡”的带有希腊风格的白色紧身衣，和着门德尔松的《无词歌》曲调跳了一段舞蹈。一曲终了，经理沉默了，过了一会儿，他扭头对我母亲说道：“这样的舞蹈不适合在剧院跳，在教堂里反而更合适。你还是带着小姑娘回家吧！”

我很失望，但并不泄气，又开始想别的办法出国。我召集全家人开了一个家庭会议，用了一个小时的时间向大家解释我为什么不能继续在旧金山待下去。母亲有些不理解，可无论我要到什么地方，她都愿意跟着我。于是我们俩买了两张到芝加哥的旅游优惠车票，决定先动身前往芝加哥，至于我的姐姐和两个哥哥，他们就暂时都留在旧金山，等我们在芝加哥站住脚之后再来接他们。

到达芝加哥时，正是炎热的 7 月份，我们随身携带的东西只是一只小箱子、一些祖母留下的旧式珠宝外加 25 美元。我希望有人能够立刻请我演出，这样一切就都好办了。但事情并不像我想象的那么顺利。穿着那件希腊式的白色小丘尼卡紧身衣，我在一个又一个的剧团经理面前表演我的舞蹈。但他们的看法与当初那位经理一样，都说："你跳得确实很好看，但却不适合在舞台上表演。"

就这样过了几个星期，我们的钱眼看就要花光了，把祖母留下的珠宝典当了，也没换到几个钱。不可避免的事最终还是发生了：我们变得身无分文，交不起房租，行李被扣，无处安身，只能流落街头。当时我的外衣领子上有一条高级的真丝花边，就在我们从旅馆被赶出来的那一天，我在炎炎烈日下沿街走了好几个小时，想卖掉它又舍不得，直到下午很晚的时候，我才下定决心，我记得当时卖了 10 美元。那是一条非常漂亮的爱尔兰花边，换来的钱够我们再租一间房子了。另外还剩下了一点钱，我想出了一个主意——买一箱西红柿，以后整整一个星期我们就只吃西红柿。少了面包和盐，可怜的妈妈身体已经虚弱得坐不起来了。起初，每天一大早我就出门，想办法去见各个剧团的经理；最后，我只好决定能找到什么工作就先做什么，于是便去了一家职业介绍所。

"你都会干什么呢？"柜台后面的一个女子问道。

"什么都会。"我说。

"哼，我看你好像什么都不会！"

实在没有办法，有一天我只好去一家共济会空中花园剧院请那里的经理帮忙。我在小提琴演奏的门德尔松《春之歌》的旋律中翩翩起舞。那个经理嘴里叼着一根很粗的雪茄，一只眼睛被帽子遮住，以一种漫不经心的态度看完了我的表演。

"唉，你长得很漂亮，"他说，"气质也不错。如果你愿意改改自己的跳法，不跳这样的舞蹈，而是来点带劲儿的，我想我是可以雇你的。”一想到家里剩下的最后那一点儿西红柿，还有饿得发昏的可怜的妈妈，我便问道：“你说的‘带劲儿的’是指什么？”

“嗯，”他沉吟了一会儿说道，“不是你现在跳的这种舞蹈，是穿上带荷叶边的短裙，还得撩起裙子露出大腿。你可以先跳上一段希腊舞，然后换上带荷叶边的裙子，再撩起裙子露出大腿，这样就能吸引人了。”

可是到哪儿才能找带荷叶边的裙子呢？我知道向他借钱或请他预付薪金是不可能的，于是只好说明天我会带着荷叶裙和道具来，然后就走了出去。那天是芝加哥常见的炎热天气。我在街上漫无目的地徘徊，又累又饿，几乎要晕过去了。这时我突然发现眼前是马歇尔·菲尔德百货商店的一家分店，于是我就走进去请求见见经理。我被领进了经理办公室，看见桌子后面坐着一个年轻人，这人看上去挺和善。我向他解释说明天我需要用一套带荷叶边的裙子，问他能否赊给我一套，等我演出赚钱后会马上还钱。我不知道他究竟出于何种目的才同意了我的请求，反正他就是同意了。几年后我又遇到了他，那时他已经成了一位百万富翁，他就是戈登·塞尔弗里奇[①]先生。我向他赊了做裙子所需的白、红两种颜色的衬布和荷叶花边，然后带着布料回到了家里，我发现妈妈几乎快支持不住了。但是她听了我的叙述之后马上又坐了起来，硬撑着给我赶制衣服。她干了整整一夜，直到第二天黎明，总算是缝完了最后一个裙褶。于是我带着这件服装又去找空中花园剧院的那个经理。这时，管弦乐团已准备好给我的舞蹈伴奏了。

① 戈登·塞尔弗里奇（Harry Gordon Selfridge，1858—1947），美国出生的英国商业巨子，在英国伦敦牛津街创建了著名的塞尔弗里奇百货商店，成为一段商业传奇。

“你用什么音乐？”他问。

我没有考虑过这个问题，便随口说道：“《华盛顿邮车》吧。”这首曲子在当时非常流行。音乐开始之后，我便尽平生最大努力跳了一些“带劲儿”的动作，一边跳，一边即兴发挥。经理非常高兴，从嘴里拿出雪茄说道：

“很好！你明天晚上就可以到这里来演出，我要把这个节目作为特别节目来宣布。”

他给我开出了50美元的周薪，而且预付了一周的薪水。我用假名在这家空中花园剧院开始了表演，结果非常成功。但这件事始终让我觉得很恶心，所以当一个星期后他提出要和我续约并邀请我参加巡回演出时，我拒绝了。那些钱虽然能够使我们免于饿死，但是让我违背自己的理想、一味迎合观众口味，实在是难以忍受。这样的事情，我是第一次做，也是最后一次。

我觉得那个夏天是我一生之中最痛苦的时期之一，从那以后，每当我再到芝加哥时，一走在大街上，我就有一种因饥饿而想呕吐的感觉。不过，在这次可怕的经历中，我那坚强的母亲却从来没有提起过要回家的事。

一天，有人给了我一张安波尔的名片，并介绍我去见她。她是芝加哥一家有名的报社的助理编辑。我去见了她。她是个瘦高个儿，大约有五十五岁，一头红色的头发。我向她谈了自己对舞蹈艺术的一些想法，她很专心地听我讲，并请我和妈妈去“波西米亚人”俱乐部，说在那里我们能够遇到文学家和艺术家。当天傍晚我们就去了那家俱乐部。俱乐部位于一栋大楼的顶层，其实就是几间没有装饰的空房间，里面摆放着几张桌子和椅子，那些人我从来都没有见过，但一个个都显得与众不同。安波尔正站在他们中间，用男子一样的粗嗓门吼道："豪放的波西米亚人，大家一起来吧！豪放的波西米亚人，大家一起来吧！"

她每吼一次，那些人就举起手里的大啤酒杯，用欢呼声和歌声来回应。就在这起伏不绝的声音中，我开始跳起了那种充满宗教情调的舞蹈。那些"波西米亚人"一时间有些不知所措。尽管如此，他们还是觉得我是一个可爱的小姑娘，并邀请我每天晚上都来参加他们的聚会。

这些形形色色的"波西米亚人"成分很复杂，其中有诗人，有画家，有演员，他们来自不同的民族。他们看起来只有一点共同之处：身无分文。我觉得这里的许多"波西米亚人"都跟我们母女一样，如果不是俱乐部提供免费的三明治和啤酒，他们就根本吃不上饭，这些免费食物大多是由安波尔捐赠的。

在这群"波西米亚人"中，有一个名叫伊万·米洛斯基的波兰人。他大约四十五岁，长着蓬松卷曲的红头发、红胡子和两只炯炯有神的蓝眼睛。他总是坐在房子的一个角落，抽着烟斗，带着一种不屑的笑容来看"波西米亚人"们的表演。但是在所有看我表演的人中，只有他理解了我的理想和我的舞蹈的含义。他也很穷，可是他常常邀请我和母亲去小饭馆儿里吃饭，或者带我们乘有轨电车去乡村的林间野餐。他特别喜欢野菊花，每次来看我都会带上一大捧野菊花。后来每当我见到金黄色的野菊花时，我都会想起米洛斯基的红头发和红胡子……

他是诗人，也是画家，经历坎坷，在芝加哥经商谋生，但他并不会做生意，几乎饿死在芝加哥。

当时我只是个小女孩，年龄太小，根本不理解他的不幸或者爱情。在现在这个世态炎凉的年代，我想恐怕没有人能够理解那个时候的美国人有多么天真——或者说多么无知。我那时的人生观完全是纯情的和浪漫的，还没有感受或接触过爱情在身体里所引起的奇妙反应，直到很长一段时间之后，我才意识到，当时的我已经被米洛斯基激发出了狂热的爱情。这位四十五岁左右的中年男人已经疯狂而又愚蠢地爱上了当时还天真无邪的我，我想恐怕也只有一个波兰人才会产生这样疯狂的爱情。显然，母亲对此没有一点儿预感，她甚至允许我们长时间地在一起。面对面地促膝交谈，长时间地林中散步，使他的激情越来越高涨。最后，他终于忍不住吻了我，并向我求婚。那时我相信这是我一生中最伟大的一次恋爱。

夏天就要过去了，我们身上的钱也快花光了。我觉得再在芝加哥待下去已经没什么希望了，于是决定去纽约试试。可要怎么才能去纽约呢？有一天我在报纸上看到著名的奥古斯丁·戴利[1]以及他那个以埃达·里恩为明星的剧团正在芝加哥巡回演出，我决定去见见这位大人物，因为他在美国被人誉为最热爱艺术和最具审美眼光的剧团经理，并且广受拥戴。我在剧院的后台门口站了好几个下午和晚上，请人把我的名字一次次通报进去，希望见一见奥古斯丁·戴利。别人告诉我他太忙，我只能见他的助手。但是我坚决不肯同意，我说我有重要的事情要和他商量，必须见到奥古斯丁·戴利本人不可。最后，在一个黄昏，我终于得到了许可，见到了这位大人物的庐山真面目。他长得确实很帅，但对陌生人却总是摆出一副凶巴巴的样子。我有点儿害怕，但最终还是鼓起勇气对他发表了一次意义非比寻常的长篇演说：

① 奥古斯丁·戴利（Augustin Daly，1838—1899），美国剧作家和剧院经理。他创作并改编了大量的剧作，代表作有《地平线》《离婚》等。后在纽约和伦敦开设戴利剧院，名噪一时。

“戴利先生，我要告诉您一个非常好的想法，在这个国家，恐怕也只有您才能够理解。我发现了一种舞蹈，这是一种已经失传了两千年的伟大艺术。您是最伟大的舞台艺术家，可在您的舞台上缺少了一点东西，正是它，才让古希腊的剧院变得辉煌无比。那就是舞蹈艺术——悲剧合唱队。缺少了它，就好比一个只有头和身躯的人缺少了双腿一样。现在，我把这种舞蹈给您带来了。我这个想法将会使我们的时代发生翻天覆地的变化。那么我是在哪里发现它的呢？是在太平洋的波浪里，是在内华达山脉的松涛中。我看到了年轻的美国在落基山峰上翩然起舞的雄姿。我们这个国家最伟大的诗人应当算是沃尔特·惠特曼了，我发现的这种舞蹈可以和惠特曼的诗作相媲美。实际上，可以说我就是沃尔特·惠特曼的灵魂的女儿。我想要为美利坚的儿女们创造一种表达美利坚精神的新舞蹈。我会为您的剧院带来那种它至今还不具备的灵魂——舞蹈家的灵魂。因为您知道……”这位大名鼎鼎的剧团经理有些不耐烦，想要打断我的演讲：“好好，够了！够了！”可我却不管他那一套，继续说了下去，并且提高了嗓门：“你知道，戏剧是从舞蹈开始的。人类有史以来的第一位演员其实就是舞蹈家。他载歌载舞，于是创作出了悲剧这种艺术。如果您的剧院没有一位舞蹈家能够懂得最初那种艺术的伟大和优美的话，您的剧院就不会出现真正意义上的舞蹈表演。”

见我这样一个瘦小的陌生女孩竟敢用这种口气对他喋喋不休，奥古斯丁·戴利好像也不知道应该如何应付了，他只好说道：

“好吧，我要在纽约排演一出哑剧，里面有一个小角色你可以试试，10 月 1 日开始排演，如果合适，我就会聘用你。你叫什么名字？”

“我叫伊萨多拉。”我答道。

“伊萨多拉。不错的名字。”他说，“好吧，伊萨多拉，10月1日在纽约见。”

这简直是一个天大的喜讯，我急忙跑回家去告诉了母亲。“妈妈，终于有人赏识我啦！”我说，“大名鼎鼎的奥古斯丁·戴利先生聘用我啦。我们得在10月1日之前赶到纽约。”

“好，”母亲说道，“可是我们到哪儿去弄火车票呀？”这确实是个问题。不过我想到了一个办法。我给旧金山的一个朋友发了一份电报：“荣膺奥古斯丁·戴利先生之聘，须于10月1日抵纽约，请速汇路费百元。”奇迹竟然真的发生了，钱很快就寄来了，随之而来的还有我的姐姐伊丽莎白和我的哥哥奥古斯丁。他们看了电报以后深受感染，认为我们成功的机会终于到了。我们坐上了去纽约的火车，心中充满了美好的憧憬。当时，我的想法是，这个社会一定会承认我的价值！如果当时我知道得到社会的承认需要经历那么多的坎坷曲折，或许我是不会有这么大的勇气的。

米洛斯基得知将要与我分别的消息之后非常伤心。但我们发誓要永远相爱。我还对他说，等我在纽约发了财，我们很容易就可以结婚了。这倒不是我当时对婚姻抱有什么幻想，而是我觉得只有这样才能让母亲高兴。那时我还没有想过为争取自由的爱情而斗争——为爱情而战，不过那是后话了。

第四章

纽约留给我的第一印象，是它比芝加哥具有更多的美景和艺术气息，而且我又可以高兴地到海边去玩了，这让我感到非常惬意。在内陆城市里我总是觉得透不过气来。

我们在第六大街的一条小巷子里找到了一家包饭的旅店，租了一间房住了下来。这里也住着一群怪里怪气的人，他们与“波西米亚人”一样，有一个共同的特点：付不起房租，随时都有被赶出门的危险。在去戴利剧院的舞台门口报到的那天上午，我再一次见到了这位大人物。我想将我的想法再跟他说一遍，可他看上去很忙，而且一副心事重重的样子。

“我们已经从巴黎请来了著名的哑剧明星简·梅，”他对我说，“如果你能演哑剧的话，倒是可以给你一个角色试试。”

直到今天，我依然觉得哑剧算不上艺术。因为在哑剧中，人们用动作来代替语言，用动作来表达感情，感情的流露与语言没有关系。所以，哑剧既不算是舞蹈艺术，也不算是话剧艺术，它什么都算不上，是介于两者之间的一种没有多大价值的东西。可是我当时却别无选择，只好扮演了其中的某一个角色。我把剧本带回家研究，我认为整个作品非常愚蠢可笑，它和我的理想、抱负相比，简直是天壤之别。

第一次排演就让我感到大失所望。简·梅是个脾气极为乖戾的小个子女人，动不动就大发雷霆。我被告知，用手指着她，代表“你”的意思；用手按着胸口，代表“爱”的意思；用手击打自己的胸部，代表“我”的意思。在我看来，这一切真是滑稽可笑。由于心不在焉，我做得非常糟糕，简·梅也非常生气，她对戴利先生说我并不具备什么天分，根本不能演这样的角色。听到这些话的时候，我马上就想到我们全家将要困在那家可怕的客栈里，任凭那个狠心的房东太太无情地摆布。我脑海里浮现出了前几天看到的情景——一个合唱队的小女孩被房东扣下箱子赶到了大街上，又想到我那可怜的妈妈在芝加哥所遭受的种种痛苦。想到这里，我的眼泪一下子夺眶而出，顺着双颊簌簌而下。我想我当时的样子一定是非常的凄楚可怜，因为戴利先生的脸色变得很温和。他拍了拍我的肩膀，对简·梅说道：“你看，她哭起来表情还是蛮丰富的。她一定能学会的。”

但是这种排演对我来说简直比殉道还痛苦。他们总是让我做一些我觉得非常粗俗、可笑的动作，而且那些动作与他们所配的音乐没有任何关系。毕竟年轻人的适应能力比较强，我最后总算是设法让自己进入了角色。

简·梅饰演哑剧中的男丑角皮埃罗，有一场戏是我的角色向皮埃罗表达爱意。在三段不同音乐的配合下，我需要走近皮埃罗并在他的脸上亲三下。在彩排时我用力大了一点，居然把自己红色的唇膏印在了皮埃罗白色的面颊上。就在此时，皮埃罗立刻变成了恼羞成怒的简·梅，她狠狠地扇了我一个耳光——这就是我舞台生涯动人的开幕式！

但是，随着排演的不断进行，我越来越钦佩这位哑剧女演员，她那非凡的演技充满了生气。如果不是错误地去选择表演虚假做作的哑剧，她完全有可能成为一名伟大的舞蹈家。可是哑剧这种形式困住了她。我一直想对哑剧发表如下的意见：

“你想说话，那为什么偏偏不说呢？为什么要像聋哑医院里的病人一样，费尽力气地靠做动作来表达思想感情呢？”

首演之夜来临了。我身上穿着一套法国执政时期的华丽式样的蓝色缎面礼服，头上戴着金色的假发和一顶大草帽。难道我孜孜以求地想要带给这个世界的艺术革命就这样被终结了吗？我完全被伪装起来，变成了另外一个人。妈妈当时就坐在观众席的第一排，心里非常的别扭。即便在那个时候，她也没有提出让我回到旧金山。但是我能够看出来，她感到非常失望。花费了那么多的心血和努力，结果却是如此可怜！

在排演哑剧期间，我们是没有酬金的。我们被赶出了原来那家旅馆，搬到了一百八十号大街的两间没有家具的房子里。由于没钱坐车，我经常需要步行到二十九号大街的奥古斯丁·戴利剧院。为了少走几步路，我经常在土路上走，在车行道上奔跑，总而言之，我为此可以说是想尽了办法。因为没有钱，我连午饭都吃不上，经常是一到午饭时间，就躲在包厢里打个盹儿。到下午就继续饿着肚子进行排演。就这样一直排演了六个星期，直到这出哑剧上演了一个星期后，我才领到了工资。

在纽约演出了三个星期以后，剧团又开始外出进行巡回演出。我每周的工资是 15 美元，一半作为我的所有开支，另一半寄给妈妈作为全家人的生活费。每到一个地方，下了火车我也不敢进宾馆，而是扛着行李走路去找可以包饭的便宜旅馆。我一天最多只能花 50 美分，所以为了找到便宜的旅馆，我经常要步行几里地，直到累得两腿发酸。在我租住的旅店里，有时会遇到一些很奇怪的房客。记得有一次，我租住的房间锁不上门，那里的男人可能是都喝醉了，他们不停地砸我的房门，想闯进我的房间。我吓坏了，拖过一个沉重的衣柜把门给堵上。即使如此，我也不敢上床睡觉，胆战心惊地坐了一夜。直到现在，我也想不出还能有什么样的生活能够比参加巡回剧团时的生活更糟糕的了。

简·梅真是一个精力充沛的人，她要求我们每天排练一次，即便如此，也全然不能让她感到满意。

我总是随身带着几本书，一有时间便拿出来阅读。我每天都会给米洛斯基写上一封长信，不过我好像并没有告诉他我当时的处境是如何艰难。

两个月以后，我们的巡回演出终于结束了，哑剧团又回到了纽约。戴利先生最大的苦恼，就是他这次巡回演出的尝试并没能够获利，而简·梅也回到了巴黎。

接下来我该怎么办呢？我又去求见戴利先生，努力想让他对我的艺术产生兴趣。但是他根本就听不进去，对我提出的任何话题都非常冷淡。“我要派一个剧团去演《仲夏夜之梦》，”他说，“如果你喜欢的话，可以在表现仙境的场景里面表演一段舞蹈。”

我的主张是用舞蹈来表达真实人物的思想情感，但对仙女之类的人物并不怎么感兴趣。但我还是答应了，并建议在缇坦妮雅[①]和奥伯

① 缇坦妮雅（Titania），是英国戏剧家威廉·莎士比亚的作品《仲夏夜之梦》中登场的妖精王后（英语：Fairy Queen）。她是妖精王奥伯隆的妻子，拥有美丽外表、魔法能力以及和凡人无异的情感。在后世的奇幻创作中，缇坦妮雅亦时常以妖精王后的身份登场。

隆[1]出场前的那个森林场景中，由我在门德尔松《谐谑曲》的伴奏下表演一段舞蹈。

在《仲夏夜之梦》演出时，我的身上穿着一件用白色薄纱做成的直筒长裙，头上戴着金色的纱巾，背后还插着两个亮闪闪的金色翅膀。我坚决反对挂上那两个翅膀，因为它们看上去非常可笑。我试图说服戴利先生，即使不挂这两个假翅膀，我一样能够表现出有翅膀的样子，但他坚决不同意。那天晚上是我第一次在舞台上单独表演舞蹈，我觉得非常高兴。终于等到了这一天，我一个人在大舞台上为观众表演舞蹈。我跳了，跳得很精彩，观众们也情不自禁地为我鼓掌叫好，我引起了轰动。当我戴着那两个翅膀回到后台时，本以为戴利先生会高高兴兴地向我祝贺，没想到他火冒三丈地对我大声吼道："这里不是歌舞厅！"难道他真的听不到观众的掌声和欢呼声吗？第二天晚上，当我上台跳舞时，所有的灯光突然一下子都关掉了。以后每次《仲夏夜之梦》演出时，我都是在黑暗中表演，舞台上其他的都看不清，只能看到一个白色的若隐若现的影子。

在纽约演出了两个星期以后，《仲夏夜之梦》也要开始巡回演出了，我又开始了一段令人苦闷疲惫的旅程和寻找便宜客栈的日子。不过我的工资已经涨到了每周 25 美元，就这样，一年的时间过去了。

我的心里非常难受。我的梦想，我的理想，我的抱负，一切都成了泡影。在剧团没有几个人把我当朋友，他们都觉得我怪怪的。我常

---

① 奥伯隆（Oberon），是欧洲民间传说中的妖精之王（英语：Fairy King）。他和妻子缇坦妮雅在英国戏剧家威廉·莎士比亚的作品《仲夏夜之梦》中亦有登场。他在剧中的妖精王形象，于公演后深植于欧洲人的心中，并在后世文艺创作中常被引用。

在幕后读古罗马诗人马可·奥勒留[①]的书。我努力用斯多葛学派的禁欲哲学来冲淡我不时产生的痛苦。不过，在那次的巡回演出中我交上了一位朋友——一个叫莫德·温特的姑娘，她在剧中扮演缇坦妮雅王后。莫德长得很可爱，而且很有同情心。可是她有一种怪癖，除了橘子，其他什么都不吃。我觉得她原本是不该生活在这个世界上的。几年以后，我听说她因为得了恶性贫血症而死去。

埃达·里恩[②]是戴利剧团的明星，她是一个出色的女演员，但她对地位低于自己的演员没有丝毫的同情心。不过在剧团时唯一让我高兴的事情却是看她的演出。她很少跟我们的剧团去做巡回演出，可是当我们回到纽约以后，我会经常去看她所扮演的罗斯兰[③]、缇坦妮雅和波西亚[④]。她是这个世界上最杰出的女演员之一。但就是这样一位伟大的艺术家，在日常生活中却不愿得到剧团中同仁的喜爱。她傲气十足，寡言少语，好像就连跟我们打声招呼都觉得是多余的。有一天后台的墙上贴上了这样一张通知："谨告知本剧团各位演员，无需向里恩小姐问好！"

果真如此，虽然我在戴利剧院待了整整两年的时间，却从来没有得到与里恩小姐说话的荣幸。她显然是觉得剧团的所有配角演员根本

---

① 马可·奥勒留（Marcus Aurelius，121—180），拥有恺撒称号（拉丁语：Imperator Caesar）的他是罗马帝国五贤帝时代最后一个皇帝，于161年至180年在位。有"哲学家皇帝"的美誉。马可·奥勒留是罗马帝国最伟大的皇帝之一，同时也是著名的斯多葛派哲学家，其统治时期被认为是罗马黄金时代的标志。他不但是一个很有智慧的君主，同时也是一个很有成就的思想家，有以希腊文写成的关于斯多葛哲学的著作《沉思录》传世。在整个西方文明之中，奥勒留也算是一个少见的贤君。

② 埃达·里恩（Ada Rehan，1857—1916），美国著名女喜剧演员。

③ 罗斯兰（Rosalind），莎士比亚喜剧《皆大欢喜》中的女主角。

④ 波西亚（Portia），莎士比亚喜剧《威尼斯商人》中才貌双全的富家女嗣。

没有博得她注意的资格。记得有一天排练的时候，由于戴利先生临时进行了人员调配，有的演员来得晚了一点，她就冲着我们这些人指手画脚地喊道："唉，怎么能让我来等着这些无名小卒呢？"（我自然算是无名小卒之中的一员，但是却不喜欢被别人这样称呼！）我不明白，像埃达·里恩这样的艺术家，这样迷人的一位女士，怎么会犯下这样的错误呢！我想这或许和她的年龄有关吧，那时她已经快到五十岁了。她一直受到奥古斯丁·戴利的宠爱，因此她一直反对戴利先生从剧团里挑选漂亮的女孩来扮演重要角色，她或许是怕这些女孩会在两三个星期或两三个月内就取代她的地位。作为一名艺术家，我对她极其敬佩，那时如果我能够得到她哪怕一丁点儿善意的鼓励，我都会用一生来珍视的。可是在那两年的时间里，她从来都没有用正眼看过我。相反，她用实际行动明白地表示了她对我的鄙视。记得有一次在表演《暴风雨》时，米兰达[①]和腓迪南[②]举行婚礼，我跳舞向他们表示祝贺。在我进行表演的整个过程中，她故意扭过脸去不看我。这让我觉得非常尴尬，几乎就要跳不下去了。

在《仲夏夜之梦》巡回演出的过程中，我们最后终于来到了芝加哥，我又与我的男朋友见面了，这让我欣喜若狂。那时正好也是一个夏天，只要没有排练，我们就会去树林里长时间地散步，我也进一步了解到了米洛斯基的智慧。几个星期后，我就要回纽约了，我们已经商量好，他随后就到纽约去跟我结婚。万幸的是，我哥哥知道这件事以后进行了一番了解，他发现米洛斯基已经在伦敦娶了妻子。我的母亲吓坏了，坚决地让我跟他一刀两断。

---

① 米兰达（Miranda），莎士比亚悲喜剧《暴风雨》中普洛斯彼罗之女。

② 腓迪南（Ferdinand），莎士比亚悲喜剧《暴风雨》中阿隆索之子，那不勒斯王子。

第五章

现在我们一家都来到了纽约，我们想办法在卡内基音乐厅里弄到了一间带洗澡间的排练房。为了腾出足够的跳舞空间，我们只买了五张弹簧床垫，没有安置其他任何家具。排练房四周的墙壁上都挂上了幕布。白天的时候，我们就把床垫竖起来，没有床铺；到了晚上，我们就睡在床垫上，身上只盖着一条被子。就像在旧金山时一样，伊丽莎白在这间排练房里开办她的舞蹈班。奥古斯丁加入了一家剧团，大多数时间都是到外地巡回演出，很少在家住。雷蒙德则进入新闻界闯荡。为了增加收入，我们把排练房按小时租给别人，用来教演说、教音乐、教唱歌等。但是由于全家只有这一间屋子，所以在租给别人使用时，我们全家人就只能出去散步了。记得我们曾经在中央公园的雪地里不停地走来走去，以便让身体变得暖和一点。回来的时候，我们还经常站在门口听上一会儿。有一位教演讲的老师总是教同一首诗，其中一句是“梅布尔，小梅布尔，总是把脸贴在窗户上”。这位老师总是用一种很凄凉的声调来朗诵这首诗，但他的学生总是毫无生气地慢慢重复，老师就开始大声训斥：“难道你体会不到诗中饱含的感情吗？你真的一点都体会不到吗？”

这期间，戴利想到了一个点子，他要模仿日本艺妓的表演方式。

他让我参加了一个四人小合唱团，可是我连一个音符都不会唱！其他三个人也总是说我把她们带得跑了调，因此我经常是装出一副非常自然的样子站在那里，光是张嘴巴而不出声。母亲说在我们合唱的时候，其他三个人的表情很难看，只有我的脸依然很可爱，这真是太有意思了。

因为扮演艺妓这件蠢事，我和戴利原本就已经很紧张的关系终于走到了破裂的终点。有一天熄灯之后，他从黑糊糊的剧场经过时，发现我正躺在一个包厢的地板上哭。他停下来问我怎么了，我告诉他我对剧团最近所做的这些愚蠢的事情已经无法忍受了。他说他对这种“艺妓”表演也是一样的不太喜欢，可他必须要考虑剧团的经济收入。接着，为了表示安慰，他开始用手抚摸我的后背，而我则变得非常气愤。

“我有自己的才华，您既然不想让我发挥自己的才华，为什么又非要把我留在这里呢？”我说。

戴利有些吃惊地看了我一眼，然后“嗯”了一声就走了。

那是我最后一次见到奥古斯丁·戴利，因为几天之后我就鼓起勇气辞去了工作。从此以后，我开始讨厌剧院。在这里，你每天晚上都得重复那些无休止的台词和动作，忍受其他人那些任性的、反复无常的变化。戏剧中对于生活的看法以及长篇大论的废话，都让我感到难以忍受。

离开戴利以后，我回到了卡内基音乐厅[①]的排练房，那时我已经

---

① 卡内基音乐厅（Carnegie Hall），位于纽约市第七大道881号，第56大街和第57大街中间，占据第七大道东侧。由慈善家安德鲁·卡内基（Andrew Carnegie）出资建于1890年，是美国古典音乐与流行音乐界的标志性建筑。卡内基大厅以历史悠久、外形美观以及声音效果出色而著称。

没有多少钱了，可是我又可以穿上练功服，在母亲的音乐伴奏下跳舞了。但是白天我们很少有时间能够好好利用这间房子，可怜的母亲只好经常在晚上为我整夜整夜地伴奏。

那个时候我深深地喜欢上了埃塞尔伯特·内文[①]的音乐，并根据他的《那耳喀索斯[②]》《奥菲利娅[③]》和《水宁芙[④]》等乐曲创作出了舞蹈。有一天，我正在排练房里练舞，门突然被打开了，有个年轻人闯了进来，他双眼冒火，头发直立，虽然看起来很年轻，可是他却像

---

① 埃塞尔伯特·内文（Ethelbert Nevin，1862—1901），美国钢琴家、作曲家。

② 那耳喀索斯（Narcissus），希腊神话中一个俊美而自负的少年。根据神话，那耳喀索斯是河神刻菲索斯与水泽神女利里俄珀之子。那耳喀索斯出生后，利里俄珀向著名的预言家提瑞西阿斯询问自己儿子的命运。提瑞西阿斯说，那耳喀索斯只要不看到自己的脸，就能得长寿。因此，尽管那耳喀索斯长大后成为全希腊最俊美的男子，他却从不知道自己长什么样子。那耳喀索斯的美貌让全希腊的女性为之倾倒，但他对所有前来求爱的女人都无动于衷。后来掌管赫利孔山的仙女厄科也被他的美貌迷住，陷入对他的爱情无法自拔。那耳喀索斯对厄科的求爱也同样加以拒绝，导致厄科伤心而死，只留下声音回荡在山谷之间。

③ 奥菲利娅（Ophelia），莎士比亚作品《哈姆雷特》中的人物。剧中奥菲利娅躺在水里，脸色苍白而悲凉。她的父亲被喜爱自己的人哈姆雷特所杀。她怎么能接受这个事实？于是她疯了，整天唱着歌四处游荡。她编好了一个花环，正想将它挂上树枝，还没来得及挂好却已经跌落水中。莎士比亚在原文中写道："她的衣服四散展开，使她暂时像人鱼一样漂浮在水上，她嘴里还断断续续地唱着古老的歌谣，好像一点不感觉到处境险恶，又好像她本来就是生长在水中一般。"她选择了自杀来离开这个罪恶深重的世界。她如此平静，仿佛知道自己正飘向无忧的净境。

④ 水宁芙（Water-Nymphs），希腊神话中次要的女神，有时也被翻译成精灵和仙女，也会被视为妖精的一员，出没于山林、原野、泉水、大海等地。是自然幻化的精灵，一般是美丽的少女的形象，喜欢歌舞。它们不会衰老或生病，但会死去。它们和天神结合也能生出神的不朽的后代。很多宁芙是自由的，有些宁芙会侍奉天神，如阿尔忒弥斯、狄俄尼索斯、阿波罗、赫尔墨斯、潘神。

邓肯（中）与哥哥雷蒙德（左）及奥古斯丁（右）

染上了某种恐怖的致命疾病一样向我冲了过来，嘴里大声喊道：

“我听说你在用我的音乐跳舞！不行，不行！我的音乐可不是用来跳舞的音乐，不管什么人，都不能用它来跳舞。”

我拉住他的手，把他领到一把椅子旁边。

“请坐，”我说，“我先用你的音乐跳段舞给你看，如果你不喜欢的话，我发誓以后再也不会用它来跳舞了。”

然后我就用《那耳喀索斯》跳了一段舞。在优美的旋律中，我仿佛看到了这样一个场景：年轻的那耳喀索斯站在小溪边，凝视着自己在水中的倒影。他看着看着，终于爱上了自己的影子，最后他憔悴而死，化作一朵水仙花。就这样，我按照我的理解为内文跳了一曲。最后一个音符还没完全结束，他就从椅子上跳了起来，然后冲过来一下子抱住了我，满含泪水的双眼凝望着我。

“你真是一个天使，”他说，“你就是歌舞女神。你跳的这些动作，正是我在创作这首乐曲时心中所想的。”

接下来，我又为他跳了《奥菲利娅》和《水宁芙》。他的情绪变得越来越高昂，最后他干脆主动坐到了钢琴前面，为我即兴创作了一首名为《春天》的优美舞曲——让我遗憾终生的是，虽然他为我弹奏过很多次这首曲子，却始终没有将它记录下来。内文彻底被我的舞蹈征服了，他建议我在卡内基音乐厅的小音乐厅里举行几次舞蹈演出，而他则要亲自为我伴奏。

内文开始亲自策划和筹备这场音乐会，从租场地到做广告，他都亲力亲为。每天晚上，他还要和我一起排练。我一直觉得内文完全具备成为一个伟大作曲家的潜质。他原本可以成为美国的肖邦，但是在残酷的生活环境中，他不得不为了生计而四处奔波，最后他患上了严重的疾病，并最终不幸英年早逝。

我的第一场演出极为成功，接下来又演了几场，在整个纽约引起了轰动。如果当时我们能够现实一点，找一个好的经纪人，也许从那时开始我就可以让自己的事业变得一帆风顺了，但是当时的我们简直就是一个无知的可怜虫。

观看演出的人里面有很多上流社会的女士，演出成功之后，她们纷纷邀请我去她们位于纽约的家里的客厅中演出。这时我根据菲茨杰拉德[①]翻译的波斯诗人奥马尔·海亚姆[②]的一首诗自编了一段舞蹈，在跳舞时，有时是我的哥哥奥古斯丁，有时是我的姐姐伊丽莎白，他们为我朗读伴奏。

夏天即将到来。阿斯特夫人[③]请我到她纽波特的别墅去跳舞。我和妈妈以及伊丽莎白三个人一起去了那里。那时纽波特可以说是纽约最时髦的娱乐场所。阿斯特夫人在美国的地位极高，就像女王在英国一样。人们见到她时表现得比见到英国女王陛下还要恭敬，不过我倒觉得她其实是挺平易近人的一个人。她安排我在她的草坪上跳舞，纽波特上流社会的头面人物全都来看我在草坪上表演。我至今还保留着一张那次演出的照片，德高望重的阿斯特夫人坐在

---

① 菲茨杰拉德（Edward Fitzgerald，1809—1883），英国诗人，因为英译了波斯诗人奥马尔·海亚姆的诗集《鲁拜集》而闻名。

② 奥马尔·海亚姆（Omar Khayyám，1048—1131），波斯诗人、天文学家、数学家。海亚姆意为“天幕制造者”，他一生研究各门学问，尤精天文学。当时的苏丹非常器重海亚姆，委以更改历法的重任，1079年所实行的新历亚拉里历比蒋年西旧历更为精确。除无数天文图谱以及一部代数学论文之外，海亚姆还留下诗集《柔巴依集》（又译《鲁拜集》）。

③ 阿斯特夫人（Caroline Schermerhorn Astor，1830—1908），美国著名的社会名流，尊称“阿斯特夫人”，阿斯特家族成员之一。因广泛的社交圈和社会活动组织者而闻名。

亨利·莱尔[1]的身旁，在她周围，有范德比尔特[2]、贝尔蒙多[3]及菲什[4]等几大家族的一大帮人。后来我还到纽波特其他几家别墅去表演过舞蹈，可是那些太太们都很吝啬，付给我们的报酬连路费和饭费都不够。而且，她们虽然很喜欢我的舞蹈，并且认为我的舞蹈很优美，但却没有一个人能够真正地理解。总的来说，纽波特之行让我很失望。这些人总是自命不凡，而且为富不仁，他们根本就不懂艺术。

那时，人们觉得艺术家低人一等，只不过是高级一些的仆人罢了，但终归还是仆人。现在这种观念已得到了很大程度的改善，特别是在帕德雷夫斯基[5]当上波兰共和国的总理以后。如同在加利福尼亚时一样，纽约的生活也无法让我满意。因此我非常希望自己能找到一个

---

① 亨利·莱尔（Henry Symes "Harry" Lehr，1869—1929），美国镀金时代的社会名流。

② 范德比尔特（Vanderbilts），一个原本生活在荷兰，兴起于镀金时代的美国家族。他们的财富最早来自于由康内留斯·范德比尔特创建的航运与铁路运输帝国，慢慢拓展到其他诸多领域。康内留斯·范德比尔特的后代建造了诸多房产：第五大道上的豪宅，位于罗得岛州纽波特的夏季别墅，著名的比尔特摩庄园以及其他多地的房产。该家族的声望一直持续到20世纪中叶，第五大道豪宅被拆毁，其他房产被出售或转变成为博物馆。尽管遭受家族衰败和重大的财产损失，范德比尔特家族仍是美国历史上第七富裕家族。

③ 贝尔蒙多（Belmonts），源于德国，兴起于镀金时代的美国家族。家族创建者是奥古斯特·贝尔蒙多（August Belmont），德国出生的美国银行家和外交家。家族涉足领域有银行业、保险业、政界和艺术领域等。

④ 菲什（Fishes），源于英国的涉足美国政界的家族。家族创建人是乔纳森·菲什（Jonathan Fish）。

⑤ 帕德雷夫斯基（Ignacy Jan Paderewski，1860—1941），波兰钢琴家、作曲家、政治家、外交家，是19世纪末20世纪初杰出的世界级钢琴大师之一，1919年曾出任波兰总理，并兼任外交部长。

比纽约更令人感到愉快的生活环境。于是，我想到了伦敦，在那里可以见到很多的作家和画家，例如乔治·梅瑞狄斯①、亨利·詹姆斯②、瓦茨③、史文朋④、伯恩-琼斯⑤、惠斯勒⑥……这是些多么神奇的名字呀。说实话，在纽约的那段日子，我没有找到一个能够对我的理想表示理

① 乔治·梅瑞狄斯（George Meredith，1828—1909），英国维多利亚时代诗人、小说家。他的诗歌多取材于现实和个人经历，真诚地表达自己的悲伤与快乐；他的小说如《比尤坎普的职业》《利己主义者》和《十字路口的戴安娜》以其结构严密，人物形象鲜明，对话精彩获得了评论家和读者的一致欢迎；他对喜剧创作的论文是喜剧理论上的重要文献；他作为审稿人给年轻作家的建议和对他们作品的评论影响了很多作家。

② 亨利·詹姆斯（Henry James，1843—1916），英国以及美国的作家。他出身于纽约的上层知识分子家庭，父亲老亨利·詹姆斯是著名学者，兄长威廉·詹姆斯是知名的哲学家和心理学家。詹姆斯本人长期旅居欧洲，对19世纪末美国和欧洲的上层生活有细致入微的观察。代表作：《仕女图》《华盛顿广场》《大使》等。

③ 瓦茨（George Frederic Watts，1817—1904），英国维多利亚时代画家、雕刻家。

④ 史文朋（Algernon Charles Swinburne，1837—1909），英国诗人、剧作家、小说家和文艺批评家。代表作：《阿塔兰塔在卡吕冬》等。

⑤ 伯恩-琼斯（Sir Edward Coley Burne-Jones, 1st Baronet ARA，1833—1898），英国艺术家和设计师，与前拉斐尔兄弟会有密切联系。他是威廉·莫里斯的朋友，创作过包括彩色玻璃在内的许多装饰艺术品。他的早期画风则受罗塞蒂影响，19世纪60年代开始形成自己的风格，绘制了包括《梅林的诱惑》在内的一系列名作。

⑥ 惠斯勒（James McNeill Whistler，1834—1903），著名印象派画家，父亲是美国工程师，全家曾居于圣彼得堡。惠斯勒曾入读西点军校，之后以自选画家为职业。惠斯勒出生于马萨诸塞州，21岁时怀着成为艺术家的雄心前往巴黎。他在伦敦建立起事业，从此未曾返回祖国。多年后，他成为19世纪美术史上最前卫的画家之一。作为一名旅居者，惠斯勒没有受到为道德而艺术的美国趋势的影响。相反，他甚至追求唯美主义，即“为艺术而艺术”（Art for art’s sake），这种理论认为美感应当是艺术追求的唯一目标。

解和支持的人。

这时，伊丽莎白开办的舞蹈学校里的学生变得越来越多，于是我们就从卡内基音乐厅的排练房搬到了温莎旅馆一楼的两个大房间里，这里每个星期的房租是 90 美元。不久我们就发现，舞蹈班的学费根本不够支付房租和其他开支，虽然我们表面看来很成功，但实际上我们的银行账户上已经出现了赤字。温莎旅馆里气氛沉闷，我们住在那里感受不到丝毫的快乐，却要支付那么多钱。一天晚上，我和姐姐坐在火炉旁，筹划着从哪里去弄些钱来支付这些费用。我突然脱口而出："只有一个办法能救我们，就是旅馆突然失火被烧掉！"旅馆的三楼住着一位老太太，她的房间里全是古旧的家具和名画。这个老太太有个习惯，每天早上八点钟准时到楼下餐厅吃早餐。我们决定第二天见到她时由我开口向她借钱。第二天当我向她提出借钱时，正好赶上老太太心情不好，她不但拒绝借钱给我，还不停地向我抱怨旅馆的咖啡不好。

"我在这家旅馆已经住了好多年了，"她说，"如果他们不给我提供好咖啡的话，我就离开这里。"

当天下午，她就真的离开这里了，整座旅馆突然着了火，变成了一片废墟。伊丽莎白表现得非常镇定，她勇敢地救出了舞蹈学校的所有学生，带着她们手牵着手安全地逃离了旅馆。可是我们的东西却因为来不及抢救全都被烧毁了，其中有我们家非常珍视的全家福画像。我们在同一条街上的白金汉旅馆暂时安顿了下来。几天以后，我们就和刚到纽约时一样了，变得身无分文。"这就是天意，"我说，"我们一定要去伦敦。"

第六章

在纽约经历了种种劫难之后，我们真的已经到了山穷水尽的地步，因此我打算到伦敦去。温莎旅馆的一场大火又把我们所有的行李都烧掉了，我们穷得连件换洗的衣服都没有。受雇于戴利剧院，在纽波特为纽约上流社会表演舞蹈，这些经历使我陷入了希望幻灭后的痛苦中。如果这就是美国对我所付出的辛勤努力做出的答复，我想，面对如此冷漠的观众，我也没必要再去敲响那扇紧闭的大门了。当时我最强烈的愿望就是去伦敦。

现在，家里只剩下四个人了——奥古斯丁有一次跟随一个小剧团到外地巡回演出，扮演罗密欧的他爱上了扮演朱丽叶的一个十六岁的姑娘。有一天，他回到家里宣布了他的婚事。这件事情被大家认为是对家庭的背叛。我至今也不明白，母亲究竟为什么在知道这件事以后就变得非常恼火——就像父亲第一次到我们家时一样，她走进了另一个房间，"哐当"一声关上了门。伊丽莎白沉默不语，保持中立的立场，雷蒙德则歇斯底里地大声喊叫起来。我是唯一一个对奥古斯丁怀有同情心的，我对他说，我愿意跟他一起去看他的太太。他把我带到了一条小巷中的一座陈旧的公寓里，爬了五层楼梯，进入一个房间，最后见到了他的朱丽叶。她长得非常漂亮，但是身体很虚弱，看起来像是生了病。奥古斯丁告诉我，她已经怀孕了。因此，在我们去伦敦的计划中，自然就不再将奥古斯丁列入其中。家人也将他当作旅途中掉队的人，他失去了和我们一起去追求远大前程的资格。

现在，我们又像初夏时一样住进了卡内基音乐厅那间家徒四壁的排练房，而且变得身无分文。那时我突然想到一个好主意，就是去找纽波特那些曾经看过我跳舞的阔太太们，请求她们资助我们前往伦敦的费用。我首先拜访了住在五十九号大街的一位夫人，她家的楼房就像宫殿一样雄伟，俯视着整座中央公园。我把温莎旅馆失火以及我们的家当全部被毁的事情告诉了她，并告诉她在纽约我无法得到足够的理解，而且确信能够在伦敦获得社会的认可。

最后，她走到书桌旁边，拿起笔签了一张支票，叠好之后交给了我。我眼含热泪向她致谢并告别，满怀感激之情离开了她的家，可是当我走到第五大街时才发现，这张支票上只有50美元，这根本不够我们一家人去伦敦的旅费。

接着，我又去找了另外一位百万富翁的妻子，她住在第五大街的尽头，我从第五十九号大街走了整整50个街区才走到她们家的豪宅。在那里，有个老太太接待了我，她的态度更加冷淡，她甚至指责我的请求属于非分之想，还向我解释说如果我当初学的是芭蕾舞，她对我的请求就会有不一样的看法，她说有一位她认识的芭蕾舞演员就通过跳舞发了大财！这时，我由于又着急又疲劳，竟突然一下子晕倒了。当时已经下午四点多钟了，而我却还没有吃午饭。那位太太见我这副样子，也许感到有些担心，便叫来一位威严的男管家，给我拿了一杯可可和一些烤面包。我的眼泪扑簌簌地掉进杯子里，掉在面包上，但是我还是极力地向这位太太阐述伦敦之行对我们一家人的重要性。

“将来我一定会名扬天下，”我对她说道，“您也会因为慧眼识才，赏识一位美国的舞蹈天才而备受赞誉。”

最后，这位拥有六千万身家的贵妇人也送了我一张支票——同样也是50美元！最后她还没忘了再加上一句：

“你挣了钱后可别忘了还钱。”

等我有了钱，可以把钱送给穷人，但绝不会把钱还给她。

就这样，当我游说了纽约很多百万富翁的太太之后，我们终于凑够了300美元，这笔钱够我们支付去伦敦的路费了。但如果想要在到了伦敦之后还剩下一点钱的话，这笔钱就不够买普通的二等舱船票了。

雷蒙德想到了一个好主意，他到各个码头去打听。最后终于找到了一艘开往赫尔①的运牛船。船长被雷蒙德的话打动了，虽然不合乎船上的规定，但他还是同意我们上了他的船。就这样，在一天早晨，我们只带了几个随身的包就上船了，因为我们的箱子已经在温莎旅馆的那场大火中被烧掉了。

我相信是这次航行让雷蒙德变成了一个素食者。船上装着二三百头牛，都是从美国中西部的平原上买来运到伦敦去的，它们乱哄哄地挤在货舱里，一天到晚用牛角互相碰撞着，不时地发出令人伤心的哀号，这情景让我们觉得特别难受。

后来，每当我坐在大型客轮豪华的舱室里时，我时常想起这次乘坐运牛船的航行，想起我们那时那种难以抑制的喜悦，我真不知道长时间舒适豪华的生活会不会让人变得神经衰弱。当时我们的伙食很差，主要食物是咸牛肉，喝的是有稻草味的茶，另外床铺很硬，船舱很小。可尽管如此，在去赫尔的这两个星期的旅途中，我们还是都很

---

① 赫尔（Hull），是英国英格兰约克郡－亨伯区域东约克郡的单一管理区、城市，以南250公里达英国首都伦敦，以西北13公里达东约克郡行政总部贝弗利（Beverley）。

高兴。乘坐这样的船出行，我们都不好意思用真实姓名来登记，因此我们签的是外祖母的姓——奥尔戈曼，我改名叫作玛琪·奥尔戈曼。

船上的大副是个爱尔兰人，我曾和他在船上的瞭望塔上一起度过了好几个迷人的月夜。他经常对我说："玛琪·奥尔戈曼，如果你愿意的话，我会成为你的好丈夫的。"好心的船长有时候会在晚上拿出一瓶威士忌，再配上点柠檬，给我们做香甜的热饮料喝。尽管在船上的生活很艰苦，可我们在一起过得非常愉快，只有货舱里的牛发出的呻吟和哀鸣让我们心情压抑。不知道现在他们是否还用这种野蛮的方式来运牛。

5 月的一个早晨，"奥尔戈曼"一家终于在赫尔登岸，乘了几小时的火车后，我们到达了伦敦，然后又变成"邓肯"一家。我记得好像是通过《泰晤士报》上的一则广告，让我们在大理石拱门附近找到了一家小旅馆。到伦敦的头几天，我们每天都坐着很便宜的公共马车到处闲逛，满怀欣喜，觉得周围的一切都是那样的赏心悦目，甚至完全忘记了我们已经没有多少钱了。我们喜欢上了观光游览，往往花上几小时去威斯敏斯特大教堂、大英博物馆、南肯辛顿博物馆、伦敦塔；我们还参观了英国国立植物园、里奇蒙公园和汉普顿宫等名胜。回到住处时，我们又兴奋又疲劳，就像是有个美国的富爸爸不断地寄钱给我们供我们游玩一样。就这样过了几个星期，直到有一天女房东气冲冲地向我们催要房租时，我们才从旅游的梦中惊醒。

有一天，我们在国家美术馆听了一场名为"科雷吉欧[①]笔下的维

① 科雷吉欧（Antonio Allegri da Correggio，1489—1534），意大利画家。他是文艺复兴时期帕尔马画派的创始人，并且创作了一些 16 世纪最蓬勃有力和奢华的画作。他的画风酝酿了巴洛克艺术，而其优美的风格又影响了 18 世纪的法国。

纳斯和阿多尼斯”的非常有趣的演讲，回到家时看到房东太太当着我们的面“砰”的一声把门关上了，我们仅有的一点行李也被扣在了里面，我们只能在门外的台阶上站着。大家翻遍了各自的口袋，只找出了大约 6 先令的钱。大家只好再次步行回到了大理石拱门和肯辛顿花园，在那儿的一条长椅子上坐了下来，思考着下一步应该怎么办。

邓肯舞蹈分解图

第七章

如果我们能够看到一部讲述自己过往经历的影片，我们肯定会对其中的某些场面感到惊讶："我怎么会是这个样子！"当然，我至今仍然记得我们一家四口在伦敦街头流浪的情形，就像查理·狄更斯小说里所写的人物那样，但是现在我却很难相信那是真实存在过的事情。像我们这样的年轻人在经历了一系列的灾难仍然保持乐观向上的态度，这还可以理解；但我那可怜的妈妈在之前已经遭受了无数的磨难，人也老了，可她那时却跟我们一样，对困难视若等闲，现在想起来，真是让人觉得难以置信。

徘徊在伦敦的街头，我们身无分文，没有一个朋友，也找不到可以过夜的地方。我们试着找了两三家旅馆，但由于我们没有行李，他们全都坚持让我们预付押金才能入住。我们又试了两三家提供寄宿的房屋，所有的女房东也都同样表现出一副铁石心肠。最后，我们只好打算在格林公园的长椅子上将就一下，然而没过多久就来了一个警察，他恶狠狠地让我们赶快滚开。

就这样，整整三天三夜过去了，我们只能以廉价的小面包果腹，即便如此，我们依然会去大英博物馆打发时光，由此可见我们的生命力有多么顽强。记得我在读德国作家约翰·温克尔曼①的《雅典之旅》的英译本时，就完全沉浸其中，反而忘记了我们的艰难处境。最后我哭了，但并不是为我们的不幸遭遇而哭，而是为温克尔曼在经过伟大的探险活动归来后却不幸身亡而哭泣。

第四天黎明，我终于下定决心要行动起来。我让妈妈、雷蒙德和伊丽莎白一声不吭地跟在我身后，然后四个人大模大样地走进了伦敦一家最豪华的酒店，我告诉那个睡得迷迷糊糊的夜班侍者，我们刚下火车，行李随后就会从利物浦运过来，先给我们安排一个房间，然后把早饭给我们送到房间里，早餐要有咖啡、荞麦蛋糕以及其他一些美国式佳肴。

那天，我们在舒适的床上睡了一整天，还不时地给楼下的侍者打电话，责问他为什么我们的行李还没有送到。

“如果不换一身衣服的话，我们根本无法外出。”我说。那天晚上，我们又在房间里吃了晚饭。

第二天一早，我估计再装下去就要露馅儿，于是便带着妈妈、雷蒙德和伊丽莎白大模大样地走出了酒店，跟进来时一样，只不过没有惊动夜班侍者。

到了大街上，我们精神大振，觉得又有精力来面对这个世界了。那天早晨，我们溜达到了切尔西，在一个老教堂的墓地里坐了下来。这时，我看到地上放着张报纸，便拾了起来，我的目光落在了一篇文

---

① 约翰·温克尔曼（Johann Joachim Winckelmann，1717—1768），生于勃兰登堡地区的施滕达尔，在哈布斯堡王朝的的里雅斯特逝世，德国考古学家、艺术学家、作家。

章上，文章说某位太太在格罗夫纳广场[①]购买了一座房子，要在那儿大宴宾客。在纽约的时候，我曾经在这位太太家里跳过舞，于是我突然有了一个主意。

“你们在这里等着。”我对他们说。

午饭前，我一个人赶到了格罗夫纳广场，找到了那位太太的房子。她当时正好在家，并且非常热情地接待了我。我对她说，目前我正给伦敦很多富人跳舞。

“太好了，星期五晚上我要举行一场宴会，”她说，“饭后你能到我这里来跳几段吗？”

我当然求之不得，但我同时也委婉地暗示她，如果要我按时前来表演，必须要预付一笔钱。她是个非常通情达理的人，马上就开了一张 10 英镑的支票，我拿着支票直接赶往切尔西的墓地，到达那里后才发现雷蒙德正在发表演说，大谈柏拉图的灵魂观。

“星期五的晚上我要到格罗夫纳广场一位夫人的家里表演舞蹈，王太子威尔士亲王也可能会到场。我们就要发财了！”我让他们看了支票。

雷蒙德说：“我们得用这笔钱来租一间排练房，并预付一个月的租金，绝不能再去忍受那些鄙俗的房东太太的侮辱了。”

我们在切尔西的国王路附近租了一小间房子，当天晚上我们就睡在了那里。没有床铺，我们就睡在地板上，但又有了像艺术家那样生活的感觉了。大家都赞成雷蒙德的主张，再也不能住寄宿旅馆那种粗俗的地方了。

---

① 格罗夫纳广场（Grosvenor Square），是英国伦敦的一个花园广场，位于奢华的梅费尔区。这是威斯敏斯特公爵梅费尔产业的核心，得名于其姓氏“格罗夫纳”。

预付完排练房的房租，还剩下了一点钱，我们就用来买了些罐头食品以备不时之需。我又在自由商店里买了几尺薄纱，到了星期五晚上，我就披着薄纱出现在了那位太太的宴会上。我先是跳了一曲内文的《那耳喀索斯》，在这个节目中我扮演一个纤弱的少年，因为当时我特别瘦，正好可以把主人公迷恋水中倒影的情景完美地展现出来。接着，我又跳了内文的《奥菲利娅》。这时我听到有人小声说道："这个孩子怎么表达得这么悲惨？"在晚会结束时，我又跳了门德尔松的《春之歌》。

母亲为我伴奏，伊丽莎白在一旁朗诵了几首安德鲁·朗格[①]翻译的古希腊诗人忒奥克里托斯[②]的诗，雷蒙德则简单地阐述了舞蹈对人类及未来可能产生的影响。对那些衣食无忧的听众来说，后面这种观点有些超出他们的理解能力，但是雷蒙德也很成功，女主人觉得很高兴。

这是一场典型的英国上流社会的聚会，没有人对我这个穿浅帮便鞋、着透明纱衣的跳舞的少女有什么评论，但很多年后我这一身简单的穿着却让德国人议论纷纷。英国是个非常有教养的国家，甚至没有一个人会评论我那别具一格的装束，当然，也没有人谈论我那具有独树一帜风格的舞蹈。大家只是说"太美了""好极了""非常感谢"以及其他诸如此类的话，而且仅限于此。

---

① 安德鲁·朗格（Andrew Lang，1844—1912），苏格兰著名诗人、小说作家及文学评论家。其对人类学亦有所贡献。安德鲁·朗格在当代最为人熟知的是其对民间故事及童话的收集。

② 忒奥克里托斯（Theocritus，约前310—前250），古希腊著名诗人、学者。西方田园诗派的创始人。早年在亚历山大学习，后返回西西里岛生活。一生从事诗歌创作，最为出名的成就还是田园诗歌的创作。在此之前的所谓的田园诗歌只是一种与音乐结合起来的民间创作，而忒奥克里托斯则将它彻底转化为一种纯文学体裁。在他之后，田园诗派得到了巨大的发展，并逐渐成为欧洲文学中的主流体裁。

不过，从那场晚会开始，我不断地收到邀请，请我到一些名人家里去跳舞。前一天我可能还在皇亲贵族家里或是劳瑟太太的花园里表演，第二天就可能连饭都吃不上。因为有的时候我可以拿到酬金，但更多的时候他们却连一个便士都不给我。女主人们总是对我说："你会在某某公爵夫人或是某某伯爵夫人面前跳舞。很多的名人显贵都会去看你跳舞，你会在伦敦变得大红大紫的。"

记得有一天，我在一次慈善募捐活动上连续跳了四小时的舞，所得到的报酬只是一位有地位的女士亲手为我倒了一杯茶，并且给我拿了一些草莓吃，可由于当时我已经好几天没有吃东西了，正生着病，草莓和奶油吃下去之后反而让我变得更加难受了。就在这时，另一位夫人拎着一大袋金币说："看，你给我们'盲女之家'募集到了这么多钱！"

我和母亲都是爱面子的人，实在是没有勇气对这些人说，她们的做法对我们而言是一种前所未有的残酷伤害。恰恰相反，为了装出一副发迹的样子，我们甚至连必需的食物都舍不得吃，只是为了省下钱来买几件像样的衣服。

我们在排练房里添置了几张轻便的单人床并且租了一架钢琴，但是大部分时间我们都是在大英博物馆里度过的。雷蒙德把那里所有的希腊花瓶和浮雕都用素描画了出来，而我则想用舞蹈和音乐来表现花瓶和浮雕上的人物造型，不管什么音乐，只要符合舞蹈节拍，与酒神祭祀群舞的甩头动作和牧人挥舞手杖的动作相一致就行。我们每天都要在大英博物馆待上几个小时，午饭只能吃便宜的面包和牛奶咖啡。

伦敦的美丽简直让我们着迷。在美国寻觅不到的各种文化和建筑的美，可以在伦敦尽情地欣赏。

离开纽约之前，我已经有一年的时间没有见过米洛斯基了。有一天，我收到了一位芝加哥朋友的来信，说米洛斯基自愿参加了对西班牙的战争，他随军在佛罗里达宿营时因为伤寒病死去了。这封信对我来说是个巨大的打击，我甚至无法相信这是真的。一天下午，我到库珀学院查阅了旧报纸的合订本，在一份用很小的铅字印刷而成的死者名单中，找到了米洛斯基的名字。

芝加哥那封来信把米洛斯基的妻子在伦敦的地址也告诉了我，于是有一天我雇了一辆双轮座马车，去了米洛斯基太太的家。她的家离城区很远，在汉默史密斯[①]的某个地方。当时我多少还受到了美国清教徒的影响，觉得伊万·米洛斯基竟然在伦敦留下了一个妻子，这件事他从来没有向我提起过，因此我在去看她时谁也没有告诉。我把地址告诉了马车夫之后就上了车。不知道走了几英里的路，我想几乎已经到了伦敦的郊区。那里全是一排排的灰色小房子，样子非常相似，前门灰暗沉闷，不过每栋房子的标记图却都样式各异，引人注目，什么舍伍德别墅、格伦宅院，还有埃尔斯米·恩尼斯摩尔及其他一些完全不相符的名字，最后我找到了斯特拉府第。我按响门铃，开门的是一个满脸阴郁的女仆人。我向她说我想见见米洛斯基太太，她就带着我进入了闷热的客厅。那天我穿了一件格里那维式的白色细布连衣裙，腰上系了一条蓝色彩带，头上戴着一顶大草帽，卷曲的头发随意地披在肩上。

我听到楼上响起了脚步声，有人用尖细而又清晰的声音说道："好了，姑娘们，静一静，静一静。"原来斯特拉府第是一座女子学校。虽然米洛斯基已经不在人世，但是当时我的心情非常复杂，我既感到害

---

① 汉默史密斯（Hammersmith），是英国英格兰大伦敦汉默史密斯－富勒姆区的自治市，位于泰晤士河的北岸。汉默史密斯是伦敦的一大波兰人聚居地。

怕又有些嫉妒，就在此时，一个女人进入了客厅。我平生从未见过如此矮小的人。她身高不足 1.2 米，而且非常瘦弱，头发灰白稀疏，不过一双灰色的眼睛很有神，她的脸型很小，双唇薄而苍白。她非常热情地招待我，我则向她解释了我是什么人。

“我知道你，知道，”她说，“你是伊萨多拉，伊万在很多封写给我的信里都提起过你。”

“很遗憾，”我嗫嚅着说，“他从来没向我谈起你。”

“是的，”她说，“他不会这样做的，我原本打算到美国去找他的，可是现在……他走了。”

她说这些话时的语气让我一下子就哭了出来，然后她也哭了。就这样，我们好像变成了相交多年的老朋友。

她带着我到了她在楼上的房间，墙上挂满了伊万·米洛斯基的照片。其中有一张是他年轻时的照片，显得英俊潇洒、刚健有力。有一张相片是他身着戎装照的，已经被她用黑纱围了起来。她把他们的生活经历告诉了我——他怎样去美国寻找机会，以及由于没有足够的路费而没能两人同去。

“我真是应该和他一起去的。”她说，“他总是写信告诉我，过不了多久就会有钱，这样就可以让我去美国。”

可是，一年年过去了，她仍在女子学校当老师，头发都等白了，可伊万却始终没有给她寄来去美国的路费。

拿这位耐心的小老太太（在我看来她已经很老了）的命运与我大胆的冒险旅程相比，我觉得有点不可思议。既然是伊万的太太，她要想去美国的话为什么不去呢？就算坐货舱去也可以啊！我始终不明白，一个人想做一件事的时候为什么不马上去做呢？因为如果我想做什么事的话，绝不会犹豫不决。虽然这经常会给我带来灾难和不幸，但至少我从中得到了一种满足感。这个可怜而有耐心的小女人怎能年复一年地等着一个男人——自己的丈夫——来请她去美国呢?

我坐在房间里，看着四面墙上挂满的伊万相片，她紧紧抓着我的手不停地跟我谈论着伊万，不知不觉天已经黑了下来。

她希望我以后再去看她，我则说让她去找我们，她说自己抽不出时间，她一大早便要开始工作，教孩子们做练习和批改作业直到深夜。

由于我已经把马车打发走了，所以只能乘坐公共马车回家。半路上，想起苦命的伊万·米洛斯基和他那瘦小可怜的太太，我忍不住哭了，但同时我也很奇怪地由于觉得自己具有追求理想的坚强个性而欣喜，对于那些生活中的弱者和消极等待的人则有一种鄙视的态度。这也许就是容易走极端的年轻人的残酷吧。

以前，我都是把米洛斯基的照片和信件放在枕头下面来睡觉的，但从那天以后，我就把它们放到箱子里的一个袋子里。

当我们在切尔西的排练房第一个月租期满后，天气已经变得非常炎热了，于是我们就在肯辛顿租了另外一间带家具的排练房。在那里我有了一架钢琴，工作空间也变大了一些。可是到了7月底和8月之后，伦敦的社交季节便结束了，我们手头并没有几个钱。整个8月，我们都是在肯辛顿博物馆和大英博物馆度过的。我们经常在大英博物馆闭馆后，步行回到位于肯辛顿的排练房。

有一天晚上，让我感到非常惊讶的是，米洛斯基太太来了，她邀请我去吃饭。她表现得非常兴奋——这次外出对她来讲可真是一件大事，她甚至点了一瓶勃艮第葡萄酒。她不停地问我伊万在芝加哥时是什么样子，都说过什么话。我便告诉她伊万有多么喜欢在树林里采集黄菊花；还说有一天我怎样看到阳光照在他的红胡子上，照在他抱着的一捧黄菊花上；我还告诉她，我总是将他与这种黄菊花联系在一起。

听完这些事以后，她哭了，我也陪着一起落泪。我们又喝了一瓶勃艮第酒，让自己完全沉醉在了对米洛斯基的回忆中。最后，她换乘了好几趟马车，才回到了斯特拉府第的家。

进入 9 月，伊丽莎白决定回美国挣些钱。因为她一直和我们在纽约时所教的学生的母亲们有联系，其中一位寄给她一张支票，足够让她买回到纽约的船票。

“如果我挣了钱，就可以给你们寄一些来。”她说，“你很快就能名利双收，到那时我再过来与你们团聚。”

记得我们去位于肯辛顿大街上的一家商店给她买了一件暖和的旅行外套，最后送她上了回美国的轮船。剩下的三个人回到了排练房，那之后的好多天，我们都感到很失落。

温柔活泼的伊丽莎白走了，寒冷阴郁的 10 月来了。我们第一次见识了伦敦的雾天。每天喝廉价的羹汤可能让我们患上了贫血症，连大英博物馆都失去了吸引力。很长一段时间里，我们甚至都不敢外出，只能整天裹着毯子坐在排练房里，在用硬纸板制成的简易棋盘上下跳棋。

就像回首以往精神高涨时的欢快心情会让我觉得非常吃惊一样，回首这段精神异常萎靡不振的日子，也让我惊讶异常。事实上，有时候我们早上连起床的勇气都没有，经常在床上一睡就是一天。

后来，我们收到了伊丽莎白的来信和汇款。她已经到了纽约，临时住在第五大街的白金汉旅馆，并且开办了一个舞蹈学习班，日子过得还不错。这个消息让我们的精神为之一振。恰好这时排练房的租期又满了，我们便在肯辛顿广场租了一间带家具的小房子，这样我们到广场花园去就方便多了。

在一个深秋的暖和的晚上，我和雷蒙德正在花园里跳舞，有一位头戴大黑帽的美艳绝伦的女士突然找到了我们，她问道："你们究竟是从哪儿来的？"

"不是从哪儿来的，"我答道，"是从天上下来的。"

"好吧，"她说，"不管你们是从地上来的还是从天上来的，你们都非常可爱，想不想到我家里去玩玩？"

我们跟着她来到了肯辛顿广场附近她十分漂亮的家里，墙上挂着伯恩-琼斯、罗塞蒂[①]和威廉·莫里斯[②]等著名画家为她画的很多逼真而漂亮的画像。

她就是帕特里克·坎贝尔夫人[③]。她坐下来为我们弹钢琴，唱古老的英国歌曲，接下来又为我们背诵诗歌，最后我为她跳舞。她非常美丽，有一头浓密的黑发，眼睛又黑又大，皮肤如同凝脂一样娇嫩细腻，还有一副女神才能拥有的美妙歌喉。

很快，我们就喜欢上了这位夫人。通过这次见面，毫无疑问，她把我们从忧郁和沮丧的情绪中解救了出来，也成了我生命中的一个重要转折点。坎贝尔夫人非常欣赏我的舞蹈，她写了一封信，把我介绍给了乔治·温德姆夫人[④]。她对我们说，当她还是个孩子时，第一次演

---

① 罗塞蒂（Dante Gabriel Rossetti，1828—1882），英国画家、诗人、插图画家和翻译家，是前拉斐尔派的创始人之一。

② 威廉·莫里斯（William Morris，1834—1896），英国艺术与工艺美术运动的领导人之一。世界知名的家具、壁纸花样和布料花纹的设计者兼画家。他同时是一位小说家和诗人，也是英国社会主义运动的早期发起者之一。

③ 帕特里克·坎贝尔夫人（Mrs Patrick Campbell，1865—1940），英国女演员，最初是演戏剧，68岁时开始演电影。

④ 乔治·温德姆夫人（Mrs George Wyndham，1855—1929），英国著名政治家、保守党政要乔治·温德姆的妻子。

出就是在温德姆夫人家里，当时她背诵了一段朱丽叶的台词。温德姆夫人非常热情地接待了我，那也是我第一次在暖烘烘的壁炉前喝英式下午茶。

炉火非常旺，食物是黄油面包和三明治，还有香气诱人的酽茶。屋子外面是一片浓重的黄色雾气，屋里是一种优雅闲适的气氛，这一切都让伦敦变得更加可爱。如果说以前的我已经被伦敦吸引，那么此时此刻的我已经深深地爱上了它。温德姆夫人的房子里真的具有一股魔力，那里既安全、舒适，又从容、优雅，充满了文化的气息。在那里我如鱼得水，有一种从容自在的感觉。还有那间漂亮的书房，也让我非常着迷。

在温德姆夫人家里，我第一次见识到了气质优雅的英国仆人所具有的风度，他们的神态稳重高贵，行为庄重大方，他们为自己能够为“高尚的家庭”服务而感到骄傲，不像美国仆人那样总是对自己的身份感到自卑，一心想着往上流社会爬。这些英国仆人世代为仆，他们的后代也乐于步祖辈、父辈的后尘，这样也能让社会生活变得平静而安定。

一天晚上，温德姆夫人安排我在她家的客厅里跳舞，伦敦著名的文学家和艺术家几乎全都到场。在那里，我遇到了一个对我的一生产生了巨大影响的男人。当时他大约有五十岁，在我见过的男人中，他最英俊。他的额头突出，双眼深邃有神，有一个希腊式的鼻梁，双唇温柔优美，身材修长，后背微弓，中分的灰白头发自然地覆盖在了耳朵上，脸上的表情让人觉得格外温馨。这个人就是画家查尔斯·哈利[①]——一位著名钢琴家的儿子。这真

① 查尔斯·哈利（Charles Edward Hallé，1846—1914），英国画家、画廊经理。是英国著名钢琴家查尔斯·哈利爵士之子。

是一件怪事，此前我遇到了很多向我示爱的年轻人，但没有一个能让我动心，实际上我甚至都没有注意到他们的存在，但我却突然对这个五十岁的男人产生了炽烈的感情。

他曾经是玛丽·安德森[①]年轻时的知己，他邀请我到他的工作室去喝茶，并且让我看了安德森在扮演《科利奥兰纳斯》[②]中的弗吉利亚时所穿的戏服，他一直将它当成一件神圣的纪念品来珍藏。这次访问以后，我们的友情变得越来越深，几乎每个下午我都会往他那里跑。他告诉了我关于伯恩－琼斯的很多事情，他曾经与哈利是亲密的朋友；还有罗塞蒂、威廉·莫里斯以及整个前拉斐尔派的很多人和事。另外，我们还谈到了长期侨居英国的美国画家惠斯勒以及被誉为“桂冠诗人”的丁尼生，所有这些人他都很熟悉。在他的工作室，我度过了很多难忘的时光，我对那些大师们的艺术成就的了解，大都来自这位招人喜爱的艺术家。

那时，查尔斯·哈利担任新美术馆的馆长，那里展出着所有当代画家的作品。那是一座精致迷人的小美术馆，美术馆的中央是一座带喷泉的大厅。查尔斯·哈利建议我去那儿表演舞蹈，同时还把我介绍给了他的朋友们，其中包括画家威廉·里奇蒙爵士[③]、学者安德鲁·朗格先生以及作曲家休伯特·帕里爵士[④]。他们答应要作一次演讲，由威

---

① 玛丽·安德森（Mary Anderson，1859—1940），美国舞台剧女演员。

②《科利奥兰纳斯》(Coriolanus)，又译《大将军寇流兰》，是莎士比亚撰写的一部历史悲剧，一般认为是写于1605年至1608年之间，讲述罗马共和国的英雄科利奥兰纳斯因脾气暴躁，被逐出罗马的故事。

③ 威廉·里奇蒙爵士（Sir William Blake Richmond，1841—1921），英国插画家、画家、雕塑家和镶嵌艺术设计师。位于英国伦敦的圣保罗教堂就是他的镶嵌艺术的代表作。

④ 休伯特·帕里爵士（Sir Charles Hubert Hastings Parry，1848—1918），英国作曲家、音乐教育家、音乐学家。

廉·里奇蒙爵士讲解舞蹈与绘画的关系，安德鲁·朗格讲解舞蹈与音乐的关系。我在中央的大厅里表演舞蹈，中间是一座喷泉，四周种满了珍稀的花木和一排排的棕榈树。这些舞蹈节目都非常成功，报纸以极大热情进行了报道，而查尔斯·哈利也对我的成功感到非常高兴。伦敦的名流纷纷邀请我喝茶或吃饭，在这段时间里，幸运不断地降临到我们的生活中。一天下午，在罗纳德夫人家举行的酒会上，有人当着很多人的面把我介绍给了威尔士王子——也就是后来的爱德华国王。他说我恰似著名画家庚斯博罗[①]笔下的美女，这样的赞誉更增加了我在伦敦社交圈子里的名声。

我们开始交上了好运，于是便在沃里克广场附近租了一个大的排练房。在那里，我有足够的时间来编创一套新的舞蹈，其中的灵感主要是我在国家美术馆欣赏意大利艺术品时产生的——尽管我觉得这段时间我也曾深受伯恩－琼斯以及罗塞蒂的影响。

就在那段时间，有位年轻的诗人闯入了我的生活。他刚刚从牛津大学毕业，拥有温柔甜美的嗓音以及一双梦幻般的眼睛。他出身于斯图尔特家族的旁系，名字叫作道格拉斯·安斯利[②]。每天傍晚，他都会夹着几本诗集出现在我的排练房中，然后为我读史文朋、济慈、勃朗宁、罗塞蒂和奥斯卡·王尔德的诗。他喜欢大声朗诵，我也特别喜欢听。可怜的母亲觉得自己绝对有必要在这种场合下陪伴我。虽然她也懂得这些诗，而且也非常喜欢，但却不欣赏安斯利朗诵诗歌的牛津风格，因此往往在过了一个小时左右之后，尤其是当安斯利开始读威

---

① 庚斯博罗（Thomas Gainsborough，1727—1788），英国肖像画及风景画家。他是皇家艺术研究院的创始人之一，曾为英国皇室绘制过许多作品，并与竞争对手约书亚·雷诺兹同为18世纪末期英国著名肖像画家。

② 道格拉斯·安斯利（Douglas Ainslie，1865—1948），苏格兰诗人、翻译家、文艺评论家和外交官。

廉·莫里斯的诗歌时，她就睡着了，这时刻，年轻的诗人就会俯下身来轻轻地吻我的脸。我对这样的友情感到非常满足。除了安斯利和查尔斯·哈利以外，我不想再交其他的朋友了。一般的年轻人都让我感到厌烦，虽然当时有很多人在伦敦的客厅里看了我的舞蹈后，经常会兴致勃勃地来见我或者想带我外出，但是我的态度非常的高傲冷漠，所以他们也便知难而退了。

查尔斯·哈利住在卡多根大街的一座古老的小房子里，他还有一个年轻可爱的小妹妹。哈利小姐对我也很好，经常请我出去吃饭，就只有我们三个人一起吃。我第一次去见著名演员亨利·欧文①和埃伦·特里②的时候，也是由他们俩陪我一起去的。我第一次看的欧文的演出是《钟楼》，他那伟大的表演艺术使我产生了由衷的热情和敬佩，并且沉醉其中，以至于几个星期都睡不好觉。至于埃伦·特里，她是我一生都无比崇拜的偶像。即使从来没有看过欧文的演出，也可以理解他那令人激动的、优美而崇高的表演。他那智慧的力量以及阐释戏剧的能力令人心醉，无法用语言来形容。他是一个天才的艺术家，就算是缺点，在人们的赞美声中，也会变成他的优点。在他的身上，具有但丁式的天才和高贵的品质。

在那年夏天里的一天，查尔斯·哈利带着我去拜访大画家瓦茨，在瓦茨家的花园里，我给他跳了一曲。在瓦茨家，我看到埃伦·特里那美妙的脸庞多次出现在了他的画布上。我们一起在花园里散步，他则为我讲了很多关于她的表演艺术以及生活中的趣事。

---

① 亨利·欧文（Sir Henry Irving，1838—1905），英国维多利亚时代著名的舞台剧演员。

② 埃伦·特里（Ellen Terry，1847—1928），英国著名舞台剧女演员，一生因多次饰演莎士比亚剧而闻名。

当时埃伦·特里已经是一个成熟的女人，那种天然的女性之美在她身上展露无遗，而不再是瓦茨想象中的身材修长苗条的少女。当时的她丰乳肥臀，仪态雍容，风情万种，展现出了与当今人们的审美理念截然不同的健壮之美！如果现在的观众见到当时的埃伦·特里，肯定会不厌其烦地劝她下定决心来节食减肥，令她无暇他顾。但是我敢保证，如果她当时像现在的女演员一样，耗时费力地想让自己变得更年轻、更苗条，那么她那伟大的演技肯定会受到损害。她的身材并不苗条，但她无疑是成熟女性美的典范。

就这样，我结识了很多当时伦敦文学界和艺术界最优秀的名人。随着冬天逐渐过去，沙龙举办的次数越来越少了。有一段时间，我加入了本森剧团，但也不过是扮演《仲夏夜之梦》中的第一仙女。剧院的经理们似乎总是无法理解我的舞蹈艺术，或者说他们没有意识到我的想法能为他们带来多么巨大的收益。但是自从赖恩哈特、吉梅尔和其他先锋派的作品上演之后，舞台上却突然冒出了那么多模仿我的舞蹈流派的坏版本，这真让人觉得非常奇怪！

一天，我被别人引见给了特里女士[①]（当时她已经是夫人了）。在排练期间，我到了她位于楼上的化妆间，她非常热情。按照她的安排，我换上了舞蹈服装，然后她带着我去舞台上为比尔博姆·特里[②]跳舞（我为他跳了一曲门德尔松的《春之歌》），可他却心不在焉地盯着天花板上的几只苍蝇，几乎懒得瞧上我一眼。后来，在莫斯科举行的一次宴会上，当他举杯祝贺我成为世界上伟大的艺术家时，我向他提到了

① 特里女士（Lady Tree，本名 Helen Maud Holt，1863—1937），英国著名女演员。

② 比尔博姆·特里（Sir Herbert Beerbohm Tree，1852—1917），英国演员、剧院经理。曾任英国伦敦甘草剧院和女王陛下剧院的经理。

这件事。

“什么？”他惊诧道，“我看到您的舞蹈、您的美丽和您的青春时，竟会做出如此不懂得欣赏的举动？唉，我是多么愚蠢啊！”他又补充道，“可惜现在太晚了，太晚了！”

“永远不会太晚的。”我回答道。从那之后，他对我的评价一直都很高——关于这件事，以后我还会提及。

说实话，我当时真的不明白，既然我在伦敦已经受到了绝大多数我遇到的画家和诗人的热情赞赏，如安德鲁·朗格、瓦茨、埃德温·阿诺德爵士[①]、奥斯丁·杜布森[②]和查尔斯·哈利等人，可为什么伦敦的剧院经理们却一直无动于衷呢？或许是我的艺术所传达的信息都源自灵魂的深处，他们那种粗劣而又功利的舞台艺术观点则难以理解这些信息。

白天，我在自己的排练房里练功，到了黄昏，要么是那位诗人来给我读诗，要么就是画家带我出去或看我跳舞，他们两个人从来都不碰面，因为他们彼此之间已经产生了强烈的妒意。诗人说他不明白为什么我要浪费时间和那个老家伙在一起，而画家则说他实在搞不懂我这么一个聪明的女孩子为什么要和一个毛孩子搅在一块儿。但是我却是从与他们俩的交往中感受到了快乐，我实在弄不清自己究竟更喜欢哪一个。不过星期天一直是完全留给哈利的，我们俩会在他的画室中一起用午餐——吃来自斯特拉斯堡的鹅肝，喝点雪莉酒或是他自己煮的咖啡。

有一天，他允许我穿上了玛丽·安德森那件著名的演出服，摆出各种姿势，然后为我画了好几张速写。

冬天，就这样过去了。

---

①埃德温·阿诺德爵士（Sir Edwin Arnold,1832—1904），英国诗人、记者。

②奥斯丁·杜布森（Henry Austin Dobson, 1840—1921），英国诗人、散文家。

第八章

虽然我们的生活总是入不敷出，但是那段时间的生活却一直很稳定。这种日子让雷蒙德觉得不舒服，他去了巴黎。到春天的时候，他接连从巴黎发来电报，催我们到那里去。就这样，我和妈妈收拾了一下行李，坐上了横渡英吉利海峡的轮船。

离开了大雾弥漫的伦敦以后，在一个春光明媚的早晨，我们来到了法国的瑟堡[①]。法国看起来就像一座花园，从瑟堡到巴黎的路上，我们总是把头伸出三等车厢的窗口，饱览窗外的美景。雷蒙德在火车站接我们，他留着齐耳长发，穿着一件翻领上衣，领带飘垂在胸前。我们对他的怪异装束表示不解，但他说这是他居住的拉丁区[②]的时尚装扮。他把我们带到了他的住处，我们看到一个女店员正从他那儿跑下

① 瑟堡（Cherbourg），位于法国西北下诺曼底大区芒什省的一个城镇，瑟堡港是法国西北部重要军港和商港。在科唐坦半岛北端，临拉芒什海峡（英吉利海峡）。有长达3.7公里长的防波堤，是军事要塞。有军用船舰制造、造船、机械、冶金、电子等工业。从南北美洲到欧洲大陆的邮船大都在此停泊。

② 拉丁区（Latin Quarter），处于巴黎第五区和第六区之间，从圣日耳曼德佩区到卢森堡公园，是巴黎著名的学府区。“拉丁区”这个名字来源于中世纪这里以拉丁语作为教学语言。

楼。为了给我们接风，他特意准备了一瓶红葡萄酒，说价值 30 生丁。喝完酒之后，我们开始出去找排练房。雷蒙德会说“chercher”（寻找）和“atelier”（排练房）这两个法语单词，于是我们在大街上一边走一边喊着“Chercher atelier”，但是我们并不清楚，法语里“atelier”这个词不仅指排练房，它还可以指任何一种工作场所。到黄昏时分，我们在一座院子里找到了一间排练房，房租非常便宜，一个月才 50 法郎，房间里还有家具。我们大喜过望，立即预付了一个月的租金。当时我们还不明白房租为什么那么便宜，可一到晚上我们就明白了。当我们静下神来想要休息的时候，忽然感到一阵可怕的震动，整间排练房以及里面的一切东西好像都跳到了半空，然后又重重地摔下来一样。这样的震动一次一次不停地重复着。雷蒙德下楼去查看，结果才发现我们正好住在一间夜间印刷厂的上面，难怪房租会那么便宜。这件事让我们觉得很沮丧，但是当时 50 法郎对我们来说还是一大笔钱，所以我对大家说我们权当这种噪声是大海的波涛声吧，就当我们是住在海边吧。这里的看门人给我们提供伙食，每个人的午饭要 25 生丁，晚饭包括酒的话要 1 法郎。她经常会送给我们一盘沙拉，然后很有礼貌地笑着说道：“先生、女士们，沙拉就由你们自己来调吧！”

雷蒙德断绝了与那个女店员的来往，一心想陪着我们。初到巴黎，我们对什么都觉得很新鲜。我们经常在早晨五点钟起床，先到卢森堡花园[①]里跳一阵子舞，然后再走几英里到巴黎卢浮宫待上几个小时。雷蒙德有一本画册，里面有各种希腊花瓶的图案，我们在希腊花瓶陈列室里待的时间太长了，最后连管理员都起了疑心。我只好连连

①卢森堡花园（Gardens of Luxembourg），是一座位于巴黎第六区、拉丁区中央的公园，于 1612 年玛丽·德·美第奇的统治下建成。卢森堡公园面积为 22.45 万平方米，如今是巴黎学生、游客聚集之地。

比画着向他解释——我们是来研究舞蹈的，他大概也觉得我们没有什么危害，只不过行为有些疯癫，于是便不再干涉我们了。记得我们经常在打过蜡的地板上一坐就是几个小时，滑动着看下面的几个架子上的展品，或者踮起脚叫喊：“看，这就是酒神狄俄倪索斯[①]！”或者说：“快来看啊，美狄亚[②]正在杀她的孩子呢！”

那段时间，我们每天都去卢浮宫，直到关门的时候才恋恋不舍地离去。在巴黎的这段时间虽然没有钱，也没有朋友，可我们却好像什么都拥有一样，卢浮宫变成了我们的天堂。那时我经常穿着一件白色的外衣，戴着一顶自由帽；雷蒙德则头戴一顶大黑帽，衣领上翻，领带系得很随意。当时在那里见过我们的人后来对我说，我们两个完全陶醉于希腊花瓶世界中的年轻人，看上去就像两个疯子。卢浮宫关门后，我们便踏着暮色往家走，还要在杜乐丽花园[③]里的雕像前逗留很久。回到家以后吃完芸豆和沙拉，尤其是喝过红葡萄酒之后，我们简

① 狄俄倪索斯（Dionysus），古希腊神话中的酒神，与古罗马人信奉的巴克斯（拉丁语：Bacchus）相对应。狄俄倪索斯是古希腊色雷斯人信奉的葡萄酒之神，不仅握有葡萄酒醉人的力量，还以布施欢乐与慈爱在当时成为极有感召力的神，他推动了古代社会的文明并确立了法则，维护着世界的和平。此外，他还护佑着希腊的农业与戏剧文化。

② 美狄亚（Medea），希腊神话中的人物。岛国科尔喀斯的公主，伊阿宋（以及埃勾斯）的妻子，也是神通广大的女巫。美狄亚的父亲是科尔喀斯国王埃厄忒斯。美狄亚被爱神之箭射中，与率领阿尔戈英雄前来寻找金羊毛的伊阿宋一见钟情，帮助伊阿宋盗取羊毛并杀害了自己的亲弟弟阿布绪尔托斯。不料对方后来移情别恋，美狄亚由爱生恨，将自己亲生的两个稚子杀害以泄愤，最后酿成了悲剧。

③ 杜乐丽花园（Tuileries Gardens），法国巴黎一座对外开放的庭园，位于卢浮宫与协和广场之间。杜乐丽花园是由王后凯瑟琳·德·美第奇于1564年时为了兴建杜乐丽宫所设计的。杜乐丽花园于1667年首次对外开放，并在法国大革命后成为公园。从19世纪开始，杜乐丽花园成为巴黎人民休闲、散步及放松心情的场所。

直像神仙一样快乐。

雷蒙德的铅笔画画得非常好，几个月的时间里他已经把卢浮宫内所有的希腊花瓶都临摹完了。后来他出版的画册中有几张人体的侧面画像，人们以为那也是从希腊花瓶上临摹下来的，但实际上那是雷蒙德在我跳舞时为我画的裸体舞蹈像。

除了卢浮宫，我们还去了克鲁尼博物馆①、卡纳瓦雷博物馆②、巴黎圣母院以及巴黎其他所有的博物馆。我对巴黎歌剧院门前正面卡波尔创作的群像和凯旋门上吕德创作的浮雕都着了迷。每一座历史建筑物都会让我们驻足良久，悠久灿烂的法兰西历史文化让我们这两个年轻的美国人心驰神往，兴奋不已。春去夏来，规模宏大的 1900 年巴黎博览会开幕了。一天早上，查尔斯·哈利突然来到我们位于盖特街的排练房，我又惊又喜，但雷蒙德却很不高兴。哈利是特意前来参加博览会的，从那一刻起，他与我几乎是形影不离。像他这么聪明而又迷人的向导真的再也难以找到第二个了。我们整天都在各种建筑物中穿梭游逛，晚上便在埃菲尔铁塔上就餐。哈利温柔体贴，每当我累的时候，他便用轮椅推着我走。但是我却总是提不起兴趣，因为博览会上的艺术品根本无法与卢浮宫里的艺术品相提并论。不过我还是很高兴，因为我爱巴黎，也爱查尔斯·哈利。

一到星期天，我们便乘火车去乡下，在凡尔赛宫花园或是圣日耳

① 克鲁尼博物馆（Cluny Museum），即现在的法国中世纪博物馆，该博物馆的建筑在过去曾是一座个人官邸，始建于 1334 年。现在博物馆内收藏有众多中世纪时期的藏品，其中又尤以挂毯类藏品而闻名。

② 卡纳瓦雷博物馆（Carnavalet Museum），是位于法国首都巴黎第三区的一座博物馆，也称巴黎历史博物馆或卡纳瓦雷美术馆。卡纳瓦雷博物馆是一座收藏并展示巴黎历史资料的市立博物馆，博物馆的建筑物本身也是历史建筑。博物馆内的藏品达到约 60 万件，涉足多个领域。

曼的森林里散步。我在林中给他跳舞，他则给我画速写。就这样，夏天很快就过去了。当然，可怜的妈妈和雷蒙德却不像我这么高兴。

1900 年的博览会给我留下的最深刻印象是日本伟大的悲剧舞蹈家川上贞奴[①]的表演。接连好几个晚上，这位伟大悲剧演员的绝妙表演都令我和查尔斯·哈利为之倾倒。

博览会留给我的另一个终生难忘而且更为深刻的印象，是“罗丹馆”。在那里，罗丹这位伟大的雕塑家的全部作品首次公开展出。当我第一次进入这个展馆时，我对这位艺术大师还没有什么了解，只是觉得自己进入了一个全新的世界。每次参观的时候，当听到那些无知的观众议论“他的头在哪儿”或“他的胳膊怎么没了”的时候，我都非常气愤，我经常回过头去厉声斥责他们：“你们懂什么？！这不是人体，而是艺术。这是一种象征，是对人生的领悟。”

秋天到了，博览会也接近尾声。查尔斯·哈利就要回伦敦了，回去之前，他把我介绍给了他的外甥查理斯·诺夫拉德[②]。“我把伊萨多拉托付给你来照顾！”他叮嘱道。诺夫拉德大约有二十五岁，看起来有点玩世不恭的样子，但是他对于照顾一位清纯美丽的美国女孩还是非常乐意的。他马上对我开展了一系列的法国艺术教育，给我讲了很多哥特式建筑的知识，而且让我知道了应当如何欣赏路易十三、十四、十五、十六时代的艺术。

---

① 川上贞奴（Sada Yacco，本名川上贞，也称“小山贞”，1871—1946），日本明治至昭和年间著名艺妓、女演员。曾在全球各地演出，从美国前总统麦金利到沙皇尼古拉二世均曾为她的观众，毕加索为她绘像，被视为名著《蝴蝶夫人》的原型人物。

② 查理斯·诺夫拉德（Charles Noufflard，1872—1952），法国政治家、政府官员。

那时，我们已经从盖特街的排练房离开了，用仅有的积蓄在维利埃大街租了一间大排练房。雷蒙德颇具匠心地进行了装饰，他将锡纸卷成筒套在了煤气灯的煤气输出口上面，让煤气穿过锡纸筒吐出火焰，就如同古罗马的喷灯一样。但这样一来，我们的煤气费也成倍地增加！在这里，母亲又开始演奏她的音乐，就如同我们的童年时代一样。她能够连续好几个小时去弹奏肖邦、舒曼和贝多芬的乐曲。我们的排练房里没有卧室，也没有浴室。雷蒙德在房间的四壁上画满了希腊圆柱，我们还有几个雕花的柜子，里面放着床垫，一到夜里就拿出来铺在柜子上用来睡觉。雷蒙德觉得穿什么鞋都不舒服，于是便发明了他那著名的休闲鞋。雷蒙德颇具发明创造的才华，每天晚上都会花上大半夜的时间来研究他的发明，他没完没了地在那里敲敲打打，而我和可怜的母亲只能躺在柜子上尽最大的努力入睡。

诺夫拉德是我们这里的常客。有一天，他带着他的两个好朋友来到了我们的排练房，其中一个是位很漂亮的小伙子，名字叫雅克·博吉耶[①]；另一位是青年作家，名叫安德烈·博尼埃[②]。诺夫拉德非常自豪地将我介绍给了他的朋友，并且将我看成了美国人中的佼佼者。当然，我为他们表演了一段舞蹈。当时我正在研究肖邦的序曲、华尔兹和玛祖卡[③]舞曲。母亲为我伴奏了好几个小时。那天她弹得棒极了，如男子般刚健有力而又激情洋溢，对作品的驾驭也恰到好处。就在那

---

① 雅克·博吉耶（Jacques Baugnies，1874—1925），法国画家。

② 安德烈·博尼埃（André Beaunier，1869—1925），法国小说家、文艺评论家。

③ 玛祖卡（Mazurkas），原为波兰一种民间舞蹈，其形式现在仍保留在许多芭蕾舞剧中，其音乐经过肖邦等人的发展后，已成为古典音乐中一种经典舞曲。

时，雅克·博吉耶想到了一个办法，请他的母亲德·圣马索夫人[①]——一位知名雕塑家的妻子，邀请我在某个晚会上为她的朋友跳舞助兴。

德·圣马索夫人的沙龙是巴黎最具艺术性也最时尚的沙龙之一。她在丈夫的工作室里帮我进行了一次排练，由一位英俊的男士为我弹奏钢琴。一看他的手指，我就知道他是个行家，我马上就被他吸引了。一见到我，他便高声惊叹道："多么美丽、多么迷人的孩子啊！真让人喜欢！"然后，他按照法国人的习惯，把我搂在怀里亲了亲我的双颊。他就是著名的作曲家梅萨热[②]。

在首演的晚会上。观众对我的表演表现出了极高的热情，这简直让我有一种受宠若惊的感觉。经常是一支舞还没有跳完的时候，他们便大声叫起来："好！太好了！太精彩了！太妙了！"第一曲刚刚跳完，便有一个双目炯炯、身材高大的男子站起来抱住了我。

"你叫什么名字，小姑娘？"

"伊萨多拉。"我回答。

"你的小名呢？"

"小时候他们称我为多丽塔。"

"噢，多丽塔，"他喊着，同时吻了我的眼、我的脸颊和我的双唇，"你太可爱啦！"后来，德·圣马索夫人拉着我的手说道："刚才

---

① 德·圣马索夫人（Madame de St. Marceau），法国著名雕塑家勒内·德·圣马索的妻子。

② 梅萨热（André Charles Prosper Messager，1853—1929），法国作曲家。早年跟从圣桑和福莱学习，并与他们成为好友，后来曾担任管风琴师，1898年起在巴黎喜歌剧院任指挥，后又到伦敦任英国皇家歌剧院的指挥。梅萨热是奥芬巴赫之后最著名的法国喜歌剧作曲家，生前作品非常流行。

那位先生非常有名，他的名字叫萨尔杜[①]。”

事实上，当时在座的绝大多数都是巴黎的顶尖人物。当我离开时，可以说是满载着鲜花和赞誉。我的三位骑士诺夫拉德、博吉耶和安德烈共同送我回到了家里，他们的脸上写满了自豪和得意，因为他们推荐的美国小女孩得到了大家的交口称赞。

在这三个年轻人里，后来和我关系最为密切的并非玩世不恭的诺夫拉德，也不是潇洒倜傥的博吉耶，而是那位身材矮胖、面色苍白的安德烈·博尼埃。尽管他面色苍白，小圆脸上还戴着一副眼镜，但他确实可以算是一个非常聪明的人。可能别人会不相信，但其实我一直都是理智型的人，我的很多爱情故事都是受了理智的驱使才发生的，与激情之中产生的爱情相比，它同样是强烈和有趣的。博尼埃当时正在写他的头两本著作《彼特拉克》和《西蒙德》。他每天都会来看我，也正是在和他的交往中，我对法国文学中所有最优秀的作品都有了一定的了解。

那时，我已经可以用法语轻松地进行阅读和对话了。博尼埃经常会花上整个下午和晚上的时间在我的排练房里为我朗读，他的嗓音极富韵味，声调抑扬顿挫。他给我读过莫里哀、福楼拜、特奥菲尔·戈蒂埃[②]和莫泊桑等作家的作品。通过他的朗读，我第一次听到了象征派

① 萨尔杜（Victorien Sardou，1831—1908），法国剧作家。萨尔杜最初的成功源于为女演员维尔日妮·德雅泽（Virginie Déjazet）创作的作品。他一生共写有几十部剧本，师承欧仁·斯克里布（Eugène Scribe）的佳构剧传统。其知名作品包括《潦草的小字》《费朵拉》《托斯卡》等。此外，他还写过大量轻松喜剧。1877 年当选为法兰西学术院院士。

② 特奥菲尔·戈蒂埃（Pierre Jules Théophile Gautier，1811—1872），法国 19 世纪重要的诗人、小说家、戏剧家和文艺批评家。

剧作家梅特林克[①]的《佩利亚斯与梅丽桑德》[②]，以及其他许许多多的当代法国文学名著。

每天下午，我的排练房都会响起“笃笃”的敲门声，那一定是博尼埃来了。他的腋下总是夹着一本新书或杂志。妈妈不理解我为什么会对这个人那么热情。因为他并不符合妈妈理想中的女婿标准。前面我已经说过了，他又矮又胖，眼睛很小，只有真正的智者才能够从那双闪烁的小眼睛里读出聪明和智慧。通常情况下，在他为我朗读两三个小时以后，我们会走出家门，坐在塞纳河边公共马车的上层，到城岛去欣赏月光下的巴黎圣母院。他对巴黎圣母院正面的每一座雕像都非常熟悉，能够讲出每一块石头的来历。然后我们会步行回家，我能够不时地感觉到安德烈有些胆怯地用手指轻轻触碰我的胳膊。每逢星期天，我们会乘坐火车赶到马尔利，然后像他在自己的书中曾描写的我们在林中漫步的情景一样——我沿着小路在他面前为他跳舞，像一位林中的仙女或精灵，咯咯咯地笑着向他招手。

他对我描述了他想要创作的所有文学作品的形式和内容。这些作品当然不可能成为“畅销书”，但是我坚信安德烈·博尼埃的名字将会带着“本世纪最优秀的作家”的荣誉而名垂青史。安德烈·博尼埃曾经有两次情绪非常激动的时候。一次是因为奥斯卡·王尔德去世了。当时他到了我这里，浑身颤抖，脸色更加苍白，情绪非常低落。我听说过王尔德的名字，但是对他的了解却很少，对他的作品也没有多么深刻的印象。我曾经读过他的一些诗，并且很喜欢，

① 梅特林克（Maurice Polydore Marie Bernard Maeterlinck，1862—1949），比利时诗人、剧作家、散文家，1911年诺贝尔文学奖获得者，其作品主题主要关于死亡及生命的意义。

②《佩利亚斯与梅丽桑德》（Pelléas et Mélisande），五幕歌剧，梅特林克编剧，德彪西谱曲，1902年4月30日在巴黎喜歌剧院首次公演。

然后安德烈才告诉了我一些关于王尔德的事。我问他王尔德为什么会坐牢，但安德烈却红着脸拒绝回答这个问题，只是颤抖着抓住了我的双手。我们俩在一起待到了很晚，他不停地对我说："你是我唯一的知己。"这让我产生了一种不祥的预感，似乎可怕的灾难马上就会降临。还有一次是在一天上午，他脸色惨白地来找我，可又是一言不发，脸上也没有任何表情，两只眼睛只是直瞪瞪地看着前方。他没有告诉我为什么会如此激动，只是临走时郑重其事地在我的额头上吻了一下。我突然有一种预感——他快要死了，这种预感让我感到既痛苦又焦虑。但是三天之后他又神采飞扬地回来了，并且坦诚地告诉我他去决斗了，手受了伤。我至今也不知道他为什么要去决斗，实际上我对他的生活可以说是一无所知。他一般是在下午五六点钟到我这儿来，然后根据天气情况或我们的情绪来决定到底是让他给我读书或是让他带着我出去散步。有一次我们在墨登树林里的一块空地上坐着，看到有四条路在此交会。他将右边的路称为"成功"，左边的路称为"和平"，向前的直路称为"不朽"。我问他："那么我们坐着的这条路又叫什么名字呢？""爱情。"他小声说道。"那我情愿永远留在这里。"我高兴地大叫。但他却说道："我们不能一直留在这里。"然后，他站起身来，沿着"不朽"那条路飞快地走了。

我感到非常的失望和迷惑，于是便急忙跟在后面追问道："但是为什么呢？为什么呢？为什么你要离我而去呢？"但是，在整个回家的路上，他再也没有说一句话，当陪我走到排练房门口之后，他就突然转身走了。

当我们这种不正常的热烈友情维持了一年多以后，出于真情，我希望它能够向着另一个方向有进一步的发展。于是在一天晚上，我设法支开了母亲和雷蒙德，让他们去看歌剧，家里只剩下我一个人——这天下午我还偷偷地买了一瓶香槟。晚上，我摆开了小桌，上面放着鲜花、香槟和两个酒杯；然后又穿上了一件透明的舞衣，头上戴着玫瑰花环，就像古代著名的妓女泰绮思一样，一心等着安德烈的到来。他来了，但是表现得非常惊异，甚至显得手足无措——香槟连碰都不碰。我为他跳舞，但他显然心不在焉，到最后他突然要走，说是晚上还有很多东西要写。就这样，面对着玫瑰花环和香槟，我独自垂泪，哭得伤心至极。

如果你们能够想到我是一个正处于含苞欲放的妙龄少女，就会觉得这件事情实在是难以理解。实际上我也是百思不得其解，当时我绝望地认为安德烈并不爱我。由于我的虚荣心和自尊心受到了严重伤害，我又气又恼，于是开始疯狂地与这三个好朋友中的另一个——雅克·博吉耶调情。他身材高大，金发飘飘，相貌堂堂，而且在拥抱接吻时表现得很主动，与安德烈的畏手畏脚大相径庭。但是这次尝试也未得善终。有一天晚上，我们在一起吃了一顿真正的香槟晚餐，然后他把我带到了一家旅馆，用化名以夫妻的名义开了一间房。我浑身颤抖，但内心觉得很幸福：我终于可以品尝到爱情的滋味了！他将我抱在怀里，如狂风暴雨般爱抚我。我的心怦怦跳个不停，每一根神经都非常兴奋，整个人沉浸到了极度的欢乐中。可就在这时，他突然惊恐地跳了起来，然后跪到床边，用难以言状的表情对我喊道："啊！你为什么不早点提醒我？我差一点儿就犯下不可饶恕的罪行！——不！不！你应该保持纯洁。穿上衣服，赶快穿上衣服吧！"

他对我的哀叹充耳不闻，为我披上了衣服，然后急忙带着我上了马车。在回去的路上，他一直在痛苦地咒骂自己，最后把我吓得都不知该如何是好了。

我忍不住扪心自问：罪行？他差点犯下的不可饶恕的罪行到底是什么呢？我觉得头晕目眩，四肢酸软，心神不宁，又一次被孤独地扔在了排练房门口。从那以后，我这位金发碧眼的年轻朋友就再也没有来过，不久之后，他便去了法国的殖民地。好几年之后，我又遇到了他，他还问我："您总该原谅我了吧？"我反问道："可是你要让我原谅什么呢……"

这便是我青年时代在爱情这片神奇的土地上所经历的最初几次探险。多少年来，我一直都渴望进入这片乐土，但却总是被拒之门外。或许是我总是让我的追求者感到严肃甚至敬畏的缘故吧。不过最后这一次打击对我的性格气质产生了决定性的影响，它促使我将所有的精力都投入到了我的舞蹈艺术中，让我从中体味到了爱情拒绝给予我的欢乐。

我夜以继日地在排练室里潜心创造一种新的舞蹈，它将通过肢体上的动作将人类的神圣精神表现出来。我经常一动不动地伫立几个小时，双手交叉放在胸前。母亲见我一动不动地呆立那么长时间，觉得非常紧张。可是我仍然不停地思索，并且最终找到了所有舞蹈动作的弹力中枢、本能动力的喷发点、一切动作发生变化的核心以及舞蹈动作的幻觉反应——从这些发现中，我逐渐建立起了我的舞蹈体系的理论基础。芭蕾舞学校一般都这样教育学生——舞蹈的弹力中枢位于中心脊椎的下端，人的胳膊、腿和躯干都必须围绕着这个中心来进行自由的运动，就像一个连接起来的木偶。但是通过这种方法做出来的动作显得机械而做作，无法体现出人的灵魂。而我想要寻找的却是能够表现人类精神的源头，由此注入到人体的每一部分，使人体展现出生命的光辉，这种由内而外散发的光辉就是人类精神的幻象。经过几个月的探索之后，我学会了将所有的力量都集中在这个源头，我觉得以后再听音乐时，音乐的光芒和振动就会源源不断地汇入我心中这个独一无二的源头，在那里形成精神的幻象，它不是大脑的反映，而是心灵的反映。从这个幻象出发，我的舞蹈就能将音乐的光芒和振动表现出来。这是我的舞蹈艺术中最重要的基础理论，而我也一直在竭力向艺术家们解释这种理论。斯坦尼斯拉夫斯基[①]在他的《我的艺术生活》中曾经提到，我向他讲述了上述见解。

这一理论似乎很难用语言解释清楚，但站在舞蹈学习班的孩子们面前时，哪怕是面对最年幼无知的学员，我也会说："用你们的心灵去听音乐。现在，你在听的同时，是不是能够感觉到内心深处有另外一个自我在觉醒？——正是靠这个自我的力量，你才能抬起你的头，举起你的臂，慢慢地走向光明。"她们都能够领会。这种觉醒，也是学习我理想中的那种舞蹈的第一步。

即便是最小的孩子，也能明白我的理论。从那时起，即便是在走路，她们的一举一动也都具有一种精神内涵与优雅神韵，这并不是外在形体动作所能达到的，也不是靠理智能够创造的。在我的舞蹈学校中，即使很小的孩子也都能在特罗卡德罗剧院或者大都会歌剧院的大

---

① 斯坦尼斯拉夫斯基（Konstantin Stanislavski，1863—1938），原名康斯坦丁·谢尔盖耶维奇·阿列克塞耶夫，是俄国著名戏剧和表演理论家。代表作：《演员的自我修养》《我的艺术生活》等。斯坦尼斯拉夫斯基创造了自己独有的演剧体系，深深影响了其后的一大批戏剧人。他的体系相当庞大，囊括了表演、导演、戏剧教学及方法等方面。他坚持"体验艺术"为创作核心的现实主义创作思想。斯氏认为，演出者的世界观和艺术观决定了一部剧的最高任务和贯穿思想，只有合适的世界观和艺术观，才能完成戏剧的使命。而且他认为必须追求现实生活的真实性，追求在舞台上再现现实生活。

庭广众面前显示出一种磁石般的吸引力，其原因就在于此。而这种磁石般的吸引力通常只有伟大的艺术家才能拥有。可惜当孩子们长大以后，在物质文明的反作用下，这种能力就会离开她们，使她们随之失去了灵性。我在青少年时代所处的独特生活环境和经历使这种能力在我的身上发挥到了极致，这也让我在任何时候都能够排除外界的一切影响，然后靠着这种能力独自生活下去。当我因为追求世俗之爱而经历了一次又一次的打击之后，我的情感取向开始发生巨大变化，重新拥有了这种能力。

后来，当安德烈心怀胆怯和内疚来到我这里时，我便开始滔滔不绝地用几小时给他讲关于我的舞蹈艺术以及人体动作的新学说。实事求是地说，当我向他讲解自己发现的每一个动作时，他从来都没有表现出厌倦和心不在焉的态度，而是以最诚挚的耐心认真地倾听，并深表赞同。那时的我也梦想着能够发现一种原始的动作，并由此产生一系列的舞蹈动作，但是这些舞蹈动作只能是原始动作下意识的反应，而不是靠我的能力创造出来的。在这一方面，我已经有了一定的收获，有几个主题舞蹈就是由一个原始动作生发出来的一系列不同的动作。例如“恐惧”这个原始动作，它先是自然地引发出“烦恼”的情绪，然后由此自然而然地产生了一系列“悲伤”的舞姿，或者说是哀怜的动作。一套优秀的舞蹈动作，应该像鲜花绽放般绚烂，舞者要表达的就是那四溢的馨香。

这些舞蹈没有现成的伴奏音乐，可它们却像是从某些不可知的音乐中自然演化出来的。在这些研究中，我最初曾试着用肖邦的序曲来表达，也曾研究过德国作曲家格鲁克[①]的音乐，母亲不厌其烦地为我一

① 格鲁克（Christoph Willibald Ritter von Gluck，1714—1787），德国作曲家。

遍又一遍地弹奏《俄耳甫斯[1]》的曲子，直到曙光爬上窗口。

那扇窗户很高，几乎覆盖了整个天花板，而且没有窗帘——所以母亲只要一抬头，便总是能够看到天空、星星和月亮。有时候，由于排练房顶层的窗子一般很少有防雨装置，所以每当大雨如注，水流如幕时，便会有细流洒落在地板上。冬天，排练房里寒风刺骨，冷得要命；一到夏天，我们又像住在烤炉里一样。因为只有这么一间房子，所以我们也不总是那么方便地能够挪动地方。不过年轻人的适应能力毕竟要强些，我们对此并不怎么在乎，而母亲又是那么的忘我，只要能够对我们的工作有所帮助，她宁愿牺牲自己。当时巴黎社交界的头面人物非格雷菲尔伯爵夫人[2]莫属，有一次，我被邀请到她家的客厅跳舞。那是上层社会精英云集的地方，囊括了巴黎社交界的所有名流。伯爵夫人赞扬我复兴了希腊艺术，但我觉得她深受皮埃尔·路易[3]的《阿芙洛狄蒂[4]》和《比利蒂斯之歌》[5]的影响，我所表达的却是在大英博物

① 俄耳甫斯（Orpheus），阿波罗与缪斯女神中的卡利俄珀所生，音乐天资超凡入化。他的演奏让木石生悲、猛兽驯服。伊阿宋组织阿耳戈英雄远征，去涛汹地险的黑海王国寻取金羊毛。俄耳甫斯踊跃参加，在征途中用神乐压倒了塞壬的艳迷歌声，挽救了行将触礁的征船和战友。塞壬们沮丧不堪，纷纷投海自尽。

② 格雷菲尔伯爵夫人（Countess Greffulhe，1860—1952），法国社会名流，因其美貌和组织巴黎圣日耳曼德佩区的沙龙而闻名。

③ 皮埃尔·路易（Pierre Louÿs，1870—1925），法国诗人、作家。

④ 阿芙洛狄蒂（Aphrodite），希腊神话中是代表爱情、美丽与性欲的女神。

⑤《比利蒂斯之歌》（Chansons de Bilitis），法国作家皮埃尔·路易的作品，1894年出版。作者假托比利蒂斯之口，称译自考古家发现的比利蒂斯地下墓室上所刻的古希腊诗歌。《比利蒂斯之歌》整本书共146首，每首均为4段，形式工整，单篇阅读，每一篇都是优美的散文诗；全书架构是比利蒂斯一生由童年到暮年，三处活动地区三阶段的三和弦：从纯情少女弹唱浅浅的牧歌与淡淡的恋情，到成熟美艳佳丽的同性恋与红牌神女，转入哀伤的迟暮。

馆暗淡灯光下所见到的多立克式圆柱[①]以及帕台农神庙[②]的山形墙。

伯爵夫人在她家的客厅里建造了一个以格子墙为背景的小舞台，每个小格子里面都放着一朵玫瑰花。这种由玫瑰装饰出来的背景与我朴素的舞衣以及我舞蹈的宗教含义颇不相符。虽然我当时已经读过了皮埃尔·路易的书以及《比利蒂斯之歌》，还有古罗马诗人奥维德[③]的《变形记》和古希腊女诗人萨福[④]的诗歌，可是我并没有完全领会其中的肉欲描写。这也说明限制年轻人的文学读物其实是没有必要的。假如缺少了亲身体验，你就无法读懂书中那些文字的真正含义。

当时的我依然深受美国清教徒思想的影响——也许是因为遗传了我外祖父母那种开拓者的血统。1849年，他们乘坐篷盖马车穿越了美国中部平原，然后抄近路越过了落基山脉的原始森林，又经过炎热的平原，与满怀敌意的印第安部落周旋或激战；也许是因为我父亲的

---

① 多立克式圆柱（Doric columns）是古典建筑的三种柱式中出现最早的一种（前7世纪）（另外2种柱式是爱奥尼柱式和科林斯柱式），它们都源于古希腊。特点是比较粗大雄壮，没有柱础，柱身有20条凹槽，柱头没有装饰，多立克柱又被称为男性柱。最早的高度与直径之比为6:1，后来改至7:1。著名的雅典卫城（Athen Acropolis）的帕台农神庙（Parthenon）即采用的是多立克柱式。

② 帕台农神庙（Parthenon），兴建于公元前5世纪的雅典卫城，是古希腊奉祀雅典娜女神的神庙。它是现存至今最重要的古典希腊时代建筑物，公认是多立克式圆柱发展的顶端；雕像装饰更是古希腊艺术的顶点，此外也被尊为古希腊与雅典民主制度的象征，是举世闻名的文化遗产之一。

③ 奥维德（Ovid，前43—17），奥古斯都时代的古罗马诗人，与贺拉斯、卡图卢斯和维吉尔齐名，一般认为奥维德、贺拉斯和维吉尔是古罗马文学的三位经典诗人。罗马帝国学者昆提利安认为他是最后一位一流的拉丁爱情诗人。代表作有《变形记》等。

④ 萨福（Sappho，约前630—前570），古希腊的女同性恋诗人，一生写过不少情诗、婚歌、颂神诗、铭辞等。著有诗集九卷，大部分已散佚，现仅存一首完篇、三首几近完篇的诗作。

苏格兰血统又或者别的什么缘故——总之，美国这片土地把我塑造成了一个清教徒，一个神秘主义者，一个对英雄行为的崇尚超过物欲追求的奋斗者，就如同它所塑造的大多数年轻人一样。我相信大多数的美国艺术家都与我如出一辙。例如惠特曼，尽管他的作品曾一度被列为不受欢迎的文学作品，甚至受到查禁，尽管他曾不断地宣扬肉体之乐，但在心底他仍然属于清教徒。可以说，美国绝大多数的作家、雕刻家和画家都是如此。

法国艺术的最大特点是追求感官的享乐，美国艺术能够与之形成鲜明的对比，是否由于美国拥有广袤开阔的土地、风吹日晒的原野？或是因为亚伯拉罕·林肯的影子正在主宰一切？也许有人会说，美国艺术的倾向就是将感官享乐降低到几乎为零。真正的美国人，并不像人们传统观念中认为的那样，是一群缺乏情趣的拜金狂或守财奴。更准确地说，他们是一群理想主义者和神秘主义者——我丝毫没有指责美国人缺乏七情六欲的意思。恰恰相反，一般而言，盎格鲁－撒克逊人或是带有凯尔特血统的美国人，在关键时刻会变得比意大利人更富有激情，比法国人更注重情感，比俄国人更偏激。但是早期的磨炼却让他们的性情因为被禁锢在铜墙铁壁之中而凝固，只有当生活中发生一些非同寻常的事件才能打破这种禁锢，他们的这些性情才能得以展现。那时，人们会说盎格鲁－撒克逊人或凯尔特人是所有民族中最火热的情人。我曾经认识这样一些人：他们上床睡觉的时候，身上要穿着两套睡衣——里面的一套是丝绸的，因为它贴身的感觉柔软舒适；外面的一套是羊毛的，因为它保暖；手里要拿着一份《泰晤士报》或《尖刀》杂志，嘴里叼着一支欧石楠木根烟斗；可就是这样的人，会突然间变成一个连希腊神话中的萨堤尔[①]都望尘莫及的色情狂，他的激情就像火山爆发一样，就连意大利人见了之后都会自叹不如！

那天晚上，在格雷菲尔伯爵夫人的沙龙里，到处是服饰华丽、珠光宝气的女士，千百束红玫瑰的花香在空气中氤氲缭绕。我跳舞时，几个年轻的崇拜者坐在前排，紧紧地盯着我，他们紧挨着舞台，鼻尖儿几乎要碰到我的舞鞋了。当时我觉得非常不自在，并且觉得跳得很糟。但第二天上午我还是收到了伯爵夫人一张彬彬有礼的便条，说感谢我的演出，并让我去门房那里领取酬金。我不喜欢到人家的门房去，因为我对钱实在是太敏感了。但最后我还是不得不去，毕竟这笔钱能够让我们付得起排练房的房租。

让我感到高兴的是，有一天晚上，在著名的玛德莱娜·勒玛尔夫人[②]的工作室里，当我伴着奥尔菲的音乐跳舞时，在观众群里我第一次见到了法国的萨福（即诺瓦伊伯爵夫人[③]）那灵感洋溢的面庞。让·洛兰[④]也到场了，后来他在《日报》上记述了自己对这次舞蹈的印象。

除了前面提到的卢浮宫和国家图书馆以外，这时我又发现了第三个快乐的源泉——可爱的歌剧院图书馆。图书馆管理员以极大的热情来支持我的研究，所有关于舞蹈方面、希腊音乐和戏剧艺术方面的书籍，他都会搬出来让我随便翻看。我专心致志地阅读从遥远的古埃及

① 萨堤尔（Satyrus），一般被视为是希腊神话里的潘与狄俄倪索斯的复合体的精灵。萨堤尔拥有人类的身体，同时亦有部分山羊的特征，例如山羊的尾巴、耳朵和阴茎。一般来说他们是酒神狄俄倪索斯的随从。他们主要以懒惰、贪婪、淫荡、狂欢饮酒而闻名。

② 玛德莱娜·勒玛尔夫人（Madeleine Lemaire，1845—1928），法国著名女画家。

③ 诺瓦伊伯爵夫人（Anna，Comtesse Mathieu de Noailles，1876—1933），法国女作家。

④ 让·洛兰（Jean Lorrain，1855—1906），法国诗人、小说家。

到当代的所有关于舞蹈艺术的书籍，并且将读书心得和摘要记在专门的笔记本里。可当我完成这个巨大的实验之后，我才发现了一件事，我真正可以求教的舞蹈大师只有三个人——让·雅克·卢梭、沃尔特·惠特曼和尼采。

在一个天气阴沉的下午，有人敲响了我排练房的门。我打开门一看，有个女子站在门口，她气质不凡，令人敬畏。我觉得她的到来带着一种瓦格纳音乐的气氛——深沉而有力，好像有什么重大事件将要发生一样。的确如此，这种深沉有力的气氛从那时起便贯穿了我的一生，那种震荡的旋律带来了悲壮的、暴风雨般的起伏跌宕。

“我是波利尼亚克亲王夫人[①]，”她说，“格雷菲尔伯爵夫人是我的朋友。我看过你的舞蹈，我非常感兴趣，我的丈夫更加感兴趣，他是一位作曲家。”

她的脸庞端庄秀美，美中不足的是下巴稍大，过于前突，面容与罗马皇帝很像，显得有些倨傲和武断。不过如果没有这种孤高冷漠的矜持神态，她的面容和眼神还是会让人觉得非常娇艳温柔的。她说话带着鼻音，生硬而不带任何感情，话音一出口会让人觉得有些迷惑，我原以为她的声音会是圆润而深沉的。后来我才觉察到，虽然贵为亲王夫人，但她那副冷若冰霜的面孔和生硬的口气却只是为了掩饰内心极度的敏感和羞涩。我向她谈了我的艺术和希望，亲王夫人马上提出可以在她的工作室里为我安排一场演出。她会画画，而且还是个不错的音乐家，既会弹钢琴又会弹管风琴。从我们简陋的排练房和消瘦的面容中，亲王夫人似乎看出了我们的贫穷，她跟我道别时，突然很羞涩地将一个信封放在了桌子上——里面装着 2000 法郎。

---

① 波利尼亚克亲王夫人（Princesse Edmond de Polignac，1865—1943），法国社会名流，经常举办巴黎音乐沙龙。德彪西和拉威尔是沙龙的常客。

我相信波利尼亚克亲王夫人经常这样做，尽管有人说她是个非常冷漠寡情的人。

第二天下午，我去了她的家里，并且见到了波利尼亚克亲王①——一位很有才华的优秀音乐家。他是一位高雅清瘦的绅士，总是戴着一顶黑色的小丝绒圆帽，与他那张清秀的脸庞正好相配。我穿上舞衣，在他的工作室里为他跳舞，他看得如醉如痴，并说我就是他长期以来梦寐以求的幻象。我那关于运动和音乐关系的理论让他非常感兴趣，我的理想和愿望是将舞蹈作为一门可以复兴的艺术，这同样也打动了他。他兴致勃勃地坐到了一架美丽的拨弦古钢琴旁边，准备为我弹奏，他那修长的手指弹上去，就像恋人间轻柔舒缓的抚摸一样。最后他突然说道："伊萨多拉，多么可爱的孩子，多么可爱呀！"而我则羞怯地回答说："真的，我也非常喜欢您。我希望能够永远为您跳舞，伴着您富于灵感的乐曲，创作出更多充满宗教虔诚意味的舞蹈！"

随后，我们真的打算合作，如果成功，那将会成为我极其珍贵的经历。可是天有不测风云，没过不久，波利尼亚克亲王突然过世，我的希望也随之化成泡影。

我在波利尼亚克亲王夫人工作室里举办的舞蹈演出非常成功。而且，由于她非常慷慨地向公众开放了她的工作室，前来观看舞蹈的观众不仅仅限于她的朋友，这也让越来越多的人开始对我的艺术感兴趣。从那之后，我们也在自己的排练房里举行了一系列的收费演出，每次大约有二三十个观众，波利尼亚克亲王和夫人每次都会来，记得有一次亲王摘下他的小丝绒帽在空中挥舞着，兴高采烈地喊道："伊萨多拉万岁！"

① 波利尼亚克亲王（Prince Edmond de Polignac，1834—1901），法国作曲家。

欧仁·卡里埃尔[1]也经常带着家人前来观看，有一次他还作了一次关于舞蹈的简短演讲，这给了我莫大的荣耀。其中有一段是这样说的：

“为了表现人类的情感，伊萨多拉在希腊艺术中找到了最精彩的表达方式。她非常喜欢那些美丽的浮雕，并且从中获得了灵感。但是她更富有创新的天赋和本能，带着这些灵感，她重归自然，从中创造出了很多优美的舞姿。在模仿和复兴希腊舞蹈的同时，她找到了自己的表达方式。她想到的是古希腊人，不过展现给我们的却是她自己的艺术。她的愿望是忘却时空，不懈地追求自己的幸福。她把希腊艺术完整地呈现给了我们，引起了我们的共鸣。她在为我们复活希腊艺术的同时，也让我们变得和她一样年轻，使我们的心里又燃起新的希望。当她用舞蹈来表达命运不可抗拒时，我们便只能跟她一起屈从于命运。伊萨多拉·邓肯的舞蹈不再是一种茶余饭后的助兴节目，它是个性的张扬，是生命活力的体现。作为一种艺术，它具有无比丰富的内涵，始终激励着我们为自己的艺术使命而去努力创造。”

---

①欧仁·卡里埃尔（Eugène Carrière,1849—1906），法国象征主义艺术家、画家。他的绘画作品影响了后来的毕加索。

第九章

虽然我的舞蹈已经赢得了很多名人的赏识，但是我们的经济状况仍然不是很稳定，我们经常会为了无钱支付房租而犯愁，又或是因为没有钱买煤生炉子而受冻。可即使是在这么穷困的环境下，为了能够用舞蹈动作来表现自我，我也会独自在凄冷的排练房里一连站立几个小时，并且期待着能够在刹那间捕捉到灵感。最后，我的情绪终于变得亢奋，于是我就在灵魂的指引下开始流畅地舞动起来。

一天，正当我这么站着时，有位衣着考究的先生来拜访我们。他穿着一件很贵重的毛领大衣，手上戴着钻戒。他说："我是从柏林赶来的，我们听说您在表演一种赤脚舞蹈（可想而知，这样称呼我的舞蹈艺术，我该有多么的吃惊）。我代表德国一家最大的音乐厅前来拜访，想马上和您签订一份演出合同。"

他搓着双手，脸上堆满了笑容，好像为我带来了天大的幸运一样。但我却像一只受伤的蜗牛一样急忙缩进了壳里，淡淡地对他说道："噢，谢谢你。但我是绝不会同意将我的艺术带进音乐厅里去的。"

"但您或许不知道，"他大声说道，"有很多伟大的艺术家都在我们的音乐厅演出过。再说还可以挣很多钱。我现在就可以答应您，您每晚可以获得500马克的报酬，日后还可以增加。我们还会为您做宣

传，把您打造成‘世界最伟大的赤脚舞蹈家’——一个赤脚舞蹈家，了不起，真是太了不起了。你肯定能够答应我们吧？”

“绝不，绝不。”我反复强调，并且觉得非常气愤，“不管你们提出什么样的条件，我都不会答应。”

“但这是不可能的。不可能，绝不可能，我可不想听到否定的回答。我连合同都为您准备好了。”

“不，”我说，“我的艺术绝对不会在音乐厅演出的。将来我肯定会去柏林，并且希望能够在你们的爱乐乐团的伴奏下来跳舞，但是一定要在真正的音乐殿堂，而不是在表演马戏和杂耍的音乐厅。上帝呀，真是太可怕了！不，不论什么条件，我都不会答应的。晚安。再见了！”

看到我们简陋的住处和破旧的衣服，这位德国经理简直不敢相信自己的耳朵。第二天他又来了。第三天，他又来了，并且提出每晚付给我 1000 马克的报酬，而且可以先签一个月的合同。但是我仍然不为所动。他非常生气，骂我是“傻丫头”。到后来我也急了，冲他喊道：“我到欧洲来跳舞，目的是用舞蹈来传播宗教信仰，复兴伟大的艺术；目的是通过舞蹈动作来让人们认识到人体和灵魂的纯美和圣洁，而不是为了让那些饱食终日、无所事事的资产者将其当为茶余饭后的消遣。因此，请你快点出去吧！出去！”

“每晚 1000 马克你还要拒绝吗？”他气呼呼地说。

“当然。”我厉声答道，“就算是 1 万马克、10 万马克，我也不会答应。我所追求的东西你永远都不会懂。”他走的时候我又加了一句，“将来总有一天我会去柏林的。我要去柏林为歌德和瓦格纳的同胞跳舞，但是我要在与他们两个人身份地位相配的剧院里跳，到那时，可能我一晚上的报酬还不止 1000 马克呢！”

后来，我的预言果然应验了。三年后，在柏林爱乐乐团的伴奏下，我在克罗尔歌剧院[①]举行了演出，当时歌剧院的票房收入高达2.5万多马克。那时，也是这位经理先生，手里捧着鲜花来到了我包厢，向我表示祝贺，并且很诚恳地承认了自己的错误，他用德语对我说："小姐，你以前的话是对的。请让我吻一下你的手吧！"

但是就当时而言，我们的经济情况非常糟糕，王公贵族的欣赏和我那与日俱增的名声并不能让我御寒充饥。当时有一位瘦小的女士经常光顾我们的排练房，虽然她长得很像某一位埃及公主，实际上她是从美国落基山脉以西的某个地方来的，她的歌声很迷人。我经常能够发现在清晨时会有带着紫罗兰芳香的便条被塞进我们家的门下，然后雷蒙德便悄无声息地从家里消失了。因为雷蒙德从来没有在早餐前外出散步的习惯，所以我将这两件事一联系便得出了结论。终于有一天，雷蒙德向我们宣布，他已经接受了某一乐团的聘请，要去美国进行巡回演出。

这样一来，在巴黎就只剩下我和母亲了。当时母亲正生着病，因此我们只好搬到玛格丽特街上的一个小旅馆去住。在那里，母亲可以睡在床上，以免遭受排练房地板上冷风的侵袭，饮食也能够变得有规律，因为我们住的是一家负责提供伙食的公寓。

在这家公寓，我发现有一对夫妇尤为引人注目。女的大约三十岁，相貌出众，而且她那双出奇的大眼睛也是我从来没有见过的，她的眼神温柔、深沉、妩媚，充满了诱惑力，洋溢着火一样的热情，同时还流露出一种纽芬兰犬一样的温驯和谦恭。当时我就想，无论是什么人，只要看一下她的眼睛，肯定会有一种掉进火山口的感觉。那个

① 克罗尔歌剧院（Kroll Opera House），1844年由约瑟夫·克罗尔先生创建于柏林的歌剧院。

男的身材修长，双眉清秀，脸上经常带着一种年轻人少有的疲惫。平常还会有另外一个人跟他们在一起，他们总是非常专心地谈着话，气氛很热烈，充满了激情。这三个人似乎与平常人不一样，在谈话时一直都显出一副精神十足的样子，似乎内心有火焰在燃烧。男的燃烧的是纯洁美丽的智慧火焰，女的燃烧的则是激情的火焰——一种甘心让大火吞噬或毁灭的从成熟女性身上散发出来的激情火焰。只有第三个人显得稳重一些，但是也更能显露出一种尽享人生欢乐的情趣。

一天早晨，那位年轻的女士来到我的桌前，说："这是我的恋人亨利·巴塔伊[①]先生，这位是让·洛兰先生，他曾经为您的舞蹈写过文章，我叫贝尔特·巴蒂[②]。如果您愿意，哪天晚上有时间的话，我们想去您的排练房看您跳舞。"

当时，我非常激动，也非常高兴。在这之前，我从没听过，在那以后，我也再没有听到过像贝尔特·巴蒂那样的声音——充满魅力、充满生机、充满爱意、热情洋溢。我多么仰慕她的美丽呀！那时，女子的服装不符合现代人的审美观，但她总是穿着令人惊异的紧身衣，而且颜色还会不断地发生变化，上面还装饰着闪闪发光的金属片。有一次，我见她穿这样的衣服，头戴紫色的花冠，正要动身去参加一个聚会，她要在聚会上朗读巴塔伊的诗。那时我就想，究竟哪位诗人才能拥有比她还要美的缪斯女神呢？

那一次与他们结识之后，他们便经常来我的排练房，有一次巴塔伊还在那里为我们朗读他的诗。就这样，我这个渺小的、从未受过教育的美国女孩通过一种神秘的方式得到了一把钥匙，我用这把钥匙打开了巴黎知识界和艺术界名人的头脑和心胸。在我们这个时代，在我

---

① 亨利·巴塔伊（Henry Bataille，1872—1922），法国剧作家、诗人。

② 贝尔特·巴蒂（Berthe Bady，1872—1921），法国女演员。

们这个世界上，巴黎的地位，正如全盛时期的古希腊首都雅典。

我和雷蒙德习惯了在巴黎长时间地散步。在散步时，我们经常会走到一些很有趣的地方。比如，我们有一天在蒙索公园[①]发现了一座中国博物馆，它是一位性情古怪的法国富翁留下来的；又比如，我们曾经参观了集美博物馆[②]里收藏的各式各样的东方珍宝；还有卡纳瓦雷博物馆，里面陈列着拿破仑的遗容面具，这让我们激动万分；在克鲁尼博物馆，雷蒙德曾在一只波斯古盘子前面盘桓了几个小时；在那里，他还疯狂地迷恋上了一块15世纪的挂毯，上面织着一位女子和一头独角兽。

有一天，当我们信步来到特罗卡德罗剧院门前时，我们的目光立刻就被一张海报吸引住了。海报上写着，当天下午将上演古希腊悲剧作家索福克勒斯[③]的名剧《俄狄浦斯王》，主演是莫奈·苏利[④]。当时莫奈·苏利这个名字对我们来说还比较陌生，但是我们很想看这出戏。我们看了一下海报下边标出的票价，然后把衣兜翻了个底朝天。我们

---

① 蒙索公园（Parc Monceau），位于法国首都巴黎第八区的一座公园，面积8.2公顷。蒙索公园内有一座圆形的洗礼堂。蒙索公园是巴黎著名的旅游景点之一。

② 集美博物馆（Musée Guimet），又译吉美博物馆，是一座位于法国巴黎第16区的亚洲艺术博物馆，收藏了大量的亚洲艺术品，为亚洲地区之外最大的亚洲艺术收藏地之一。吉美博物馆由工业家爱米尔·吉美（Émile Étienne Guimet，1836—1918）创办于1879年，馆址最初位于里昂，后来转为国营并于1885年迁至巴黎。

③ 索福克勒斯（Sophocles，前496/497—前405/406），古希腊剧作家，古希腊悲剧的代表人物之一，和埃斯库罗斯、欧里庇得斯并称古希腊三大悲剧诗人。他一生共写过123个剧本，如今只有7部完整地流传下来，分别是《大埃阿斯》《安提戈涅》《俄狄浦斯王》《特拉基斯妇女》《厄勒克拉特》《菲洛克忒忒斯》《俄狄浦斯在克罗诺斯》等。

④ 莫奈·苏利（Mounet-Sully，1841—1916），法国舞台剧演员。

只有3法郎，而楼上观众席后面最便宜的站票也要75生丁一个人。这就意味着，如果要看戏的话，我们就会吃不上饭；可我们还是毫不犹豫地买了楼上的站票。

特罗卡第罗剧场的舞台上没有幕布，舞台的古希腊布景是现代人根据想象布置出来的，看上去非常粗糙简陋。合唱队上场了，他们的穿着很不像样，完全是对某些书上所描绘的希腊服装的拙劣模仿。音乐也非常差劲儿，枯燥无味的曲调不断地从乐队那儿向我们侵袭过来。我和雷蒙德交换了一下眼色，都觉得为了这样演出而牺牲一顿饭实在是不值得。这时，从左边代表宫殿的门廊里上来一位演员，面对着舞台上的三流合唱队和二流法国喜剧场面，他举起一只手唱道：

孩子们，年迈的卡德摩斯的年轻的后代，

为什么用哭声包围这座宫殿？

为什么手执树枝，苦苦哀告，以泪洗面？

一听到这个声音——啊——我真不知道要怎样才能形容当时自己激动的心情！我真不知道，历史上所有的那些最著名的时代——古希腊的全盛时代、酒神狄俄倪索斯的戏剧舞台、索福克勒斯成就辉煌的时期、整个古罗马帝国时代，又或者是其他任何的国家、任何的时代——这些时代是否曾经产生过如此美妙的歌声？从那一刻起，莫奈·苏利的身影、莫奈·苏利的声音变得越来越伟大，它将所有的语言、所有的艺术、所有的舞蹈包容其中，无比崇高、无比广博，以至于庞大的特罗卡第罗剧场都容纳不下这位艺术巨人。我和雷蒙德在观众席后面屏息静气，一动不动，脸色因为激动而变得苍白，热泪夺眶而出，几乎要晕倒了。当第一幕结束后，我们欣喜不已，情不自禁地紧紧拥抱在了一起。幕间休息时，我们不约而同地认识到——这就是我们所追求的艺术顶峰，是我们漂泊海外的根本目的。

第二幕开始了，伟大的悲剧在我们面前逐渐展开。因为得胜而满怀自信的年轻国王开始产生怀疑，他焦躁不安，最终下定决心要不惜一切代价找到国家和人民多灾多难的原因。接下来，壮丽的一幕开始了——莫奈·苏利跳起了舞蹈。啊，这正是我梦寐以求的形象——跳舞的伟大英雄。

又到幕间休息的时间了，我看了雷蒙德一眼，他依然脸色苍白，眼中燃烧着火焰，身体不住地颤抖。

第三幕开始了，我简直无法用语言来形容，只有目睹过莫奈·苏利伟大表演的人，才能体会到我们那时的感受。最后时刻，场面变得惊心动魄——由于自己所犯的罪恶，再加上自尊心受到极度的挫伤，俄狄浦斯王处在了狂迷和恐怖之中，他的内心极为痛苦，最终导致神志错乱，因为他和国人一直在努力寻找的万恶之源，竟然就是他自己！他将挖掉自己的双眼，直到自己再也看不见任何东西了，就把自己的孩子们叫到跟前，与他们作最后的诀别，然后寂然离去……这时，特罗卡第罗剧场里的6000多位观众全都失声痛哭。

我和雷蒙德慢慢地、恋恋不舍地走下楼去，直到剧场看门人不得不把我们推搡到门外才离开。直到那一刻，我才认识到什么是伟大的艺术表现，明白了自己以后的艺术道路应该怎么走。我们都沉醉在了灵感所带来的欢乐中，晕头转向地回到了家，以后一连几个星期，我们都处于这种状态，当时我做梦都没想到，有朝一日我能和这位伟大的莫奈·苏利同台表演！

自从在博览会上看过了罗丹的作品之后，他的艺术天才便久久地萦绕在我的心头。有一天，我前往罗丹位于大学街的工作室去拜见这位艺术大师，就像古代神话中普赛克去寻找山洞中的潘神一样，只不过她询问的是寻找爱神厄洛斯的路，而我想要问的是寻找艺术之神阿波罗的路。

罗丹个子矮小，但是健壮有力，留着修饰精美的短发长须。他的作品，简洁中蕴含着伟大的精神。他时而轻声念叨着自己雕塑的名字，但是我们可以感觉到，这些名字对他来说并没什么意义。他经常抚摸着那些大理石雕塑——当时我想，这些大理石在他手下大概就像熔化的铅一样，可以慢慢流动。最后，当他拿着一小块黏土在手掌中揉捏时，他的呼吸变得急促起来，一股热流在他的胸中激荡，如同熊熊燃烧的火焰。一会儿的工夫，他便做出了一个女人的胸部雕像，那雕像在他手中好像在不停地扭动一样。

我用手扶着他，两人雇了一辆车，来到了我的排练房。我很快换上了舞衣，根据安德烈·博尼埃为我翻译的古希腊诗人忒奥克里斯托所写的一首牧歌，为他表演舞蹈：

潘神爱恋少女艾柯，

但艾柯爱恋着萨堤尔……

表演完以后，我停下来向他解释我那一套创造新舞蹈的理论，但是很快我就发现，他并没有专心地听我讲，在低垂的眼睑下，他双眼冒火地盯着我，那种表情就像是在面对自己的雕塑作品一样。然后，他朝我走过来，伸手抚摸我的脖子和胸部，并且轻轻捏了捏我的双臂，接着他的手又滑过了我的臀部、我赤裸的腿和脚。他开始像揉捏黏土那样来揉捏我的身体，他身上散发出的热焰几乎要把我烤焦、把我熔化。我当时的确非常渴望将自己的一切都奉献给他——真的，如果不是我所受的那种荒谬教育使我感到恐惧的话，我真的会那么做。但是非常遗憾，我躲开了，并急忙把外衣套在了舞衣外面，然后送走了带着一脸困惑的罗丹。后来，我常常对自己当年的少不更事感到悔恨，错失了将贞操献给伟大的潘神的机会，而且也让伟大的罗丹丧失了一次展示自己天才的机会。如果不是这样，我的艺术和生命也许会更加丰富多彩！

两年以后，我从柏林回到巴黎时又见到了罗丹，在这以后的许多年，他一直都是我的朋友和老师。

我和另一位伟大画家欧仁·卡里埃尔相识的经过，同样令人兴奋，但情景却大不相同。当时是作家凯切尔的夫人把我领到欧仁·卡里埃尔的工作室去的。凯切尔夫人对我们无依无靠的生活非常同情，她经常请我们到她家里吃饭。她家有个学小提琴的小女儿，还有个极具音乐天赋的儿子路易——现在已是很有名气的青年作曲家了。她的女儿和儿子经常在灯下一起演奏，这构成了一幅极其优美的画面。我注意到，她家的墙上挂着一张奇异的画像，画像透出了一种迷人而又忧郁的气息。凯切尔夫人说："这是卡里埃尔为我画的肖像。"

一天，她将我带到了卡里埃尔位于埃热西佩摩罗大街的家里。卡里埃尔的画室在楼顶，我们爬了上去，见卡里埃尔正坐在那里，但整个人却被书籍、家人和朋友给团团围住了。我从来都没有感觉到谁还能有他那么强大的精神力量，这就是智慧的能量。在他的身上，散发着一种对他人宽厚博大的爱。他的画里，一切的美、力量和奇异都是他那崇高心灵的表现。当我看到他时，就觉得仿佛是见到了基督耶稣一样，心中充满了无限的敬畏之情，要不是我生性羞涩矜持，我可能真的会心甘情愿地跪倒在他面前。

多年以后，约斯卡夫人描述了这次会面的情景，她写道：

除了我和卡里埃尔的第一次会面以外，能够让我终生难忘的事情，也许就是——当我还是个年轻姑娘的时候，我在卡里埃尔的画室里遇到了她，她的容貌和名字从那一天开始就深深地印在了我的脑海里。那天，如同往常一样，我敲响了卡里埃尔家的房门，心里怦怦直跳。每次一靠近这所“贫穷的圣殿”，我都不得不拼命地压抑自己内心的情感。在蒙马特的那所小房子里，这位伟大的艺术家正在他的亲人中间幸福安详地工作着。他的妻子和母亲都穿着黑色的粗呢布衣服，孩子们也没什么玩具，但他们都因为深爱着这位伟大的人而容光焕发。啊，这是多么圣洁的心灵啊！

伊萨多拉当时就站在这位谦逊的大师和他的朋友中间——那是一位文雅的朋友，就职于巴斯德研究所，名字叫梅契尼可夫①。伊萨多拉看起来比这两位先生还要文静。除了莉莲·吉什②以外，我还从来没有见过像她那样羞涩的美国姑娘。看到我目不转睛地盯着她，欧仁·卡里埃尔便拉着我的手，就像一个孩子领着同伴去见识自己梦寐以求的东西一样，把我拉到了伊萨多拉的跟前，对我说：“这就是伊萨多拉·邓肯。”然后是一阵沉默——将这个名字烘托得更为响亮。

突然，说话声音一向很小的卡里埃尔用深沉而又响亮的声音宣布：“这位年轻的美国姑娘即将给世界带来革命性的变化。”

每当我在卢森堡展览馆里看到卡里埃尔创作的那幅全家人团聚的画像时，便禁不住热泪盈眶，因为这让我想起，我从那之后就成了卡里埃尔画室的常客，他们一家人都非常喜欢我，把我视作他们的亲密朋友。这是我青年时代最为美好的回忆之一。从那之后，每当我怀疑

---

① 梅契尼可夫（Élie Metchnikoff，1845—1916），出生于乌克兰，俄国微生物学家与免疫学家，免疫系统研究的先驱者之一。曾在 1908 年，因为吞噬作用（英语：phagocytosis，一种由白血球执行的免疫方式）的研究，而得到诺贝尔生理学或医学奖。也因为发现乳酸菌对人体的益处，使人们称之为“乳酸菌之父”。

② 莉莲·吉什（Lillian Diana Gish，1893—1993），是一名童星出身的美国电影演员，默片年代的银幕标志之一，奥斯卡金像奖终身成就奖得主，肯尼迪中心荣誉奖得主。

自己的时候，就会想起跟他们一家人在一起的情景，然后便恢复了自信。在我人生的道路上，欧仁·卡里埃尔的成就如同上天的祝福一样无处不在，激励着我追求自己在艺术上的最高理想，引导着我为了探索艺术世界里神圣的人类精神幻象而永远奋进。简直难以置信，当悲伤快要将我逼疯时，正是卡里埃尔的作品坚定了我继续活下去的信念。

没有什么艺术能够像他的艺术那样表现出如此巨大的力量，没有哪位艺术家能够像他那样，为周围的人提供如此圣洁非凡的同情和帮助。他的画不应该摆放在展览馆里，而应该供奉在神圣的庙堂里，让所有的人都能够感受到他那伟大的精神，并从中得到洗礼和护佑。

第十章

西方夜莺曾对我说："莎拉·伯恩哈特[①]是一位伟大的艺术家，可令人感到遗憾的是，她不是个好女人。现在我有了洛伊·富勒[②]，她不但是一位伟大的艺术家，而且是一位纯洁的女人。她的名字甚至从来没有与丑闻沾过边。"

一天晚上，夜莺带着洛伊·富勒到了我的排练房。自然，我为她表演了舞蹈，并向她讲述了我所有的舞蹈理论。事实上，就算是水暖工来到我家，我也会这样做。洛伊·富勒非常热情地谈到了自己的看法，她还说自己第二天就要去柏林了，希望我能够到柏林去找她。她自己不但是一位艺术家，而且还是川上贞奴的演出经纪人，而川上贞奴的艺术又是我一向非常钦佩的。她建议我和川上贞奴一起到德国各

① 莎拉·伯恩哈特（Sarah Bernhardt，1844—1923），19世纪和20世纪初法国舞台剧和电影女演员。正如罗伯特·戈特利在《莎拉》中所说的那样，她被认为是"世界上最著名的女演员"，以及是圣女贞德之后最有名的法国女人。在19世纪70年代——"美好年代"的初期，伯恩哈特就以她在法国的舞台剧表演而出名，其后闻名于欧洲和美洲。她在一系列早期剧情电影中担任女演员并获得成功，还得到了"神选的莎拉"（The Divine Sarah）的绰号。

② 洛伊·富勒（Loie Fuller，1862—1968），美国女演员、现代舞演员。被誉为现代舞先锋人物和舞台灯光技术的推广人。

地演出。我非常高兴，对于她的建议当然也愉快地接受了。就这样，我们商量好了我在柏林与洛伊·富勒合作的事情。

动身的前一天，安德烈·博尼埃来和我告别。我们一起到巴黎圣母院作了最后一次瞻仰，然后他将我送到了火车站。像往常一样，他非常克制地与我吻别，但在他的眼镜片后面，我好像看到了一抹痛苦的目光。

我到了柏林以后，在布里斯托尔宾馆的一间豪华套房里见到了洛伊·富勒，当时她正被一群侍女簇拥着。十几位漂亮的少女正围着她，挨个儿抚摸她的手并且亲吻她的脸。在我朴实的家教中，虽然母亲爱我们每一个孩子，但她却很少爱抚我们，所以一见到这种极端的表达感情的方式，我就觉得非常新鲜，甚至有些不好意思，这个地方洋溢着一种我从来都没有见过的热烈气氛。

富勒简直慷慨到了无以复加的地步，她按了一下铃，点了一份极为丰盛的晚餐，我想象不出这样一顿晚餐得花多少钱！按照约定，那天晚上她要在冬日花园表演，但我真的不知道她能否如约前往，因为当时她正忍受着脊椎剧痛的煎熬，那群可爱的侍女不断地拿来冰袋，放在她的后背与椅背之间。“再来一个就好了，亲爱的，”她总是这样说，“好像不怎么疼了。”

那天晚上，我们坐在包厢里看洛伊·富勒跳舞，在我们面前是一个光彩照人的形象，跟几分钟之前那个饱受病痛折磨的富勒几乎判若两人。我们亲眼看到，她一会儿变成了绚丽多姿的兰花，一会儿又变成了摇曳飘逸的海葵，最后又变成了一朵旋转升腾的百合花，流光溢彩，变幻无穷，就像古代术士梅林的魔术一样，令人觉得匪夷所思。多么伟大的天才啊！再高明的模仿者也难以再现富勒的万分之一的天才。我陶醉于其中，但我也意识到这是她天才激情突然迸发的结果，再难重现。她在观众面前将自己幻化成了千百个光彩照人的形象，这简直让人难以置信。这样的场面不仅难以重现，而且也无法形容。洛伊·富勒别出心裁地最先使用了所有变幻莫测的色彩和飘移不定的纱巾，她是利用光影及色彩变幻的先驱之一。回到宾馆后，我依然神不守舍，思绪始终沉浸在这位艺术家的神奇表演中。

第二天上午，我第一次外出，观赏到了柏林的景色。我一直对希腊和希腊艺术心生向往，但柏林的建筑却在短时间内给我留下了更为深刻的印象。

“这里才是希腊呀！”我忍不住惊叹道。

但经过仔细观察以后，我又觉得柏林和希腊并不一样。这里只不过是北欧对希腊艺术的翻版而已。柏林的柱子并非希腊那种耸入奥林匹亚蓝天的多立克式圆柱，而是日耳曼式的、学院派的、考古学教授们构想的。当看到皇家卫兵踏着正步从波茨坦宫的那些多立克式圆柱中间走出来时，我便返回了布里斯托尔宾馆，用德语对侍者说道：“请给我来一杯啤酒，我太累了。”

在柏林逗留了几天以后，我们便随富勒的剧团前往莱比锡。我们没有带着装衣服的大箱子，就连我从巴黎带来的小箱子也和别的箱子一起留了下来。最初我并不明白，为什么这样的事情会发生在一位如此成功的游艺场艺术家身上；在经历了香槟大餐和豪华套房的奢侈生活以后，我也不明白我们为什么还要把箱子留在柏林。后来我才发现，这是由于富勒为川上贞奴的演出做经纪时遭遇了失败，她已经为了偿还债务而变得一无所有了。

在这群光彩夺目的海仙和精灵中，有一位身穿简陋的黑色外衣的少女，她羞涩娴静，少言寡语，显得是那么的与众不同。她娇丽的面容中透出一股坚毅，漆黑的头发从前额向后梳起，聪慧的目光之中带着一股淡淡的忧伤，双手总是在上衣的口袋里插着。她对艺术很是钟情，一谈到富勒的艺术便开始滔滔不绝。她在那群色彩艳丽的花蝴蝶中来回穿梭，就像古埃及护身符上的一只圣甲虫。我马上就被她吸引了，但是我能够感觉到，对于富勒的热情已经占据了她所有的情感，对于我的存在，她根本无心去留意。

到了莱比锡，每天晚上我仍然会在包厢里观看富勒的舞蹈，而且对于她那变幻莫测的精湛艺术变得越来越热爱。她简直是一个尤物——通过优美的动作，她时而像一股漂流无形的液体，时而又像一束异彩斑斓的光柱，时而变成了一簇跳动不息的火焰，最后，又在光与色交织的旋涡中扩散到了无限的空间中去。

记得有一天大约凌晨两点钟时，一阵谈话声把我惊醒了。谈话的声音嘈杂不清，但我能够听得出来，是那个红头发的女孩子在说话——我们大家都称她"护士"，因为不管谁有头痛脑热的时候，她总是能够乐于帮助他减轻痛苦并且悉心照料。从她们兴奋的低语声中，我逐渐听明白了谈话的内容——"护士"说她要回柏林去与某人商量一下，以便能够筹集到足够我们前往慕尼黑的费用。后来，也就是那天凌晨，这位红头发女孩来到了我的床前，很动情地亲吻我，并用颤抖的声调对我说："我就要去柏林了。"去柏林不过几个小时的路程，我不明白她为什么会那么激动不安。不久，她便带着去慕尼黑的路费回来了。

到了慕尼黑，我们又打算去维也纳，但是钱又不够了。看起来这一次是不可能再借到任何钱了。于是我毛遂自荐到美国领事馆去寻求帮助。我请求他们无论如何也要给我们弄到前往维也纳的车票。经过一番努力，我们总算来到了维也纳。虽然几乎没有什么行李，但我们还是住进了维也纳布里斯托尔宾馆的豪华套间里面。此时，尽管仍然非常钦佩洛伊·富勒的艺术，但我却开始向自己提出了疑问：为什么要把母亲一个人扔在巴黎？在这个由一群美丽而又疯狂的女人组成的剧团中，我又做了些什么呢？到目前为止，在这个剧团所有的巡回演出活动中，我只不过充当了一个无所事事的看客。

在布里斯托尔宾馆，我和那个被称为“护士”的红头发女孩住在一个房间。有一天凌晨，大约四点钟，“护士”突然站起来，端着一根蜡烛走到了我的床前，嘴里喊着：“上帝让我来掐死你！”

我曾听人说过，如果一个人突然发了疯，千万不要惹怒他。尽管当时我很害怕，可我还是尽量控制住了自己，尽量用平静的语气对她说道：“可以。那你先让我做个祷告吧。”

“好吧。”她同意了，说完就把蜡烛放在了我床头的小桌子上。

我悄悄地溜下床，就像是被魔鬼追赶一样，猛地打开了房门，飞似的跑过了长长的走廊，又跨过一段宽宽的楼梯，闯进了宾馆的办公室，同时大声喊道：“有个女的疯了。”这时我的身上还穿着睡衣，卷曲的头发乱蓬蓬地在身后垂着。

“护士”紧紧地跟在我身后，宾馆的六位职员立即向她扑过去，将她摁在了地上，直到医生来了以后才松开。医生的诊断结果让我感到非常担心，于是我决定拍电报让母亲从巴黎赶来。母亲来了以后，我把自己对这里的所有感受都告诉了她，于是母亲和我决定离开维也纳。

此前和洛伊·富勒一起在维也纳待着的时候，有一天晚上，我在“艺术家俱乐部”里为一些艺术家跳舞，到场的每个人都带来了一束红玫瑰。当我跳完了酒神舞之后，整个人几乎被红玫瑰淹没了。当晚在场的人里面有一位匈牙利剧院的经理，名字叫作亚历山大·格罗斯，他走到近前，对我说道：“如果你希望有一个美好的前景，那么就到布达佩斯来找我吧。”

现在，面对这个把我吓得要死的环境，我和母亲都渴望着赶紧离开维也纳，我们自然而然地想起了格罗斯先生的话。于是，带着对美

好前景的憧憬，我们赶到了布达佩斯。格罗斯先生马上跟我签了一份合同，我需要在乌拉尼亚剧院单独表演三十个晚上。

第一次签订这种在剧院里单独表演舞蹈的合同，我反而有些犹豫。我对格罗斯说道："我的舞蹈是表演给社会名流的——是给艺术家、雕塑家、画家、音乐家们看的，不是给普通观众看的。"但是格罗斯却反驳说，艺术家是最挑剔的观众，如果连他们都喜欢看我的舞蹈，那么普通观众肯定对它的喜欢会超过艺术家一百倍。

我被亚历山大·格罗斯说服了，签订了合同。他的预言果然应验。在乌拉尼亚剧院演出的第一个晚上便大获全胜，盛况空前，简直无法用语言来形容。我在布达佩斯表演的三十个晚上，几乎场场爆满。

啊，布达佩斯！那是一个阳光明媚的 4 月，一个万物复苏的春天。在第一场演出结束后不久，有一天晚上，亚历山大·格罗斯请我们去一家饭店吃饭，饭店里恰好有个吉卜赛人在演奏音乐。啊，那是吉卜赛音乐！就是它唤起了我的第一次的青春情感。简直是不可思议，听了这种音乐之后，我那情感的蓓蕾便开始怒放。还有什么能与这种生长在匈牙利土地上的吉卜赛音乐相媲美呢？多年以后，有一次我和约翰·沃纳梅克[①]交谈——当时我们正在他商店里的留声机销售区，他请我听他的留声机里播放出来的美妙音乐，我对他说道："在发明家们创造的所有机器里面，不论其构造如何精巧，也没有一台能够代替匈牙利农民在乡间土路上演奏的吉卜赛音乐。一个匈牙利的吉卜赛音乐家足以胜过世界上所有的留声机。"

---

① 约翰·沃纳梅克（John Wanamaker，1838—1922），美国商人，被认为是百货商店之父。1889 年沃纳梅克被美国总统本杰明·哈利森任命为美国邮政部长。沃纳梅克任期到 1893 年结束，在此期间他进行了行之有效的改革，大大提升了邮政服务的效率。

第十一章

美丽的布达佩斯，是一片花的海洋。在河畔和山坡上，每一个花园里都绽放着紫丁香，浓郁的花香在空中弥漫。每天晚上，热情豪放的匈牙利观众都欢呼雷动，将帽子扔到舞台上，不停地高声喊着："好呀！好呀！"

有天晚上，我在演出的时候脑海中忽然浮现出了那天早晨看到的情景，在阳光的照耀下，多瑙河波光粼粼，非常美丽。于是我让人告诉乐队的指挥，请他在演出结束前演奏施特劳斯的《蓝色多瑙河》，我要即兴表演舞蹈。加演的效果超乎想象，观众们欢呼雀跃，就像疯了一样，我不得不一遍又一遍地跳着这支圆舞曲，很久才让这狂热的气氛慢慢稳定下来。

那天晚上，有一位相貌英俊、身材健美的匈牙利青年，他也在观众中与别人一起大喊大叫。后来，他一度让我从纯洁的仙女变成了狂野不羁的酒神祭女。当时所有的一切似乎都在促成我发生这种变化——和煦的春风，撩人的月色，还有离开剧院时在空中弥漫着的紫丁香的香气；观众们狂热的激情，与过去从来没有接触过的一群放浪不羁、纵情声色的人共进晚餐，还有吉卜赛人的音乐；用辣椒粉调味的匈牙利洋葱烩牛肉，以及浓烈的匈牙利酒，说实话，我从来都没有吃得这么饱，食物多得简直令人无法消受——所有这一切都令我的身体开始觉醒，我第一次真真切切地意识到一件事，除了充当表现神圣音乐和舞蹈的工具以外，我的身体还有其他的需求。以前我的乳房还小得简直像没发育，但现在我却发现它们已经慢慢地膨胀起来，这让我觉得自己内心产生了一种既惊喜又羞涩的震撼。以前我的臀部跟男孩子几乎一样，现在也显现出了一种优美的曲线。一阵阵强烈的冲动、一股股难以抑制的欲望，在我的身体里激荡涌动着。到了晚上，我再也无法安然入睡，经常在兴奋躁动的痛苦中辗转反侧。

有一天下午，在一次友好的聚会上，透过一杯金黄色的托考伊葡萄酒[①]，我看到了一双正在注视着我的又黑又亮的大眼睛，那双眼睛中透露出来的火一样的爱意和匈牙利式的激情灼痛了我的心，我清晰地感觉到，这双眼睛就是布达佩斯的整个春天。他身材高大，体型匀称，一头浓密的黑色卷发泛着紫红色的光泽。事实上，我觉得他完全可以作为米开朗琪罗雕塑大卫时的模特儿。在他微笑时，从鲜红性感的双唇中间露出了雪白坚固的牙齿，而且闪闪发光。从第一次对视开始，我们两人心中所有的吸引力全都迸发出来，让我们疯狂地合为一体；从第一次对视开始，我们便不由自主地投入了对方的怀抱，世界上再没有什么力量能够阻止我们。

“你的脸蛋儿就像花儿一样，你就是我的花儿。”他一遍又一遍地重复着，“我的花儿，我的花儿。”在匈牙利语中，“花儿”还有一个意思——“天使”。

---

① 托考伊葡萄酒（Tokay），一种生产于匈牙利托考伊及其附近地区的葡萄酒。由于托考伊临近斯洛伐克，因此斯洛伐克部分地区生产的葡萄酒也可以名为托考伊葡萄酒。托考伊葡萄酒是贵腐葡萄酒的典型代表，也被认为是最高级的贵腐葡萄酒。

他给了我一张小字条，上面写着："匈牙利皇家剧院的包厢。"那天晚上，我和母亲一起去看了他扮演的罗密欧。他是一位优秀的演员，后来成了匈牙利最伟大的演员。他扮演的罗密欧，用青春火热的爱情征服了我的内心。后来，当我到他的化妆间去看他的时候，剧团里所有的人都带着一种奇怪的笑容来打量我，好像每个人都知道是怎么回事一样，而且他们很高兴，只有一位女演员看上去一副闷闷不乐的样子。他陪着我和母亲回到了饭店，然后我们一起简单地吃了一点东西，因为通常演员在演出之前是不吃饭的。

后来，妈妈以为我睡着了，但实际上我又回到了饭店的客厅，去跟我的"罗密欧"相会了。客厅和我们的卧室之间隔着一条长长的走廊。这时他对我说，那天晚上他改变了以往扮演罗密欧的风格："以前，我跳过墙头之后，就马上用一种程式化的声调说：

他常常嘲笑从未感到过疼痛的创伤，

但是——不要出声，

从那边窗户里透出来的是什么光？

那是东方，朱丽叶就是太阳！

可是你还记得今天晚上我是怎么表演的吗？我在低语，好像这几句话把我噎住了一样，因为自打我认识你之后，才体会到了深陷情网的罗密欧应该用一种什么样的声调来说话。现在我才真正地明白，伊萨多拉，是你让我明白了罗密欧的爱情应该是什么样的。从现在开始，我要把他演出另外一种完全不同的样子。"

接着，他站起来，开始对着我朗诵罗密欧每一幕的台词，还经常停下来对我说："是的，我现在明白了，如果罗密欧真的是在恋爱，那么他肯定会这样说话——这可跟我以前演这个角色时想象出来的情境大相径庭。现在我终于明白了。啊……亲爱的，花儿一样的姑娘，是你给了我灵感。有了你的爱，我一定会成为真正伟大的艺术家。”他就这样给我朗诵着罗密欧的台词，直到曙光爬上窗户。

我欣喜若狂地看着他的表演，听着他的朗诵，并时不时大胆地模仿一下他或是做一个手势。当演到牧师的那场戏时，我们两个都跪下来海誓山盟，表示终生相爱。啊，青春和春天，布达佩斯和“罗密欧”！每当我想起你们的时候，就会想起当时的情景——历历在目，就像昨天晚上刚刚发生的一样。

一天晚上，当演出结束以后，我们两个人又去了客厅，妈妈一点儿也不知道这件事，她还以为我睡着了呢。开始，“罗密欧”眉飞色舞地向我讲述他的角色、他的艺术和他的剧院，我听得津津有味；慢慢地，我觉得他开始变得很激动，有时甚至显得很紧张，一个字都说不出来。他紧紧地握住双拳，好像生病了一样。这时，我发现他那张英俊的脸涨得通红，双眼喷火，嘴唇紧咬，几乎都要咬出血了。

我自己也觉得头晕目眩，有一股难以遏制的欲望在我心中沸腾起来，驱使着我要把他紧紧地拥抱在怀中。最后，他终于失去了自制力，猛地将我抱进了屋里。我惊喜异常，这一天终于到来了。坦白地说，第一次的感觉简直就是一种折磨，可是看到他那痛苦不堪的样子，我也就不忍心逃避刚开始的剧痛了。第二天早晨天刚亮，我们便一起离开了饭店，到街上雇了一辆迟归的马车，走了好几里路来到了乡下。我们在一家农舍前停下，农夫的妻子为我们腾出了一个房间，里面放着一张老式的四柱床。整整一天，我们都待在乡下，“罗密欧”不断地劝解小声哭泣的我，并且为我擦干了眼泪。

由于心情不好，我想那天晚上我的演出恐怕是特别的糟糕。可后来当我在客厅里遇到“罗密欧”的时候，他反而显得非常高兴，我也就觉得自己遭受的所有痛苦全都得到了回报，并且渴望再来一次，特别是当他温柔地安慰我，说要让我最后知道什么是人间天堂的时候，这种渴望就变得越发强烈。这个预言后来很快就实现了。

“罗密欧”有一副金嗓子，他为我唱了他们国家的所有歌曲以及吉卜赛人的歌曲，还给我讲解了歌词的字句和含义。有一天晚上，亚历山大·格罗斯在布达佩斯歌剧院为我安排了一场盛大的晚会。当时我想到了一个创意——在跳完了用格鲁克的音乐伴奏的舞蹈之后，我把一个小型的匈牙利吉卜赛乐队带到了舞台上，我在他们的乐曲伴奏下跳舞。其中有一首爱情歌曲，歌词是这样的：

这世上有个小姑娘，

跟可爱的小鸽子一样。

上帝一定非常爱我，

因为他让我拥有了天堂。

这首歌的旋律优美，充满了激情、渴望、泪水和爱慕。我将自己的全部情感都倾注在了舞蹈中，观众们看得热泪盈眶。最后，我穿上红色的舞衣，跳了一曲《拉科齐进行曲》[①]，我觉得自己为匈牙利的英雄们献上了一首革命颂歌。

这次晚会之后，我在布达佩斯的演出也结束了。第二天我就和“罗密欧”到了乡下，在那个农夫的家里住了几天。我第一次尝到了整夜缠绵的欢乐。早晨醒来时，我发现我的头发和他那散发着香味的黑色卷发绕在了一起，并且感觉到他正用胳膊搂着我，顿时便产生了一种无与伦比的幸福感。回到布达佩斯以后，幸福的天空中出现的第一片乌云便是母亲那极度的痛苦。这时，伊丽莎白也从纽约赶来，她似

---

①《拉科齐进行曲》(Rakowsky March)，又译《拉科奇进行曲》，有时也被称为《匈牙利进行曲》(法语：Marche hongroise，英语：Hungarian March)，是《赞美歌》之前匈牙利的非官方国歌。

乎将我看成了罪人。她们的忧虑简直让我无法忍受，最后我便撺掇她们到特利尔去旅行了。

从此以后，我的性格中便一直表现出这样的特点：不管感情的变化有多么强烈，我的头脑始终保持着敏捷的反应。我从来都没有像人们经常说的那样，变得“失魂落魄”；相反，肉体上得到的欢乐越多，我的思维就变得越敏捷。可是，当追求肉体欢乐的意愿遭到理性的反对甚至是伤害时，这种冲突就会变得非常激烈，这时，我渴望有一种麻醉剂能够消除来自理性的没完没了的评判。我很羡慕那种人——他们可以不顾一切地纵情于一时的欢乐，而不会畏惧理性的反对，也不怕别人强加给他们的批判。

当然，理智总会有投降的时候，它喊道：“是的，我承认，生活中所有其他的东西，包括你的艺术，与这一刻的欢乐相比，都是毫无意义的。因此，为了这个时刻，我情愿放弃一切，毁灭一切，甚至不惜去死。”这种智慧的溃败，最后往往会引发混乱，让一切都归于虚无，其结果对于智慧和精神来说，都是最严重的灾难。

因为无法遏制的欲望，我不顾一切地走了下去。为了这个时刻，我不在乎我的艺术可能会毁于一旦，不在乎母亲的绝望，不在乎世界是否会因此而毁灭。谁想批评我，就让他去说吧。但是，如果要批评的话，首先还是应该责怪自然或上帝吧？是上帝让人们觉得这个时刻比宇宙中我们所知道的和所经历的一切更有价值，更让人渴望。当然，因为飞得太高，当觉醒时往往会摔得更惨。

亚历山大·格罗斯为我安排了一次环匈牙利的巡回演出。我在许多城镇进行了表演。在西本·科钦镇，曾经有七位革命将军被绞死，我被这个故事深深地打动了。为了纪念这些将军，在镇外一片很开阔的土地上，在李斯特英雄悲壮的音乐伴奏下，我创作并演出了一段进行曲舞蹈。

在整个巡回演出的过程中，所有匈牙利小镇的观众都对我表示了热烈的欢迎。每到一个地方演出，亚历山大·格罗斯都会准备好一辆套着白马的敞篷马车，上面堆满了白色的鲜花，而我则穿着一身白色的衣服坐在车上，在人们的欢呼和呐喊声中缓缓地穿城而过，就像是来自另一个世界的年轻美丽的女神。可是，尽管观众的喝彩让我飘飘欲仙，艺术的成功让我欣喜若狂，但我仍然无法遏制自己与“罗密欧”欢聚的渴望，特别是到了晚上，当我独自一人的时候，我感到非常痛苦。我宁愿用所有的成功甚至是我的艺术，来换取在他怀抱中的片刻时光。我渴望着回到布达佩斯的那一天，这一天终于来了。“罗密欧”当然兴奋异常地来到车站接我，但我却觉得他的内心深处已经发生了某种奇怪的变化。他对我说，他就要去排练马克·安东尼[①]这个角色，并且将要进行首场演出。难道戏剧角色的变换对一个艺术家的热情和性格会产生如此之大的影响吗？我不知道，但我当时确实感觉到我和“罗密欧”当初那种纯真的爱情已经发生了变化。他谈到了我们的婚姻，就好像婚事早已定下来一样，他甚至带着我去看了几套公寓，让我选择其中的一套供我们居住。那些公寓的房间没有浴室，到厨房需要走过长长的楼梯，突然之间，我产生了一种沉甸甸的郁闷的感觉。

“我们住在布达佩斯干什么？”我问道。

“怎么了，”他说，“你每天晚上都要坐在包厢里看我演戏，你还要学会和我对话，帮助我排练呀。”

---

①马克·安东尼（Mark Antony，约前83—前30），古罗马政治家和军事家。他是恺撒最重要的军队指挥官和管理人员之一。恺撒被刺后，他与屋大维和雷必达一起组成了后三头同盟。前33年后三头同盟分裂，前30年马克·安东尼与埃及女王克利奥帕特拉七世先后自杀身亡。

他给我背了一段马克·安东尼的台词。现在，他所有的热情和兴趣都转移到了这个罗马平民的身上，而我，他的朱丽叶，已经不再是他关注的焦点了。

有一天，当我们在乡下漫步了很长时间后，便在一个干草垛旁边坐了下来，他问我是不是觉得我们两个人各自去追求自己的事业会更好一些？当然，他的原话要婉转一些，可意思就是这样。直到现在，我依然记得那个草垛，我们面前那一片田野，以及当时我内心的战栗。当天下午，我就和亚历山大·格罗斯签订了去维也纳、柏林以及德国其他所有城市进行巡回演出的合同。

我观看了"罗密欧"扮演安东尼的首场演出，我对这场演出最深刻的印象就是剧院里观众们的狂热之情，而与此同时，我就坐在包厢里，吞下自己的泪水，那种感觉就像吃了几箱碎玻璃。第二天，我就到了维也纳，我的"罗密欧"消失了，我只能跟"马克·安东尼"道别。他看起来面色严峻，似乎心事重重。从布达佩斯到维也纳的这段路，是我所经历的最痛苦、最忧伤的一次旅程。所有的欢乐好像突然就从这个世界上消失了。一到维也纳，我就病倒了，格罗斯将我送进了一家医院。

连续几个星期，我都处于一种极度虚弱的状态，内心痛苦不堪。"罗密欧"急忙从布达佩斯赶来，他甚至在我的病房里支了一张床。他对我非常的温柔和体贴，可是有一天早晨当我醒来之后，看到那位护士——一个天主教修女的脸，她围着一块黑色的面纱，站在那里，正好将我与睡在小床上的"罗密欧"隔开，我觉得我在那一刻听到了爱情的丧钟。

我需要很长时间才能完全康复，所以格罗斯就带着我到弗朗兹巴德[1]去疗养。我的情绪很低落，整天都无精打采的，乡村的美景和好心的朋友都无法让我振作精神。格罗斯的太太特意赶过来照料我，她对我的照顾很用心，有时甚至彻夜不眠。幸运的是，当我银行里的存款被医生和护士们的昂贵费用耗光时，格罗斯又为我安排了演出——去弗朗兹巴德、玛丽亚温泉市[2]和卡尔斯巴德[3]演出。有一天，我把行李箱打开，取出了我的舞衣。记得当时我一边泪如雨下地吻着那件红色舞衣——我曾穿着它跳了所有的革命舞蹈，一边发誓再也不会因为爱情而抛弃艺术了。当时，我的名字在那个国家简直像产生了魔力一样，有一天晚上，正当我和经理及他的太太一起吃饭时，饭店的玻璃外面聚集了很多人，人群竟然把一大块玻璃都挤破了，饭店经理被弄得束手无策。

我将烦恼、痛苦和爱情的幻灭都融入了我的舞蹈艺术，并根据希腊神话中伊菲格涅亚[4]在祭坛上告别生命的故事创作了一段舞蹈。最后，亚历山大·格罗斯又安排我去慕尼黑演出，在那里，我和母亲、伊丽莎白会合了。尽管她们发现我变得很忧伤，但是看到我又是独自一人，便觉得很高兴。

在慕尼黑的表演开始之前，我和伊丽莎白来到阿巴沙，乘着车在街上寻找可以供应食宿的旅馆。尽管没有找到合适的旅馆，但在这个

---

① 弗朗兹巴德（Franzensbad），意为“帝国皇帝弗朗兹二世的村庄”，是捷克的城镇，位于该国西部，距离首府卡罗维发利20公里。因其丰富的矿泉而闻名，又叫“弗朗齐歇克矿泉村”。

② 玛丽亚温泉市（Marienbad），捷克卡罗维发利的一个镇，以温泉著名。

③ 卡尔斯巴德（Karlsbad），现在的卡罗维发利，是捷克西部波希米亚地区卡罗维发利州的一座温泉城市。在19世纪，该市成为一个受欢迎的旅游胜地，经常有国际名人来此进行温泉治疗。

④ 伊菲格涅亚（Iphigenia），希腊神话中阿伽门农和克吕泰涅斯特拉之长女。为古希腊剧作家所喜爱的悲剧人物。

平静的小镇上，我们却受到了人们的极大关注。斐迪南大公[①]路过此地时看到了我们，他非常兴奋，亲切地跟我们打招呼，并且邀请我们住进他位于斯蒂芬妮宾馆花园的别墅。这件事本来是一个很纯洁的插曲，但在贵族圈里却变成了一桩丑闻。那些贵族阔太太们不久就开始拜访我们，但与我当时的天真想法完全不同的是，她们并不是对我的艺术感兴趣，而是想弄清楚我们是以何种身份住进大公别墅里的。就是这些贵妇人，她们每天晚上都要前往宾馆的餐厅，在大公的桌前行上一个深深的屈膝礼。我也依俗而行，而且屈膝更深。

就在那时，我发明了一种新型泳衣，这种泳衣后来变得非常流行。那是一种用质地精良的中国丝绸做成的浅蓝色的衣服，大开胸，细肩带，裙摆刚到膝盖，光腿赤脚。在那个时代，女士们在下水游泳时一般都要穿一身从头包到脚的黑色泳衣，黑色的裙摆要留到膝盖和脚踝之间，还要穿上黑色的长袜、黑色的泳鞋。你完全能够想象出来，我当时引起了多么大的轰动。斐迪南大公经常在跳水桥旁散步，拿着看戏时用的小望远镜来看我，还用别人都听得见的声音嘀咕着："啊，邓肯小姐多么漂亮呀！啊，多么好看呀！就是春天也没有这么美呀！"

不久之后，当我在维也纳的卡尔剧院跳舞时，大公每天晚上都会

① 斐迪南大公爵（Grand Duke Ferdinand，1863—1914），奥匈帝国皇储，弗朗茨·约瑟夫一世皇帝之弟卡尔·路德维希大公之长子。弗朗茨·约瑟夫一世的独子皇太子鲁道夫于1889年患精神病自杀后，他成为皇位继承人。他因主张借由兼并塞尔维亚王国将奥匈帝国由奥地利、匈牙利组成的二元帝国扩展为由奥地利、匈牙利与南斯拉夫组成的三元帝国，所以于1914年与妻子苏菲视察时为奥匈帝国波斯尼亚和黑塞哥维那的首府萨拉热窝时，在萨拉热窝被塞尔维亚民族主义者普林西普刺杀身亡。"萨拉热窝事件"成为第一次世界大战的导火线。

带着一群年轻英俊的扈从和副官来到自己的特别包厢看我的演出，这自然引起了流言蜚语。但是大公对我的兴趣完全是出自对美和艺术的欣赏。实际上，他似乎总是有意地躲避与女性交往，反而更喜欢和他那群年轻漂亮的随从们在一起。几年以后，我听说奥地利法庭发布命令，将斐迪南大公囚禁在了萨尔茨堡一座阴暗的城堡里，我非常同情他。或许他与其他人的确有些不同，但是又有哪位真正富有同情心的人会与常人一样呢？

在阿巴沙的别墅，我们的窗前有一棵棕榈树。这是我第一次看到生长在温带的棕榈树。我经常观察它的叶子在晨风中颤动的姿态，后来我还据此创作了胳膊、手和手指轻颤的舞蹈动作。可是最后这种动作却被我的模仿者们给用滥了，因为他们并不知道追根溯源，去观察和思考棕榈树在风中的颤动姿态，忘记了必须先在内心有所感悟，才能进行很好的外部表达。当我长久地凝视这棵棕榈树时，我常常忘记了艺术的思考，脑海中只是盘旋着海涅那动人的诗句：

南方有一棵寂寞的棕榈树……

我和伊丽莎白从阿巴沙来到了慕尼黑，当时整个慕尼黑的生活都以“艺术家之家”为中心，一些著名的艺术大师，如卡尔巴赫①、伦巴赫②、斯塔克③等著名画家，他们每天晚上都要聚集在这里，喝着上好的慕尼黑啤酒，畅谈哲学和艺术。格罗斯希望能够把我在慕尼黑的首演安排在这里，伦巴赫和卡尔巴赫表示赞同，只有斯塔克坚持认为舞蹈不适合在“艺术家之家”这样的艺术殿堂里演出。一天上午，我登门

① 卡尔巴赫（Friedrich Kaulbach，1822—1903），德国画家。

② 伦巴赫（Franz von Lenbach，1836—1904），德国画家，以肖像画见长。

③ 斯塔克（Franz Stuck，1863—1928），德国画家、雕塑家、雕版画家、建筑师。

拜访斯塔克，想说服他相信我的舞蹈艺术的价值所在。我在他的工作室里脱下衣服，换上了丘尼卡[1]，为他跳了一段舞，然后开始不停地为他讲我的神圣使命以及舞蹈作为一种艺术的可能性，我一口气就讲了三四小时。后来，他经常对他的朋友们说，他一生中从来没有这样震惊过，他觉得奥林匹亚山上的林中仙女好像突然从另一个世界飞到了他面前。最后他自然是同意了，而我在慕尼黑“艺术家之家”的首演也成为这个城市许多年以来最为轰动的艺术盛事。

后来，我又在卡恩学院表演舞蹈，那里的学生们简直如痴如狂。一夜又一夜，他们卸下了我马车上的马，然后让我坐在车上，由他们拉着车，带着我穿街过巷，在我的敞篷马车两边，学生们唱着歌，举着火炬又蹦又跳。他们经常连续几个小时在我下榻的旅馆窗下歌唱，直到我把鲜花和手绢从窗户里扔给他们，他们便开始争抢，然后每人分一点儿戴在自己的帽子上。

有一天晚上，他们簇拥着我来到了他们的学生咖啡厅，然后把我抬到了一张桌子上，我就在桌子上跳舞给他们看。他们整个晚上都在不停地歌唱，并且不断重复着：“伊萨多拉，伊萨多拉，啊，生活多么美好！”那天晚上的事情第二天就上了报纸，城里的“规矩人”感到震惊。虽然第二天一早在送我回家的路上，他们把我的衣服和披肩都撕成了碎片，然后抢着戴在了帽子里，但其实这一切都只不过是一种非常纯洁无邪的“淘气”行为罢了。

当时的慕尼黑的确算是一个艺术和学术中心，大街上到处都是大

① 丘尼卡（tunic），相当于希腊的希顿，是一种宽大的睡袍一样的袋状贯头衣，最初为伊特鲁利亚人的穿着，后被罗马人继承，一般用白色毛织物做成，结构单纯，用两片毛织物留出伸头的领口和伸两臂的袖口，在肩部和腋下缝合，呈T字形，一般袖长及肘，也有无袖和长袖。

学生，每个女孩的腋下都夹着书本或乐谱。每个商店的橱窗里都陈列着珍贵的古代书籍和画作，以及最新出版的各种图书。除此之外，众多博物馆里的珍藏，从阳光照耀的大山里吹来的阵阵秋风，对满头银发的伦巴赫大师的工作室的造访，与卡维尔霍恩这样的哲学大师结识，等等，所有的一切都激励着我回到那中断已久的理智和精神生活中去。我开始学习德语，阅读叔本华和康德的原著，没过多久，我就能与每晚都来“艺术家之家”聚会的艺术家、哲学家和音乐家们进行长时间的交谈了，我从中受益匪浅。我还学会了喝慕尼黑啤酒，不久之前在感情上所受的打击也因此渐渐地淡化了。

一天晚上，在“艺术家之家”举行的一个表演各种节目的特别晚会上，有一个坐在前排鼓掌的男人引起了我的极大关注。他的容貌让我想起了一位我刚刚接触过其作品的音乐大师，他的额头也是那样突出，鼻梁很高，只是嘴巴柔和些，显得不是那么有力。表演结束之后，我才知道他就是著名作曲家理查德·瓦格纳的儿子——齐格弗里德·瓦格纳[①]。他也加入了我们的圈子，初次见面就能够与这位仰慕已久的朋友结识，我觉得非常荣幸，他以后也成了我最亲密的朋友之一。齐格弗里德·瓦格纳谈吐不俗，不时地回忆起他那伟大的父亲的往事，就像环绕在他头上的神圣光环一样。当时，我也是第一次读叔本华的著作，而他对于音乐和意志力的关系所进行的哲学意义上的阐述，令我由衷拜服。

我所遇到的这些超凡绝伦的知识界的精英，或者

① 齐格弗里德·瓦格纳（Siegfried Wagner，1869—1930），德国作曲家，理查德·瓦格纳之子，李斯特的外孙。他很早就开始作曲，后来师从瓦格纳的学生洪佩尔丁克学习。1896 年，他在拜罗伊特担任指挥，1908 年成为拜罗伊特音乐节的艺术总监。

德国人口中所说的思想巨人，让我觉得自己像被领进了一个至高无上的、神一般的思想家世界——在我漫长的行程中，他们的思想比我此前遇到的任何人的思想都要博大和神圣得多。在这里，哲学的思考确实被当成了人类最高级的需求，只有更为神圣的音乐世界才能与之媲美。在慕尼黑的博物馆里，来自意大利的辉煌作品也给了我很大的启迪。既然我们已经知道这里离意大利的边境很近，为了满足我们那不可抑制的冲动，母亲、伊丽莎白和我便坐上火车去了佛罗伦萨。

第十二章

我永远都忘不了这次奇妙的旅程，我们穿越了蒂罗尔[①]山，从山的南面顺坡而下，最后来到了翁布里亚[②]平原。

我们在佛罗伦萨下了火车，接下来的几个星期，我们到处愉快地游玩，看遍了美术馆、公园和橄榄园。在那段时间，是波提切利[③]吸引了我这颗年轻的心。一连好几天，在意大利画家波提切利的名画《春》前，我一坐就是几个小时。受这幅名画的启发，我创作了一段舞蹈，努力地想把这幅画中所呈现出来的那种柔和、奇妙的动感表达出来。鲜花盛开的大地柔和起伏，山林女神们围成了一个圆圈，风之神的凌空飞舞，这一切都围绕着一个中心人物——她一半是阿芙洛狄蒂，一半是圣母玛利亚，用一个意味深长的手势象征着孕育万物的春天。

我坐在这幅画的前面，看了好几个小时，完全被它迷住了。有一

① 蒂罗尔（Tyrol），欧洲中部的一个地区。目前分属奥地利和意大利两国。其中北蒂罗尔和东蒂罗尔属奥地利的蒂罗尔州。南蒂罗尔属意大利的特伦蒂诺－上阿迪杰。过去该地区全域属奥匈帝国。第一次世界大战后南蒂罗尔被割让给意大利。

② 翁布里亚（Umbria），位于意大利中心，首府佩鲁贾。

③ 波提切利（Sandro Botticelli，1445—1510），欧洲文艺复兴早期的意大利佛罗伦萨画派艺术家。

次，善良的老管理员给我拿来一个凳子，并且好奇而又饶有兴趣地观察着我看这幅画时的表情。我一直坐在那里，结果竟然真的看到了鲜花正在勃勃生长，赤裸的腿正在翩翩起舞，画中人的身体正在轻轻摇摆，欢乐的使者来到我的身旁的情景。于是我就想："我一定要将这幅画改编成舞蹈，把爱的信息——曾经让我痛苦万分的爱的信息，以及春天——孕育万物的春天，都传达给观众。我一定要用舞蹈的形式将我所感受到的那种巨大的喜悦之情传递给观众。"

闭馆的时间到了，我仍然坐在画的前面不肯离去，我想通过这美好而又神秘的一瞬间来发现春天的真谛。我觉得，到目前为止，生活始终是一种漫无目的的盲目追求；我相信，如果我能发现这幅画的秘密，就可以为人们指出一条多姿多彩、充满欢乐的生命之路。记得当时我对生命的看法就像一个带着美好愿望走向战场的人，他在受了重伤之后开始反思过去，他这样说道："为什么我不去传播宗教的福音，去拯救别人，使他们免遭这种残杀呢？"

这便是我在佛罗伦萨面对波提切利的名画《春》时所作的思索，后来通过努力，我终于将它编成了舞蹈。在这段舞蹈里面，甜蜜的异教徒生活时隐时现，阿芙洛狄蒂的光辉通过更为仁慈温柔的圣母形象展现了出来，阿波罗就像圣塞巴斯蒂安①一样来到了嫩芽初上的树林里！啊，所有的一切就像充满欢乐的暖流一样涌进了我的胸膛，我急切地想要将它们用舞蹈表现出来——我称之为《未来之舞》。

在佛罗伦萨的一座古老宫殿的大厅里，伴着意大利作曲家蒙特威

---

① 圣塞巴斯蒂安（St. Sebastian，约256—288）是一位殉道圣人。传说在罗马皇帝戴克里先迫害基督徒期间被杀。在艺术和文学作品中，他常被描绘成双臂被捆绑在树桩，被乱箭所射。这是最常见的圣塞巴斯蒂安艺术写照。他受到罗马天主教、东正教尊敬。

尔第[1]和早期的一些不知名作曲家的音乐，我为当地的一些艺术界人士表演了舞蹈。我还根据为古中提琴[2]（爱之梵娥尔）创作的曲子，编排了一段舞蹈，内容表现的是一位天使在演奏想象中的小提琴。

我们仍然像以前那样任性而为，结果钱又快花完了，我不得不给亚历山大·格罗斯拍电报，请他给我们寄一笔钱来，以便让我们回到柏林——当时他正在柏林为我准备首场演出。

到了柏林，真的有点儿出乎我们的意料。乘车走在路上，到处都是写着我名字的灯箱广告，以及我将要在克罗尔歌剧院与柏林爱乐乐团共同演出的海报。格罗斯领着我们住进了菩提树下大街布里斯托尔旅馆的一个漂亮的套间，好像整个德国新闻界都等着我在那里举行第一次记者招待会。由于有了在慕尼黑的学习研究以及佛罗伦萨的经历，我当时表现出了很好的精神状态，思维也很敏捷。我用美国式的德语详细解释了我对于舞蹈艺术的见解，并且不假思索地将舞蹈艺术称为一种“伟大而原始的艺术”，一种能够唤醒其他所有艺术的艺术，这种观点使新闻界的先生们大吃一惊。

这些德国记者仔细地倾听，他们表现出来的风度与后来在美国听

---

① 蒙特威尔第（Claudio Giovanni Antonio Monteverdi，1567—1643），意大利作曲家、制琴师。蒙特威尔第被认为是古典音乐史上一位划时代的人物，是巴洛克音乐的早期代表。他的牧歌创作是文艺复兴这一时期音乐体裁的巅峰，而他的歌剧创作则是这种体裁的奠基之作。他虽不是第一个写出歌剧的作曲家，然而他所创作的歌剧却可以一直流传至今日，甚至影响后世各乐派的作曲家。

② 古中提琴（Viola D'amore），是一种六至七弦，带有共鸣弦的弓弦乐器，大小接近中提琴，外观像一个缩小了的维奥尔琴。它主要用于巴洛克音乐，演奏方法与小提琴或中提琴相似，将琴置于颔下。在当代中提琴成熟前，于西洋古典音乐和欧洲民间音乐中和早期的中提琴竞争过，在乐队中也起了相似的作用。

我讲述理论的那些记者是那样的不同！他们心怀钦敬、专心致志地听我进行讲解，第二天，德国多家报纸上都发表了评论我的舞蹈艺术的长篇报道，那些文章写得既庄重而又富含哲理。

亚历山大·格罗斯是一位勇敢的开拓者。他冒着极大的风险，拿出自己所有的资本来筹备我在柏林的演出。他在投入上不惜成本，广告宣传铺天盖地，租用第一流的歌剧院，聘请最好的乐队指挥。当大幕升起，露出我想要的那种蓝色天幕的布景，我这样一个瘦小娇弱的女人站在庞大空旷的舞台上，一旦无法赢得困惑不解的柏林观众的头彩，那么格罗斯可就要宣告彻底破产了。但他是一位了不起的先知先觉者，他的预期目标，我全都帮他实现了。啊，简直是一帆风顺。柏林的观众大为倾倒，我跳了两个多小时以后，他们仍然不愿离开歌剧院，一直喊着“再来一个、再来一个”。最后，激情高涨的观众一下子拥到了脚灯前面，成百上千的年轻学生竟然爬上舞台，我差点就被这些狂热的崇拜者给挤死。接下来，一连好几个夜晚，他们都在重复着当时流行于德国的一种迷人的仪式——解下我的马车上的马，他们自己兴高采烈地用车拉着我，穿过一条条大街，最后沿着菩提树下的大街一直把我送到我住的那家宾馆。

从首演的那天晚上开始，我便在德国观众中名声大震，德国人称我为“伟大圣洁的伊萨多拉”。有一天晚上，雷蒙德突然从美国赶了过来，他说他太想念我们了，再也无法忍受与我们天各一方的痛苦。于是，我们又旧事重提，要执行那个酝酿已久的计划——去最神圣的艺术发源地，我们最景仰的雅典。我一直觉得自己还只是停留在艺术殿堂的门口，需要到艺术的源头去寻找灵感。所以当结束了在柏林的短期演出之后，我们不顾亚历山大·格罗斯的恳求和惋惜，坚持要离开德国。我们一家人又高高兴兴地一块儿登上了开往意大利的火车，准备取道威尼斯，一起完成我们梦寐以求的雅典之旅。

在威尼斯，我们逗留了几个星期，其间我们怀着满心的虔诚参观了一些教堂和美术馆。但是很显然，在这种情况下，威尼斯对我们来说已经不是很重要了，因为与它相比，佛罗伦萨那至高无上的智慧和精神之美，能够让我们敬服百倍。威尼斯一直不愿意向我展示它的秘密和它的可爱，直到很多年后，我和一位身材颀长、长着橄榄色面孔、黑眼睛的情人重游此地时，才第一次认识到威尼斯的美丽有多么迷人。但是初访威尼斯时，我却盼望着能够早点儿离开这里，乘着船驶向更高级的艺术圣殿。

雷蒙德提出，我们的希腊之旅必须尽可能地一切从简，因此我们就没有乘坐舒适的客轮，而是乘坐了一艘往返于布林迪西[①]和圣毛拉[②]之间的小邮船。我们在圣毛拉上了岸，因为那里有古老的伊沙卡遗址，而且还有一座山崖，据说就是绝望的萨福纵身跳入大海的地方。时至今日，每当回忆起这次希腊之旅，我总能记起当时想到的拜伦的诗句：

希腊的岛屿啊，希腊的岛屿，

在这里，热情的萨福曾引吭高歌，播撒爱情的种子，

在这里，战争与和平的艺术曾光照宇宙，

在这里，得洛斯浮出海面，太阳神奋然跃起。

永恒的夏天仍然将它们涂成金色，

可除了太阳，昔日的一切已无处寻觅。

清晨，我们从圣毛拉乘坐着一艘小帆船出发，船上除了我们一家之外，只有两个黑人。头顶着7月似火的骄阳，渡过蔚蓝的爱奥尼亚

① 布林迪西（Brindisi），意大利普利亚大区布林迪西省的首府。

② 圣毛拉（Santa Maura），希腊的一个岛。

海[①]，我们进入了安布拉奇海湾，最后在一个名叫卡瓦萨拉斯的小镇上了岸。

在租用这条小帆船时，雷蒙德用手语比画着给船夫解释了好半天，还使用了一些古希腊语，说希望我们的航程要尽可能地像尤利西斯[②]的那样。船夫好像并不怎么清楚尤利西斯的故事，但是一看到我们给了他那么多的德拉克马[③]，便有了扬帆起航的勇气，虽然他们很不愿意走太远，而且好几次都指着天空说："隆隆，隆隆。"他们还抖动着双臂表示风暴即将来临，告诉我们海上风云多变。当时，我想起了《奥德赛》中描写大海的几行诗句：

说完，他便擎着三叉神戟，
聚拢乌云，搅动大海，
风暴从四面八方汇集在一起。
乌云覆盖了大地和海洋，
黑暗从天而降。
东风、南风相逼，
西风呼号凄厉，
还有寒冷刺骨的北风，
掀起汹涌的波涛，

---

① 爱奥尼亚海（Ionian Sea），地中海的一个海湾，北以奥特朗托海峡与亚得里亚海相连；西接意大利的卡拉布里亚（Calabria）与西西里（Sicily），并以墨西拿海峡与第勒尼安海连接；东接阿尔巴尼亚以及许多的希腊岛屿以及伊奥尼亚群岛。

② 尤利西斯（Ulysses），古希腊史诗《奥德赛》中的英雄。

③ 德拉克马（Drachma），古希腊和现代希腊的货币单位。古时流行于多个希腊城邦和国家；在现代，德拉克马于1832年成为希腊的法定货币，直至2002年1月1日被欧元正式流通取代。

拍向他的木筏子，

瞬间撕碎了所有的希望和勇气。

——《奥德赛》第五章

再也没有比爱奥尼亚海更加变幻莫测的大海了。我们这次航行，真是拿富贵的生命去冒险，一不小心，就真的有可能像尤利西斯那样：

他正说着，巨浪迎面打来，

掀翻了他的木筏，

将他抛出很远，

舵也被击落海中，

桅杆拦腰折断，

随着狂浪上下滚翻。

木筏失去了舵和帆，

他长久地浸在水中，

风暴的冲击难以招架，

湿透的衣衫难以负担。

但他最终还是跃出海面，

吐出苦涩的海水，

将滴水的乱发掠过眼前。

尤利西斯的船被打翻之后，遇到了瑙西卡[①]：

“我经受了千难万险，

在海上漂泊了二十天，

昨天才逃脱了海水的幽暗。

① 瑙西卡（Nausicaa），希腊神话中法埃亚科安岛（Phaeaceans）的国王阿尔喀诺俄斯的女儿。她在荷马的《奥德赛》第六章中出场，扮演了相当重要的角色。

多少天来，我忍受风吹浪打，

从奥吉吉亚岛便开始无助地随着波浪漂流。

感谢上苍的旨意，

将我抛在此地，

漂到您的海岸，

还剩下一丝残息。

也许是我命不该绝？

不，是不朽的天神，

在我的生命终结前还要降下大任，

可是，我恳求您的帮助，女王，

历经了那么多的劫难，

我第一个遇到的人就是您，

除了您，

这岛上我再也不认识其他人。"

——《奥德赛》第六章

我们曾经在伊庇鲁斯海滨的一个名叫普雷韦扎的希腊小镇上买了些食物：一大块干奶酪、一堆熟橄榄，还有一些鱼干。因为帆船上没有船篷，我们只能整天地闻着奶酪和鱼干在烈日暴晒下所散发出的气味，尤其是这艘小船总是处于颠簸摇晃的状态，那种要命的感觉，我永远都不会忘记。海面上还经常没有一丝风，我们只好亲自划桨。到了黄昏时分，我们终于在卡法萨拉斯靠了岸。

当地的居民都跑到海滨来迎接我们。我想就算是哥伦布第一次在美洲登陆时，也没让当地的居民觉得如此震惊——当雷蒙德和我跪下来亲吻这片土地时，他们全都惊奇得目瞪口呆。然后雷蒙德朗诵道：

美丽的希腊，看到你，谁还能无动于衷，

谁还会抒发游子思乡的愁情；

望着你的宫殿废墟、断壁残垣，

我悲从中来，泪眼蒙眬！

真的，我们高兴得想拥抱这村子里的每一个人，简直有些忘乎所以了。我们大声喊道："经过多日的辗转漂泊，我们终于来到了圣地希腊！啊，我向您致敬，奥林匹亚的宙斯！还有阿波罗！还有阿芙洛狄蒂！啊，缪斯女神，请你们准备好，来跳舞吧！我们的歌声可能会惊醒狄俄倪索斯和他那些沉睡的女祭司！"

啊，来吧，女祭司，妻子和少女们，

来吧，女祭司，你们来吧！

啊，给我们带来欢乐，

给我们带来植物神的种子。

从弗里吉亚[①]的山崖，

带着神奇的布洛米阿斯[②]，

来到街道、城镇和高塔，

啊，把布洛米阿斯带回家！

穿上鹿皮衣裳，镶着雪白的饰边，

就像我们一样，让它在风中飞动。

我在他面前发誓，要用灰色和洁白的兽毛，

来装饰酒神的神杖，

穿起他的鹿皮衣裳，再戴上常春藤冠。

卡法萨拉斯没有大宾馆，也不通火车。那天晚上，我们睡在一个

---

① 弗里吉亚（Phrygia），安纳托利亚历史上的一个地区，位于今土耳其中西部。

② 布洛米阿斯（Bromios），古罗马人信奉的酒神。

房间，那是村子里那家小客栈能为我们提供的唯一房间。但实际上我们都没怎么睡觉，首先是因为雷蒙德整晚都在谈论苏格拉底的智慧和柏拉图式的爱情在天堂中所得到的补偿，其次是因为客栈的床板是由单块木板做成的，硬邦邦的很硌人，再就是希腊的蚊子多得数不清，拿我们打了一顿牙祭！

黎明时分，我们离开了这个小村庄。母亲坐在一辆双驾马车里，车上还装着我们的四个行李箱，而我们则手拿月桂树枝步行护送，全村的人陪着我们走了好长的一段路。我们走的那条路，正是两千多年前马其顿国王腓力二世[①]率军走过的。

这条路从卡法萨拉斯通向阿格里尼翁，是一条蜿蜒、崎岖的荒凉山路。那是一个美丽的早晨，碧空如洗，空气清新，我们健步如飞，还经常蹦蹦跳跳地跑到车的前面，不时地大喊大叫或纵情高歌。当越过阿斯普罗波特莫斯河（古阿基利斯河）时，我和雷蒙德不顾伊丽莎白的苦苦哀求，执意要跳进清澈见底的河水中泡一泡，来一次洗礼，只是我们没想到水流是那么湍急，差点就被冲走了。

在途经某个地方时，有两条牧羊犬从远处的一座牧场里跑了出来，穿过山谷追上了我们，如果不是勇敢的车夫拿着大鞭赶跑了它们，它们肯定会像凶猛的恶狼一样袭击我们。

我们在路边的一个小店里吃了午饭，而且第一次喝到了用松香封口的装在古朴的猪皮袋里的葡萄酒。那酒喝起来有一股家具漆的味道，虽然我们暗暗地吐舌蹙眉，但嘴里还一个劲儿地称赞说是好酒。

后来，我们来到了修建在三座小山上的斯特拉图斯古城的遗址。

---

① 腓力二世（Philip II of Macedon，前 382—前 336），为马其顿国王（前 359—前 336），是阿敏塔斯三世和欧律狄刻最小的儿子，出生于佩拉。他是亚历山大大帝和腓力三世的父亲。

这也是我们第一次在古希腊的废墟中漫步，多立克式的圆柱让我们兴奋不已。我们跟着雷蒙德登上了西山，看到了宙斯神庙的剧场遗址。我们的想象力被激活了，在夕阳的残照中，一种幻象出现在我们的面前——斯特拉图斯古城重新矗立在三座小山上，焕发出了神奇而又美丽的光彩。

晚上，我们终于到达了阿格里尼翁，虽然已是筋疲力尽，但心里却涌动着一股巨大的喜悦之情，这是一般人难以体会到的幸福感觉。第二天早晨，我们乘着公共马车前往迈索隆吉翁[①]，在那里，我们拜谒了拥有一颗火热心脏的拜伦。他的骨灰就供奉在这座英雄的城市，这里的土地浸染着烈士的鲜血。人们可能会想到，正是拜伦将雪莱的心从火葬柴堆的余烬中抢了出来，这难道不是有些奇怪吗？雪莱的心现在供奉在罗马，沿着从“辉煌的希腊”到“壮丽的罗马”的历史轨迹，这两位诗人的心可能至今还处于心神交会的状态。

所有这些回忆都让我们这些异教徒那种非同寻常的兴奋心情猛然间变得有些伤感。这座城市依然保留着法国画家德拉克洛瓦[②]的名画《迈索隆吉翁城的突围》所表现出来的那种悲壮气氛，当时，几乎所有的居民——无论男女老幼，都在冲破土耳其防线时惨遭屠杀。

拜伦于 1824 年 4 月死于迈索隆吉翁，两年之后，同样是 4 月，几乎就在拜伦的两周年祭日，这些烈士们也长眠在了这块绿树成荫的土

---

①迈索隆吉翁（Missolonghi），希腊西希腊大区埃托利亚－阿卡纳尼亚州的首府，位于埃托利亚－阿卡纳尼亚州南部，帕特雷湾北岸。希腊独立战争期间，该地曾为起义军总部。1824 年 4 月 19 日，英国著名诗人拜伦在支持希腊人民独立战争的过程中不幸患病，病逝于该地。

②德拉克洛瓦（Eugène Delacroix，1798—1863），法国著名浪漫主义画家。德拉克洛瓦是法国人民的骄傲，他的大部分作品被保存在巴黎卢浮宫，卢浮宫专为保存他的作品辟出好几间展室。

邓肯在希腊帕特农神庙

地上，与他相会了。拜伦为了希腊人的解放事业牺牲了一切，还有比他死在英雄的迈索隆吉翁城更为激动人心的壮举吗？他的心供奉在这些烈士中间，正是由于他们的死，世人才可以再一次感受到希腊的不朽之美。因为所有的壮烈牺牲都会得到回报。薄暮中，我们登上了开往帕特雷[①]的小轮船，站在甲板上，我们满怀崇敬地与迈索隆吉翁挥泪作别，然后看着它在暮色中渐渐隐去。

到了帕特雷，我们为了去奥林匹亚还是去雅典而展开了激烈的争论，最后，还是瞻拜帕台农神庙的渴望占了上风，于是我们便乘上了开往雅典的火车。火车穿行在阳光普照的希腊大地上，时而可以望见白雪皑皑的奥林匹斯山峰，时而又穿越了树影婆娑的橄榄林，犹如置身于翩翩起舞的林中仙女或欢呼跳跃的树精之间，我们非常高兴，甚至激动得难以自已，只能用相互拥抱和热泪盈眶的方式来表达自己的情感。小站上的那些当地人不解地看着我们，可能觉得我们不是喝醉了就是发了疯，但实际上我们只是因为找到了最崇高、最辉煌的智慧——雅典娜那蓝蓝的眼睛而感到无比兴奋。

那天晚上，我们来到了雅典。第二天拂晓，我们满怀着敬仰之情，爬上了雅典娜神庙的台阶。因为心情激动，我们的腿一直在颤抖，心也怦怦直跳。登上高处之后，我觉得以前的自我就像是一件色彩斑斓的外衣一样离我而去，好像以前的我从来就没有存在过，好像在漫长的屏息敛气的过程中，在对圣洁之美的凝视和膜拜中，我刚刚降临人世一样。

---

① 帕特雷（Patras），位于伯罗奔尼撒半岛西北部帕特雷湾畔，是希腊市区人口第四大城市。

太阳从彭特利库斯山[1]边冉冉升起，山两侧的大理石崖壁在阳光下熠熠生辉，显得瑰丽而又壮观。我们登上了神庙正门的最后一级台阶，凝望着晨曦中光彩夺目的神庙，不由得相视无语，相互之间都保持着一定的距离。因为这里的美是如此的神圣崇高，任何语言的表述对她而言都是一种亵渎。我们诚惶诚恐，不再叫喊，不再拥抱，各自找到了适合自己顶礼膜拜的最佳位置，一连几个小时都沉浸在虔诚的静思之中，每个人都浑身战栗，四肢酸软。

现在，我们——一位母亲和她的四个孩子，又聚在了一起。我们觉得，只要邓肯一家人能够在一起就足够了，其他人只会诱惑我们背弃自己的理想。看到帕台农神庙的时候，我们觉得自己好像已经到达了至善至美的顶点。我们不禁自问，既然已经在雅典找到了能够满足我们美感需求的一切东西，那么我们为什么还要离开希腊呢？也许有人会问，当时我已经取得了那么大的成功，而且又在布达佩斯有过一段火热的恋情，难道我真的毫无重温旧梦的渴望吗？但是事实就是如此，当开始进行这次朝圣时，我丝毫没有考虑过功名和金钱。这纯粹是一次精神上的朝圣之旅，我想要寻找的精神规律，就在那位虽然无迹可寻，却依然端坐在倒塌的帕台农神庙里的雅典娜女神身上。因此，我们决定，邓肯一家要永远地留在雅典，在这里亲自建造一座圣殿。

在柏林的演出，让我挣到了一笔看上去似乎永远都花不完的银行存款，因此，当我们开始为新建的圣殿选址时，只有一个人看起来似乎不大高兴，那个人就是奥古斯丁。他犹豫了很长时间，最后终于承认，由于妻子和孩子不在身边，他非常挂念。我们都觉得这是他的一

① 彭特利库斯山（Mount Pentelicus），希腊阿提卡地区的一座山脉，位于雅典东南。

大弱点，但既然他已经娶妻生子，我们只好同意他把她们接过来。

奥古斯丁的妻子带着一个小女孩来了。她穿得很时髦，脚上还穿着一双路易十五式的高跟鞋。我们对此都有些意见，因为怕亵渎了帕台农神庙的大理石地板，我们全都换上了平底的便鞋，但她极力反对。我们觉得，就算是我穿上了执政时期的那种服装，还有雷蒙德的灯笼裤、开领衫以及领带等，都已经算是堕落的服装了。我们必须要换上古希腊人的服装，我们真的这么做了，这让当地的希腊人见到之后都大吃一惊。

穿上了"丘尼卡"，系上被称为"克拉米斯"的古希腊斗篷，围上一条被称为"佩普鲁"的短裙，然后用发带系住头发，我们便开始动身为圣殿选址。走遍了科洛诺斯、帕勒农以及阿提卡的所有谷地，都没有找到合适的地方。最后有一天，当我们去伊梅图斯山——那里有很多蜜蜂，以盛产蜂蜜著称——散步的时候，途中经过了一座小山丘，雷蒙德突然将手杖放在了地上，大声喊道："看呀，现在这地方和卫城处在同一高度！"的确如此，朝西看去，雅典娜神庙似乎近在咫尺，但实际上两地有四英里多的距离。

但是，选择这个地方建造圣殿也有不少麻烦。首先，没有人知道这片土地是属于谁的。这地方远离雅典，只有牧人放牧牛羊的时候才会偶尔来这里一趟。后来，费了很大周折，我们才了解到，这片土地归属于五家农民所有，他们对此地的所有权已经延续了一百多年了。这片土地就像一块蛋糕，被他们从中间分成了五块。经过长时间的打听，我们才找到了这五家的主事人，问他们是否愿意出售这片土地。他们非常吃惊，因为以前还从来没人对这地方感兴趣。因为它距离雅典很远，又是一块石头地，只能生长一些荆棘，而且山的附近也没有水，所以从来没人觉得那块地有什么价值。但是一听说我们要买这块地的时候，这几家农民便聚在一起商议，他们认为这块地也许是无价之宝，所以开始漫天要价。不过我们一家既然已经决定要买下这片地了，因此就和他们讨价还价。我们宴请了这五家人，并准备了烤羊羔和其他一些美食，还请他们喝了很多的“拉克酒”——当地生产的一种白兰地酒。宴会上，在一位矮小的雅典律师的协助下，我们起草了一份契约，由于这些农民不会写字，所以就在上面画了押。虽然我们买下这块地的花费并不少，但是我们觉得请这顿饭还是很值的。这块与卫城一样高、自古以来被称为“科帕诺斯”的荒凉山地，从此以后便属于邓肯一家了。

接下来的问题，就是如何弄到图纸和绘图工具，画出圣殿的设计图了。雷蒙德觉得阿伽门农宫殿的平面图正好可以作为模仿的样板。他看不上建筑师，不想让他们帮忙，便自己雇来了建筑工和运石工。我们觉得只有彭特利库斯山的大理石才能配得上我们的神殿，因为帕台农神庙那些雄伟的石柱就是从那座山上的发光的山崖上开凿出来的。不过，后来这个标准还是被稍微降低了一下，因为我们觉得彭特利库斯山脚下的红色岩石也挺不错。从那天起，人们每天都可以看到长长的运送红石的车队，蜿蜒穿行于彭特利库斯山和科帕诺斯山之间的山道上。看到一车又一车的红石头被卸到工地上，我们都非常高兴。

最后，圣殿奠基的重要时刻终于来临了。我们都觉得这是一件大事，应该举行一个庄重的仪式才行。众所周知，我们家的人脑子里都没有什么宗教的概念，每个人的思想都已经在现代科学和自由思想的熏陶下得到了彻底的解放。虽然如此，我们还是觉得采用希腊人的仪式，请一个希腊祭司来主持奠基礼更为和谐、更为合适一些。为此我们还邀请了方圆几英里内的所有农民前来参加这个仪式。

老祭司来了，他的身上穿着黑色的长袍，头上戴着黑色的帽子，黑色的面纱从宽大的法冠上垂了下来。祭司要我们找来一只黑色的大公鸡做祭品——这种仪式从阿波罗神庙时期开始，经过拜占庭牧师的代代相传，一直都没有变过。我们费了好大的劲儿才找来一只黑公鸡，连同圣刀一起交给了祭司。与此同时，由农民组成的几支乐队从附近各地陆续赶来，还有一些社会名流从雅典赶来助兴。到黄昏时分，科帕诺斯山上已经聚集了很多人。

老祭司庄重肃穆，行礼如仪。他要求我们画出了房屋地基的确切界线，然后我们便沿着雷蒙德早在地上画好的一个四方形跳了一圈舞，表示这就是我们的地基。然后老祭司找到了距离房子最近的一块基石，当夕阳西下时，他割断了黑公鸡的脖子，鲜红的鸡血滴在了那块基石上。老祭司的一只手举着圣刀，另一只手举着黑公鸡，煞有介事地绕着地基走了三圈，然后便开始祈祷和念咒语。他先是为建造圣殿所用的每一块石块祝福，然后又询问了我们每个人的名字，开始祷告起来。在祷告词里，我时不时就能听见伊萨多拉·邓肯（我的母亲）、奥古斯丁、雷蒙德、伊丽莎白和伊萨多拉（我自己）的名字。他每次都将“邓肯”说成了“僧肯”，在他的口中，D 音发出来以后就变成了 Th 音。他反复地劝诫我们——要虔诚和睦地在这所房子里生活下去，还劝勉我们的后代也要虔诚和睦地在这里生活。他做完祷告以后，乐师们便拿着希腊特有的古老乐器上来了。我们打开了成桶的葡萄酒和拉克酒，在山上点燃了熊熊篝火，与邻近的农民们一起跳舞、喝酒，度过了一个欢乐的夜晚。

我们决定永远在希腊定居。不仅如此，我们还一起发了誓，就像哈姆雷特说的那样，以后永远都不结婚、“已经结婚的就这样吧”，等等。

对于奥古斯丁的妻子，我们都有些意见，有时也不免表现出来。

但是我们还是在笔记本上制订了一个计划，规定了今后在科帕诺斯生活所应遵循的准则，当然这个准则只适用于邓肯家的人。这些准则有点像柏拉图的《理想国》中所说的那样。规定如下：

清晨：日出即起，用欢快的歌舞迎接朝阳，然后每人喝一小碗羊奶来补充体力；

上午：教当地居民跳舞、唱歌，让他们学会侍奉众神并且换下那些难看的现代服装；

午餐：简单吃一些新鲜蔬菜，因为我们已经决定忌吃肉食，改为奉行素食主义了；

下午：冥思静想；

晚上：在合适的音乐伴奏下举行异教徒的仪式。

接下来，兴建科帕诺斯圣殿的工作开始了。由于阿伽门农宫殿的墙大约有两英尺厚，因此科帕诺斯圣殿的墙同样也应该要两英尺厚。直到建墙工程进行了很长一段时间之后，我们才意识到我们需要从彭特利库斯山运多少红石头，也才知道每车红石头需要花多少钱。几天之后，我们决定在工地上宿营过夜，这时我们突然意识到方圆几英里内根本连一滴水都没有！望着蜜蜂纷飞的伊梅图斯山高处，我们的眼前仿佛出现了一股股泉水和一条条溪流；凝视着彭特利库斯山，那上面终年不化的积雪仿佛融化成了湍急的瀑布直泻而下。可是非常可惜，我们明白科帕诺斯真的是一块干旱的不毛之地，就算是最近的泉水离这里也有四英里远！

但雷蒙德并不气馁，他雇用了更多的工人，让他们动手挖了一口深井。在挖井的过程中，他偶然发现了很多古代的文物，于是认定在古时候这里曾是一个村庄。但是我却认为那不过是一块坟地罢了，因为越往下挖，土层变得越干。最后，在科帕诺斯进行了几个星期的找水工作以毫无收获告终，我们又回到了雅典，去询问能够预言未来的神灵，我们相信在雅典卫城里肯定存在这样的神灵。我们从城里搞到了一张特别许可证，这样我们便可以在月夜去那里了。我们养成了在狄俄倪索斯神庙的圆形大剧场中静坐的习惯，在那里，奥古斯丁背诵希腊悲剧里的片段，我们就跳舞。

我们一家人过着自给自足的生活，与当地的雅典居民井水不犯河水。有一天听农民们说，希腊国王悄悄地来到这里，偷看我们的圣殿，我们也没有在意。因为我们接受的是另外一些国王的统治，他们是阿伽门农①、墨涅拉俄斯②和普里阿摩斯③。

---

① 阿伽门农（Agamemnon，意为“坚定不移”），希腊迈锡尼国王，希腊诸王之王，阿特柔斯之子。特洛伊战争是因为他想称霸爱琴海，他的弟弟墨涅拉俄斯的妻子海伦被特洛伊的王子帕里斯拐走只是导火线，在战争中，他也成为希腊联合远征军统帅。战争胜利后，他顺利回到家乡，然而他的妻子克吕泰涅斯特拉对于阿伽门农在出征时因得罪狩猎女神阿耳忒弥斯而以长女伊菲革涅亚献祭之事怀恨在心，便与情人埃癸斯托斯一起谋害了他。

② 墨涅拉俄斯（Menelaus），希腊神话中斯巴达的国王。阿特柔斯之子，阿伽门农之弟，海伦之夫。海伦被帕里斯拐走后，墨涅拉俄斯与阿伽门农召集希腊境内几乎所有的国王对特洛伊开战。经历十年苦战，特洛伊沦陷，海伦被墨涅拉俄斯夺回。两人育有一女赫耳弥俄涅，嫁给阿伽门农之子俄瑞斯忒斯。

③ 普里阿摩斯（Priams），特洛伊战争时的特洛伊王。他的儿子赫克托在特洛伊战争与阿基琉斯决斗战死。普里阿摩斯为了讨回儿子的尸首，趁夜冒险潜入希腊阵营中，请求阿基琉斯，终获允准归还。普里阿摩斯最后也战死，被阿基琉斯的儿子涅俄普托勒摩斯在特洛伊城中心的宙斯祭坛上杀死。

第十三章

在一个月光皎洁的晚上，我们正在酒神狄俄倪索斯神庙的剧场里坐着，忽然之间，一个男孩唱出的嘹亮歌声划破了宁静的夜空，那种哀婉、超俗的音色是男孩的童声所特有的。突然，又有一个男孩的歌声响起了，接着又是另一个，他们唱的都是希腊的一些古老歌曲。我们席地而坐，凝神静听，不知不觉间变得心旷神怡。雷蒙德说："这肯定是古希腊合唱队里的男孩子们在唱歌。"

第二天晚上，这样的合唱又出现了。我们给了他们许多德拉马克，于是在第三天晚上，合唱队的人数又增加了。渐渐地，几乎所有的雅典男孩子们都聚集在狄俄倪索斯神庙的剧场里，在月光下为我们歌唱。

当时，我们对希腊教堂里的拜占庭音乐产生了浓厚的兴趣，不仅参观了希腊大教堂，并欣赏了唱诗班主唱那美妙、哀婉的歌声，而且参观了位于雅典城外那座培养年轻牧师的希腊神学院。他们带着我们参观了学院珍藏的中世纪以前的古老手稿。与很多著名的希腊学专家的观点一样，我们那时就有一种看法——被现在的希腊教堂传承下来的对于阿波罗、阿芙洛狄蒂以及其他所有异教诸神的颂歌，其实都已经产生了某些变化。

于是，我们心中又产生了一个念头，就是将这些希腊男孩组织起来，再现古希腊合唱队的原貌。每天晚上，我们都在酒神剧场举行歌唱竞赛，谁能唱出最古老的希腊歌曲，谁就能获得奖赏。为此我们还请了一位拜占庭音乐[1]教师来帮忙，他帮助我们从这些男孩中选出了十名全雅典声音最动听的男孩，将他们组成一支合唱队。一位年轻的神学院学生——他也是古希腊学的研究者，和我们一起指导合唱队排练“悲剧之父”埃斯库罗斯[2]的《乞援者》。这些合唱的曲子优美动听，是我们以前从来都没有听到过的。有一首合唱曲我记得特别清楚，它描写的是一群少女围在宙斯圣坛的周围寻求庇护，希望阻止乱伦的堂兄弟跨海过来侮辱她们。

就这样，研究雅典卫城，建造科帕诺斯的圣殿，为埃斯库罗斯合唱曲配舞，我们完全沉浸在这些工作中。除了偶尔去远处的几个村庄游览一番之外，我们什么都不想做。

---

① 拜占庭音乐（Byzantine Music），拜占庭音乐起于公元 4 世纪初期康斯坦丁堡的建立，止于 1453 年东罗马帝国的陷落。在这个政教高度合一的神权国家，音乐自然毫不例外地隶属于宗教礼仪的需要。拜占庭音乐创作理论源于毕达哥拉斯学派的和谐关系为根基的和弦理论，带有浓厚的形而上特征，由此形成八种不同的调式。而在音乐实践上，由于早期基督教会主要由改宗的犹太教徒组成，犹太会堂中使用的祷歌（Kol Nidre）和赞美诗篇对拜占庭音乐的内在气质产生了深远影响。它气息悠长，节奏舒缓而凝重，信者虔诚的心灵意向在平静的旋律展开中清晰可辨：灵魂倾诉现实此在的谦卑与堂皇上帝的无限荣耀，它赋予希腊音乐理论系统所匮乏的神性的血肉表达。

② 埃斯库罗斯（Aeschylus，前 525—前 456），古希腊悲剧诗人，与索福克勒斯和欧里庇得斯一起被称为是古希腊最伟大的悲剧作家，有“悲剧之父”的美誉。

我们阅读了《厄琉息斯秘仪[1]》，并对其印象深刻。“这些神秘的事情无法用语言来形容，只有亲眼见到它们的人才能得到保佑，他死后的命运也将与他人迥然不同”。

我们准备去参观厄琉息斯，它与雅典的距离有十三英里半。我们光着脚穿上了便鞋，沿着一条白色的尘土飞扬的路徒步前往。这条路沿着海边古老的柏拉图树林延伸，为了取悦众神，我们一路上以舞步前行，途中经过了达佛涅的一个小村庄和一个叫哈吉亚·特里亚斯的教堂，最后当我们经过了一块山间的开阔地之后，便看到了大海和萨拉米斯岛。我们在那里休息了片刻，并且重新回顾了历史上著名的萨拉米斯海战[2]的情景——当时，希腊人顽强迎战并击溃了由薛西斯国

---

① 厄琉息斯秘仪（Mysteries of Eleusis），是古希腊时期位于雅典西北部厄琉息斯的一个秘密教派的年度入会仪式，这个教派崇拜女神得墨忒耳和其女儿珀耳塞福涅。厄琉息斯秘仪是公认的与早期农业民族有重大关联的一个上古原始宗教，它可以追溯到迈锡尼文明（前1600—前1100）。它起源于女神得墨忒耳失去女儿珀耳塞福涅后落寞地游荡，然后她在一个叫作厄琉息斯的小镇经历了一段故事，最后使得该小镇的人们都普遍崇拜她，她提拔了该镇的贵族成为祭司，这个小镇最后为她建立庙宇并大兴祭祀。厄琉息斯秘仪经历了希腊黑暗时代，之后又传到古罗马，它可能属于一个和女神崇拜、极乐世界相互对应的原始宗教体系。这个秘仪的崇拜内容和仪式过程处于严格的保密之中，全体信徒都参加的入会仪式则是一个信众与神直接沟通的重要渠道，以获得神力的佑护及来世的回报。有许多绘画和陶器的碎片描绘了它的几个侧面，由于神秘的许诺和魔术般的来世信仰加文。

② 萨拉米斯海战（Battle of Salamis），是第二次希波战争中雅典政治家地米斯托克利率领的希腊各城邦组成的联合舰队与波斯帝国阿契美尼德王朝薛西斯一世麾下的波斯海军于公元前480年进行的一场海战。兵力处于劣势的希腊联军将波斯舰队诱入科林斯地峡东部的萨龙湾内的萨拉米斯岛与希腊本土阿提卡地区之间狭窄的海峡中，一举取得决定性胜利，成为第二次希波战争的战略转折点。

王[1]统率的波斯大军。

据说，薛西斯当年坐在埃加略斯山上的一把银腿椅子里观看了这场战役。公元前480年，希腊人组成了一支拥有300只战船的舰队，打败了强大的波斯军队，并赢得了独立。当时大约有600名波斯精兵驻扎在一座小岛上，想截断希腊舰队的退路，击毁他们的船只，把他们赶到岸上去，可是阿里斯泰德斯[2]已经从流放地被召回，他识破了薛西斯想要击毁希腊舰队的图谋，最终战胜了波斯人。

一只希腊战舰奋勇当先，
腓尼基的船头撞上了敌舰前面的雕像。
船上伸出了一只只挠钩，
他们缠住敌人，展开了近身肉搏。
最初，波斯人顽强抵抗，
但队伍太过庞大却成了失败的原因；
狭窄的海湾让他们英雄无用武之地，
慌乱中，自己一方的士兵们挤作一团。
铜造的船头相互碰撞，
自己的船桨被自己撞碎。
希腊人快而不乱，成竹在胸，
从四面八方展开了灵活的进攻。
海面上到处都是倾覆的战船，

---

① 薛西斯国王（Xerxes，约前519—前465），阿契美尼德王朝的国王（前485—前465年在位）。他可能是《圣经》中提到的波斯国王亚哈随鲁。薛西斯是大流士一世与居鲁士大帝之女阿托莎的儿子。其名字在波斯语中意思是“战士”。

② 阿里斯泰德斯（Aristides，前530—前468），雅典政治家、军事家，绰号“正义的”。

还有一具具士兵的尸骸。

一路上，我们真的是蹦蹦跳跳地往前走，只是在一个基督教的小教堂前面停留了一会儿。教堂里有一位希腊牧师，他一直看着我们走路的样子，觉得很有趣，并且坚持让我们参观一下教堂，他还请我们尝了他酿的酒。我们在厄琉息斯待了两天，观看了一些神秘的宗教仪式。第三天，我们回到了雅典，但我们不再是原来那一家人了，我们家多了一群新加入的影子伙伴：埃斯库罗斯、欧里庇得斯[①]、索福克勒斯和阿里斯托芬[②]等古希腊剧作家和诗人。

我们已经不想再到远处游历了，这里就是我们的圣地麦加，对我们来说，希腊是至高无上的。我承认，后来的我背离了自己对智慧女神雅典娜的纯洁崇拜，当我最后一次到雅典时，吸引我的已经不再是对她的崇拜了，而是达佛涅的一所小教堂里受难的耶稣的面部表情。可在当时那种情况下，我们正处于生命的早晨，雅典卫城对我们来说就是一切欢乐和灵感的发源地。我们年轻气盛，恃才傲物，热衷于挑战，还无法理解什么是怜悯之情。

每天清晨，我们都会迎着晨曦爬上雅典卫城的城门，去探究这座圣山的每一个辉煌的历史时期。我们还带了一些书籍，想考证每一块石头的来历。为了核实某些标记和特殊物品的出处和含义，我们学习

---

① 欧里庇得斯（Euripides，前480—前406），与埃斯库罗斯和索福克勒斯并称为希腊三大悲剧大师，他一生共创作了92部作品，保留至今的有17部。对于欧里庇得斯的评价，古往今来一向褒贬不一，有人说他是最伟大的悲剧作家，也有人说悲剧在他的手中衰亡，无论这些评价如何反复，毋庸置疑的是欧里庇得斯的作品对于后世的影响是深远的。

② 阿里斯托芬（Aristophanes，约前448—前380），古希腊喜剧作家，雅典公民。他被看作是古希腊喜剧尤其是旧喜剧最重要的代表。相传写有44部喜剧，现存《阿哈奈人》《骑士》《和平》《鸟》《蛙》等11部。有“喜剧之父”之称。

了一些著名考古学家的很多相关理论。

雷蒙德也有了自己独到的发现，他与伊丽莎白一起考察雅典卫城，想花上一些时间来寻找一些古老的足迹，那是修建卫城前山羊上山吃草时在岩石上留下的。最后他们还真的找到了一些脚印，因为雅典卫城最初就是一群牧羊人为了让羊群有一个遮风挡雨的安全地点而修建的。雷蒙德和伊丽莎白成功地画出了羊群经常行走的线路图，并且确定这条路线至少在修建卫城之前的一千年就存在。

在那位年轻的神学院学生的帮助下，我们从大约两百名衣衫不整的雅典男孩中选拔出了十名嗓音非常优美动听的儿童，并开始教这些孩子们表演合唱。我们发现，在希腊教堂的宗教礼仪中，左右舞动时所唱的赞美诗的和声简直美妙绝伦，这也印证了我们的观点，即这些赞美诗原本就是献给上帝、雷神和保护神宙斯的；它们也曾经被早期的基督徒拿来献给耶和华。在雅典图书馆里，我们找到了一些关于古希腊音乐的书籍，上面记载着这样的音阶和音程。有了这些新的发现，我们激动不已。经过了两千年的沧海桑田，我们终于发掘出了这些失传的珍宝，使它们在世人面前重现。

我们当时住在一家英国人开的宾馆里。宾馆很慷慨，我们可以随意使用其中的一个大厅，我每天在那里工作，经常一连几小时地给《乞援者》的合唱曲编配舞蹈动作，这都受益于希腊教堂音乐节奏的启发。当时我们对这些理论极为信服，以至于都没有察觉到其中所使用的一些宗教表现手法是非常滑稽可笑的。

像平时一样，当时的雅典也处于急剧的变革之中。这一次，矛盾在王室和大学生之间产生，他们争论的焦点是，在戏剧演出中究竟该用古希腊语还是现代希腊语。成群结队的大学生上街游行，举着旗帜，坚决主张使用古希腊语。从科帕诺斯返回雅典的那一天，我们的车子被学生们围住了，他们为我们穿着古希腊丘尼卡而大声喝彩，并邀请我们加入了他们的游行队伍。为了古希腊，我们欣然同意这次邀请。在这次游行中，学生们决定在市立剧院举行一场演出。那十个希腊男孩子和那位拜占庭神学院的学生都穿上了衣袖飘拂、色彩艳丽的丘尼卡，用古希腊语演唱了埃斯库罗斯的合唱曲，而我则翩然起舞。这让大学生们如痴如狂。

国王乔治听说了这次游行后，希望我能够再到王家剧院里表演一次。但是在王室和驻雅典各国使馆人员面前的这次演出，与在市立剧院里给大学生们的表演相比，却缺少了那种热情和火爆的气氛。那些戴着白色小山羊皮手套的手鼓起掌来没有丝毫的鼓舞力。乔治国王走到舞台后面的化妆室里，请我去王室包厢里拜见王后，虽然他们看上去非常高兴，但我能看出来，他们那并非发自内心地欣赏我的艺术，也没有真正地理解我的艺术。对于这些王公贵族来说，芭蕾舞永远是他们心目中最正宗、最美丽的舞蹈。

恰好在这时，我发现我们银行里的存款已经花光了。记得在王家剧院演出结束后的那个晚上，我怎么也睡不着，天一亮，我就独自一人跑到卫城，走进酒神剧场，在那里跳起舞来。我觉得这是我最后一次在这里跳舞了，然后我又爬上了卫城的城门，站在了帕特农神庙的前面，这时我突然觉得自己以前所有的美梦都像五颜六色的肥皂泡一样破灭了。我们只是现代人，不可能变成什么古希腊人，更不可能拥有古希腊人那种感情。我面前的这座雅典娜神庙，在不同的时代曾经有过不同的色彩，而我只不过是一个拥有苏格兰和爱尔兰血统的美国人。经过不同文化的融合后，我和红种的印第安人的亲缘关系也许比与希腊人还要近。我在希腊度过的这一年间所有的美丽幻想就这样突然破灭。拜占庭的希腊音乐旋律变得越来越微弱，而伊索德[①]之死的和弦却在我的耳边回响。

三天后，我们告别了一大群热情的人，还有那十个希腊男孩泪眼婆娑的父母，乘着火车离开雅典赶赴维也纳。在火车站上，我的身上裹着白蓝两色的希腊国旗，带着那十个男孩，面对着所有送别的人，大家一起唱起了优美的希腊国歌：

我从你那令人敬畏的

剑刃边来识别你

我从你在地上浮现的

有力面貌识别你

从那希腊人神圣的骨气中，

它已复活——就如以前一样勇敢，

自由万岁万万岁！

回顾在希腊度过的这一年，我认为的确是一段非常美好的时光，因为我们孜孜以求地追溯了两千多年前的美，这种美正如法国作家勒南[②]所赞颂的那样：

啊，多么高贵！是啊，多么朴实和纯真的美！雅典娜女神，你是智慧和理性的象征。你的神殿是永恒的良知和真诚的最好课堂。探索

---

① 伊索德（Isolde），亚瑟王传说中特别有名的一位主要人物。她原本是爱尔兰王国的一位美丽公主，后来准备下嫁于马克国王成为马克国王的王后。但在前往康沃尔王国的途中，她却与护送她的崔斯坦爵士不慎喝下了春药而使他们的爱情更加根深蒂固了，这也就注定了她和崔斯坦的爱情逐渐走向悲剧。

② 勒南（Joseph Ernest Renan，1823—1892），法国研究中东古代语言文明的专家、哲学家、作家。他以有关早期基督教及其政治理论的历史著作而著名。

你的神秘，我恨自己来得太晚；带着深深的愧疚，我在你的圣坛前跪拜。为了寻找你，即使历经千辛万苦我也心甘情愿。雅典人一降生便能得到你的恩赐，而我，要想得偿夙愿，就必须披肝沥胆，尽心竭力！

就这样，我们离开了希腊，并在一天早晨到达了维也纳，同行的还有我们的希腊男童合唱团以及他们的老师——那位拜占庭祭司。

第十四章

我们想要复兴古希腊合唱艺术和古希腊悲剧舞蹈艺术的愿望，毫无疑问是很有意义的，但是要想付诸实践却有很大的难度。在布达佩斯和柏林获得了经济上的巨大成功之后，我已经不打算再进行巡回演出了，只想用赚来的钱建造一座希腊圣殿，复兴古希腊的合唱艺术。回想年轻时的种种，真是让人觉得有些可笑。

我们在一天上午到达维也纳，然后便向好奇的奥地利观众表演了埃斯库罗斯的《乞援者》。舞台上，由希腊男孩合唱团来唱歌，由我来

表演舞蹈。剧中需要表现五十位“达那俄斯的女儿”[①]，用我那瘦弱的身躯同时表达五十个姑娘的情感虽然非常困难，但我具有将多种情感融于一身的能力，并且为此付出了最大的努力。

维也纳距离布达佩斯只有四个小时的路程，但是令人难以置信的是，在帕台农神庙待了一年之后，布达佩斯对我来说已变得相当陌生，因此“罗密欧”从来都没有花上四小时的时间过来看我，我也不觉得奇怪，我甚至从来都没有认为他应该来。我一心扑在希腊童声合唱团的发展上，它占去了我全部的精力和感情。说实话，我还真的没有想起过他，那时我脑子里所充斥的全是理性的问题。另外，这些事情恰好让我的注意力更多地集中在与一位才智超群的人的友谊上，这

---

① “达那俄斯的女儿”（Daughters of Danaus），希腊神话中埃及王达那俄斯许诺要把自己的50个女儿嫁给孪生兄弟埃古普托斯的50个儿子。当婚礼准备就绪，达那俄斯突然想起了一个几乎已经快要忘记了的古老预言，那预言告诉他，他在未来将会被自己的女婿给杀死。但是现在阻止婚礼为时已晚，于是他将50个女儿叫到自己跟前，并给了她们每人一把短剑，命令她们在新婚之夜时，趁机将她们的丈夫给杀死。她们不敢违抗父王的命令，只好在深夜当丈夫都睡熟时将他们一一杀害。唯有大女儿许珀耳涅斯特拉太爱自己的丈夫，所以她违抗了父亲的命令，没有将自己的丈夫林叩斯（Lynceus）杀死。天亮了，人们发现埃古普托斯的49个儿子都倒在血泊之中。唯一幸存下来的林叩斯为了报仇，一怒之下将自己的老丈人和杀害他兄弟的49位达那伊得斯给杀死了，因而兑现了那个古老的预言。后来谋杀亲夫的49位达那伊得斯的行为激怒了天神，在她们死后，她们被发配到了冥府最底层的塔耳塔洛斯，强逼她们灌满永远也不可能灌满的无底桶。从此，49个达那伊得斯就这样出了名。这49位美丽的少女匆匆忙忙走向低凹的水池边，排成长队，用她们的瓦罐盛满水，又痛苦地顺着陡峭的、滑溜溜的石阶向上攀爬，将瓦罐里的水倒进无底桶中。直到精疲力竭，劳累得快要晕倒的时候，她们才停下来休息一会儿，可是复仇女神的鞭子又向她们劈头盖脸地打下来，棍棒又戳着她们，一次又一次地逼迫她们去完成那毫无希望完成的工作。

个人名叫赫尔曼·巴尔[1]。

几年前，在维也纳的“艺术家之家”里，赫尔曼·巴尔曾经看过我为艺术家们表演的舞蹈。当我带着希腊男童合唱团回到维也纳以后，他更是来了兴致，并在维也纳的《新报》上写了很多精彩的评论文章。

巴尔当时大约三十岁。他的头部长得非常标致，留着一头浓密的棕色头发，胡子也是棕色的。虽然他经常在演出后来到布里斯托尔宾馆与我谈话到天亮，虽然我也经常起身在一句一句的希腊合唱曲的伴奏下为他跳舞——表达我对歌词的理解，但是，在我们之间却没有发生一丁点儿的男女私情。可能有人会不相信，但这件事却是千真万确。自从经历了布达佩斯的情变之后，在连续几年的时间里，我的整个情感世界都发生了很大的变化，我觉得那些风花雪月的日子已经与我无缘，未来的日子里，我只会全身心地投入到艺术中去。既然我天生就有“米洛的维纳斯”的那种气质，能够做到这一步确实让人感到奇怪，直到现在，我也是这么认为的。虽然这有点儿不可思议，但是我的情欲在历经了那次惨痛的觉醒之后，已经再次沉睡，我也没有了这方面的要求，我整个的生命全都集中在了我的艺术中。

我的演出又一次获得了成功，就像在维也纳卡尔剧院一样。观众们最初看到希腊男童合唱团时相当冷淡，但是当我表演最后的舞蹈《蓝色多瑙河》时，他们情绪变得非常高涨。演出结束之后，我对观众解释说，这并不是我想要达到的效果，我希望表达的是希腊悲剧的灵魂。我说，我们必须复兴合唱之美。但观众依旧大叫：“好啦，不要说啦，跳舞吧！跳《蓝色多瑙河》，再跳一次！”他们一次次地为我鼓

① 赫尔曼·巴尔（Hermann Bahr，1863—1934），奥地利作家、剧作家、导演、文艺评论家。

掌，冲着我叫喊。就这样，我们在维也纳获得了丰厚的报酬，然后又一次来到慕尼黑。希腊男童合唱团的出现，在慕尼黑艺术界和知识界引起了巨大轰动。著名的富特文格勒[①]教授为此专门举行了一次演讲，论述我们这种由拜占庭琴师配乐的希腊赞美诗。慕尼黑大学的学生们对我们的演出极为赞赏，这些漂亮的希腊男孩也非常引人注目。只是我要一个人演出五十个姑娘的舞蹈，经常感到力不从心，只好在演出结束后向观众解释说，我并不是在表演单人舞，而是表现达那俄斯的五十个女儿；我正在努力，现在是我一个人，请你们耐心等待，不久之后，我就会建造一所学校，将我现在的角色还原成五十个少女。

柏林对于我们的希腊男童合唱团表现得并不是很热情，虽然来自慕尼黑的著名教授科尼利乌斯先生亲自向大家做了介绍，可是柏林的观众还是像维也纳的观众一样大喊："哎，跳《蓝色多瑙河》吧，别管什么希腊合唱曲了。"

与此同时，那些希腊的男孩子们也觉得自己与所处的环境格格不入。旅馆的主人不止一次地向我抱怨这些孩子不懂礼貌，而且脾气很坏，总是要黑面包、熟透的黑橄榄和生洋葱，要是哪一天少了这些开胃的东西，他们就会对服务员大喊大叫，甚至将牛排扣在服务员的头上，并用刀子袭击他们。有好几家高级宾馆都把他们赶了出来。没办法，我只好在我位于柏林的公寓的客厅里给他们支上了十几张帆布床，让他们跟我们住在一起。

一想到他们还是孩子，每天早晨，我们就都照着希腊人的样子，

---

① 富特文格勒（Wilhelm Furtwängler，1886—1954），德国指挥家、作曲家。1922 年，富特文格勒成为柏林爱乐乐团的音乐总监，他将自己视为德奥音乐的传人，总是能完美地诠释贝多芬、勃拉姆斯及布鲁克纳等人的作品，相当具有权威性。

穿上麻绳鞋，打扮得像古希腊人那样，然后带着他们去散步。一天早晨，伊丽莎白和我正走在这支奇异的队伍前面，忽然遇到德国皇后骑着马迎面过来，皇后非常吃惊，在下一个拐弯的地方，她就从马上摔了下来，因为那匹普鲁士良种马从来没见过穿着这么古怪的人，它受到了惊吓，就把皇后给掀翻在地。

这些可爱的希腊男孩们跟我们在一起待了六个月，因为我们意外地发现他们那天使般的嗓音开始变声了，就连那些对他们非常欣赏的慕尼黑观众也都开始不满。我继续努力地去扮演在宙斯神坛前祈求保护的五十个姑娘，不过也是吃力不讨好，尤其是这些希腊男孩子们唱得越来越跑调，而他们那位拜占庭琴师也越来越三心二意。

这位神学院的学生对拜占庭音乐的兴趣越来越小，好像已经完全失去了在雅典时的那份热情。他还经常缺席演出，而且缺席的次数越来越多，缺席的时间越来越长。终于有一天，当地的警察局告诉我们说，就在我们以为这些孩子都已经睡熟的时候，他们却偷偷地从窗子里爬出来，跑到那些廉价的咖啡馆，跟当地最下等的希腊女子鬼混。我们觉得问题开始变得严重起来。而且，自从来到柏林以后，这些男孩子已经完全失去了当初在狄俄倪索斯神庙剧场演出时的那种天真无邪的孩子气，而且每个人都长高了半英尺左右。他们在剧院里合唱《乞援者》的时候，变得越来越找不到调门，简直变成了可怕的噪声，观众们再也不会因为这是拜占庭音乐而原谅他们。终于有一天，在经过多次痛苦的商议之后，我们决定把希腊合唱团的成员全都带到魏海姆的大百货商店。我们给所有的矮个男孩买了上好的成品灯笼裤，给个子高的男孩买了长裤，然后让出租车把他们送到了火车站，给每个人买了一张去雅典的二等车票，然后与他们深情道别。送走他们之后，我们暂时把复兴古希腊音乐的计划搁在了一边，开始重新研究德国作曲家克里斯托弗·格鲁克[①]的《伊菲格涅亚[②]和俄耳甫斯》。

从一开始，我就将舞蹈看成了一种合唱形式，或者是一种通用的情感表达方式。正如我以前努力向观众表现达那俄斯的女儿们的悲伤一样，现在我开始用舞蹈来表现《伊菲格涅亚》中的一段情景：

哈尔基斯[③]的少女们在柔软的沙滩上玩着她们的金球，后来惨遭流放到陶里斯，看到了希腊同胞及受害者的血祭，觉得十分恐惧。

我极为热切地想要创办一支舞蹈乐队，这个想法在我头脑中盘旋已久，并最终变成了现实。在舞台金黄的灯光下，我看到跟我一起跳舞的同伴们雪白、柔软的身影正围绕着我，还有强劲的双臂、摇摆的头颅、充满朝气的躯体和敏捷灵活的双腿。在《伊菲格涅亚》的最后，陶里斯的少女们因为俄瑞斯忒斯[④]得救而跳舞狂欢。当跳起这些如痴如狂的回旋曲时，我觉得自己握住了她们伸过来的手；当回旋曲变得越来越疯狂时，我感受到了她们小小身体的扭动和摇摆。最后，在极度的欢乐中，我倒在地上，这时，我听见她们在唱：

在长笛声中烂醉如泥，

还想在林荫中独自寻找野兽的足迹。

---

① 克里斯托弗·格鲁克（Christoph Willibald Ritter von Gluck，1714—1787），德国作曲家。

② 伊菲格涅亚（Iphigenia），阿伽门农和克吕泰涅斯特拉之长女。为古希腊剧作家所喜爱的悲剧人物。

③ 哈尔基斯（Chalcis），希腊优卑亚岛城市，位于该岛西部，与希腊大陆隔尤里普斯海峡。哈尔基斯为该岛主要城镇，埃维亚州首府。

④ 俄瑞斯忒斯（Orestes），希腊神话中阿伽门农之子。阿伽门农被妻子克吕泰涅斯特拉谋杀后，他为父报仇，杀死亲母，因此受到复仇女神惩罚。后为女神雅典娜所赦免，归国继承父位。俄瑞斯忒斯的故事在古代文学艺术中是一个广泛引用的题材，其故事的各个方面多次出现在后世西方戏剧家和作曲家的作品中。

在维多利亚大街的家里，我们每周都要举办一次酒会，现在酒会已经变成了狂热的文学艺术中心，而且还举行过很多次关于舞蹈艺术的学术讨论会。德国人对于每一种艺术的讨论都非常严肃认真，而且还要追根溯源，进行深刻的思考。我的舞蹈成了他们争论最激烈、也最为热烈的话题。各大报纸上经常会刊登整版整栏的评论文章，有的称颂我是发现新的艺术种类的天才，有的又把我贬低成了古典舞蹈芭蕾的真正破坏者。那令观众欣喜若狂的每一次演出结束之后，一回到家里，我就穿上白色的丘尼卡，就着一杯淡牛奶，细细地研读康德的《纯粹理性批判》，沉思默想，直到深夜。当时我这样做的目的是从书中找到能够帮助我创造纯粹之美的灵感，至于我是怎么找到的，那恐怕只有上帝知道了。

在经常来我家做客的画家和作家中，有这样一位年轻人，他的额头很高，戴着一副眼镜，目光非常锐利。他认为向我宣传尼采的天才思想是他的使命。他说，只有依靠尼采的指导，我才有可能像自己希望的那样充分展现出舞蹈的魅力。每天下午，他都会用德语为我朗读尼采的《查拉图斯特拉如是说》这部书，并向我解释其中我不太明白的单词和词组。尼采哲学的魅力已经让我痴迷不已，而这位年轻人——他的名字叫卡尔·费登[①]，每天为我讲哲学的那几小时的诱惑力也非常大，因此，即便我的经纪人多次劝我去汉堡、汉诺威和莱比锡等地去做巡回演出——哪怕是短期的，哪怕那些地方有无数热情的观众和成千上万的马克正在等着我，我也不愿意去。对于经纪人经常向我描述的那种大获成功的环球演出，我也没有多大的兴趣。我要学习，我要继续进行我的研究，我要创作出当时还不存在的舞蹈和舞

① 卡尔·费登（Karl Federn，1868—1943），奥地利法学家。

姿。从童年时代起，我就想创办一所自己的学校，现在这个愿望变得越来越强烈。我要留在工作室中的愿望，把我的经纪人都快急疯了，他一遍又一遍地上门恳求我去做巡回演出，并且拿来一些报纸让我看，那些报纸上说，在伦敦以及其他一些地方，我的幕布、服装和舞蹈的仿制品大行其道并且广受欢迎，人们都将它们当成是一个创举。但是，这些全都无法打动我。当夏天即将到来的时候，我宣布了我的决定——在拜罗伊特度过整个夏季，我要从真正的艺术源头上去研究理查德·瓦格纳的音乐。这个决定让我的经纪人恼怒到了无以复加的程度。一天，有人登门来拜访我，这个人不是别人，正是瓦格纳的遗孀——瓦格纳夫人[①]。她的到来，让我更加坚定了留下的决心。

从来没有哪个聪明热情的女人能够像科西玛·瓦格纳那样，给我留下如此深刻的印象。她身材高挑，雍容大度，有一双美丽的眼睛，对于女性来说，她的鼻子也许稍高了一些，她的额头显示出了智慧的光芒。她精通各种深奥的哲学，并且熟知大师的每一个乐句和音符。她用鼓舞人心的语气和优雅的方式谈到了我的艺术，然后又对我说理查德·瓦格纳生前很不喜欢芭蕾舞以及芭蕾舞服。她说，瓦格纳最为心仪的是酒神节歌舞，还有像鲜花一样的少女的舞蹈；她还说，即将在拜罗伊特[②]举行的柏林芭蕾舞团演出，是根本不可能表现出瓦格纳的

① 瓦格纳夫人（Cosima Wagner），德国作曲家。德国作曲家理查德·瓦格纳的妻子，也是匈牙利作曲家、钢琴家李斯特的女儿。

② 拜罗伊特（Bayreuth），德国巴伐利亚州的一座城市，位于美因河河谷，是上弗兰肯行政区的首府。瓦格纳在这里创办了拜罗伊特音乐节。首届音乐节举办于1876年，这一年也成为瓦格纳的朋友哲学家尼采的哲学思考转折的一年。他的《人性，太人性的》一书，就是源自他参加首届拜罗伊特音乐节的经历。

原意的。然后，她问我是否愿意在瓦格纳的歌剧《唐怀瑟》[①]中表演舞蹈。这对我来说可是一个难题，因为我绝对不想与芭蕾舞有丝毫的瓜葛，因为芭蕾舞的舞姿会破坏我的舞蹈的美感，它的表现方式在我看来也是非常机械和粗俗的。

“噢，为什么我没有自己梦想已久的学校呢？”对于她的邀请，我脱口而出，“这样，我就能将一群瓦格纳梦寐以求的山林仙女、田野之神、半人半马神和美惠三女神[②]给您带到拜罗伊特去。但是现在，我单独一个人又能做得了什么呢？不过我还是要去的，而且还要尽心尽力，至少要将我设计的舞蹈——能够把美惠三女神可爱、温柔和性感的一面的舞蹈给表现出来。”

---

①《唐怀瑟》（Tannhäuser），德国作曲家理查德·瓦格纳的一部歌剧，属于拜罗依特音乐节上演剧目。本剧经瓦格纳本人多次修改，有三个版本曾于德累斯顿、巴黎和维也纳首演。

② 美惠三女神（Three Graces），希腊神话中的人物，传说可以赐给人美丽、魅力与快乐。她们分别是：欢乐女神欧芙洛绪涅、美丽女神阿格莱亚、魅力女神塔利亚。

第十五章

在5月的一个令人心旷神怡的日子，我到达了拜罗伊特，并且在黑鹰宾馆租下了几个房间。其中一间房子很大，足够我练功用，于是我在这个房间里放了一架钢琴。瓦格纳夫人每天都邀请我一起吃午餐或晚餐，或是让我晚上到万弗里德别墅[①]去玩。到那儿赴宴的人每天至少有15个，并且都能受到非常真诚的盛情款待。主持宴会的无疑是瓦格纳夫人，她坐在餐桌的上首，仪态端庄，言辞得体。赴宴的客人有的是德国的大思想家、画家和音乐家，还有的是大公、公爵夫人以及来自其他国家的皇亲国戚。

理查德·瓦格纳的坟墓位于万弗里德别墅的花园，从书房的窗口就可以望见。瓦格纳夫人常常在午饭以后挽着我的胳膊走进花园，绕着坟墓缓缓而行，用一种非常忧郁而又神秘的语气与我交谈。

晚上经常会有四重奏演出，每一种乐器都由著名的大师亲自演

① 万弗里德别墅（Villa Wahnfried），德国作曲家理查德·瓦格纳在拜罗伊特的庄园，庄园的名字寓意为“幻想中的和平”，现为理查德·瓦格纳故居博物馆。

奏——身姿挺拔的汉斯·里希特[①]，身材瘦小的卡尔·马克[②]，还有迷人的莫特尔、洪佩尔丁克[③]和海因里希·索德[④]。当时每一位伟大的艺术家都曾经应邀来到万弗里德别墅，并在这里受到了热情的款待。

身上穿着白色的小丘尼卡，竟然能够与这些大名鼎鼎的人物比肩为伍，我觉得非常骄傲。我开始学习歌剧《唐怀瑟》的音乐，它表达出了一种对骄奢淫逸生活的疯狂渴望，因为这种狂欢的情景总是出现在汤豪瑟的脑海中。半人半马神、山林女神和维纳斯藏身的洞穴，就是瓦格纳精神上的一个隐秘的洞穴。在他的内心深处，长期以来都渴望着找到一个能够满足感官需要的途径，但是这一切都只能在他的想象中实现。

对于这种狂欢的情景，我是这样描述的：

“大部分的演员应该是一种什么样子，我只能提供一个隐隐约约的暗示，只能勾勒出一个粗线条的轮廓。在他们的心中，充满了一种神秘的狂喜，他们的身体在音乐的旋律中狂舞，像旋风一样旋转，像波涛一样奔腾。如果说我敢于独自一人冒着这样的风险，那也是因为这一切完全是出自于想象的范畴。这一切只不过是汤豪瑟睡在维纳斯怀抱里时所看到的幻象。

要实现这些梦想，一个简单的求助手势，就应该能够招来上千只

---

① 汉斯·里希特（Hans Richter，1843—1916），奥地利指挥家。生于匈牙利，在维也纳学习，1876年指挥了瓦格纳的歌剧《尼伯龙根的指环》首演。1897—1911年任伦敦交响乐团指挥。他首演了当时的许多杰出作品，是历史上最伟大的指挥家之一。

② 卡尔·马克（Karl Muck，1859—1940），德国指挥家，曾担任美国波士顿交响乐团指挥。

③ 洪佩尔丁克（Engelbert Humperdinck，1854—1921），又译洪普丁克，是一位德国后浪漫主义作曲家。

④ 海因里希·索德（Heinrich Thode，1857—1920），德国艺术史学家。

伸出的手臂；一次特意的回头动作，就应该足以表现酒神祭祀的喧闹和狂欢，只有这样才能表现出汤豪瑟热血沸腾的情感。

在我看来，这段音乐将所有没有得到满足的感官需求、狂热的渴望、激情压抑的烦闷等情绪集中到了一起，总而言之，它是世间所有欲望的呐喊。

所有的一切都能够表现出来吗？这些幻想，不仅存在于作曲家燃烧的想象中，而且也能够穿上外衣进行清晰的再现，是不是这样？

为什么我要去做这种根本不可能实现的事情呢？我再说一遍，我并不能实现它，我只是想说明应该如何去实现。

当这些可怕的欲望爆发时，当这些欲望无法遏制，就像一股冲破堤坝的洪流奔腾向前的时候，我就让烟雾弥漫在舞台上，让人们无法看到清晰的景象，这样的话，在观众们各自的想象结束时，就能够感受到更强的感染力——比任何具体场面更强的感染力。

经过这样的爆发和破坏之后，经过这种有创造有破坏的过程之后，便会出现一派和平的景象。

这时就会出现美惠三女神，她们代表着安宁和爱欲被满足以后的慵懒和倦怠。在汤豪瑟的梦里，她们时而交织在一起，时而又分离开来，她们在相互纠结的同时，时分时合、时隐时现，一次次地即兴颂唱着宙斯的爱情。

她们讲述的是宙斯的风流韵事，说到了泅过海峡到达欧罗巴的那位姑娘。她们亲密地把头靠在一起，就像沉浸在爱情之中的丽达与白天鹅一样。就这样，她们让汤豪瑟躺在了维纳斯雪白的怀抱里。

有必要将这些场面完整地呈现在观众面前吗？你是否更愿意看到这样的画面——在朦胧的空间里，欧罗巴公主用她那纤细的胳膊搂着那只大公牛的脖子（实际上她是在紧紧地搂着宙斯），然后向着河对岸呼唤她的女伴，对她挥手告别？

你难道不是更想偷窥丽达吗？白天鹅的翅膀半遮半掩着她，当宙斯的热吻即将到来时，她浑身战栗，你难道不是更想窥视到这样的场景吗？

或许你会回答说：‘是啊。那你在那里又能干些什么呢？’我只能这样回答：‘我可以做出暗示呀！’”

从早到晚，在山上这座由红砖建成的殿堂里，我一直在参加排演，等着《唐怀瑟》进行第一场演出。《唐怀瑟》《指环》《帕西法尔》连续公演，让我一直沉醉在了音乐中。为了更好地理解它们，我背熟了这些歌剧的所有台词，这些传奇故事深深地铭刻在了我的心里，我的整个身体都在随着瓦格纳的音乐旋律的起伏而波动。我达到了一种忘我的境界，似乎所有的外部世界都是阴沉、冷酷和虚幻的，对我而言，唯一的现实就是在舞台上发生的事情。有一天，由我饰演一头金发的西格琳达[①]，她躺在了哥哥西格蒙德[②]的怀抱中，这时响起了嘹亮的春之歌：

春天来了，亲爱的，让我们跳舞吧！

让我们跳舞吧，亲爱的！

接下来，我又扮演了因为失去戈德海德而哭泣的布伦希尔德，还扮演了在科林索尔蛊惑下而发出了疯狂诅咒的昆德里。不过最深切的体验还是我心灵最激动的那一刻，我在鲜红的圣杯里全身震颤。那是多么非凡的魅力呀！啊，我简直忘记了蓝眼睛的智慧女神雅典娜，还有位于雅典圣山上的那座圣洁的神庙。在拜罗伊特山上，另一座神庙正在用它那神奇的声浪和回响让雅典娜神庙变得黯然失色。

---

① 西格琳达（Segelinde），北欧神话中的人物。

② 西格蒙德（Sigmund），北欧神话中的人物。

黑鹰宾馆里变得拥挤不堪，让人觉得很不舒服。有一天，在巴伐利亚那座由疯子路德维格修造的隐士花园附近，我在散步时突然看到了一座建筑精美的旧石头房子。那是马格雷夫古老的狩猎别墅，里面有一个既宽敞又漂亮的客厅，古老的大理石台阶一直通向了一座富有浪漫色彩的花园。这座房子因为年久失修，显得有些破旧，现在有一大家子农民住在里面，他们在那儿已经住了快 20 年了。我向他们许诺，会给他们很大一笔钱，请他们从那里搬走，这样至少我在夏天就能住进去。然后，我请来油漆匠和木匠，把屋内修葺一新，所有的墙壁都粉刷了一遍，又涂上了一层淡绿色的漆。接着，我赶到柏林，订购了一批沙发、垫子、藤椅和书籍。最后，我终于得到了这座名叫“菲利浦雅舍”的房子，后来我总是会想它，把它当成“海因里希的天堂”。

拜罗伊特只剩下了我一个人。母亲和伊丽莎白在瑞士避暑。雷蒙德则回到了他心爱的雅典，继续建造科帕诺斯圣殿。他给我发来电报：“自流井工程进展顺利，下周有望出水。速汇钱来。”就这样，科帕诺斯又花掉了令我吃惊的一大笔钱。

离开布达佩斯已经两年了，在这两年里，我就像回到了处女时代，一直清心寡欲，过着一种奇怪的生活。我身体里的每一个细胞，从大脑到躯体，在这两年间全都沉浸在了对希腊的狂热中，而现在，我又沉浸在了对瓦格纳音乐的狂热中。我的睡眠很少，醒来以后便哼唱前一晚刚刚学会的主题音乐。但是，爱情又一次在我的心中苏醒了，虽然情形与上次完全不同。我想，或许是爱神戴上了另外一副面具的缘故吧。

我的朋友玛丽和我住在菲利浦雅舍里。由于没有供仆人居住的房间，所以男仆和厨师只能住在附近的一个小旅馆里。有一天晚上，玛丽来找我，对我说：“伊萨多拉，我不是有意要吓唬你，快到窗户这儿看看，在那边的大树底下，每天晚上都有一个人在望着你的窗子，直到半夜才走。我想恐怕这是一个打什么坏主意的贼。”

我大吃一惊，因为窗外的确有一个瘦小的男人，此刻正站在大树下向我的窗子张望。但就在此时，月亮突然露了出来，一下子照亮了他的脸。玛丽猛地抓紧了我，我们两人都看清了那张面孔——那是海因里希·索德，他的脸兴奋地仰了起来。我们赶忙从窗户前走开，然后像女学生一样咯咯咯地大笑了一阵，也许这就是恐惧消失之后的自然反应吧。

“他每天晚上都在那儿这么站着，恐怕有一个星期了。”玛丽悄声说道。

我让玛丽在屋里等着，在睡衣的外面套上了一件外衣，然后轻轻地走出房间，径直向着海因里希站的地方走了过去。

“亲爱的好朋友，你是这样向我示爱吗？”我问道。

“是的，是……的，”他结结巴巴地说道，“你就是我的梦想，你就是我的圣克拉拉。”当时我并不明白这是什么意思，后来他对我说，他正在写自己的第二部杰作，内容是关于圣弗朗西斯的。他在第一部著作里写了米开朗琪罗的一生。索德与其他伟大的艺术家一样，会沉浸于他在作品中所创造的世界。在那个时候，他将自己当成了圣弗朗西斯，把我想象成了圣克拉拉。

我拉着他的手，轻轻地领着他上了台阶，进入别墅。但他却像梦游一般，用朝圣般亮闪闪的眼神盯着我。我回头望向他时，突然感到了一阵强烈而又亢奋的精神，好像和他一起飞升起来，穿越太空，进入了天国的境地，这种感觉又像是走在一条霞光万丈的路上。这种极其美妙的爱情感受，我从来都没有经历过，它让我的整个身心都散发出了光芒。就是那瞬间的对视（其实我也并不清楚究竟有多长的时间），让我觉得四肢发软，头晕目眩，整个人都失去了知觉，在一种无法形容的极度的幸福中，我昏倒在了他的怀抱中。当我醒来时，发现他那双漂亮的眼睛仍然在凝视着我的双眼。他轻轻地吟诵着这样的诗句：

幸福的爱情让我欲醉欲仙，

幸福的爱情让我欲醉欲仙！

我又一次体验到了欲醉欲仙、虚幻缥缈的感觉，索德俯下身来吻住了我的眼睛和额头，但这绝对不是世俗间的情欲之吻。虽然这几乎令人难以置信，但却是千真万确的事实——从那天晚上直到第二天早上分手，而且此后每个晚上他来到我的别墅以后，都从来没有对我做过任何世俗的行为。

他总是那样含情脉脉地望着我，当我望着他时，便觉得周围的一切都在悄然下沉，我的心像是插上了翅膀，和他一起飞向了蓝天。我并不期望他能够向我表达什么世俗的情感，我那沉睡了两年之久的感官，现在已经沉浸在了一种超凡脱俗的极乐状态。

拜罗伊特的排练开始了，我和索德一起坐在了昏暗的剧院中，倾听着《帕西法尔》[①]序曲的开始。一阵阵快感传遍了我身上的每一根神

---

①《帕西法尔》(Parsifal)，是德国作曲家理查德·瓦格纳创作的最后一部歌剧作品，也是该作品里男主角的名字。帕西法尔的故事情节与中世纪的圣杯传说密不可分。这部歌剧充满了基督教的仪式情节与传说，其剧本的重要主题接近普世皆然的价值“慈悲”“同情心”、愿意向善却受到恶辖制的心灵拉扯。瓦格纳创作这部歌剧所参考的素材，最主要来自艾申巴哈的沃夫朗（Wolfram von Eschenbach）这位中世纪德语诗人的传奇作品，叙述男主角帕西法尔通过考验成为“纯全的骑士”的过程。瓦格纳的歌剧则将帕西法尔的传说改写成一个人通过考验成圣的过程。

经，这种快感强烈到了让我难以忍受的地步。就算他的胳膊只是不经意地碰一下我，我的全身也会涌起一阵战栗，产生一种甜蜜而痛苦的快感。这种快感就像千万道霞光一样，在我的心中上下回旋，在我的喉咙中跃动，我真想大声地叫喊一通。但他经常用手轻柔地按住我的嘴唇，制止我无法自抑的呻吟和叹息。好像我身上的每一根神经都到达了爱的高潮一样，这样的极乐感受通常只在一瞬间产生。我是那么执拗地呻吟，分不清那究竟是极度的喜悦，还是可怕的痛苦，或许二者兼而有之吧。我真的希望能够同剧中的安福塔斯一起大喊，与昆德里一起尖叫。

每天晚上，索德都会到菲利浦雅舍来。他从来没有像情人那样爱抚过我，也从来没有想要解开我的衣服，抚摸我的身体，虽然他很清楚地知道，我身体的每一次颤抖都是因为他。一种此前我从未感受过的激情，在他的注视下忽然觉醒。这种激情在我身上突然迸发出来，令我难以忍受，我经常有这样一种错觉——这种幸福的感觉让我慢慢窒息，接着便晕了过去，然后又在他双眼神奇的注视下苏醒过来。他已经完全占有了我的灵魂，我渴望着在他奇妙的目光注视下死去。因为这并非世俗的爱情，无所谓满足或停止，只有我心中对这种感觉的沉迷和强烈的追求。

我完全失去了食欲，甚至彻夜难眠。只有《帕西法尔》的音乐能够让我激动甚至落泪，好像只有这样才能让我暂时地从这张微妙而可怕的情网中解脱出来。

海因里希·索德的意志力非常坚强，他能够从令人飘飘欲仙的痴迷和令人炫目的幸福中，马上进入纯粹理性的状态。当他滔滔不绝地与我探讨艺术时，我觉得这个世界上只有一个人能够与他相提并论，他就是邓南遮。在某些地方，索德确实与邓南遮很相像，他们都是身材矮小，大嘴巴，都有一双与众不同的绿眼睛。

他每天都会给我带来一些《圣弗朗西斯》的手稿，每写完一章，他都要给我朗读。他还从头到尾为我朗读了一遍但丁的《神曲》。他经常从深夜给我读到天明，然后在旭日东升时离开菲利浦雅舍。虽然朗读了一夜，除了用白水润润嗓子外什么也没喝，他还是像喝醉了一样摇摇晃晃——他已完全陶醉于他那超凡的智慧和圣洁的灵魂中了。一天早晨，当他准备离开菲利浦雅舍时，突然紧张地抓住我的手说道："我看见瓦格纳夫人走过来了！"

真的，瓦格纳夫人从晨曦中走来。她的脸色苍白，我以为她正在生气呢，其实并非如此。前一天，关于《唐怀瑟》中酒神祭祀的狂欢场面，我为美惠三女神所编的舞蹈含义是否准确，我们曾经发生了一点小小的争论。那天晚上，瓦格纳夫人难以安然入睡，便起来翻看理查德·瓦格纳的遗稿，并从中发现了一本小练习册，上面记着一段文字，与已经发表的任何资料相比，它都更准确地表明了大师对于这段狂欢场面的构思。

这位可爱的女人再也坐不住了，天刚亮，她就跑过来对我说，我才是对的。不仅如此，她还用颤抖的嗓音对我说："我亲爱的孩子，你肯定从大师本人那里得到了灵感。你看，他写的东西与你的直觉完全一致。从今以后，我再也不会干涉你了，你可以在拜罗伊特自由地编排这些舞蹈。"

我想，也许就在那时，瓦格纳夫人心里曾经产生过一个想法，就是我会和齐格弗里德结婚，与他一起继承大师的传统。但是，虽然齐格弗里德与我情同手足，而且一直都是我的朋友，但是我从来都没有表露过要将他当成恋人的意思。我的全部身心都已经完全沉浸于与索德那种超凡脱俗的爱情中去了，虽然当时我还看不出与齐格弗里德的结合对我而言有什么价值。

在我的心里有个战场，阿波罗、狄俄倪索斯、基督、尼采，还有理查德·瓦格纳在那里争战不休。在拜罗伊特的日子里，我在维纳斯堡和圣杯之间备受煎熬。瓦格纳的音乐犹如滔滔洪流，将我卷起来抛向了远方。但是有一天，在万弗里德别墅的午宴上，我平静地说道：

“大师犯下了一个错误，这个错误和他的天才一样大。”

瓦格纳夫人吃惊地望着我，席间顿时陷入了一片冰封般的沉寂。

“是的，”我带着一种初生牛犊不怕虎的特有自信，然后说道，“大师犯下了一个很大的错误，他所倡导的‘音乐剧’根本不可能存在。”

宴席上的沉默让人越来越难以忍受。于是，我进一步解释道：“戏剧是一种语言的艺术，语言产生于人类大脑的思考；而音乐则是激情的迸发。想让这两种不同的东西结合在一起，是根本不可能的事情。”

信口说出这些有损大师威望的话，当时的我真的是狂妄到了极点。我自负地环视着四周，却看到了一张张写满了惊愕的面孔。我那时的观点确实有点儿莫名其妙，但我却继续说道：“是的，人们都要说话、唱歌，还要跳舞。可是指挥说话的是大脑，是能够进行思考的人。而歌唱则是靠情感，舞蹈更是情感的宣泄和迸发。硬要将这些东西糅合到一起，是根本无法做到的。因此我说‘音乐剧’是不可能存在的。”

值得庆幸的是，在我年轻时，人们并不像现在这样具有强烈的自我意识，也不像现在这样拒绝生活和享乐。在《帕西法尔》幕间休息时，人们安详地喝着啤酒，但是这对他们的理性和精神生活并没有影响。我经常看到伟大的汉斯·里希特随意地喝啤酒吃香肠，但是这并不影响他过一会儿就会像天神一样指挥乐队，也不影响他周围的人继续交谈具有崇高理性和精神意义的话题。

PAUL BERGER
PARIS

那个时候，任性而为并不等于灵性。人们认为，人的身上应该体现出一种积极向上的精神力量，但这种精神力量必须要借助巨大的能量和活力才能够充分发挥出来。头脑只不过是身体多余的动力，但身体却像章鱼一样，能够吸收自己遇到的一切东西，却只是将它认为不需要的东西送给大脑。

拜罗伊特的很多歌唱家都是身材高大魁梧的人，可只要他们一张嘴，歌声便会传到众神居住的那个精神与美的不朽世界。因此，我坚持认为：这些人还没有意识到，身体对他们而言，只不过是一个躯壳而已，可重要的是，这个躯壳里面却蕴藏着一种巨大的能量和活力，能够表现上天的音乐。

第十六章

在伦敦时，我曾经在大英博物馆阅读了德国博物学家厄恩斯特·海克尔[①]著作的英文版译著。对于宇宙间各种不同的现象，他都能清楚明白地表述出来，这给我留下了非常深刻的印象。我曾经给他写过一封信，对他表示感谢。也许是因为那封信中的有些东西引起了他的注意，所以后来当我来到柏林演出时，他给我回了信。

因为自由派言论的缘故，当时厄恩斯特·海克尔正遭到德国皇帝的流放，不能来到柏林。但是我们之间一直保持着书信联系。当我来到拜罗伊特以后，便写信邀请他前来做客，并且看看我在节日剧场的演出。

① 厄恩斯特·海克尔（Ernst Heinrich Philipp August Haeckel，1834—1919），德国生物学家、博物学家、哲学家、艺术家，同时也是医生、教授。海克尔将查尔斯·达尔文的进化论引入德国并在此基础上继续完善了人类的进化理论。海克尔认为生物学在许多方面与艺术类似。自然界中的对称，比如单细胞生物中的放射虫对他的艺术天赋有很大的启发。尤其著名的是他画的浮游生物和水母的画，这些图画生动地体现了生物世界的美。不论是在他的学术著作还是在他的科普著作中他都画有优美的插图。他的图画对20世纪初的艺术也有影响。新艺术运动就是从他的一些插图中获得启发形成的。

在一个雨天的上午，我乘坐一辆双驾敞篷马车——当时那儿还没有汽车，去火车站迎接海克尔。只见从火车上走下来的这位伟大的学者虽已年逾花甲，须发皆白，但是身体看起来却很健康，展示出了不凡的气度。他的衣服非常特别，松松垮垮的，手里提着一个毛毡旅行袋。虽然我们从未谋面，但却一见如故。我马上就被他那结实的双臂搂在了怀里，我的脸也埋在了他的白胡子里。他的全身散发出一种健康、力量和智慧的芳香——如果智慧也有芳香的话。他跟着我一起来到了菲利浦雅舍，我们为他准备了一间用鲜花装饰的房间。然后，我一路奔到万弗里德别墅，把这个好消息告诉了瓦格纳夫人，说伟大的厄恩斯特·海克尔已经应邀光临，要来听《帕西法尔》。让我惊奇的是，瓦格纳夫人对这个消息的反应很冷淡——当时我并不知道，挂在夫人床头上方的十字架和她床头桌上的念珠并不单单是装饰品。其实，她经常去教堂做礼拜，是一位虔诚的天主教徒。写出《宇宙之谜》、信仰达尔文学说、自达尔文以来最为著名的反宗教战士海克尔，在万弗里德别墅是不受欢迎的。我坦诚地向瓦格纳夫人表达了我对他的敬佩之情，并指出了海克尔的伟大之处。因为我是她的好朋友，瓦格纳夫人不好意思拒绝我的请求，因此，最后她很不情愿地答应我，会在令人羡慕的瓦格纳包厢里为海克尔预留一个座位。那天下午，在幕间休息时，我穿着古希腊式的丘尼卡，赤脚裸腿，与厄恩斯特·海克尔手拉着手，从瞠目结舌的观众面前走了过去。海克尔个子高大，长满白发的脑袋高出众人之上，尤为引人注目。在观看《帕西法尔》的过程中，海克尔始终一言不发。直到演出第三幕时，我才明白，舞台上这些神秘的激情根本无法引起他的兴趣。他的头脑太过科学和理性，根本就不会对神话故事感兴趣。

由于万弗里德别墅没有宴请海克尔，因此我决定专门为他举行一个欢迎晚会。我邀请了一批很有名望的人，其中有当时正在拜罗伊特访问的保加利亚国王费迪南德，有德国皇帝的妹妹萨克森·迈宁公主——她是一位非常开明的女性，还有雷乌斯的亨利公主、洪佩尔丁克、索德等人。

在欢迎晚会上，我发表了一段演说，极力称赞海克尔的伟大，然后跳了一支舞向他致敬。海克尔对我的舞蹈也发表了评论，他认为我的舞蹈与普遍的自然规律关系密切，属于一元论的一种表现形式，与一元论同宗同源，它们朝着相同的方向发展。接下来，著名的男高音歌唱家冯·巴里献歌一曲。然后，我们共进晚餐，海克尔高兴得像个孩子一样。就这样，我们又吃又喝又唱，直到东方的天空露出了鱼肚白。

但是到了第二天早上，海克尔仍然像往常一样，天一亮便起床了——在菲利浦雅舍期间，他一直保持着这种生活习惯。他经常到我的房间去约我爬山。说实在的，对于爬山我可真的没有他那么大的热情，但是跟他一起散步也是一件很有意思的事，因为我们在路上遇到的每一块石头、每一棵树木、每一个地质层，都会被他分析讲解一番。

最后，我们爬上了山顶，他站在那里，就像一尊天神，面对着大自然的美景，眼睛里充满了赞许的神色。然后他拿出随身携带的画架和画盒，画了很多森林树木和岩石的速写。虽然他画得相当不错，可是他的画缺少了艺术家的想象力，更像是一个科学家熟练而准确的观察。我倒不是说海克尔不懂艺术，只是觉得对他而言，艺术只不过是自然进化的另一种表现形式而已。当我向他讲述我们对帕台农神庙的热情时，他更关心的是那些大理石的质地如何、来自哪一个地层、从彭特利库斯山的哪一面取来的，对于我大加赞美的雅典雕塑家菲迪亚斯的作品，反而没怎么感兴趣。一天晚上，保加利亚的费迪南德国王陛下驾临万弗里德别墅，当时每个人都站了起来，有人悄声提醒我也要站起来，可我那非常强烈的民主意识却促使我依然悠闲自在地像雷卡米耶夫人一样斜靠在长沙发上。费迪南德很快就发现了我，问我是谁，这让在场的所有人都有些尴尬。不过费迪南德却朝我走了过来，然后很随意地坐在了我身边，并且马上津津有味地对我说起了他对古希腊文化的喜爱。我告诉他，我有一个梦想，想要创建一所学校来复兴古希腊的辉煌。我刚一说完，他便用每个人都能听得见的声音大声说道："这个想法非常好，你一定要到我那座位于黑海之滨的宫殿里来创办你的学校。"在晚宴上，我问他能否在哪天晚上驾临我的菲利浦雅舍，与我共进晚餐，以便让我进一步向他讲讲我的理想。此时谈话已经达到高潮，他很高兴地接受了我的邀请，并如约而至，跟我们在菲利浦雅舍度过了一个愉快的夜晚。我很高兴地了解到，他是个了不起的人，既是诗人、画家、梦想家，同时又是一位充满智慧的君王。

我家那位留着德国皇帝式的小胡子的膳食总管，对于费迪南德的来访，有着极为深刻的印象。当他端上盛着香槟和三明治的托盘时，费迪南德说道："不，我是从来不喝香槟的。"可当他看到酒瓶上的商标时，便马上改口说道，"噢，是莫埃香东，法国香槟，那我倒是想尝一尝了。说实在的，德国的香槟喝起来简直像毒药一样令人难受。"

虽然我们只是非常纯洁地谈论艺术，但费迪南德陛下多次驾临菲利浦雅舍，还是在拜罗伊特引起了流言蜚语，因为他通常都是半夜才来。事实上，我每做一件事的时候，多少都显得与众不同，这总会引起一些人的大惊小怪。

菲利浦雅舍中有很多长沙发、垫子，灯光是玫瑰色的，但是一把椅子都没有。因此，在一些人看来，它就成了"邪恶的殿堂"，尤其是自从伟大的男高音歌唱家冯·巴里先生晚上常来我这里以后。他经常整晚整晚地用充满激情的嗓音高歌不止，而我就为他跳舞，村民们都认为这是一所不折不扣的魔宅，将我们纯洁清白的宴会说成“可怕的寻欢作乐”。当时在拜罗伊特有一家叫“猫头鹰”的酒馆，是艺术家们聚会的地方。里面经常通宵达旦地狂歌豪饮，但人们却觉得很正常，因为去酒吧的人都穿着普通的服装，而且每个人都能理解他们的行为方式。

在万弗里德别墅，我认识了几位青年军官，他们常邀请我在早晨跟他们一起去骑马。我穿上希腊式的丘尼卡和便鞋，头上什么也没戴，任由卷发在风中飘舞，活像女妖布伦希尔德。因为菲利浦雅舍与节日剧场有一段距离，我就从一位军官那儿买了一匹马，并且像布伦希尔德那样骑着马去参加排练。这匹马原本是战马，习惯了被马刺踢，所以很难驾驭，尤其是当它发现骑在自己背上的是一个女人时，就更是变本加厉地折腾。别的不说，路上每经过一个酒馆时，它都会停下来，四条腿像柱子一样立在地上一动不动（因为那些军官经常在这些地方停下来喝一杯）。这时它以前的主人的那些朋友就会大笑着从酒馆走出来，送我走上一段。当我以这副模样到达剧场时，你完全能够想象得出，那些在剧场门口等候已久的观众会有什么样的反应。

在《唐怀瑟》第一次进行公开演出时，我穿着透明的丘尼卡舞衣跳舞，我身体的各个部分因此显露无遗，置身于芭蕾舞演员粉红色的紧身衫之间，自然引发了巨大的争议。最后，就连可怜的瓦格纳夫人也失去了勇气，她派自己的一个女儿给我送来了一件白色的无袖女衫，让我套在薄披纱里面（薄披纱是我的戏服）。但我毫不妥协，坚持按照自己的方式来穿戏服和跳舞，要不然就干脆不跳。

“你们等着吧，用不了几年，你们就会看到，所有的酒神祭女和鲜花般的少女都会像我一样来穿着打扮的。”我的这个预言到后来果然应验了。

可是在当时那种情况下，我那双美丽的大腿却引发了激烈的争论：我那裸露、光滑、亮丽的皮肤是否合乎道德，我是否应该穿上一身肉色的紧身丝质衣服。我多次竭力地为自己辩白——肉色的紧身衣服穿在身上显得粗俗而又猥亵，而当赤裸的人体充满高尚的思想时，是那么的美丽与纯洁！

就这样，我被大家当成了一个十足的异教徒，我也和那些不懂艺术的俗人们进行了顽强的斗争。但是，因为对圣弗朗西斯的崇拜，我这个异教徒即将被狂热的爱所征服，并按照银号角的仪式，宣布举起圣杯。

在这样一个奇怪的神话世界里，夏天正慢慢地过去。索德想要离开这里去作巡回讲学，而我也为自己安排了一次德国全境的巡回演出。我离开了拜罗伊特，但随同我的血液一起被带走的，还有一种烈性的毒素——我已经听到了海妖的召唤，思恋的痛苦、无尽的悔恨、辛酸的牺牲、爱呼唤死的主题，所有这一切，将我心中对于多立克式圆柱及苏格拉底推理智慧的清晰印象全部都淹没了。

我巡回演出的第一站是海德堡。在那里，我旁听了索德对学生的演讲。他用时而温和、时而激昂的声音向学生们畅谈艺术。突然，他在演讲中提到了我的名字，并且对那些学生说，有个美国人给欧洲带来了一种新的美的形式。他的称赞让我觉得幸福而且自豪，身体不由自主地颤抖起来。那天晚上，我为大学生们表演了舞蹈。后来，他们排起了长长的队伍到街上去游行，我则和索德肩并肩地站在了宾馆的台阶上，一起分享胜利的喜悦。海德堡的青年人和我一样，对他非常崇拜。每个商店的橱窗里都挂着他的照片，每个商店里都堆满了关于我的那本书——《未来之舞》。我们两个人的名字总是紧密地连在一起。

索德夫人也接待了我，她是个非常和善的女人，但是在我看来，她根本无法与境界高尚的索德匹配。她过于讲究实际，算不上索德的理想伴侣。事实上也的确是如此，到了晚年，索德最终还是离她而去，和小提琴家皮耶德·帕波一起住在了位于加尔达湖[①]的一栋别墅里。索德夫人一只眼睛是褐色的，另一只是灰色的，这让她看上去总是给人一种心不在焉的感觉。后来，在一场很著名的案件中，竟然还出现了关于她身世的争论——她到底是理查德·瓦格纳的女儿，还是德国总理冯·比洛[②]的女儿。不管怎样，她对我还是很好的，也许她心存嫉妒，但毕竟没有表现出来。

无论哪一个女人，如果为了索德而吃醋的话，只会让自己陷入痛苦的深渊——犹如遭受酷刑一样，因为不管是女人还是男孩，每个人都非常崇拜他。每一次聚会，他都会成为核心人物，如果研究一下嫉妒都包含什么内容，倒是一件很有意思的事情。

虽然我和索德一起度过了很多个夜晚，我们却从来没有发生过性关系。但是他的一言一行，都会让我全身的每一根神经处于一种极度亢奋的状态。一次不经意的触摸，或者随意地看一眼，都会为我带来极大的快感，让我内心产生浓浓的爱意，那种感觉就像品味梦中的快乐一样。我也经常会觉得这种状态太不正常，不能老是这样发展下去，因为到了后来我竟然发现自己变得毫无食欲，而且还常常感到莫名其妙的晕眩，我的舞蹈也变得越来越空洞、软弱。这次巡回演出我没有带家人，身边只有一名女仆。最后，事情竟然发展到了这种地步：

① 加尔达湖（Garde See），意大利面积最大的湖泊，位于该国北部，约在威尼斯和米兰的半途之间，坐落于阿尔卑斯山南麓，在上一次冰河时期结束时因为冰川融化而形成。

② 冯·比洛（Bernhard Heinrich Karl Martin von Bülow，1849—1929），德国政治家，曾于1900年至1909年间任德意志帝国总理。

只要夜里我觉得听到海因里希·索德在喊自己的名字，那么第二天我肯定会收到他的来信。人们开始为了我日渐消瘦而感到担心，并且对我憔悴的面容说三道四。我已经到了吃不下、睡不着的地步，经常整夜整夜地合不上眼。我觉得自己的身体里面好像有成千上万个魔鬼，于是便常常用柔软发烫的双手来揉搓全身，企图找到一种摆脱这种痛苦的方法，但是这一切都是徒劳。我的眼前常常浮现出索德的双眼，耳边常常回响起他的声音。在这样痛苦难耐的夜晚，我常常在极度的绝望中起床，然后在凌晨两点钟坐上火车，跨越大半个德国，目的只是为了见到他，能够和他待上一小时，然后再单独返回，继续进行巡回演出，我觉得自己的内心在忍受着巨大的痛苦。在拜罗伊特，他用智慧激起了我心中的精神狂热，可是现在，这种精神上的狂热却正逐渐变成一种无法遏制的强烈的肉体欲望。

直到我的经纪人替我签订了一份去俄国演出的合同，才终于让这种危险的状态有了一个结局。从柏林到圣彼得堡，路上虽然只走了两天，但自从跨越德国和俄国边境的那一刻起，我就觉得自己像是进入了一个完全不同的世界。极目所见，是一望无际的林海雪原，白色的原野泛着一片寒冷入骨的白色光泽，我那过热的头脑好像也因此冷静了下来。

海因里希！海因里希！现在他又返回了海德堡，正在给漂亮的男学生们讲述米开朗琪罗的《夜》和美丽的《圣母像》。而我却离他越来越远，来到了一片辽阔而凄冷的白色世界，只是偶尔能够看到几座零星的贫穷村庄，以及从木头房子里发出的微弱灯光，它们也让茫茫雪原显得不那么死寂。虽然我的耳边仍然能够回响起他的声音，但是已经非常微弱了。终于，维纳斯山可望而不可即的阵痛、孔德利的号哭、安福塔斯痛苦的呼喊，全都被冰封进了一个晶亮的冰球里。

那天晚上，我在卧铺车厢里做了一个梦，我梦到自己赤身裸体地跳出了车窗，跳进了冰雪世界里，我被大雪包裹，然后又被冰封起来。对于这个梦，不知道弗洛伊德博士会给出什么样的解释？

第十七章

当你拿起早晨的报纸，看到新闻报道中说有 20 个人死于火车事故（就在前一天，他们还谈笑风生，从来没有想到过自己会死），或是整座城镇毁于海啸或洪水，你可能并不相信，冥冥之中，上帝或是命运之神在控制着他们的命运。既然如此，那为什么又要愚蠢而又自私地想要让上帝来引领我们这些小小的自我呢？

然而，在我的生活中，的确发生过许多奇怪的事情，让我有时不得不相信命运。例如，那列开往圣彼得堡的火车，并没有在下午 4 点钟按时到达，由于风雪的阻挡，火车整整晚点了 12 小时，直到第二天凌晨 4 点的时候才到站。火车站上一个迎接我的人都没有。当我从火车上下来时，气温大约有零下 10 摄氏度那么低。我从来没觉得这么冷过。穿着厚厚棉衣的马车夫不停地用戴着手套的拳头敲打自己的胳膊，好让血管里的血液能够保持流通状态。

我让女仆留下来照看行李，然后雇了一辆单驾马车，让车夫把我拉到了欧罗巴宾馆。在俄国那个黎明前最黑暗的时刻，我一个人坐在驶向宾馆的车上，在途中突然看见了一种可怕的景象——与爱伦·坡作品中描述的情景相比，毫不逊色。

我看见远处走过来了一长列黑压压的队伍，队伍中充满了悲惨凄

ISADORA
DUNCAN

凉的气氛。男人们抬着一口口棺材，一个个弯腰驼背缓慢地前行。马车夫让马慢了下来，然后低下头在胸前画着十字。在朦胧的晨曦中看着这一切，我的心里充满了恐惧。我问车夫这到底是怎么回事。虽然我并不懂俄语，但他还是设法让我明白，这些死者是前一天（指 1905 年 1 月 5 日这个悲惨的日子）在冬宫前面被枪杀的工人——只不过是因为赤手空拳的他们请求沙皇帮助自己解决贫困问题，要求让他们的妻子儿女能够吃上面包。我让车夫暂时停了下来，当这支凄惨的、看不见尽头的队伍从我的面前经过时，我的泪水禁不住从脸上滚落，还没有滴下来，就被冻成了冰珠。可是为什么要在这最黑暗的黎明时刻下葬呢？因为他们怕天亮之后再下葬会引起更大规模的骚乱，因此这种场面是不可能让市民们在白天看见的。我无声地哽咽着，怀着满腔的义愤目送这些抬着死难者的工人，他们悲痛万分，缓缓前行，看上去是那么可怜。假如不是火车晚点了 12 小时的话，我是永远也看不到这种场面的。

啊，这是一个没有一丝光明的悲惨黑夜，
啊，蹒跚而行的是悲惨的穷人的队伍。
两眼因为多灾多难而泪水涟涟。
双手因为辛勤劳作而长满老趼。
身上裹着破旧的黑色披肩，
强忍着内心的悲痛凄惨，
在死去的亲人身边哽咽呻吟。
在悲惨队伍的两旁，
巡逻的卫兵虎视眈眈。

如果我不是亲眼见过了这样的场面，我的生命也许就会变成另外一副样子。面对着这支看起来似乎没有尽头的队伍，面对着这种凄惨悲凉的场面，我不禁暗暗发誓：一定要尽自己全部的力量，为处在社会下层的人民群众作出自己的贡献。啊，我个人的爱欲和痛苦与之相比，是多么的渺小和不值一提呀！即便是我的艺术，如果不能对这些人民提供什么帮助的话，那还有什么意义呢？最后，那些悲伤的送葬者终于走远了。车夫转过身子，看到我充满了泪水的双眼，感到大惑不解。他又在胸前画了一个十字，然后无可奈何地长叹一声，扬鞭催马继续向宾馆驶去。

登上宾馆的楼梯，走进了豪华的客房，躺在舒适的床上，我终于忍不住大声哭了起来，最后带着泪水进入了梦乡。但是，那悲惨的一幕，那凌晨黑暗中的绝望和愤怒，已经深深地植根于我的脑海中。

欧罗巴宾馆的房间非常宽敞，天花板也很高，房间里的窗户全都被封死了，看起来从来没有打开过，空气是通过墙壁高处的通风装置来流通的。我睡到很晚才醒，我的演出经纪人来看我，给我带来了几束鲜花，很快，我的房间里就被鲜花堆满了。

两天以后，在圣彼得堡的贵族剧院里，我出现在了当地的社会名流面前。这些外行们看惯了布景装饰华丽的芭蕾舞剧，现在他们也许会认为，一个身穿蛛网一样的丘尼卡舞衣的年轻姑娘，在简朴的蓝色布景前面，和着肖邦的音乐跳舞，还要用自己的灵魂来表现肖邦音乐的灵魂，是一件多么怪异的事情啊！但是，当我的第一段舞蹈结束之后，剧场里便响起了雷鸣般的掌声。一听到悲壮的序曲音乐，我就想起了在晨曦中看到的那支悲惨的送葬队伍，我的心在瑟瑟发抖，痛苦难当；一听到激昂的波洛乃兹舞曲，我的灵魂便恨不得完全融入音乐里。我的灵魂因为愤怒而开始哭泣。这样的灵魂，居然能够激起这帮有钱有势、穷奢极欲的贵族观众雷鸣般的掌声，简直太不可思议了！

第二天，一位长相迷人、身材娇小的贵妇人前来拜访我，她的身上穿着黑色的貂皮大衣，戴着钻石耳坠和珍珠项链。她说她便是那位著名的舞蹈家可赛辛斯卡娅[①]，这让我感到十分惊讶。她是代表俄国芭蕾舞团来欢迎我的到来的，并且邀请我去观看当天晚上在歌剧院举行的一场盛大的表演晚会。在拜罗伊特时，我已经习惯了芭蕾舞团对我的冷遇和敌意，他们甚至会将图钉撒在我的地毯上，将我赤裸的脚都扎伤了。这两种截然不同的态度让我感到既高兴又突然。

那天晚上，一辆温暖舒适、铺着珍贵毛皮的豪华马车将我送到了剧院，我坐在了剧院第一排的一个头等包厢，里面摆放着鲜花和糖果，还有三位漂亮的圣彼得堡青年。当时我依然穿着我那小巧的丘尼卡舞衣和便鞋，在圣彼得堡那些贵族和富人看来，我这副样子肯定非常奇怪。

我一直都反对芭蕾舞，认为那是一种虚伪而又荒唐的艺术，甚至觉得那根本就不是艺术。可是当可赛辛斯卡娅在舞台上翩翩起舞时，那仙女一样的身姿就像是一只可爱的小鸟，又像一只飞舞的蝴蝶，让我禁不住为她鼓掌。

幕间休息时，我环顾四周，看到了世上最漂亮的一些女人，她们穿着最为华丽的晚礼服，袒胸露肩，一身的珠光宝气，还有同样衣着华贵的男士侍立在她们的身旁。这种豪华的场面与前天黎明时的送葬队伍恰好形成了鲜明的对照，简直让人难以理解。这些面带微笑的人，与那些受苦受难的人难道不是兄弟姐妹吗？

演出结束以后，可赛辛斯卡娅邀请我到她的豪华府邸去吃晚饭。

---

① 可赛辛斯卡娅（Mathilde Kschessinska，1872—1971），俄罗斯著名芭蕾舞演员，出身于舞蹈世家。

在那里，我遇到了米哈伊尔大公[①]，并向他讲述了我要为普通百姓的子女开办一所舞蹈学校的计划，他真的觉得吃惊。当时，他们肯定觉得我是一个难以理解的人，但他们还是以最大的热诚和慷慨接待了我。

几天以后，可爱的舞蹈家巴甫洛娃[②]来拜访我，我又一次被安排在了包厢里，观看由她主演的芭蕾舞剧《吉赛尔》[③]。对于任何一种艺术和人类的情感而言，这些舞蹈动作其实都是背道而驰的，但那天晚上巴甫洛娃在舞台上的表演是那样的精彩，这让我忍不住为她献上了热烈的掌声。

巴甫洛娃在家里为我举行了晚宴。她的家与可赛辛斯卡娅的豪华府邸相比，要显得朴素一些，但同样也非常美丽。用餐时，我坐在了巴克斯特[④]和贝诺依[⑤]这两位画家的中间，并且第一次见到了戏剧活动

---

① 米哈伊尔大公（Grand Duke Michael，1878—1918），俄国大公，俄国沙皇亚历山大三世最小的儿子、尼古拉二世的弟弟。1917 年二月革命爆发，3 月 15 日尼古拉二世退位，越过了其子阿列克谢皇储，把帝位禅让给了米哈伊尔大公。不过米哈伊尔大公不同意，说要等到议会选举后，由议会定夺沙皇宝座。不过，直到最后米哈伊尔大公也没能即位。同年，俄国爆发十月革命。米哈伊尔大公于次年 1918 年被布尔什维克派囚禁并杀害。

② 巴甫洛娃（Anna Pavlova，1881—1931），俄罗斯女演员。她被广泛认为是最著名且最受欢迎的古典芭蕾舞者之一，是俄罗斯皇家芭蕾舞团的台柱子。巴甫洛娃和舞团成员成功创造了《天鹅之死》中的角色，并在世界各地举行了巡回演出。

③《吉赛尔》（Giselle），法国作曲家阿道夫·亚当创作于 1841 年的法国芭蕾舞剧，共有二幕、二场。

④ 巴克斯特（Léon Bakst，1866—1924），俄罗斯画家、舞台布景和服装设计师。

⑤ 贝诺依（Alexandre Benois，1870—1960），俄罗斯艺术家、艺术评论家、历史学家。

家谢尔盖·达基列夫[①]，我和他就我对舞蹈艺术的见解展开了热烈的讨论，并且对他讲述了我作为一个芭蕾舞反对者的见解。

那天晚上，画家巴克斯特在用餐时给我画了一张速写——现在，这张速写已经收入他的画集中。速写中的我表情严肃，几缕卷发忧伤地垂在脸的一侧。巴克斯特有着超乎旁人的洞察力，但是那天晚上，他竟然还给我看起了手相。他发现我的一只手上有两个十字纹。“你的事业会变得非常辉煌，”他说，“但是你会失去你在这世间最心爱的两个创造物。”当时，这个预言简直让我觉得莫名其妙。

晚饭后，不知疲倦的巴甫洛娃又为她的朋友们表演了舞蹈。虽然我们离开的时候已经是早上 5 点多钟了，但她还是邀请我在当天上午的 8 点半去看她练功——如果我愿意的话。3 小时后我就到了她的练功房（说实话，当时我已经变得非常疲劳），我发现她早已经穿上了薄纱练功衣开始在做扶把练习，想要完成一套极难的体操动作。有一位年迈的绅士用小提琴为她伴奏，并且督促她再作出更大的努力。这位老绅士就是著名的大师珀蒂帕[②]。

我在那儿坐了整整 3 小时，瞪大眼睛看着巴甫洛娃表演她的惊人绝技。她好像是用钢铁和橡胶制成的，弯而不折。她那张美丽的面孔呈现出了殉道者一样严肃而又坚毅的线条，她开始练功以后，就一刻也不停歇。这次练功，她像是要将身体的动作与心灵完全分离开一样，她的心灵只能远远地看着这些肌肉接受严酷的训练，枉自受着折磨。这与我那套舞蹈理论是格格不入的。我的主张是——身体只不过是一种工具而

① 谢尔盖·达基列夫（Sergei Diaghilev，1872—1929），俄罗斯艺术评论家、赞助人、芭蕾舞承办人和俄派芭蕾创始人。

② 珀蒂帕（Petitpas，1818—1910），法裔俄罗斯芭蕾舞演员、教师和编舞者。珀蒂帕被认为是芭蕾舞历史上最具有影响力的大师和编舞者之一。

已，是用来表现心灵和精神的一种手段。

到了12点，我们开始吃午饭，但是坐在餐桌旁边的巴甫洛娃却面色苍白，几乎没怎么吃东西，也没有喝酒。我承认我当时饿坏了，吃了好多的炸猪排。巴甫洛娃将我送回宾馆，然后又前往皇家剧院开始了无休止的排练。我实在是太累了，一躺到床上便沉沉地睡去。我禁不住赞叹自己真的是福星高照，没有摊上芭蕾舞演员这种倒霉的命运。

第二天，我破例在8点钟起了个大早，到俄国的皇家舞蹈学校去参观。在那里，我看到孩子们正一排排地站着，做出各种饱受折磨的动作。他们用脚尖站着，一站就是几个小时，就像是在接受一些残酷而又严厉的刑罚。空荡荡的大练舞房里，缺少了一些美感，也缺少了一些灵感，墙上只是挂着一张大大的沙皇画像，就像刑讯室一样。从此，我更加坚信，这所皇家芭蕾舞学校简直就是自然和艺术的敌人。

在圣彼得堡待了一个星期之后，我便动身去了莫斯科。那里的观众最开始并不像圣彼得堡的观众那样热情，不过，还是让我摘引一段出自伟大的斯坦尼斯拉夫斯基之口的话吧：

大约在1908年或1909年的时候，具体的时间我记不清了，我幸运地结识了给我留下极深印象的两位当世天才——伊萨多拉·邓肯和戈登·克雷格[①]。观看伊萨多拉·邓肯的表演，对我来说完全是一个偶然，在此之前，我对她几乎是一无所知，也没有看到她要来莫斯科演出的预告海报。因此，当我看到，在观看她演出的为数不多的观众里面，却有以马蒙托夫[②]为首的一大批画家和雕塑家，还有很多的芭蕾舞演

① 戈登·克雷格（Edward Gordon Craig，1872—1966），英国现代主义戏剧先锋代表人物、演员、导演、舞台布景设计师。

② 马蒙托夫（Savva Mamontov，1841—1918），俄国实业家、企业家、商人和艺术资助人。

员，很多经常观看首场演出的观众，很多新鲜事物的猎奇者，我简直是惊讶得不知如何是好。邓肯在舞台上的首次露面并没有给我留下多么深的印象。因为我并不习惯观看一个在舞台上出现的几乎全裸的人体，因此很难欣赏并理解这位舞蹈家的艺术。当第一个节目演完之后，只是响起了一阵稀稀落落的掌声，而且还夹杂着零星的喝倒彩的嘘声。但是，接下来的几个节目——其中有一个特别具有艺术表现力——演完后，我对其他观众的冷淡反应便再也无法忍受，于是毫不掩饰地站起身来大声地鼓掌。

到了演出的间歇，我已经成为这位伟大艺术家新的信徒，我跑到舞台前面为她鼓掌。让我感到高兴的是，我发现马蒙托夫正和我肩并肩站在一起，而且他的动作与我完全一样。在马蒙托夫的身旁，还有一位著名的舞蹈演员、一位雕塑家和一位著名的作家。当其他的观众们看到带头鼓掌的人中有一些人是莫斯科著名的艺术家和演员时，觉得非常震惊，嘘声顿时停了下来，观众开始陆陆续续地鼓起掌来，直到全场都响起热烈的掌声，到演出结束时，剧场里已是掌声雷动，欢腾一片。

从那以后，凡是邓肯的舞蹈，我一场不落地观看，需要指出的是，看她的演出，完全是受到了内心深处与她息息相通的艺术感受的驱使。后来，当我进一步了解了她的舞蹈创作艺术，进一步了解了她的好友克雷格的思想之后，我才终于明白，在这个世界上，即使身处不同的角落和领域，人们也会在不同原因的驱使下，在艺术创造的过程中努力地追求一种原则——一种源于自然的创造原则。这些人一旦相遇，便会因为彼此相同的思想观点而惊喜异常。这样的感受正是我在这样的会见中体会到的。我们几乎连一句话都没有交谈，就已经相互理解了。邓肯最初访问莫斯科的时候，我无缘与她相识，但是当她第二次前来时，我便敬她如同上宾了。这次接待也成了我们大家的事情，因为我们剧团的全体演员全都来欢迎她了。他们终于全都理解了她，并且将她当作一位真正的艺术家来爱戴。

邓肯还不知道如何系统、条理地阐述她的艺术。她的种种艺术想法大都是脱口而出，是她在日常生活中的奇思妙想。比如，当有人问是谁教她跳舞的时候，她回答说："是歌舞女神忒耳普西克瑞[1]，在我刚刚学会站立的时候，便开始跳舞了，我跳了一辈子的舞，个人、人类、整个世界都要跳舞。以前是这样，将来也永远会是这样。即便有人想干涉这一切，不愿意尊重自然赋予我们的这种本能的需求，那他们是在枉费心机。我想说的就是这些。"她用自己那独特的美式法语结束了自己的讲话。她还谈到有一次刚刚演完一个节目之后，就有人进入了她的化妆室，想要干扰她下一个节目的演出，她解释道："我不能一点准备都没有就去演出。在走上舞台之前，我必须要在自己的心里装上一台发动机。当发动机启动的时候，我的胳膊、我的腿以及我的整个身体都会摆脱我的意志，自由地舞蹈。但如果我没有时间在心里装上那台发动机的话，我便无法跳舞。"当时，我正在寻找那种非常有创造性的发动机，想要搞清楚一个演员是如何学会在走上舞台之前把它安装在自己灵魂中的。很显然，我向邓肯问这些问题的时候会让她厌烦，于是我便仔细地观察她的排练和表演。只见她的面部表情一直在随着情绪的变化而改变，她那亮闪闪的双眼充分展示出了她灵魂中发生的一切。回想起当时我们随意进行的几次关于艺术的探讨，再比较一下她的追求和我的努力，我就明白，我们其实是殊途同归，全都在寻找不同艺术门类中的共同点。在我们谈论艺术的过程中，邓肯不断地提起

①忒耳普西克瑞（Terpsichore），希腊神话中司舞蹈的缪斯。她的名字来自于希腊语词根"爱好"和"舞蹈"，合起来就是"爱舞蹈的"。

戈登·克雷格的名字，她认为他是一个天才，是当今戏剧界中最伟大的艺术家之一。“他不仅属于他的国家，而且还属于全世界，”她说，“他应该在一个能够充分展现自己天才的地方生活，在一个工作条件和大环境都能适合他要求的地方生活。那个位置就是你们的艺术剧院。”

我知道，邓肯在写给他的很多信件里，都介绍了我和我的剧院的事情，她曾劝他来俄国。至于我，则开始劝我们剧院的领导去请这位伟大的舞台指挥，以便为我们的艺术注入新的活力，就好像在面团里放入更多的酵母。在我看来，我们的剧院终于冲破了横亘在眼前的一堵阻碍它前进的墙壁。我必须要完全公正地对待我的同事，他们都非常积极，像真正的艺术家一样来讨论事情，并决定用一大笔钱来发展我们的艺术。

正如芭蕾舞让我害怕得感到颤抖一样，斯坦尼斯拉夫斯基剧院对我的热情程度也让我激动得战栗不已。只要没有演出，我每天晚上都会去那里，剧团中所有的人对我都非常热情。斯坦尼斯拉夫斯基也经常来看我，他觉得通过不断地向我刨根问底地提问题，可以将我的舞蹈艺术变成他戏剧中的一个全新的舞蹈体系。但是我对他说，要想获得成功，就必须从孩子的身上做起。关于这一点，当我第二次去莫斯科的时候，我看见他剧团里有一些年轻漂亮的女孩子正在努力地表演舞蹈，但结果却糟糕透了。

由于斯坦尼斯拉夫斯基整天在剧院里排演，忙得不可开交，所以他习惯在演出结束以后再来看我。他曾经在自己的书里写道：“很显然，我向邓肯提出的这些问题会让她觉得厌烦。”其实不是这样，他并没有让我觉得厌烦；恰好相反，我反而非常急切地想要传播我的艺术观点。

与索德的精神恋爱，再加之雪天的冰冷空气、俄国的食物特别是鱼子酱，已经无法治愈我的消瘦病，现在我的全部身心都渴望着与一个强壮男人的接触。斯坦尼斯拉夫斯基站在我的面前时，我觉得他就是我要找的那个人。

有一天晚上，望着他匀称的身材、宽阔的臂膀和已经开始变灰的鬓角，我的内心产生了一股强烈的反叛欲望，我再也不想扮演埃吉利亚[①]的角色了。当他想要离开时，我就把手搭在了他的肩上，用双手勾住了他的脖子，把他的头拉低了一些，然后吻住了他的唇。他温柔地回吻我，但他的脸上露出了一种极为惊讶的表情，好像这是世界上最不可能发生的事情。然后我试图进一步挑逗他，但他却吃惊地向后退去，一脸惊慌地看着我，大声说道："可是，孩子呢，我们应该怎样办？""什么孩子？"我问道。"当然是我们的孩子啦！我们应该怎么办？你想过没有？"他继续若有所思地说道，"我永远都不会赞成——我的孩子要在我的管教之外长大，但是放在我现在的家里抚养，又是一件很困难的事情。"

他这种关于孩子问题的非常严肃的态度真的大大超过了我幽默感的承受范围，我忍不住大声地笑了起来。他有些恼怒地盯着我，然后从宾馆的走廊匆匆转身离开。我断断续续地笑了一整夜。但是笑归笑，我同时又觉得很伤心，甚至有点愤怒。我想我终于彻底地明白了一件事，为什么有些情趣高雅的男人在和一些聪明智慧的女性约会了几次之后，不但无情地抛弃了她们，而且还要跑到一些乌烟瘴气的地方去。可是作为女人，我就不能这样做，因此那天晚上我辗转反侧，

① 埃吉利亚（Ēgeria），同名泉水的自然女神，一位罗马早期历史中的传奇角色，罗马第二位萨宾人国王努马·蓬皮利乌斯（Numa Pompilius）的神圣配偶和指导者，她帮助建立和制定了古罗马的宗教机构及法律法规和礼仪。她的名字后来作为了女顾问或女辅导的代名词。

难以入眠。第二天早上，我到一家俄国浴室去洗澡，蒸腾的热气和冷水的交替使用，让我精神振奋，恢复了正常。

但与此相反的是，在可赛辛斯卡娅包厢里遇到的那些年轻人，只要我能够答应他们的求欢要求，让他们做什么他们都能做出来。可是只要他们一开口说话，我便觉得非常厌烦，让我还来不及产生一点欲望就变得麻木不堪了。我想，这便是所谓的"智慧优势"吧。当然，在与查尔斯·哈利、海因里希·索德这些启人心智、富有教养的人交往之后，我再也无法忍受这帮浅薄的花花公子了。

许多年之后，我把这件趣事讲给斯坦尼斯拉夫斯基的妻子听的时候，她非常开心地笑了起来，大声说道："啊，这倒很像他的为人。他对待生活一直都很严肃。"后来，虽然我又发动过几次攻势，但得到的却只是几个甜蜜的吻，有时甚至是冰冷的、坚决的回绝，没有丝毫的回旋余地。从此以后，斯坦尼斯拉夫斯基在演出结束之后就再也不敢冒险到我的房间里来了。不过有一天，他用一辆敞篷雪橇把我带到了一家位于乡下的饭店，我们在饭店的一个单间里共进午餐，这让我非常高兴。我们一边喝着伏特加和香槟，一边谈论着艺术，最后我终于坚信，即使是女妖喀耳刻[①]亲临，也无法攻破斯坦尼斯拉夫斯基那坚定不渝的防线。

我经常听别人说，进入演艺界的女孩子会遇到很多可怕的危险。然而，正像读者看到的那样，至今为止，在我的艺术生涯中，一切都恰恰相反。我的崇拜者对我的敬畏和尊敬，反倒让我觉得备受

① 喀耳刻（Circe），希腊神话中住在艾尤岛上的一位令人畏惧的女神。在古希腊文学作品中，她善于运用魔药，并经常以此使她的敌人以及反抗她的人变成怪物。她是古太阳神赫利俄斯的女儿，拥有火红色的长发。她是女巫、女妖、巫婆等称呼的代名词。

煎熬。

对莫斯科的访问结束以后，我又到基辅作了短暂的访问演出。在剧院前面的广场上，成群的学生挡住了我的去路，让我向他们做出承诺——举行一次表演，并且要让他们也能看到，因为我的演出票价太高，他们根本负担不起。当我离开剧院以后，他们仍然留在广场上，发泄着对我的经纪人的怨气。我站在雪橇上对他们发表了讲话，我说，如果我的艺术能够鼓舞俄国的知识青年，我将感到无比的幸福和自豪，因为世界上还没有哪个地方的学生能够像俄国的学生这样关心理想和艺术。

由于需要履行原定的合同，到柏林去做访问演出，我对俄国的第一次访问很快就结束了。在离开之前，我签订了一份合同——春季过后再回到俄国来演出。尽管这次俄国之行的时间很短，但是却对我产生了很大的影响。针对我的艺术追求，他们展开了激烈的争论，有的人赞成我，有的人反对我，对于坚定的芭蕾舞迷和热心支持邓肯舞蹈的人来说，就好像进行了一场艰难的决斗一样。就是从那个时候开始，俄国的芭蕾舞开始使用肖邦和舒曼的音乐，并且开始穿着古希腊服装表演舞蹈，有些芭蕾舞演员甚至走得更远，他们开始不穿舞鞋和舞袜进行表演。

第十八章

回到柏林之后，我决定创办我酝酿已久的学校。我不想再耽搁了，必须要马上动手。我将这个计划告诉了我的母亲和姐姐伊丽莎白，她们同样也表示赞成。我们立即着手去为我们未来的学校找房子，动作非常迅速，就像我们做其他的事情一样。不到一个星期，我们就找到了一幢刚刚完工的别墅，就位于格吕内瓦尔德的特拉登街上。我们将它买了下来。

我们的行为就像《格林童话》中的人物一样，在威尔特梅尔的商店里，我们真的购买了 40 张小床，每张床上都挂着用白色细布做成的床帘，用蓝色的缎带拴着。我们开始动手将别墅布置成一个名副其实的儿童乐园——在中央大厅的墙壁上，挂着一张希腊神话中的亚马逊女英雄[①]的巨幅画像，比真人还大一倍；在宽敞的练舞厅里，有意大利

① 亚马逊女英雄（Amazon），古希腊神话中一个由全部皆为女战士构成的民族，亚马逊人占据着小亚细亚、弗里几亚、色雷斯和叙利亚的许多地方。希腊历史学家希罗多德认为这一民族来自位于萨尔马提亚斯基泰一带的地区。根据一些考古遗迹观察所得，古萨尔马提亚女性有可能曾经参与过战争，所以有一小部分的学者认为亚马逊女人是真的在历史上存在过。

雕塑家卢卡·德拉·罗比亚[①]创作的浮雕像和多那太罗[②]创作的儿童舞蹈塑像；在卧室里，用蓝白两色的婴儿像做装饰，圣母玛利亚抱着圣婴的画像也是蓝白两色的，画像的四周环绕着用鲜花编织的花环——这幅画像也是德拉·罗比亚的作品。

我们还将一些表现儿童形象的艺术品布置在了学校里，有些是跳舞的儿童的浮雕和塑像，有的则是图书里的画像，因为它们都是不同时代的画家和雕塑家心目中理想的儿童形象。其中也包括希腊花瓶上跳舞的儿童形象，还有希腊塔纳格拉和皮奥西亚等地出土的小型陶像，多那太罗创作的一组儿童群舞雕像，以及英国画家庚斯博罗[③]笔下的跳舞儿童画像，等等。

所有这些艺术品中表现的儿童形象，从他们那天真无邪的形体和舞姿来看，就像是兄弟姐妹一样，又像是不同时代的儿童跨越了时间的界限，手牵手地走到了一起。我们学校的学生将来要置身于这些艺术形象之间进行生活和学习，那么她们成长的过程中肯定在不知不觉之间会对这些塑像进行模仿，在她们的脸上，在每一个动作中，都表现出相同的欢乐心情和优雅舞姿。她们会变得越来越美丽，这将是她

---

① 卢卡·德拉·罗比亚（Luca della Robbia，？—1482），文艺复兴时期欧洲艺术家。为安德烈亚·德拉·罗比亚的叔父，首位主要制作瓷雕的文艺复兴时期艺术家。他发明了一种给陶瓷上釉，使其能防水的方法，而且，他制作的环形花饰中的蓝底白色圣母和圣婴圆形装饰瓷砖成为文艺复兴装饰物的典范。

② 多那太罗（Donatello，1386—1466），意大利佛罗伦萨著名雕刻家，文艺复兴初期写实主义与复兴雕刻的奠基者，对当时及后期文艺复兴艺术发展具有深远影响。

③ 庚斯博罗（Thomas Gainsborough，1727—1788），英国肖像画及风景画家。他是皇家艺术研究院的创始人之一，曾为英国皇室绘制过许多作品，并与竞争对手约书亚·雷诺兹同为18世纪末期英国著名肖像画家。

们的第一步——迈向新舞蹈艺术的第一步。

在我的舞蹈学校里，我还放置了一些正在跳舞、奔跑和跳跃的斯巴达少女塑像——在古代的斯巴达，即使是女子，也都必须接受严格的体操训练，这样她们才能成为英雄战士的母亲。这些制作精细的塑像，表现的是在年度比赛中获奖的少女们，她们纱巾飘舞，衣角飞扬，手拉着手，在雅典娜节上翩翩起舞。她们完美地代表了我们所追求的目标。我们学校的学生将逐渐地对这些少女形象产生一种亲近感，肯定会长得越来越像她们，并且会每天都能感受到这种神秘和谐的力量。我坚信，人们只有唤醒自己内心深处对于美的追求，才有可能真正地获得美。

为了达到我所追求的那种和谐意境，她们每天都必须完成一定量的训练任务。但是这些训练应该在某种程度上和她们内心的意愿保持一致，让她们充满热情而且非常迫切地想要完成这些训练。每一种训练其实不单单是达到某种目的的手段，而且它本身就应该是一种目的，这个目的就是，让日常生活变得越来越完美和快乐。

体操是一切形体训练的基础，需要为身体提供充足的空气和阳光。练体操最重要的一点就是循序渐进，要根据身体发育的特点进行引导，要努力地开发出身体的潜能，并使身体得到充分的发育，这就是体操教师的责任。接下来，才能进行舞蹈教育。只有身体和谐发育并发挥出最大的能量，才能将舞蹈精神注入体内。对于体操运动员来说，身体的运动与培养本身就是他们的目的，但对舞蹈演员来说，它只不过是一种手段。所以舞蹈者应该忘掉身体的存在，它只应该作为一种和谐匀称的工具存在，身体的动作不能像体操表演一样，仅仅用来表现身体的和谐，而是要通过身体的和谐舞姿，来表现内心的情感和思想。

这些日常的练习，它的本质就是根据身体发育的每一种状态，尽可能地将它演化成一种完美的表达工具——一种用来表现和谐、并且与自然相统一的工具。

这些练习，最基础的是一些锻炼肌肉的简单动作，它的目的是让肌肉变得既柔韧灵活又刚健有力。经过这些基础的形体训练之后，才能开始学习舞蹈。学习舞蹈的第一步就是和着简单的音乐节拍来练习一些简单的行进步伐，步伐要缓慢而有节奏；然后，再和着复杂的音乐韵律快步地行走；再然后才是按照特定的节拍跑步，先是慢跑，最后试着根据某一段旋律轻轻地跳。通过这一系列的训练，学生们可以学习音乐音阶的各种音符，然后再学习舞蹈动作音阶的音符。所以，这些音符可以在不同结构、不同体系之间充当具有微妙作用的使者。但是，这些训练还只算是她们学习的一部分。在嬉戏玩耍的时候，在操场上运动的时候，在树林里散步的时候，这些孩子们都应该穿着宽大随意的薄纱舞衣，直到有一天她们学会如何轻松自如地用动作来表达自己的感情，就像别人能够用语言或歌声来表达自己的感情一样。

她们的学习和观察不应该只限于艺术形式，还应该学习自然界的各种动作——风吹云动、玉树临风、飞鸟展翅、树叶飘落，她们都应该从这些自然现象中发掘出某种重要的意义。她们要学会观察每一个动作的特别之处。她们应该感受到自己心灵中那种别人无法感知到的神秘意志，正是这种神秘意志引导着她们去探究大自然的秘密。由于她们身体的所有部位都训练有素、柔韧灵活，所以能够与自然的旋律协调一致，与大自然一起放歌。

我们在几家大报上刊登了招生广告，说伊萨多拉·邓肯为天资聪颖的孩子开办了一所舞蹈学校，目的是将她们培养成我的信徒，希望她们能够把我的舞蹈艺术传播给成千上万的普通人。当然，学校建得太突然，没有资金，没有筹划，没有周密的组织工作，看上去有些鲁莽和草率。我的经纪人气得快疯了，他一直策划着让我做环球巡回演出，而我却老是和他作对：先是坚持去希腊待了一年——他认为这完全是浪费时间；现在我又完全让自己的事业停滞，还要招收并培养一些他认为绝对没有什么前途的孩子。不过这件事与我们所做的其他事情倒是表现出了相同的特点——都是出自一种不切实际、不合时宜、心血来潮的怪念头。

同时，雷蒙德从科帕诺斯也传来了令人越来越吃惊的消息——打井的投入变得越来越大，几乎成了一个填不满的无底洞，这让我不堪重负，随着时间一周周地过去，找到水的可能性变得越来越低。建造阿伽门农圣殿的费用也大得惊人，最后我不得不打消了这个念头。从那之后，科帕诺斯的圣殿先后被几个希腊革命派别当成了堡垒，最后变成了一个永远留在山上的美丽的废墟。现在，它仍然矗立在那里，将来或许还有将它建成的可能吧！我决定将所有的物力、财力都集中在建造舞蹈学校上面。我把德国视为哲学和文化的中心，因此把校址定在了德国。

成群的孩子们前来报名，记得有一天我演完日场戏回来的时候，发现街道上挤满了前来报名的孩子和他们的父母。马车夫回头对我说：“有个疯女人在报纸上刊登了一条消息，所以就来了这么多的孩子。”

那个“疯女人”就是我，当时我们并不懂如何挑选好苗子，我只是急切地想要填满格吕内瓦尔德的那 40 张小床，因此我在挑选孩子时也没有过多地去计较，只要她们拥有可爱的笑容和漂亮的大眼睛，便将她们留下了。我根本就没有问问自己，这些孩子将来是否能够成为舞蹈家。

例如，我在汉堡的时候，有一天有个头戴高礼帽、身穿燕尾服、披着披风的男子走进了我宾馆的会客厅，他的手里抱着一个用长围巾包着的包裹。他将包裹放在了桌子上，我打开一看，里面有一双亮闪闪的大眼睛正在看着我——那是个差不多4个月大的女孩，她一声不哼——我还从来没有见过这么安静的孩子。这位绅士模样的先生问我能否收留这个孩子，他好像非常匆忙的样子，似乎想不等我回答就走掉一样。我看了一下孩子的脸，又把目光移到了他的脸上，这两张脸长得非常相像，也许这正是他表情诡秘、行色匆匆的原因。与往常一样，我根本没有考虑将来会怎么样便答应他留下这个孩子。那个人马上就走了，而且从此以后就再也没有露过面。

这个孩子就像个玩具娃娃似的，被他扔到了我的手上，在汉堡到柏林的火车上，我发现这个孩子正在发高烧——是严重的扁桃腺炎。后来，到了格吕内瓦尔德以后，我们请了两位护士和一位医术高超的医生——著名的外科医生霍法[①]，经过三个星期的抢救，才让她脱离危险。霍法医生对我办学的想法非常支持，愿意免费为我的学校的老师和学生治病。

霍法医生经常对我说："您这里不像是学校，倒像是一所医院。这些孩子大都患有遗传病。将来你就会明白，你要尽心尽力地让她们活下去，与教她们如何跳舞相比，你在这方面花费的精力要多得多。"霍法医生是一位造福人类的大善人，他给别人治病的时候，收费高得惊人，但他将得来的钱全都捐了出来，在柏林的郊外建了一家医院，用来救助贫苦的儿童，所有的费用全由他自己承担。我的学校一成立，他就自告奋勇来做我们的医生，负责照料孩子们的健康，保障学校的医疗卫生条件。说真的，如果不是他坚持不懈地帮助我，我永远都无

① 霍法（Albert Hoffa，1859—1907），德国著名外科医生。

法让这些孩子在以后长得那么健康和漂亮。霍法医生身材高大，体格健壮，仪表堂堂，红红的脸膛上总是挂着和善的微笑，所有的孩子也都和我一样，非常喜欢他。

挑选孩子、筹建学校、开课以及安排孩子们的日常学习和生活，占去了我的全部时间。我的经纪人不断地告诫我，有人剽窃了我的舞蹈杰作，正在伦敦以及其他的地方上演，并取得了成功，他们正在大发不义之财。但是，我还是无动于衷，说什么也不愿意离开柏林一步，每天从早 5 点到晚 7 点这段时间，我都在教这些孩子跳舞。

孩子们的进步很快，我相信，她们身体能够保持健康全都得益于霍法医生制定的合理饮食。他认为，不管如何教育孩子，都有必要让她们补充新鲜的蔬菜和足够的水果，但肉却是坚决不能吃的。

那时候，我在柏林也算是名声显赫了，人们对我的欢迎程度简直是难以置信。我被称为“圣洁的伊萨多拉”，有人甚至传出这样的谣言，只要将病人抬进我的剧院，就能不治而愈。每当演日场的时候，我都能看到把病人抬进剧场的可笑事情。演出时，我依然赤着脚，穿着便鞋，除了小巧的白色丘尼卡外，从来没有穿过其他的衣服。可以说，我的观众是怀着一种绝对的宗教狂热来看我的演出的。

有一天晚上，当我演出回来时，一群学生们将马从马车上卸了下来，然后他们自己拉着车，把我拉到了著名的胜利大道，然后让我在大道的中央对着他们发表演讲。于是我就站在敞篷马车上——当时还没有汽车，对学生们说出了这样的话：

“再也没有什么艺术能够比雕塑更伟大了。可是，热爱艺术的各位，你们怎么能够容忍这座城市的中心出现如此可怕的暴行呢？看看这些雕像吧！你们都是学习艺术的学生，如果你们真的准备好了为艺术献身，那么就应该在今天晚上拿起石头把这些塑像全都毁掉！艺术？它们能算是艺术吗？不！它们只是德国皇帝的幽灵。”

学生们全都拥护我的观点，纷纷大声表示赞同，如果不是警察赶来的话，他们肯定会按我说的去做——把柏林城里德国皇帝那些可怕的雕像全都砸个稀巴烂。

邓肯与舞蹈学校的学生们，1909 年

第十九章

1905年的一个晚上，我正在柏林表演舞蹈。虽然与平时一样，我在跳舞时从来都不去注意观众——他们总是将我当作能够代表全人类的天神，但在那天晚上，我却预感到有一位特殊的人物正坐在前排观看我的演出。我并没有去看，也不知道他会是谁，但是凭着直觉，我觉得那个人就在那里。演出结束之后，果然有一位英俊的男子走进了我的化妆室，而且带着满脸的怒气。

“您真是了不起啊！”他赞叹道，“演出太精彩了！可是，您为什么要剽窃我的思想呢？您又是从哪里弄到的我的布景呢？”

“您在说什么呀？这是我自己的蓝色幕帘，五岁的时候我就发明出来了，而且从那个时候起，我就一直用它作为自己跳舞的背景！”

“不！这是我的布景，是我的构想！不过，您恰好就是我想象中的在这种布景前面跳舞的人！您活生生地再现了我所有的梦想。”

“可您究竟是谁呀？”

于是，从他口中吐出了这样一句美妙的话：

“我是埃伦·特里的儿子。”

埃伦·特里？！我心目中最完美的那个女人？埃伦·特里！……

“啊，请您务必赏光，到我们家吃顿晚饭。”这位英俊的男子对我说，并转述他的母亲坦率地对他说过，“既然你对伊萨多拉的艺术如此感兴趣，那你必须要带她到我们家吃晚饭。”

于是，克雷格[1]就带我到他们家吃晚饭。

他非常激动，要向我阐述他对于艺术的全部想法，以及他自己的远大志向……

我对此也很感兴趣。

不过，他母亲和其他人全都听得索然无味，一个个都找借口睡觉去了，最后就剩下我们两个人，克雷格还在讲着他的艺术，手舞足蹈，喜形于色。

讲着讲着，他突然说道：

“你在这里干什么？你是一位伟大的艺术家，却生活在这样的家庭？唉，真是太荒唐了！是我发现了你，创造了你，你属于我的布！”

克雷格身材高大，他的面孔很像他那美丽的母亲，不过他的五官看起来却显得比他的母亲还要娇弱些。虽然身材高大，但他的身上却又带着些女人气，尤其是他的嘴唇，薄薄的显得很敏感。他儿时的照片上是一头金色的卷发（埃伦·特里那个金发的孩子早就为伦敦的观众所熟知），现在看上去有些发黑了。他的眼睛高度近视，在镜片后面闪着一种金属的光芒。他给人这样一种印象——细腻，甚至如同女人一样娇弱。只有那双大手、粗大的指尖以及两根像猿猴一样的大拇指，才能让人感受到他的力量。他常常笑着说那是杀人的拇指——“亲爱的，很容易就可以掐死你！”

我就像一个被催眠的人，任凭他将我的斗篷披在了我小巧的白色丘尼卡舞衣外面。他牵着我的手，我们一起飞奔下楼，来到了大街上，

---

① 克雷格（Craig），即第十七章提到的戈登·克雷格，他的母亲即埃伦·特里。

埃伦·特里

戈登·克雷格

邓肯和克雷格

然后他用标准的德语叫了一辆出租马车："我和我夫人要去波茨坦。"

好几辆马车都拒载了，但是最后我们还是雇到了一辆，于是我们就去了波茨坦。黎明时分我们才到达目的地，然后在一家刚刚开门营业的小旅馆前面停了下来，进去喝了一杯咖啡。当太阳升起时，我们又动身返回了柏林。

回到柏林时，大约是上午九点钟，我们就想："下一步该怎么办呢？"我们不能回去见母亲，只好去找我的一个朋友，他名叫埃尔西·德·布鲁盖尔。布鲁盖尔是波希米亚人，她以十分理解的态度接待了我们，为我们准备了早餐——煎鸡蛋和咖啡，又让我在她的卧室里休息。我昏昏沉沉地睡了过去，一觉就睡到了傍晚。

克雷格将我带到了他的工作室，他的工作室位于柏林一座高楼的顶层。里面铺着黑色的打蜡地板，上面到处都是人造的玫瑰叶子。面对一个如此才华横溢的美男子，我内心的爱情之火猛地燃烧起来，一下子扑进了他的怀里。我性情中那种撩人心魄的欲望已经潜伏了两年之久，始终处于蓄势待发的状态，现在一下子找到了爆发的机会。在克雷格的身上，我发现了一种与我息息相应的气质，找到了一条与我骨肉相连的血脉。他经常对我大声喊道："啊，你真是我的亲姐妹。"我甚至觉得我们的爱情之中蕴藏着一种近乎乱伦的罪孽。

我不知道其他女人是怎样回忆自己的情人的，我想，比较合乎常理的应该止于头部、肩膀和手，然后再描述他的衣服。但是我一想到他的时候，我头脑中便闪现出那天晚上在他工作室里看到的情景：他那洁白柔软、光滑发亮的身体挣脱了衣服的束缚，在我眼前闪现出了全部的光彩，真是美不胜收，让我眼花缭乱。

也许，月亮女神当初用她那闪闪发光的眼睛看到恩底弥翁[①]时，恩底弥翁想必也是那样的身材高大、躯体洁白的一个人。雅辛托斯[②]、那西索斯以及勇敢智慧的珀修斯[③]也一定都是这个样子。克雷格看上去不像是人间的男子，倒更像是英国艺术家布莱克[④]笔下的天使。他的美貌不仅让我双眼迷离，而且我的全部身心也都被他的美貌所吸引，与他拥抱在一起、融化在一起了。就像两堆火焰遇到了一起，我们两个人合在一起，便燃起了一片熊熊大火。我找到了我的伴侣、我的爱人、我自己——因为我们不是两个人，而是一个人，就像柏拉图在《斐德罗篇》中所提到的那个不可思议的人一样，两个人共用一个灵魂。

这不是一个男青年向一个姑娘求爱，而是两个孪生灵魂的结合。肉体的躯壳已经随着心灵的陶醉而发生变化，世俗的狂热恋情已经化作炽热的烈焰，缠绵交织，向着天堂升腾而去。

这样的欢乐是如此的完美，我真希望能够从中得到永恒。啊，那天晚上，我那燃烧的灵魂为什么没能找到一个出口，就像布莱克的天使一样，穿过我们地球的云层，飞到另外一个天堂去？

他的爱充满了年轻的活力和勃勃的生机，但他既不是那种沉湎于

---

①恩底弥翁（Endymion），古希腊神话人物之一。常年于小亚细亚拉塔莫斯山中牧羊和狩猎。其事迹见于古典作家之著述。由于与月神相恋而受到宙斯惩处。亦于相关艺术作品中得到广泛反映。

②雅辛托斯（Hyacinthus），希腊神话中缪斯克利俄和马其顿国王皮埃罗斯的儿子。雅辛托斯是一个美丽的青年，为阿波罗所钟爱。后来遭西风神仄费洛斯嫉妒，雅辛托斯被阿波罗掷铁饼时误伤致死。在雅辛托斯的血泊中，长出一种美丽的花，阿波罗便以少年的名字命名，称为风信子（Hyacinthus）。

③珀修斯（Perseus），是希腊神话中宙斯和达那厄的儿子。

④布莱克（William Blake，1757—1827），英国诗人、画家，浪漫主义文学代表人物之一。

肉欲无法自拔的人，也不是那样的本性，他宁愿在得到充分的满足之前便抽身而去，将火热的激情转化为他的艺术魔力。

在他的工作室里，既没有睡床，也没有安乐椅，甚至连饭都吃不上。那天晚上，我们就睡在地板上。他身无分文，我也不敢回家要钱。我在那里住了两个星期，到吃饭时，他就赊账，让人送到房间里。人家来送餐时，我就躲到阳台上，等人走了才爬出来和他一起吃。

可怜的妈妈四处寻找，跑遍了所有的警察局和大使馆，她说有个卑鄙的家伙拐跑了自己的宝贝女儿。我的经纪人也正因为我的失踪而着急发疯。很多观众都走了，没人知道发生了什么事。但是，还有几家报纸非常聪明地在报纸上刊登了这样一条消息，说伊萨多拉·邓肯小姐患上了严重的扁桃腺炎。

两个星期以后，我们才一起回到了母亲的住处。说实在的，尽管我一直都很狂热，但还是觉得有点累，因为好几天来，我一直都睡在硬地板上，而且只能吃他从熟食店买来的那些东西，或是等天黑以后，我们才能偷偷上街买点东西吃。

当母亲看到戈登·克雷格时，立刻怒吼道："滚！该死的恶棍，给我滚出去！"

她对克雷格的仇恨简直到了顶点。

克雷格是我们这个时代最了不起的天才之一，他就像雪莱，浑身上下都发出了火光和闪电。他的思想甚至影响了当时世界上所有的戏剧舞台。是的，他从来没有积极地参加过舞台上的实践活动，总是在有舞台的地方编织自己的梦想，但他的梦想却对现在舞台上所有美好的东西都有所启发。如果没有他，我们就永远不会有莱因哈特[1]、雅

①莱因哈特（Max Reinhardt,1873—1943），奥地利戏剧和电影导演、戏剧家。

克·科波[1]、斯坦尼斯拉夫斯基；如果没有他，我们仍然会停留在旧的现实主义布景中——每一片树叶都在树上闪闪发光，所有的房门都能够打开和关上。

克雷格是一个出色的伙伴。他是我所认识的那类为数极少的人里的一个，这类人从早到晚都处于亢奋状态。从早晨起来喝第一杯咖啡开始，他的想象力便被点燃，开始迸发出智慧的火花。与他在大街上的一次普普通通的散步，感觉也像是在尼罗河边陪伴着古埃及底比斯的博学的大祭司一样。

也许因为他的眼睛高度近视，走路的时候，他会突然停下来，拿出铅笔和一叠纸，望着那些吓人的现代德国建筑——比如一座很新的所谓“新艺术实践”公寓，来解释它有多么美丽，然后开始饱蘸激情地为它画速写，但最后画出来的速写却像埃及的邓德拉赫神庙。

在路上遇到一棵树、一只鸟或是一个孩子，他都会因此而激动万分。和他待在一起，你一刻也不会觉得寂寞。有时，他处于一种极度欢喜的折磨中，有时则会走向另外一个极端，完全沉浸在随之而来的另外一种情绪中，整个心情的天空突然黑暗下来，内心充满了恐惧，好像连生命的气息都被抽空了，只剩下无尽的痛苦充溢其中。

不幸的是，随着时间流逝，这种阴郁的心情变得越来越常见。为什么？主要是因为每当他在说“我的工作，我的工作”时，我总是温柔地回答：“啊，是的，你的工作，太好了！你是个天才，可是你知道吗？我也有我的学校要管理呀。”然后，他会一拳头砸到桌子上：“是的，可我还是要我的工作！”我接着说道：“你的工作当然非常重要。你的工作是绘制布景，但最重要的还是活生生的人啊，因为一切都是

---

①雅克·科波（Jacques Copeau，1879—1949），法国戏剧导演、演员、戏剧家。

从人的心灵折射出来的。首先应该是我的学校——在完美中行走的光辉灿烂的活生生的人，其次才是你的工作——为这样一个活生生的人去绘制完美布景。”

这样的争论往往从雷鸣般的吼叫声中开始，最后在令人压抑的沉默中结束。然后，我身上的女人本性会突然发作，然后温柔地问他：“噢，亲爱的，我让你生气了吗？”他回答说：“生气？噢，没有！所有的女人都是该死的讨厌鬼！你就是一个干扰我工作的讨厌鬼。我的工作！我的工作！”

这时，他会冲出门外，用力地摔门而去。那摔门的巨响让我如梦方醒，并且意识到了问题的严重性。我一直都等着他回来，在他回来之前，我会在提心吊胆和悲伤不安中哭上一整夜。这就是我们的悲剧，而且这种情景经常反复出现，让我们的生活变得越来越不和谐，最终到了难以忍受的地步。

从这位天才的身上，激发出伟大的爱情，这是我的命运；我努力让自己的事业与他的爱情和谐发展，两全其美，结果吃尽了苦头，这也是我的命运。在经过了几个星期疯狂的和充满激情的爱情生活之后，克雷格的天才与我的艺术灵感之间开始了一场空前激烈的战斗。

“为什么你不能把手头的工作停下来呢？”他经常这样说，“为什么你总是想走上舞台胡乱地挥舞胳膊呢？为什么你不待在家里为我削削铅笔呢？”

克雷格比任何人都更欣赏我的艺术，但是他的自尊心，他那作为艺术家的妒忌心，使他永远都不会将女人视为真正的艺术家。

姐姐伊丽莎白已经为格吕内瓦尔德学校组建了一个学校董事会，董事会委员都是由柏林市的名流和贵族妇女组成的。当她们听说了克雷格的事情之后，就给我写了一封长信，信中用严肃的口吻批评我说，作为资产阶级社会的成员，我这个一校之长的道德行为和观念是如此之差，这简直让她们不想再做学校的董事了。

大家推举大银行家门德尔松的太太将这封信交给我。当她带着那封吓人的信来到我这里时，她有点儿怯生生地望着我，突然放声大哭，然后将信扔到了地上，一下将我抱进怀里，哭着说道："请不要以为我在这封讨厌的信上签了字。至于其他的女士，那也是毫无办法的事情，她们将不再担任学校的董事，不过她们还是挺信任你的姐姐伊丽莎白的。"

现在伊丽莎白也有自己的想法，但是并没有公开。现在，我终于清楚了这些贵妇的原则：只要你不声张，那么什么事情都好办！这些女人一下子激起了我的义愤，我利用爱乐协会的大厅作了一场专门关于舞蹈的演讲，指出舞蹈是一种追求自由的艺术。最后，我又谈到了妇女问题，说只要女人愿意，她们就有恋爱和生孩子的权利。

当然，也许人们会说："孩子怎么办？"但是，我可以说出许多非婚出生的杰出人物的名字。这一点对他们的声誉和财富没有丝毫的影响。撇开这一点不谈，我想：如果一个女人觉得自己的男人卑鄙无耻，以至于一旦发生争吵之后，就连自己的孩子都不管，她又怎么能和这样的男人结婚呢？如果她觉得他是这种人，那她为什么要嫁给他呢？我认为，忠诚和互相信任是婚姻的首要条件。不论如何，我认为，作为一个自食其力的女人，如果我在牺牲自己体力和健康的条件下生下了孩子，可是最后，这个男人却依据法律说这个孩子是属于他的，一年中只允许我探望孩子三次——如果是这样的话，那么我干脆就不生这个孩子了。

美国有一位非常聪明的作家，他的情妇问他："如果我们不结婚就生下了孩子，那么将来这个孩子将怎么看我们？"这位作家回答说：

“如果我们的孩子是这样的话，那我们就无需在乎他对我们有什么样的看法。”

任何一个有头脑的女人，如果她在读了婚约之后依然决定缔结婚姻的话，那么她就应该做好承担一切后果的准备。

这次演讲引发了巨大的反响。有一半观众赞同我的观点，另一半却连声嘘我下台，并且将自己手头能找到的东西全都扔到了舞台上。最后，反对我的一半人都离开了大厅，我与支持我的一半人留了下来。针对妇女的权利和她们所遭受的不公正待遇，我们兴致勃勃地展开了有趣的讨论，这次讨论比今天的妇女运动可要激进得多了。

我继续在维多利亚大街上的公寓里住着，而伊丽莎白则搬出去住进了学校。母亲在这两个地方轮流住。我的母亲经历了贫穷和灾难，曾经以非凡的勇气和毅力担当起了所有的磨难，但从那个时候开始，她觉得生活没有意义了。这可能与她的爱尔兰血统有关，也就是说，无法像承受贫穷一样来面对富贵。她的性格变得更加不稳定，实际上，她经常感到闷闷不乐，不管什么都无法让她振作精神。自从我们离开祖国以后，她第一次开始想念美国。她说这里的东西都不如美国的好，比如食物什么的。总之，无论什么东西都比不上美国。我们带她去柏林最好的饭店，想让她高兴高兴，我们问她：“妈妈，您想吃点什么？”她总是说：“来点儿虾吧！”如果并非产虾的季节，她就会一个劲儿地数落这个国家的不是——怎么连虾都没有？然后她便什么都不吃。如果碰巧饭店里有虾，她也会抱怨，说旧金山的虾可比这里的虾强多了。

我觉得，母亲的性格之所以发生转变，可能是因为她以前过惯了那种恪守美德的日子。多少年来，她将自己的全部心血都献给了我们。现在，我们都有了自己的事业，一个个开始变得离她越来越远。

这时她才意识到，她实际上已将自己生命中最美好的年华都用在了我们的身上，而她自己则变得一无所有。我想，这是很多母亲尤其是美国的母亲都会有的想法。她的情绪变得越来越不稳定，她一直说要回美国老家去，不久之后，她真的回去了。

我一直挂念着格吕内瓦尔德别墅的学校和那四十张小床，命运真是令人难以捉摸！如果我早几个月遇到克雷格的话，可能就不会有什么别墅，也不会有什么学校了。在他的身上，我找到了自己所需要的全部东西，那我也就没必要成立这所学校了。可是，既然我童年时期就已产生的梦想现在已经变成了现实，那么也只好继续坚持下去了。

不久，我确定无疑地发现，我怀孕了。我梦见埃伦·特里穿着一件闪着亮光的长袍出现在了我的面前，就如同她在《伊摩坚尼亚》中所穿的一样，手里还牵着一个与她长得一模一样的金发小女孩，她用自己特有的神奇嗓音对我说道："伊萨多拉，爱吧，爱吧……爱吧……"

从那一刻起，我明白将会有什么事情发生在这个虚无的没有光明的世界——就是那个孩子，她将会到来，带给我欢乐和忧伤！欢乐和忧伤！生和死！这就是生命之舞的旋律！

神圣的信息在我的体内唱歌，我一如既往地在公众面前表演舞蹈，在学校教舞，与我的恩底弥翁相爱。

可怜的克雷格坐立不安，情绪烦躁，闷闷不乐。他经常大声喊叫："我的工作！我的工作！我的工作！"残酷的命运之神总是与艺术作对，但是我在梦中从埃伦·特里那里得到了安慰，这种梦境后来又出现了两次。

春天到了，我签订了到丹麦、瑞典和德国去演出的合同。在哥本哈根，最令我觉得奇怪的是，年轻女人的黑色卷发上都罩着一顶学生帽，像男孩子一样，她们自由自在地一个人走在街上，大步流星，脸上洋溢着一种聪明智慧而又幸福的表情。我真是惊奇不已，我从来没有见过这么美丽的姑娘。后来有人对我说，这是世界上第一个妇女拥有选举权的国家，这时我才恍然大悟。

我必须参加这次巡回演出，因为学校的经费已告罄，我几乎花光了自己所有的积蓄，已经没有多少钱了。

在斯德哥尔摩，观众非常热情。演出结束以后，体操学校的女孩子们送我回宾馆，一路上，她们在我的马车旁边又蹦又跳，一看见我，她们就乐坏了。我参观了她们的体操学校，不过并没有因此变成体操的热心支持者。在我看来，瑞典的体操运动似乎只是为静止不动的身体设计的，它的目的是让肌肉变得发达，完全没有考虑到人体是活生生的、能够活动的；他们认为肌肉只不过是肌体的框架，却没有认识到它是从不停息的生长源泉。瑞典体操是一种错误的身体素质教育体制，因为它并没有考虑到人的想象力，只是将身体当作一个物体，而没有将它当成一个充满了能量的能动体。

我参观了那些体操学校，并尽力将这些道理讲给学生们听。但正如我预料的那样，她们对于我的话并没有多么深刻的理解。

在斯德哥尔摩时，我向著名剧作家斯特林堡[①]发出了一封邀请信，请他来观看我的舞蹈，因为我非常崇拜他。但他的回信里却说自己任何地方都不会去——他憎恨人类。我为他留了一个位子，但他就是不

① 斯特林堡（August Strindberg，1849—1912），瑞典作家、剧作家和画家，被称为现代戏剧创始人之一。斯特林堡是一位多产的作家，在其四十余年的创作生涯里，他写了六十多部戏剧和三十多部著作，其著作涵盖小说、历史、自传、政治和文化赏析等。他的作品直观体现他的生活经历和感受。作为一个大胆且以颠覆传统为一贯作风的剧作家，他通过自我摸索习得戏剧性描写方法和其广泛用途，他的作品着重表现自然主义和表现主义。

肯来。在斯德哥尔摩成功地演出了一段时间后，我们从水路回到了德国。在船上，我生了一场大病，觉得应该暂停一切巡回演出。我渴望一个人待着，想要离开人们关注的目光，越远越好。

6 月份，简单地看了一下我的学校后，我突然产生了一个强烈的愿望——去海边看看。首先，我去了荷兰的海牙，然后又从那里去了北海边上一个名叫诺德威克的小村庄。在那里，我租了一幢位于沙丘里的别墅，名字叫“玛利亚”。

对于生孩子，我一点儿经验都没有，认为那只是一个极其自然的过程。我住进去的这幢别墅离最近的城镇也有一百英里。我又请了一位乡村医生，我无知地以为，这位乡村医生是为农妇接生的老手，因此我对自己这种做法非常满意，现在想起来，她也只适合为农妇接生。

与诺德威克离得最近的村子大约有三公里的路程，名字叫坎德威克。在这里，我完全是一个人生活。我每天都会从诺德威克走到坎德威克，然后再走回来。我一直渴望着亲近大海，现在一个人住在诺德威克那座小小的白色别墅里，美丽的乡村两侧是绵延几英里的沙丘，四周一片寂静。在玛利亚别墅，我从 6 月一直住到了 8 月。

与此同时，我一直和伊丽莎白保持着频繁的书信联系，在我外出期间，她负责格吕内瓦尔德的舞蹈学校的一切事务。7 月，我在日记里写下了各种教学计划，我还创作编写了包括五百条内容的一整套练习方法，它能够引导学生们学习从最简单到最复杂的一系列舞蹈动作。我的小侄女坦普尔当时也在格吕内瓦尔德学校学习，她到别墅来陪我住了三个星期，这期间她常在海边跳舞。

克雷格仍然是片刻不得安宁，总是来去匆匆。可我再也不觉得孤独了，现在我已经有了孩子，她现在变得越来越能折腾。我那美丽的大理石般的身体变软了，脆弱了，延伸了，变形了，这真是让人觉得匪夷所思。神经越是健全，大脑就越敏感，人也越容易感受到痛苦，这是大自然给予人类的可怕报复——漫长的不眠之夜，痛苦的分分秒秒——当然也有令人兴奋快乐的时刻。每天，当我往返于诺德威克和坎德威克之间的沙滩上时，一边是波涛汹涌茫茫无际的大海，一边是高低起伏静谧荒凉的沙丘，真是能够让人产生一种少有的赏心悦目质感。海滩几乎总是有风吹过，有时和风习习，有时狂风大作——我不得不顶风前进。偶尔还会有可怕的风暴，那时的玛利亚别墅就像海上的一艘小船，整夜都在风雨中颠簸。

我开始害怕和外人接触，人们总是在说那些老生常谈的东西，很少有人能够了解孕妇的神圣与尊严。我曾经看见一位怀孕的妇女在独自沿街行走时，过路的人不但没有对她表示尊敬，反而露出了嘲弄的微笑，就像那位身怀未来生命的母亲是个极好的笑料一样。

我决定拒绝任何访客——除了一位值得信赖的好朋友，他骑着自行车从海牙来看我，给我带来了书籍和杂志，还对我说起了最近的艺术、音乐和文学动态，来让我振作精神。那时他已经和一位著名的女诗人结婚，他经常用一种饱含崇敬的柔情口吻谈起自己的妻子。他做事条理分明，总是定期到我这里来，即便刮风下雨也依然如故。除了他，我几乎是独自与大海为伴，只有沙丘和腹中的孩子能够缓解我的寂寞——那个孩子好像已经迫不及待地要降临到这个世界上了。

在海边散步，有时候会让我觉得自己身上充满了不可战胜的勇气和力量，觉得这个小生命肯定是属于我的，而且只属于我自己；可是当阴霾满天，凄冷的北海变得波涛汹涌时，我心情又会突然变得很沉重，觉得自己就像一只被困在牢不可破的陷阱中的可怜的动物，总是想拼命挣扎着逃脱。可是我又能逃到哪里去呢？也许，应该逃到那怒吼的波涛中去。我极力地避免这种抑郁心情的到来，而且非常勇敢地努力去克服这种心情，尽量不让任何人察觉出来。尽管如此，这种心情还是不时地袭来，让我无法摆脱。更为糟糕的是，我觉得大多数人都已经离我而去。母亲与我远隔万里，克雷格也是咫尺天涯，他总是埋头工作，沉迷于他的艺术，而我对艺术的思考却越来越少了，只能全身心地去完成这件降临在我头上的非常严肃的任务，做好这件让我疯狂、欢乐、痛苦的神秘事情。

时间如此漫长难挨，一天又一天，一周又一周，一个月又一个月，时间过得真慢呀！就在希望与绝望的不断交替中，我经常在我的人生历程中翻检，我的童年时光、青春年华，我在异国他乡漫游、在艺术世界中寻宝，这一切都变得非常模糊，就像一个遥远的序幕，在为我的孩子降生谱写前奏。一个农妇能有什么呢？这，就是我所有远大抱负的顶点！

我亲爱的妈妈为什么不陪着我一起住在这里呢？一切都是因为她那些可笑的偏见，她觉得伊萨多拉应该结婚，她自己也曾结过婚，后来又发现婚姻实在难以忍受，于是便同她的丈夫离了婚。她为什么让我走进那个曾经让她饱受创伤的陷阱里去呢？每一次深思熟虑，都让我更为坚定地反对结婚。从那时到现在，我一直都觉得婚姻是一种荒谬的、使人变成奴隶的制度，它将不可避免地导致男女双方走向离婚的法庭以及庸俗无聊的官司——对艺术家而言更是如此。如果还有人怀疑我的观点，那么就请统计一下艺术家的离婚记录，以及近十年来美国报纸刊登的离婚丑闻吧！尽管如此，我认为亲爱的公众仍然热爱他们的艺术家，在生活中也不能离开他们。

8 月份，有一位名叫玛丽·奇斯特的看护来陪我一起住，后来她和我成了非常亲密的朋友。我从没有遇到过一个像她那样有耐心、可爱又善良的人。她的到来对我而言是一种极大的安慰。我承认，正因为如此，我也开始受到各种恐惧心理的侵袭。我曾经安慰自己说：女人都是要生孩子的。可是这样做也没有丝毫的用处。我的祖母曾经生过八个孩子，母亲也生过四个孩子，这是生活中再自然不过的事情。可是我还是感到害怕。怕什么呢？当然不是怕死，也不是怕疼痛，而是一种莫名的恐惧。至于这种恐惧究竟是什么，连我自己也说不清楚。

8月渐渐过去，9月到了。我的身体变得越来越笨重，玛利亚别墅高踞在沙丘之上，每次上去所要走的台阶将近一百级。我经常想起我的舞蹈，有时一想到无法从事自己的艺术，便会有一种强烈的懊悔感猛然袭上心头。这时，我就觉得体内的小生命用力地踢了我两三下，然后又翻了一个身。于是，我便眉开眼笑了，这时我就会想：什么是艺术？艺术不就是一面反映生活中欢乐和奇迹的朦朦胧胧的镜子吗？

原本漂亮的身体变得越来越臃肿，这一点连我自己看了都觉得不可思议。我那小巧结实的乳房开始变得又大又软，而且垂了下来；灵巧的双脚也变得笨拙，脚踝肿了起来；我的臀部也觉得丝丝疼痛。我那如水中仙女奈雅德一样的美丽身躯在哪里呢？我的远大志向在哪里呢？我的声誉又在哪里呢？我经常不由自主地觉得非常痛苦和忧伤。与伟大生命玩的这场游戏，代价实在是太大了，可是一想到即将出世的孩子，所有这些痛苦的念头便都烟消云散了。

夜晚，我孤独地躺在床上，等待着白天的到来——向左侧躺着，觉得胸口发闷；向右侧躺着，仍然觉得不舒服；最后只好仰面而卧。我经常会变成任由腹中的孩子摆布的一个玩具。我把双手放在隆起的肚子上来安抚腹中的孩子。彻夜的紧张等待，一个小时接一个小时地过去了，真是痛苦难挨啊。这样的夜晚不断地重复着，好像没有尽头。为了获得母亲的荣耀，女人付出了多么大的代价啊！

有一天，发生了一件让我感到非常高兴的事情。我以前在巴黎认

邓肯和她的女儿

识的一个可爱的朋友（她的名字叫凯瑟琳）从巴黎赶来看我，她说打算留在这里陪我住上一段时间。她是个很有吸引力的人，精力旺盛，富有朝气，而且非常勇敢。后来，她嫁给了探险家斯科特船长。

一天下午，我和凯瑟琳正在喝茶，我突然觉得后腰好像被人猛击了一下似的，接着便感到了剧烈的疼痛，就像有人用锥子扎进了我的脊椎，想要把它们撬开一样。从那一刻起，痛苦的磨难便开始了，我这个可怜的牺牲品就像落入了一个强壮而又残忍的行刑者手里。一阵阵强烈的剧痛不断地袭击着我。人们常说西班牙宗教裁判所是如何如何的可怕，可凡是生过孩子的女人都不会对那种痛苦感到害怕的，因为裁判所的折磨与生孩子的痛楚相比，根本就不算什么。这个可怕而又无形的妖魔，毫无怜悯地、残暴地将我抓到了他的魔爪之中，不断地折磨我，那一阵阵绞痛几乎要把我的筋骨和皮肉撕裂。有人说这样的痛苦用不了多久就可以忘记，但我对此的回答则是，只要一闭上眼睛，我就能听见自己当时发出的痛苦的呻吟声和尖叫声，就好像我自己已经不是自己，而是有什么与自己身体无关的东西在围着我转一样。

有种观点认为，女人必须承受这种可怕的折磨。这实在是一种空前绝后的野蛮行为的表现。这种观点必须得到纠正，必须予以制止。现代科技如此发达，无痛分娩早就应该实现了，但却始终无法做到，这真是一种罪过，就像医生做手术时不用麻醉药一样，绝对是不可原谅的！一般的妇女需要多么可怕的耐心，或者说需要丧失多少智慧，才能在一瞬间忍受那种残暴的宰割啊！

这种可怕的难以形容的痛苦持续了整整两天两夜，直到第三天早晨，那位可笑的医生拿出一把大产钳，什么麻药也没用，便完成了他的工作。我想，也许除了被火车轧以外，恐怕没有什么能与我受的这些罪相比了。如果不能设法让妇女们完全摆脱这种毫无意义的痛苦，那么我们也就没有必要去奢谈什么“妇女运动”或“普选权运动”了。我坚持认为，生孩子就应该像其他手术一样，无需忍受任何的痛苦。

到底是什么愚蠢至极的迷信阻碍了这一目标的实现呢？人们竟然习以为常，对这些痛苦视而不见，这简直就是犯罪。当然，也许有人会说，并不是所有女人都会遭受这么大的痛苦的。是的，印第安人、农民或非洲黑人生孩子时，不会像我这么遭罪。但是，越是受过文明教育的女人，就越觉得这种痛苦是可怕的，是毫无意义的。因此即便是为了文明的妇女，也必须找到治愈这种可怕的痛苦的良方。

是的，我没有因为生孩子的痛苦而死。是的，我并没有死掉，从行刑架上及时取下来的那个可怜的小牺牲品也没有死去。那么你也许会说，当我看到孩子的那一刻，我已经得到了回报。是的，我当时的确是高兴万分。可是直到今天，每当我想起自己所受的罪，想起那些操纵科学的人因为自私自利和对痛苦熟视无睹，使原本可以被制止的残暴现象仍然继续存在，无数的妇女还要继续遭受痛苦的煎熬，我便气得浑身发抖。

啊，不过孩子真的很可爱。她真是一个奇迹，长得像丘比特一样：湛蓝的眼睛，长长的棕色头发——这些棕色的头发后来又变成了金色的卷发。最神奇的是她那张小嘴，当找到我的乳房后，就用没有牙齿的牙床咬住了我的奶头，吸吮着从乳房里汩汩涌出的乳汁。当婴儿咬住奶头，乳汁从乳房中不断涌出的时候，做母亲的真的有一种难以言传的感觉！这张用力咬住奶头的小嘴就像情人的嘴一样，而情人的嘴反过来又会让我们想起婴儿。

啊，作为女人，当创造了这样的奇迹以后，还有什么必要再去当律师、画家或雕塑家呢？现在我终于明白，女人这种博大的爱真的已经超越了对男人的爱。当这个小东西嗷嗷啼哭着要找奶吃的时候，我非常紧张，伸展开的四肢就像在流血，身体好像被撕裂了，但又无可奈何。生命，生命，生命！给我生命！啊，我的艺术在哪里呢？我的艺术，以及其他一切艺术，又在哪里呢？去他的艺术！现在我只觉得自己是神，比任何艺术家都高明的神。

最初的几个星期，我经常把婴儿抱在怀里，一躺就是几个小时，看着她入睡。有时当我看到从她的小眼睛里流露出的目光，我觉得自己正在接近生命的神秘边缘，接近生命的奥秘，或许是已经看到了生命的根源。这个新诞生的身体中的灵魂，用一种好像是非常成熟的目光——永恒的目光，满怀爱意地回望着我。爱，或许是一切的答案，什么样的语言才能表达这种欢乐呢？我不是作家，根本无法找到合适的词语来表述，可是这又有什么可奇怪的呢！

我带着孩子和好朋友玛丽·奇斯特回到了格吕内瓦尔德。学生们看到我和我的孩子都非常高兴。我对伊丽莎白说："她是我们最小的学生。"大家都问："给她起什么名字呀？"克雷格想出了一个漂亮的爱尔兰名字——迪尔德丽[1]，即"爱尔兰的爱"之意。于是，我们大家便都叫她"迪尔德丽"了。

我的体力正在逐渐恢复，我经常站在被我们尊奉为女英雄的亚马逊的那尊塑像的前面，心里充满了同情和理解——她在生过孩子之后再也没能像之前那样在战场上重塑辉煌。

---

① 迪尔德丽（Deirdre Duncan，1906—1913），邓肯与克雷格的女儿。

第二十章

朱丽叶·门德尔松是我们的邻居，她和她那位富有的银行家丈夫住在一幢豪华别墅里。不顾那些资产阶级朋友的反对，她依然非常关心我们的学校。有一天，她请我们所有的人去为我崇拜的偶像——埃莉诺拉·杜丝表演舞蹈。

我将克雷格介绍给了埃莉诺拉。她立刻对克雷格的戏剧观点着了迷，经过几次彼此都非常热情的会晤之后，她提出邀请，请我们去佛罗伦萨，并且希望克雷格能够帮她安排一次演出。因此，我们决定让克雷格负责为埃莉诺拉即将在佛罗伦萨演出的易卜生的名剧《罗斯梅尔庄园》[1]设计舞台布景。我们所有人，包括埃莉诺拉·杜丝、克雷格、玛丽·奇斯特、我，还有我的孩子，都乘坐着豪华列车去了佛罗伦萨。

在路上，由于奶水不足，我只好把早就准备好的一些食品装在奶瓶里来喂孩子。尽管如此，我还是非常高兴。我已经让世界上我最为崇拜的两个人聚在了一起，克雷格从此有了自己的用武之地，杜丝也将拥有更适合发挥自己戏剧天才的舞台布景。

到了佛罗伦萨后，我们住进一家小旅馆，埃莉诺拉住进了不远处

①《罗斯梅尔庄园》(*Rosmersholm*)，1886 年挪威剧作家亨里克·易卜生创作的一部剧。

一家酒店的豪华套间里。

然后，我们开始了第一次讨论，我在讨论现场为克雷格和埃莉诺拉做翻译，因为克雷格既不懂法语也不懂意大利语，埃莉诺拉则是一句英语也不会说。这时我才发现自己被夹在了两位非凡的天才之间，真是奇怪，他们两个从一开始就似乎是相互对立的。我唯一的目的就是让双方都满意，让他们都感到高兴。这个目的总算达到了——不过我在翻译时对他们的原话作了篡改。但愿他们能够谅解我在翻译过程中编造的一些谎言，因为说谎的目的是非常神圣的。我希望这次伟大的演出能够获得成功，如果我把克雷格说的话原封不动地向埃莉诺拉翻译，把埃莉诺拉的命令原汁原味地向克雷格转述，那这次演出肯定要流产的。

在《罗斯梅尔庄园》的第一幕里，我觉得易卜生笔下的客厅应该摆放着舒适的家具，呈现出古旧的风格，可是克雷格却喜欢将它搞成埃及神庙的内部装修风格——天花板好像高耸入云，四周的墙壁又像被无限延伸了。只有一点与埃及神庙不同，那就是客厅的最尽头有一扇巨大的方形窗子。按照易卜生的描述，这扇窗户正对着一条两边长着古树的小路，小路一直通到一个院落里。但是，克雷格却想要将这扇窗户变成十米宽、十二米高，窗户外面正对着五彩缤纷的风景，由黄色、红色和绿色组成，就像摩洛哥的风光。所以，无论怎么看，这都不像是一个旧式的院落。

埃莉诺拉有些不满，说道："我觉得这应该是个小窗户，不可能是个大窗户。"

克雷格听了以后暴跳如雷，用英语喊道："告诉她，我不想让一个女人对我的工作指手画脚！"

我很谨慎地向埃莉诺拉这样翻译道："他说他非常钦佩您的意见，

将尽力使您满意。”

然后转过身，我又很策略地将埃莉诺拉的反对意见翻译给克雷格：“埃莉诺拉·杜丝说，你是个了不起的天才，她不会干涉你的工作，你完全可以按照自己的想法去做。”

类似的对话有时会持续几个小时。有许多次，我不得不一边给孩子喂奶，一边参与他们的谈话，以便随时充当“和事佬”。我向那两位艺术家解释着他们从来都没有说过的话，这样经常会错过为孩子喂奶的时间，我觉得非常痛苦。当时我的身体很累，健康状况每况愈下。这些恼人的谈话使我在产后康复期间变得痛苦不堪，可是一想到克雷格为埃莉诺拉·杜丝表演《罗斯梅尔庄园》设计布景将会成为一段艺术史上的佳话，我便觉得自己就算做出再大的牺牲也值了。

克雷格埋头于剧院的工作，他的面前摆放着十几大桶颜料，手里拿着一把大刷子，亲自去画背景——他找不到能明白他意图的意大利画师，也没有合适的画布，于是他决定把粗麻布缝起来用，一个意大利合唱团的老太太坐在舞台上缝了好几天的粗麻布。年轻的意大利画匠们在舞台上跑来跑去，执行着克雷格的命令。克雷格顶着一头长发，一边大声地朝他们叫喊着，一边用画笔蘸好颜料，爬上颤巍巍的梯子去涂抹。他不分白天黑夜地泡在剧院里，连吃饭都不离开。如果不是我每天中午给他带去一篮子午饭的话，他甚至可能什么东西都不吃。

他曾经下过一道这样的命令：“不许埃莉诺拉进剧院，别让她到这儿来。如果她来了，我就坐火车走。”

但埃莉诺拉却很想去看看布景画得怎么样了，我的任务就是既不让她去剧院，又不让她因此而生气。为此，我常常领着她在花园里长久地散步——花园里那些可爱的雕像和漂亮的鲜花可以让她的情绪平静下来。

我永远都不会忘记埃莉诺拉在花园里散步时那种非凡的神态。她一点也不像人间的女子，倒更像是意大利诗人彼特拉克①或但丁笔下那些下凡的仙女。所有的人都会给我们让路，他们用一种既尊敬又好奇的目光盯着我们，但是埃莉诺拉不喜欢被众人盯着的感觉，她专挑小路走，好避开众人的目光。她并不像我那样对可怜的穷人富有爱心，她把大多数人都看作“蠢材”，而且经常在讲话时表现出这种鄙夷的神情。这主要是因为她那过度敏感的性格，而并非其他原因。她认为公众对她过于挑剔。但是，当埃莉诺拉与人单独相处的时候，却没有人能比她更富有同情心、更善良了。

我永远都不会忘记和她一起在花园中散步时的情景。那一棵棵挺拔的白杨树，还有埃莉诺拉那优美的头部——每当我们两个独处时，埃莉诺拉便会摘下帽子，任由一头乌黑的长发随风飘拂（其中也夹杂着几根灰丝）；她那充满智慧的前额和一双神奇的眼睛，让我终生铭记。她的眼神总是那么忧郁，但当她充满激情时，便容光焕发，光彩照人，我从来没有在任何人的脸上或是任何艺术杰作上看到过比这更美好、更快乐的表情！

绘制《罗斯梅尔庄园》舞台布景的工作还在进行中，我每次到剧院给克雷格送午饭或晚饭的时候，总能看到他时而愤怒时而狂喜的神态。他一会儿觉得自己的作品将会成为艺术世界里最伟大的景观，一会儿又会抱怨说这个国家既没有好的颜料，也没有优秀的画师，什么事情都要让他亲自动手才行。

终于到了让埃莉诺拉看到全部布景的时候了。此前，我已经想尽

---

①彼特拉克（Francisco Petrarca，1304—1374），意大利学者、诗人和早期的人文主义者，亦被视为人文主义之父。

了所有办法不让她走进剧院。但这一天终将来临，我跟她约好了时间，并且将她带进了剧院里。她处于高度紧张和兴奋的情绪中，我真怕这种情绪会变成风雨欲来时的天气，随时会引发一场暴风骤雨。她在酒店的大厅里和我见了面，身上穿着一件宽大的棕色毛皮大衣，头上戴一顶棕色的毛皮帽子，就像个俄国哥萨克。她歪戴着皮帽——斜扣在了眼睛的上方，虽然埃莉诺拉有时会在好朋友的劝说下光顾一些高档的时装店，但她却从来都不穿流行服装，一点儿都不赶时髦。她的服装总是一边高、一边低地歪斜着，帽子也总是歪戴。不管她身上的衣服有多么昂贵，但看上去却不像是穿在身上的，反倒像是将衣服扛在身上来回搬运一样。

在去剧院的路上，我紧张得连一句话都说不出来。我又一次用极为婉转的语气劝她先不要去舞台，而是让人把剧院的前门打开，把她领进了一个包厢。等候的时间可真是太难熬了，我不得不忍受一种无法言说的痛苦，因为埃莉诺拉不停地问我："我的窗子是像我说的那么大吗？布景在哪里？"我紧紧握住她的手，轻轻地拍着，说道："再等一会儿就好了，您一会儿就能看到了，请您再耐心地等一会儿。"可是一想到那个小窗户，我就非常害怕，那个小窗户现在可是变得太大啦。

我们不时地能够听到克雷格愤怒的叫喊声，他一会儿试着说意大利语，一会儿又干脆用英语大喊："该死！该死！你为什么不把这东西放在这里？为什么不按我的要求去做？"接着又是一片沉寂。

时间过得真慢，好像经过了几个小时的漫长等待一样，正当我觉得埃莉诺拉的满腔怒火即将爆发时，舞台的大幕慢慢地升起来了。

啊，我真不知道该如何形容展现在我们眼前的这幅令人惊异和狂喜的画面！我前面曾经说过埃及神庙，可埃及神庙也没有这么漂亮！任何一座哥特式大教堂和雅典宫殿都没有这么漂亮。我从来都没有见到过如此美丽的景色。通过那无限扩展的蓝色天空、和谐的空间、巨大的山峰，人的心灵马上就会被那扇大窗户的光线吸引过去。窗子里展现出来的不再是那条林荫小道，而是一片广阔的空间。在这片蓝色的空间里，包含着人类所有的思考和忧伤。窗子外面，是令人类神往、欢乐、愉悦的充满想象力的奇迹——这还是罗斯梅尔庄园的客厅吗？我不知道易卜生看了以后会作何感想，可能他也会像我们一样，变得目瞪口呆、心驰神往。

埃莉诺拉紧紧抓住了我的手，我感到她的双臂环抱着我，紧紧拥抱着我。我看见泪水从她那美丽的脸庞滚落下来。有好一会儿，我们就这样坐着，紧紧地搂着彼此的胳膊，一句话也说不出来——埃莉诺拉是因为对艺术的赞美和快乐，而我则是因为解除了心理上的巨大负担，长久以来压在我心头的担心和焦虑被她那满意的神情冲得烟消云散。我们就这样待了半天，然后她拉着我的手拖着我出了包厢，穿过漆黑的过道，三步并作两步地走上了舞台。站在舞台上，她用特有的嗓音叫道："戈登·克雷格！请您过来！"

克雷格从舞台的一侧走了出来，像个害羞的小男孩。埃莉诺拉伸出双臂抱住了他，嘴里冒出一连串表达赞美之意的意大利语，她的赞美之词就像汩汩而出的泉水一样，速度之快，让我简直没法翻译给克雷格听。

克雷格并没有像我们一样激动得流泪，而是长时间地保持沉默，对他来说，这就是感情变得极度强烈的一种表示。

然后，埃莉诺拉将整个剧团的人都叫了过来——他们一直在舞台后面漫不经心地等着。她向他们发表了这样一段慷慨激昂的演说：

"我生命中注定要遇到戈登·克雷格这样一个伟大的天才。现在，我准备将我余生的全部事业都贡献出来，向全世界证明他拥有伟大的艺术创造力。”

接下来，她继续慷慨激昂地声讨整个戏剧界所追求的时髦倾向、所有的时髦布景以及关于演员的生活和职业的时髦观点。

她在说话时一直握着克雷格的手，而且她一次又一次地转头看向他，谈着他的天才和戏剧界的伟大复兴。她一遍又一遍地说：“只有依靠戈登·克雷格，我们这些演员有朝一日才能从现代戏剧这个恐怖的太平间里解脱出来。”

可以想象，听到这些以后我有多么高兴，我那时仍然少不更事，以为人们在激情迸发时所说的话都是肺腑之言。我想象着埃莉诺拉·杜丝将如何用她那辉煌的艺术才华为我的伟大的克雷格的艺术锦上添花，克雷格将如何获得伟大的艺术成就，而且戏剧艺术也将获得多么巨大的辉煌。唉，但是当时我没有想到人类的热情是那么的脆弱，特别是女人的热情，更是变幻莫测。埃莉诺拉毕竟是个女人，尽管她很有天才——这一切最终得到了证明。

《罗斯梅尔庄园》公演的第一个晚上，佛罗伦萨剧院里坐满了期待已久的观众。当帷幕升起时，观众们全都怀着崇敬的心情屏住了呼吸。这样的效果在我们意料之中。时至今日，艺术鉴赏家们依然对当年佛罗伦萨演出的这唯一一场《罗斯梅尔庄园》津津乐道。

埃莉诺拉拥有了不起的艺术直觉，她身上穿了一件白色长袍，衣袖非常宽大，垂落在身体的两侧。她出场时，与其说像英国作家丽贝卡·韦斯特[1]，不如说更像德尔斐的女巫。依靠准确无误的天才演技，她巧妙地利用了周围的每一道光柱和每一条光线，她在舞台上的一举一动都是那么的婀娜多姿、瞬息万变，看起来就像一个正在宣示神谕

① 丽贝卡·韦斯特（Rebecca West，1892—1983），英国作家、记者、旅行作家和文学评论家。

的女预言家。

但是当其他演员走上舞台的时候——比如说双手放在口袋里的"罗斯梅尔"——情况就不一样了，他们举止失当，就像是剧场的服务人员走错了地方一样，真是让人难受。只有扮演布伦德尔的那位演员在朗诵下面这段台词时，才与周围这些绝妙布景和气氛完全吻合。他大声说道："当金光灿烂的幻象出现时，暮色将我包裹起来；当令人心醉神迷的新奇思想出现在我的心里时，它们鼓起了翅膀，将我高高托起，自由地飞翔。就在此时，我将它们变成了诗歌、幻想和画卷。"

演出结束以后，我们高兴地回到了住处。由于看到了未来的光明前途，自己一系列伟大的作品都将献给埃莉诺拉·杜丝，克雷格自然是喜气洋洋。他在谈到埃莉诺拉的时候，也开始不遗余力地赞扬她，与他以前对埃莉诺拉感到愤怒时，这种赞扬的程度几乎是一样的。啊，人性是多么的脆弱呀！这是埃莉诺拉利用克雷格的舞台布景展现自己艺术天才的唯一一个晚上。那时，她的节目是轮流演出的，每天晚上都会演出不同的戏剧。

令人激动的事情过去之后，有一天上午我去银行取钱，发现存款所剩无几。生孩子、办舞蹈学校、佛罗伦萨之行，这一切将我所有的积蓄全都花光了。一定要想办法增加收入了。恰好在此时，圣彼得堡的一位演出经纪人给我发了一封邀请函，问我是不是还想跳舞，并且表示愿意跟我签订一份在俄国进行巡回演出的合同。

这样，我离开了佛罗伦萨，把孩子交给玛丽·奇斯特照料，把克雷格委托给埃莉诺拉，然后一个人乘坐特快列车取道瑞士和柏林来到了圣彼得堡。你能想象得出，这次旅程对我来说有多么痛苦。这是我第一次和自己的孩子分开，与克雷格和埃莉诺拉的分别同样让我黯然神伤。而且当时我的健康状况也不是很好，因为孩子还没有完全断奶，所以我不得不用一个吸奶器往外吸奶水。这样的经历对我来说实在是太可怕了，为此我不知道掉过多少眼泪。

火车向远方驶去，我又回到了那遥远的冰天雪地，它看上去比以前变得更加寂寞荒凉了。最近我一直专注于埃莉诺拉和克雷格的艺术，却很少想到自己的艺术，因此对于这场巡回演出将要面临的严峻考验，我并没有做好准备。可是，友好的俄国观众仍然热情地接纳了我，他们并不在乎我演出中的缺陷。我记得跳舞时奶水经常会溢出来，顺着丘尼卡往下流，搞得我狼狈不堪。唉，女人要想干一番事业实在是太难了！

这次在俄国巡回演出的具体情况，我已经记得不太清楚了。毋庸讳言，我心里一直在惦记着佛罗伦萨。因此我尽可能地缩短了演出的期限，同时又接受了一份去荷兰巡回演出的合同，因为这样我可以离我的学校、离我思念的人近一点。

在阿姆斯特丹登台演出的第一个晚上，一场奇怪的病将我击垮了。我想它可能与奶水有关——可能是乳腺炎。演出结束以后，我倒在了舞台上，人们把我抬到了宾馆。在宾馆的屋子里，我敷着冰袋躺了很长时间。医生给我的诊断是神经炎，据说当时还没有哪个医生能够治好这种病。有好几个星期，我什么东西都不能吃，只能喝一点加入了鸦片的奶。我一阵阵地神志不清，最后昏昏睡去。

克雷格火速从佛罗伦萨赶来，专心致志地照顾我。他和我一起住了三四个星期，这期间，他对我的照顾可以说是尽心尽力。有一天，他忽然收到了埃莉诺拉发来的电报："我正在尼斯演《罗斯梅尔庄园》，布景不好。速来。"那时我已经康复得差不多了，因此他就动身去了尼斯。但是，从看到电报时我就有一种可怕的预感，没有我在现场为他们做翻译，解决两人的争执，他们之间很可能会出事。

一天上午，克雷格到了尼斯娱乐场，发现有人将他的布景裁成了两半，他非常气愤。克雷格不知道埃莉诺拉也不了解这一情况。当看到自己的艺术作品、自己最得意的杰作、在佛罗伦萨花了那么大力气才获得的亲儿子一样的成果，竟然在自己的眼前被肢解、被屠杀，克雷格那可怕的怒火冲天而起——以前他也曾经不止一次地这样愤怒过。但糟糕的是，他把自己的怒火发在了当时正站在舞台上的埃莉诺拉头上：

“你都干了些什么？”他冲着她怒吼，“你毁了我的作品，你糟蹋了我的艺术！你，我曾经对你寄予了那么高的期望！”

他这样一遍又一遍地数落着——从来没有人敢用这种态度跟埃莉诺拉讲话，埃莉诺拉也变得忍无可忍、怒不可遏。后来她对我说：“我从来没有见过这样的男人。从来没有人敢这样对我讲话。他那六英尺多高的大个子站在那儿，抱着双臂，用英国人特有的神情大吵大闹，暴跳如雷，真是吓人。从来没有人敢这样对我。我当然忍受不了。我就指着门对他说：‘滚！我再也不想看见你。’”

她曾经想将自己余生的全部事业全都交给戈登·克雷格，但这个计划最终竟是这样的结局。

我到达尼斯的时候，身体还非常虚弱，不得不让人把我抬下火车。当时正是狂欢节的第一个晚上，在去宾馆的路上，我坐的那辆敞篷马车受到了戴着各式各样的面具和高帽子的人的围攻，他们的怪模样让我想起了垂死之际的死神之舞。

埃莉诺拉·杜丝也病了，她住在离我不远的一家宾馆里。她派人给我带来了温暖的问候。她派自己的医生埃米尔·博森来照顾我，博森医生对我的照顾无微不至，从那时起，他也成为我一生之中最亲密的朋友之一。我康复的速度很慢，不时遭受疼痛的折磨。妈妈从美国赶来与我做伴，我忠实的朋友玛丽·奇斯特也抱着孩子赶了过来。孩子发育得很好，一天比一天健康和漂亮。我们搬到了蒙布罗山去住，在那里，我既可以俯瞰大海，又可以仰望山巅，那里是琐罗亚斯德①带着鹰和蛇沉思的地方。我们寓所的阳台上阳光充足，我的身体也渐渐恢复。可生活的担子比以前沉重了，我们的经济情况更为窘迫。为了解决实际困难，健康状况刚一好转，我就又回到荷兰继续进行巡回演出了。可是我的身体仍然很虚弱，我的精神也很低迷。

我非常崇拜克雷格——我愿意将我所有的艺术灵魂都奉献给他，但同时我也意识到，我们的分手已经变得不可避免。我已经处于一种不正常的状态，和他在一起不行，离开他也不行。跟他生活在一起，就意味着我要放弃自己的艺术、自己的个性，甚至要放弃自己的生命和理性；可是如果不和他生活在一起的话，我会永远情绪消沉，整天受着妒火的折磨——唉，现在看来，我的嫉妒也不是没有道理的——我看到英俊潇洒的克雷格赤身裸体地躺在其他女人怀抱里——这种幻觉始终在我的眼前萦绕不散，最后我甚至无法入眠。我好像看到克雷格在为别的女人讲解艺术，那些女人则用充满爱意的目光看着他；我好像看到克雷格同其他女人调笑，用他那迷人的微笑——埃伦·特里式的微笑——看着她们，对她们表现出浓厚的兴趣，一边爱抚她们，一边自言自语道："这个女人很合我的胃口。伊萨多拉实在太让人难以忍受了。"

---

① 琐罗亚斯德（Zarathushtra，？—前583），又名查拉图斯特拉，琐罗亚斯德教创始人，琐罗亚斯德宣称阿胡拉·马兹达是创造一切的神，因此他后来成为琐罗亚斯德教的最高神。该教延续了两千五百年，至今仍有信徒。他还是琐罗亚斯德教经典《阿维斯塔》（即"波斯古经"）中《迦泰》的作者。另传其生卒更早。该教古经中自称"阿胡拉教""马兹达教"，因其信奉至高善神阿胡拉·马兹达之故。

所有的幻觉让我一阵阵地感到愤怒和绝望。我无法工作，也无法表演舞蹈。至于观众是否喜欢，对我来说，已经无所谓了。

我意识到必须马上结束这种状况，要么是克雷格，要么是我的艺术——但要让我放弃自己的艺术是不可能的，那会让我憔悴悔恨而死。我必须要找到拯救的良方，找到一个聪明的顺水推舟的办法。真是天遂人愿，良方果然找到了。

有一天下午，有个人来找我，他仪态动人，温文尔雅，正值青春年少，一头飘逸的金发，皮肤白皙，衣着也很考究。他说："我的朋友都叫我皮姆。"

我说："皮姆，多么可爱的名字啊。你是一位艺术家吗？"

"不！我不是！"他断然否认，好像我是在谴责他犯了罪一样。

"那么你有什么呢？有什么伟大的想法吗？"

"啊，不，没有。我并没有什么伟大的理想。"他说。

"那你有生活的目标吗？"

"没有。"

"那你想干什么呢？"

"什么也不想干。"

"可你总要做点什么啊。"

"噢，"他想了一会儿，说道，"我收藏了一套18世纪的非常漂亮的鼻烟壶。"

他就是我的良方。我已经签订了一份去俄国巡回演出的合同。这将是一次漫长而又艰苦的旅行，不仅要经过俄国北部，还要经过俄国南部和高加索地区，这独自一人的漫漫旅程让我感到特别害怕。"皮姆，你愿意和我一起去俄国吗？"

"啊，我非常愿意，"他立刻回答说，"只是，我的母亲——不过，我可以说服她。还有一个人，”他的脸红了，“她非常爱我，可能不会让我去。”

“但是我们可以偷偷地去呀。”

于是，我们做好了计划，当我在阿姆斯特丹完成最后一场演出后，我们坐上了一辆在舞台后门等候已久的汽车，这辆汽车会把我们送到乡下。我们让女佣拿着行李坐特别快车先走，然后我们会在阿姆斯特丹的下一站取行李。

那天晚上的雾很大，田野里雾蒙蒙一片，司机不想把车开得太快，因为路旁就是一条运河。

“这非常危险。”他告诫我们，车子开始慢慢地往前爬。

可是这样的危险与后来的相比却算不了什么。皮姆往后一看，突然尖叫起来：“上帝，她正在追我们呢！”

无需解释，我就明白了一切。

“她的身上可能带了手枪。”皮姆说。

“快点，再快点儿！”我对司机说，但他依然如故，并且伸手指了指雾气蒙蒙的运河。这可真够浪漫的。不过最终他还是甩掉了追踪的汽车，我们来到车站，住进了一家宾馆。

此时已经是凌晨两点，值夜的老门房提着灯在我们眼前晃来晃去。

“要一个房间。”我们齐声说道。

“一个房间？不行不行，你们结婚了吗？”

“是的，是的。”我们回答道。

“噢，不行不行。”他咕哝着，“你们还没有结婚，我能够看出来。”尽管我们大声抗议，但他还是把我们俩安置在了走廊两头的两个房间里。他带着一种恶意的满足，在走廊中间坐着守了一夜，灯就放在膝盖旁边。每当我或是皮姆把头探出来，他就提着灯说道：“不行不行，没有结婚——不可能的。不行不行。”第二天早上，当这场捉迷藏似的游戏结束之后，我们乘坐直达快车去了圣彼得堡。我的旅程从来都没有这么舒适过。

当我们到达圣彼得堡时，搬运工从火车上搬下了十八个刻着皮姆名字的大箱子。我感到困惑不解。

“这是怎么回事？”我疑惑不解。

“噢，只不过是我的行李罢了。”皮姆说，“这一箱是我的领带，这两箱是我的内衣，这是我的成套衣服，这是我的靴子，这一箱里面是我的毛皮背心——这在俄国都是很有用的。”

欧罗巴酒店的楼梯很宽大，皮姆每个小时都要飞速跑上跑下一次，每次都换上一件不同颜色的衣服，打上一条不同的领带，这让所有的人见了都羡慕不已。因为他总是穿戴得非常雅致，实际上他就是海牙时装潮流的标志。著名的荷兰画家范·弗雷在给他画肖像的时候，所用的背景几乎全是郁金香花——有金色的、紫色的、玫瑰色的，事实上，他的样子也真的像春季的郁金香那样鲜艳迷人，那一头金发就像一坛金色的郁金香，红润的双唇就像玫瑰色的郁金香……当他拥抱我时，我觉得自己好像在荷兰姹紫嫣红的春天的郁金香花坛上展翅飞翔一般。

皮姆很漂亮——金发碧眼，丝毫没有故作高深的压抑的感觉。他的爱让我想起了奥斯卡·王尔德的一句名言：“宁要瞬间的欢乐，不要永久的悲伤。”皮姆为我带来了一时的欢乐，而在此之前，爱情只是给我带来了浪漫、理想和痛苦。皮姆带给我的是一种清纯、愉快的享受，而这正是我现在最需要的。如果没有他的关怀照顾，我会陷入绝望之中，我的精神会彻底崩溃。皮姆的出现让我重获新生，拥有了新的活力。有生以来，也许这是我第一次享受到如此单纯自在的青春快乐。他对一切事物都持着一种乐观的态度，总是蹦蹦跳跳的。我也忘掉了一切的忧愁和烦恼，无忧无虑地享受生活，放飞心情，真是快乐逍遥。正因如此，我的演出又重新焕发了生机和活力。

也就是在这个时候，我创作了《音乐瞬间》，它在俄国演出时获得了巨大的成功，每天晚上都要加演五六次。《音乐瞬间》是为皮姆创作的舞蹈——“快乐的瞬间”——音乐的瞬间。

第二十一章

如果仅仅将舞蹈比作一个人的事业，那么我的人生道路可以说就太容易了——我已经功成名就，来自各个国家的演出邀请纷至沓来，我很容易就能够名利双收。可是，我并不是这样的人，我时刻梦想着要创办一所学校，一个能用舞蹈来诠释贝多芬第九交响曲的大型团体。晚上，每当我合上双眼之后，这些形象就会组成一个盛大的阵容，在我的脑海里翩翩起舞，诱使我将其变成活生生的现实。“我们就在这里，您稍微点拨一下，就能让我们变得生机盎然！”（出自第九交响曲：《欢乐颂》）

邓肯及其学校的学生在法国演出

我整日沉浸在普罗米修斯[1]的创造生命的梦想里，好像只要我发出一声召唤，世界上那些从来都没有过的舞蹈形象就会从地下冒出来，或是从天上下凡。啊，这样的景象真是让人心醉神迷、魂牵梦萦，但也正是因为它，我的生活才充满了灾难！你为什么让我如此迷恋？就如坦塔罗斯[2]之光一样，要将我引向绝望与黑暗。不！那光明还在黑暗中闪烁，它一定会指引我到一个光明灿烂的世界里去，并且在最后实现我的伟大梦想。那摇曳不定的微光，指引着我脚步蹒跚地前行，我依然相信你，追随你；在你的指引下，我一定能够找到那些超凡的神灵，在琴瑟和鸣的爱中，跳出令世人期待已久的辉煌舞姿。

带着这些梦想，我又回到格吕内瓦尔德去教孩子们学跳舞。她们

---

① 普罗米修斯（Prometheus），在希腊神话中，是泰坦神族的神明之一，名字的意思是“先见之明”。他是地母盖亚与天父乌拉诺斯的女儿忒弥斯与伊阿珀托斯的儿子。与厄庇墨透斯是兄弟，两兄弟曾一同被囚禁在塔尔塔洛斯中。普罗米修斯与智慧女神雅典娜共同创造了人类，普罗米修斯负责用泥土雕塑出人的形状，雅典娜则为泥人灌注灵魂，并教会了人类很多知识。当时宙斯禁止人类用火，他看到人类生活的困苦，帮人类从奥林匹斯偷取了火，因此触怒宙斯。宙斯为了惩罚人类，将潘朵拉的盒子放到人间。再将普罗米修斯锁在高加索山的悬崖上，每天派一只鹰去吃他的肝，又让他的肝每天重新长上，使他日日承受被恶鹰啄食肝脏的痛苦。然而普罗米修斯始终坚毅不屈。几千年后，赫拉克勒斯为寻找金苹果来到悬崖边，把恶鹰射死，并让半人半马的肯陶洛斯族的喀戎来代替，解救了普罗米修斯。但他必须永远戴一只铁环，环上镶上一块高加索山上的石子，以便宙斯可以自豪地宣称他的仇敌仍被锁在高加索山的悬崖上。

② 坦塔罗斯（Tantalus），希腊神话中的人物，为宙斯之子，藐视众神的权威。他烹杀了自己的儿子珀罗普斯，邀请众神赴宴，以考验他们是否真的通晓一切。宙斯震怒，将他打入冥界。他站在没颈的水池里，当他口渴想喝水时，水就退去；他的头上有果树，肚子饿想吃果子时，却摘不到果子，永远忍受饥渴的折磨；还说他头上悬着一块巨石，随时可以落下来把他砸死，因此永远处在恐惧之中。

已经跳得相当好了，这也更加坚定了我最后要成立一个完美的舞蹈团的信念，这个舞蹈团的表演，一定要像伟大的交响乐团的演奏一样，让人们的听觉也能享受到欢乐，让人们看到最为绚丽多姿的画卷。

我时而模仿庞贝古城遗迹中爱的精灵，时而扮成多那太罗雕塑中那青春勃发的女神，时而像泰坦尼亚仙女一样，教学生们如何绕圈、分合及不断地变换队形。一天又一天，她们变得越来越强壮，变得越来越灵活。灵感，还有神圣的音乐的光辉，在她们青春靓丽的体态和面孔上闪耀。孩子们的舞蹈跳得非常美，所有的艺术家和诗人都不住地赞叹她们。

但是，学校的开支开始变得越来越大，简直到了难以为继的地步。为此，我想出了一个主意，带着孩子们到不同的国家去巡回演出，看看有哪个国家的政府能够赞赏并支持这种儿童教育，让我可以得到在较大范围内进行这种教育实验的机会。

每场演出结束以后，我都会大声呼吁，向公众宣传我们的艺术，将我在生活中的这个发现广为传播，因为我觉得它可以为成千上万的人带来更多的光明和自由。

我越来越强烈地感觉到，在德国已经找不到支持我的办学思想的人了。德国皇后的观点完全属于禁欲主义。每当她参观雕塑家的工作室时，都会先派侍卫去将那些裸体的雕塑用单子围起来。这种普鲁士强权政治让我对德国不再心存幻想。于是，我想起了俄国，因为我曾经在那里受到了观众们的热烈欢迎，而且经济收入也非常可观。抱着有可能在圣彼得堡成立一所学校的梦想，1907 年 1 月，我又一次踏上了俄国的土地。伊丽莎白陪着我一同前往，与我们同行的还有二十个小学生。但是这次尝试也不成功，虽然观众对我复兴真正的舞蹈艺术的愿望非常支持，可是俄国皇家芭蕾舞团在俄国的影响已经根深蒂固，任何艺术上的改革都举步维艰。

我带学生们参观了芭蕾舞学校孩子们的训练，芭蕾舞学校的学生看着我的那些学生，就像笼中的金丝鸟看着天空中自在飞翔的燕子一样，眼神中充满了羡慕。但是，在俄国创建一个提倡人体自由活动的舞蹈体系的时代还没有到来，芭蕾舞作为沙皇礼仪中一种不可缺少的表达形式，依然是坚如磐石，真是可悲可叹！我要想在俄国创办一所学校，对舞蹈艺术进行更伟大、更自由的表达，唯一的希望只能寄托在斯坦尼斯拉夫斯基的努力上了。可是，尽管他竭尽全力来帮助我，但还是没有办法在他主持的那个伟大的艺术剧院里开办我的学校——在我的内心，我是非常钟情于这家剧院的。

就这样，在德国和俄国寻找办学支持者的努力失败以后，我决定到英国去碰碰运气。1908 年的夏天，我带着全部人马到了伦敦。在著名的演出经纪人约瑟夫·舒曼和查尔斯·弗罗曼[①]的帮助下，我们在约克公爵剧院[②]进行了几个星期的舞蹈表演。伦敦的观众们认为我和我的学生们为他们带来了极大的欢乐，可是这对我将来办学的愿望并没有什么实际的帮助。从我第一次在新美术馆表演舞蹈到现在，已经过去了七年的时间。我非常高兴能够与我的老朋友查尔斯·哈利和诗人道格拉斯·安斯利叙旧。美丽而伟大的埃伦·特里也经常来剧院看我的表演。她非常喜欢孩子们，经常带着她们去动物园玩，这让孩子们非

① 查尔斯·弗罗曼（Charles Frohman，1856—1915），美国戏剧商、著名戏剧演员经纪人。

② 约克公爵剧院（Duke of York's Theatre），一个西区剧院，位于英国伦敦西敏市圣马丁巷。它于 1892 年 9 月 10 日开幕，名为特拉法加广场剧院（Trafalgar Square Theatre）。业主是歌手弗兰克·怀亚特夫妇。设计者为建筑师沃尔特·埃姆登（Walter Emden）。1894 年改名为特拉法加剧院（Trafalgar Theatre）。次年又改为现名，以尊敬未来的乔治五世。

常高兴。慈祥的亚历山德拉王后[①]陛下也有两次赏光到包厢里来看我们的演出。很多英国的贵妇人也都来了，其中有著名的德·格雷夫人[②]，也就是后来的里彭夫人，她们都很平易近人，还到后台来向我表示祝贺。

曼彻斯特公爵夫人[③]提出建议，说我的愿望也许能够在伦敦变成现实，我的学校有可能会得到伦敦观众的支持。为此她还把我们所有人都邀请到她那座位于泰晤士河畔的乡间别墅。在那里，我们又一次为亚历山德拉王后和爱德华国王[④]表演了舞蹈。在很短的一段时间里，我充满了希望，以为建立舞蹈学校的愿望在英国即将实现。可结果呢，还是空欢喜一场！哪里有场地？哪里有校舍？哪里有足够的资金？我那宏伟的梦想怎么可能会实现呢？

与往常一样，我们这队人的花费非常大。我的银行存款又花光了，我们的学校被迫搬回格吕内瓦尔德。与此同时，我和查尔斯·弗罗曼也签署了一份到美国各地巡回演出的合同。

我只好暂时与我的学生们，与伊丽莎白和克雷格分别，尤其让我感到痛苦的是，我要与我的孩子暂时分开了，这是多么巨大的代价

---

① 亚历山德拉王后（Queen Alexandra，1844—1925），全名亚历山德拉·卡洛琳·玛丽·夏绿蒂·露意丝·茱莉（英语：Alexandra Caroline Marie Charlotte Louise Julia），是英王爱德华七世的妻子、英国王后、印度帝国皇后。婚前她是丹麦的公主，丹麦国王克里斯蒂安九世的长女。

② 德·格雷夫人（Lady de Grey，1859—1917），英国艺术资助人。

③ 曼彻斯特公爵夫人（Consuelo Montagu，Duchess of Manchester，1853—1909），古巴裔美国人，后嫁给曼彻斯特公爵。

④ 爱德华国王（King Edward，1841—1910），全名阿尔伯特·爱德华（Albert Edward），英国国王及印度皇帝。他是维多利亚女王和阿尔伯特亲王的第二个孩子及长子，出生当年即被封为威尔士亲王，一直到60岁登基，是作为威尔士亲王时间最长的王储。

啊！迪尔德丽已经快一岁了，她金发碧眼，脸蛋儿红润，非常惹人怜爱。

7月的一天，我终于独自一人乘上了一艘巨轮，前往纽约——自从我们搭乘一艘运牲口的船离开那儿，到现在已经八年了。现在，我已名闻整个欧洲了。我创建了一门艺术，建立了一所学校，生了一个孩子，也算是成绩斐然。但单就经济而言，我比以前并没有富裕多少。

查尔斯·弗罗曼是个了不起的经纪人，但是他并没有认识到，从本质上讲，我的艺术并不适合进行商业演出，它只对少数观众有吸引力。他让我在炎热的8月里登台表演，想在百老汇制造一次巨大的轰动，但事实上我却是在一支很差的小管弦乐队的伴奏下表演格鲁克的《伊菲格涅亚》和贝多芬的第七交响曲，结果当然不会出乎预料，是一场彻头彻尾的失败。那几个晚上，天气酷热，温度达到了30多摄氏度，来到戏院看节目的人根本没几个，而且他们看得满头雾水，大多数人并不喜欢我的表演。评论家也没有几个，而且也没有什么好的评价。总而言之，我觉得回到自己祖国的演出是个极大的错误。

有一天晚上，正当我在化妆室里灰心丧气地坐着时，突然听到了一声亲切悦耳的问候。我抬头一看，只见在门口站着一个人，他个头不高，可是身材很好，一头棕色的卷发，满脸都是迷人的微笑。他诚恳地向我伸出了双手，对我的表演大加赞扬，并说我的艺术对他产生了很大影响。我顿时觉得这次纽约之行有了回报。此人就是美国伟大的雕塑家乔治·格雷·巴纳德[①]。从那以后，他每天晚上都来看我演出，而且还经常邀请一帮画家、诗人和其他朋友一起来。这其中有和蔼可

① 乔治·格雷·巴纳德（George Grey Barnard，1863—1938），美国著名雕塑家。代表作：雕塑《自然界中两个男人的搏斗》和美国宾夕法尼亚州议会大厦前的群雕等作品。

亲的剧作家大卫·贝拉斯科[①]，有画家罗伯特·亨利[②]和乔治·贝洛斯[③]、珀西·麦凯[④]、马克斯·伊斯曼[⑤]等人，简直可以这样说，纽约格林威治村所有的青年革新派都来看过我的表演。我至今还记得，在华盛顿广场南面一个塔形建筑里，住着三位形影不离的诗人：埃德温·阿林顿·罗宾逊[⑥]、里奇利·托伦斯[⑦]和威廉·穆迪[⑧]。

来自诗人和艺术家的这种友好的问候与热情的鼓励，极大地振奋了我的精神，也抵消了纽约观众的冷漠无知对我造成的伤害。就在那时，巴纳德想为我塑一座舞蹈的雕像，名字就叫"美国在舞蹈"。沃尔特·惠特曼曾经说过："我听见美国在唱歌。"10 月的一天，一个纽约特有的秋高气爽的晴朗日子，我和巴纳德一起站在了位于华盛顿高地的他的工作室外面的一座小山冈上，俯视着乡村的景色，我伸开双臂喊道："我看见美国在跳舞。"这也促成了巴纳德对这件塑像作品的基本构思。

---

① 大卫·贝拉斯科（David Belasco，1853—1931），美国戏剧商、剧院经理、导演和剧作家。

② 罗伯特·亨利（Robert Henri，1865—1929），美国画家、教育家。

③ 乔治·贝洛斯（George Bellows，1882—1925），美国现实主义画家。

④ 珀西·麦凯（Percy MacKaye，1875—1956），美国剧作家、诗人。

⑤ 马克斯·伊斯曼（Max Eastman，1883—1969），美国作家、诗人、知名政治活动家，写作内容涉及文学、哲学和社会。最初，他支持社会主义并成为哈莱姆文艺复兴运动的重要赞助人。20 世纪 20 年代，伊斯曼前往苏联居住了一年九个月，其间目睹了托洛茨基和斯大林的权力斗争，并在离开苏联的时候将《列宁遗嘱》的副本带出苏联。1927 年回到美国之后，他改变了观点，开始激烈批判社会主义和共产主义及斯大林体制。

⑥ 埃德温·阿林顿·罗宾逊（Edwin Arlington Robinson，1869—1935），美国诗人，三次获得普利策奖，四次获得诺贝尔文学奖提名。

⑦ 里奇利·托伦斯（Ridgely Torrence，1874—1950），美国诗人、编辑。

⑧ 威廉·穆迪（William Vaughn Moody，1869—1910），美国诗人、剧作家。

我经常在早晨带着一个装有午餐的小篮到他的工作室去。我们一起畅谈在美国复兴文艺的设想，度过了很多美好的时光。

我记得曾经在他的工作室里看到过一个少女躯体的雕塑。他对我说，那是以伊芙琳·内斯比特[①]为模特儿雕塑的。当时她还是一个天真无邪的姑娘，也还没有认识哈里·邵[②]。她的美丽曾经让所有的美术家为之倾倒。

这些工作室里的谈话，这些相互感染的对于美学问题的倾心交谈，自然而然地产生了火花。对我来说，我非常愿意将全部的身心献给塑造“美国在舞蹈”这一伟大雕塑作品的任务，但是巴纳德却是那种把美德看得至高无上的人。任我激情澎湃，也丝毫无法改变他那种执着的宗教虔诚。所以，他的大理石雕像既不冷漠，也不严峻。我只是一个瞬间的过客，而他才是永恒的，因此我渴望通过他的天才塑像而实现不朽。我和我身上的每一个细胞，都渴望成为任由这位雕塑家双手摆布的黏土。

啊，巴纳德，我们都会变老，都会死去，但是我们共同度过的那些神奇而美妙的时光却不会死去。我是一名舞蹈家，而你却是一位魔术师，你能通过流畅而又舒展的节奏捕捉到舞蹈的本质，你是一位非凡的大师，能够将稍纵即逝的瞬间变成永恒。啊，哪里是我的伟大作品——我的杰作——我的“美国在舞蹈”？我抬头仰望，看到了悲天悯人的目光——那是来自美国总统亚伯拉罕·林肯的雕像的目光，那巨大的额头和脸膛上爬满了道道皱纹——被悲天悯人和伟大的殉道精神的泪水冲刷而成的皱纹。而我，一个微不足道的小人物，却要在这

① 伊芙琳·内斯比特（Evelyn Nesbit，1884—1967），美国知名艺术模特。
② 哈里·邵（Harry Kendall Thaw，1871—1947），美国匹茨堡煤炭铁路公司威廉·邵之子，百万富豪。艺术模特伊芙琳·内斯比特的丈夫。

超人的信仰和超人的道德面前翩翩起舞。

不过，我至少还不是莎乐美[①]，我不想要任何人的头颅；我从来都不是吸血鬼，永远是灵感的启示者。“约翰尼斯”，如果你拒绝“把你的嘴唇”和你的爱给我，我仍会借着“年轻的美国”的聪明智慧，祝你在修德养善的道路上一帆风顺——是祝你一帆风顺，而不是与你永别，因为你的友谊已经成为我生命中最美丽、最神圣的事物之一。也许西方的姐妹要比东方的姐妹更聪明一些吧。“我要亲吻你的双唇，约翰尼斯，你的双唇”，而不是你那盛在大盘子里的头颅，因为那就是吸血鬼而不是灵感的启示者了。“接受我吧！”“啊，你不愿意？那么再见吧。想着我吧，想着我，你将来会有伟大的作品面世。”

“美国在舞蹈”的雕塑有了一个很好的开始，可惜却没有什么进展。不久，由于他的妻子突然病倒，雕塑工作不得不停止。我曾经希

① 莎乐美（Salome，14—62 或 71），《圣经》中的人物，许多世纪以来一直是基督教世界文艺作品的一个主题，有用她的故事题材编写的歌剧、电影和大量的绘画作品，但在《圣经》中这个人物并没有名字，是来源于犹太历史学家约瑟夫斯的著作。现代考古学已经证明莎乐美是一个确实存在过的历史人物，她是罗马皇帝尼禄安插的小亚美尼亚国王阿里斯托布卢斯的妻子，正与约瑟夫斯的记载一致。《马可福音》第 6 章第 14—29 节中也有相似的描述：那时，分封的王希律听见耶稣的名声，就对臣仆说：“这是施洗的约翰从死里复活，所以这些异能从他里面发出来。”起先希律为他兄弟腓力的妻子希罗底的缘故，把约翰拿住锁在监里。因为约翰曾对他说：“你娶这妇人是不合理的。”希律就想要杀他，只是怕百姓，因为他们以约翰为先知。到了希律的生日，希罗底的女儿在众人面前跳舞，使希律欢喜。希律就起誓，应许随她所求的给她。女儿被母亲所使，就说：“请把施洗约翰的头放在盘子里，拿来给我。”王便忧愁，但因他所起的誓，又因同席的人，就吩咐给她。于是打发人去，在监里斩了约翰，把头放在盘子里，拿来给了女子，女子拿去给她母亲。约翰的门徒来，把尸首领去埋葬了，就去告诉耶稣。——这里的母亲就是“莎乐美”。

望成为他的不朽之作，但是激励巴纳德为美国创作出不朽杰作的人并不是我，而是亚伯拉罕·林肯，他的塑像现在还庄严地耸立在西敏寺教堂前面那座幽静的花园里。

查尔斯·弗罗曼明白自己在百老汇已经遭遇惨败，于是便想让我到一些小城镇进行巡回演出。可这次巡回演出安排得非常糟糕，比在纽约的演出还要惨。最后我沉不住气了，就去找查尔斯·弗罗曼，却发现他正在为自己赔了那么多钱而心神不安。“美国人不理解你的艺术，”他说，“你的艺术完全超出了他们的欣赏能力，他们永远都不会理解你的艺术。你最好还是回欧洲去吧。”

原本我和弗罗曼签下了六个月的巡回演出合同，合同上规定，不管是赔是赚都要履行下去。但是，由于我的自尊心受到了伤害，而且我也瞧不起他试图违约的行为，于是当着他的面把合同撕掉了。我对他说：“这下你可以放心了吧，你一点儿责任都不用承担。”

巴纳德不断对我说，他为我这种出生于美国的艺术家感到骄傲，又说美国无法欣赏我的艺术，这让他感到非常难过。根据他的建议，我决定在纽约留下来。我在布杂艺术大厦[①]租了一间工作室，挂上蓝色幕帘，铺上地毯，每天晚上都为诗人和艺术家们表演舞蹈，并创作了一些新作品。

关于我在那段时间的夜间演出，1908 年 11 月 15 日的《太阳报》周日增刊曾经刊登了一篇文章，其中有如下一段描述：

她（伊萨多拉·邓肯）的腰部以下裹着一件很小的带着中国刺绣的丝织服装。她那黑色的短发卷曲着，编成了一个松散的发结，自然地垂在了身后和脸颊的两旁，就像圣母一样……她的鼻子微微上翘，

①布杂艺术大厦（Beaux Arts Buliding），位于美国纽约第 44 东大街的一个地标性的艺术大厦。

眼睛是蓝灰色的。许多关于她的报道都说她是一个身材高大，体态优美的人——就像一件艺术精品，但实际上她的身高只有五英尺六英寸，她的体重也不过一百二十五磅。

演出大厅的天花板四周亮起了淡黄色的灯光，中间是一个发出幽幽光晕的黄色圆盘似的灯，这样的色彩效果非常完美。邓肯小姐上台以后首先表示了歉意，说用钢琴伴奏不太协调。“这样的舞蹈用不着音乐，”她说，“只需要用潘神在河边折段芦苇吹奏出来的音乐，或者一只长笛，或是牧人的短笛之类的乐器就足够了。其他的艺术——绘画、雕塑、音乐、诗歌等，都已经远远地超越了舞蹈的发展水平，舞蹈实质上已经变成了一门失传的艺术，如果想把舞蹈与另外一种比它先进的艺术——比如音乐——和谐地搭配起来，是非常困难且难以协调的。我愿意在舞蹈上倾尽毕生的精力，就是为了复兴这门失传的艺术。”

邓肯小姐开始讲话时，站在了靠近正厅的诗人们的座位那儿，等她讲完时，却到了房间的另一头。简直不知道她是怎样到那里去的，这不由得让人想起她的朋友埃伦·特里——她对于空间也是那样的漫不经心。

她再也不是一个疲惫不堪、满脸愁容的女人了，而是像一个从破碎的大理石中自然诞生的异教精灵，似乎那就是她要在这个世界上做的最平常的事情。她就像海洋女神伽拉忒亚[①]，因为伽拉忒亚在刚刚被解放出来的时候，肯定是跳着舞的；她又像披头散发的月桂之神达佛涅[②]，在德尔斐的小树林里狂奔，逃避着阿波罗的追逐。当她的头发披

①伽拉忒亚（Galatea），希腊神话中西西里岛海域的一个仙女，父亲涅柔斯是一位老海神，膝下有很多女儿，统称涅瑞伊德（Nererdis）。伽拉忒亚的名气源自她同年轻英俊的阿喀斯（潘神与一名河中仙女的儿子）之间的爱情。两人深陷情网，相依相伴共度了美妙时光。

②达佛涅（Daphne），希腊神话中的水泽女神/月桂树神女，河神珀纽斯（Peneus）之女。

散开时，这样的形象便会涌入你的脑海中。

难怪这些年以来，她厌倦了穿梭于埃尔金石雕[1]间供英国贵族开心的生活，更何况还要承受那些将信将疑的挑剔目光。现在展现在人们面前的，是一具具塔纳格拉陶俑，是雅典娜神庙的队列，是骨灰瓮和墓碑上头戴花冠的悲情女神，是酒神节上狂欢的少女。表面看来，是你在看她跳舞，但实际上，你看到的并不是邓肯，而是人类天性的全景展现。

邓肯小姐自己也承认，她的一生都努力地想要回到遥远的古代，去发现迷失在时光迷宫里的淳朴和自然。“在那个被我们称为异教的远古时代，每种感情都有其相应的表达方式，”她说，“灵魂、身体与思想是和谐统一的。看看雕塑家们捕捉到的希腊男子和少女们的魅力吧，简直不像是人工雕凿出来的冰冷的大理石，从他们开口说话的神态，你就知道他们想要说什么，即便他们不开口，也没有什么关系，因为你也能明白他们想要说什么。”

然后，她止住了话头，又变成了一个舞蹈的精灵、一个琥珀色的雕像。她一会儿举起酒杯向你敬酒，一会儿把玫瑰花抛向雅典娜的神龛，一会儿又在爱琴海紫色的波峰浪尖上畅游。这时，诗人们津津有味地看着她，预言家们则意味深长地捋起了胡须，不知是谁轻轻地吟

---

① 埃尔金石雕（Elgin Marbles，又称Parthenon Marbles），古希腊时期雕塑家菲狄亚斯及其助手创作的一组大理石雕，原藏于帕台农神庙和雅典卫城的其他建筑中。1801 年第七代埃尔金伯爵汤玛斯·布鲁斯从当时统治着希腊的奥斯曼帝国高门那里获得许可，将这些浮雕陆续从希腊运往英国。拜伦称这种行为简直就是抢劫。英国议会在一番争辩之后，决定不追诉埃尔金的行为，而埃尔金则在 1816 年将这些石雕卖给了英国政府，最后藏于大英博物馆。1832 年希腊独立之后，希腊政府开始追索这些失去的石雕，多次要求英国政府物归原主。2014 年联合国教科文组织从中协调，但最终大英博物馆方面仍然拒绝归还埃尔金石雕。

诵起了约翰·济慈[①]《希腊古瓮颂》中的片段：

“前来祭奠的人是谁啊？

美既真，真既美——

啊，你所知道的事情，就是你全部的需要。”

《艺术》杂志的编辑玛丽·范顿·罗伯茨[②]女士满怀激情地说出了下面一番话，邓肯小姐认为这是对她的创作的所有评价中最令人满意的总结：

“在伊萨多拉·邓肯小姐跳舞的时候，你的思绪和精神会回到那混沌初开的远古时代，回到这个世界最初的那段时间。那时，人类伟大的灵魂在美丽的身体上找到了可以自由表达的手段，动作的韵律和音乐的旋律和谐统一，人体的动作与风、海的运动和谐统一，女人的手臂在摆动时就像玫瑰花瓣的绽放，而她的脚落在草地上时，就像是树叶翩然着地。当所有的热情——宗教的、爱情的、爱国的、抛弃的和追求的热情，和着古弦琴、竖琴或铃鼓的节奏展露无遗时，当男人和女人们在他们的壁炉和众神前，在森林中或大海边，怀着幸福的欢乐和宗教式的狂热，情不自禁地舞蹈时，那肯定是人类灵魂中所有强烈的、巨大的、美好的激情在尽情地倾泻，它们出自灵魂，用形体表现出来，与整个自然完美地融为一个整体。”

在这样的舆论中，巴纳德建议留下来，留在美国，万幸的是，我采纳了他的建议。因为有一天，有一个人来到了我的工作室，正是因

---

① 约翰·济慈（John Keats，1795—1821），英国著名诗人，也是浪漫派的主要成员。代表作：《夜莺颂》《恩底弥翁》《圣艾格尼丝之夜》《致秋天》等。

② 玛丽·范顿·罗伯茨（Mary Fanton Roberts，1864—1956），美国记者、编辑和作家。因编辑妇女类和艺术类杂志而闻名。

为他，我才最终赢得了美国观众的喜爱。他就是沃尔特·丹罗希[①]。他曾经在标准剧院[②]看过我用舞蹈表现的贝多芬第七交响曲，虽然当时为我伴奏的只不过是一支又小又差劲的乐队，但他却能够清楚地感觉到，如果用他那支优秀的乐队来伴奏的话——再加上他那杰出的指挥艺术，这支舞蹈将会具有多么强大的艺术感染力。小时候所学的钢琴和音乐创作理论，现在仍然停留在我的潜意识里，因此，每当我闭上双眼静静地躺着时，我就会清晰地听到整个管弦乐队的演奏，就像在我的眼前一样。这时，我看到的每一种乐器都幻化成了一位天神的模样，在音乐中尽情地舞动。这个影子似的管弦乐队总是在我的脑海中不断地跳动。

丹罗希给了我一个建议：12月份，在大都会歌剧院[③]连续进行演出，我欣然同意了这个建议。

结果真的如同丹罗希预料的那样，为了看我的第一场演出，查尔斯·弗罗曼想订一个包厢，但令他大吃一惊的是，剧院里所有的席位都已经被抢订一空。这件事足以证明，无论一个艺术家是多么的了不起，也不论他的艺术是多么的伟大，如果没有合适的环境，一切就都

---

① 沃尔特·丹罗希（Walter Damrosch，1862—1950），德裔美籍指挥家、作曲家。长期担任纽约交响乐团指挥。卡内基音乐厅创办期任音乐音效总监。

② 标准剧院（Criterion Theatre），英国伦敦西区一个剧院，位于伦敦西敏市皮卡迪利圆环内。这是一座Ⅱ级上市建筑，拥有588个座位。该剧院于1874年3月21日开幕。建筑师托马斯·维里蒂（Thomas Verity），法国文艺复兴风格。

③ 大都会歌剧院（Metropolitan Opera House），位于美国纽约的林肯中心内的世界知名的歌剧院，由“大都会歌剧院协会”（Metropolitan Opera Association）负责营运。大都会歌剧院协会于1880年4月成立，是纽约主要的歌剧公司，也是美国最大的古典音乐组织，每年上演约240部歌剧。大都会歌剧院是林肯中心的十二个常驻组织之一。

等于零。埃莉诺拉·杜丝首次在美国巡回演出的时候也是如此。因为事先没有安排好，她演出时剧场里几乎空无一人，于是她觉得美国人永远也不可能理解她的艺术。但是，当1924年她重返美国时，从纽约到旧金山，每到一个地方，她都会受到热烈的欢迎，原因其实很简单，因为莫里斯·杰斯特[1]真正地理解了她的艺术。

让我非常自豪的是，著名的沃尔特·丹罗希亲自指挥一个由八十人组成的大乐队为我伴奏，在这样的条件下进行巡回演出，结果自然是非常成功，因为整个管弦乐队从上到下都充满了一种非常亲切、友好的气氛，对丹罗希和我来说都是如此。的确，我和丹罗希的感觉非常默契，当我站在舞台的中央开始跳舞时，身上的每一根神经好像都和这个管弦乐队、和这位杰出的指挥家融为了一体。

在这支管弦乐队的伴奏下表演舞蹈，我简直无法描述我的喜悦之情，在我的面前——丹罗希举起了指挥棒——一看到指挥棒在挥动，我的内心深处就猛然涌起了所有乐器联合演奏出来的交响和弦。强有力的回响震撼着我的全身，而我则变成了一个集中表现的工具——展示布伦希尔德被齐格弗里德唤醒时的欢乐，展示伊索德在死亡中追求完美时灵魂的愉悦。我的舞姿激越澎湃，就像风中的帆，推动着我一直向前。我觉得身体里有一种非常强大的力量，在音乐的指挥下，这种力量充满了我的全身，试图寻找一个迸发的出口。这种力量有时非常猛烈，震撼着我的心，让我觉得心脏即将爆裂，末日即将来临；有时又会变得非常阴沉，令我突然感到悲从中来，我昂首举臂，面向苍天呼唤，却得不到回应。我经常独自沉思：将我称为舞蹈家是一个多么大的错误啊，我其实不是舞蹈家，而是将乐队感人至深的表现力传

---

①莫里斯·杰斯特（Morris Gest，1875—1942），美国著名戏剧商。

递出来的磁心。在我的心灵深处，发射出了一条条炽热的射线，将我与发出生命颤音的激荡的乐队融合在了一起。

乐队里有一位长笛手，由他表演的《俄耳甫斯》中欢乐精灵们的那段独奏，简直如仙乐一般动听，我经常站在台上一动不动地静听，泪水忍不住夺眶而出。由于我太过痴迷于艺术，所以每当倾听他的演奏，倾听小提琴悠扬的声音，倾听那位杰出的指挥家指挥整个乐队演奏出的响彻云霄的协奏，我经常会在这种情况下无法控制自己的感情。

巴伐利亚的路易斯在拜罗伊特经常独自一人坐着聆听交响乐队的演奏。如果他在这个乐队的伴奏下跳舞，他肯定会感受到巨大的快乐。

我和丹罗希之间存在着一种非常微妙的默契，他的每一个手势，都会立刻在我身上激发出与之呼应的颤动。每当他在渐强乐句上提高音量的时候，我的内心也会变得激情高涨，将每个音符转换成更加猛烈的舞步，全部身心都与他一起和谐地舞动。

有时，当我俯视舞台下面的时候，会看到俯身观看乐谱的丹罗希那巨大的额头。这时，我就会觉得我的舞蹈就像雅典娜的诞生一样——全副武装地从宙斯的头颅中诞生。

在美国的这次巡回演出，很可能是我一生中最快乐的时光，只是对于家人的牵挂还不时地困扰着我。当表演贝多芬的《第七交响曲》时，我的眼前就浮现出了这样的情景：我的周围全是我的学生们的身影，她们已经长大，和我一起演绎这部交响曲。因此，这还不是完美的欢乐，而是将希望寄托在未来的更大欢乐。也许生活中本来就没有完美的欢乐，而只有希望。伊索德情歌的最后一个音符似乎是完美的，但那却意味着死亡的来临。

在华盛顿，我也遭遇了一场狂风暴雨，有几位部长对我的舞蹈提出了严厉的批评。

后来，有一次在日场演出的时候，罗斯福总统出人意外地亲临剧场观看我的表演。看来他对我的表演非常满意，每一个节目结束后他都会带头鼓掌。后来，在他写给朋友的一封信中，他这样写道：

“不知道这些部长们在伊萨多拉的舞蹈里能够找到什么有害的东西？在我看来，她像一个天真无邪的孩子，正在跳着舞穿过一个沐浴着晨曦的花园，想要去采摘自己想象中的那朵美丽的花儿。”

报纸上登载了罗斯福总统的这段话，那些卫道士因此羞愧不已，这也对我们的巡回演出有很大的帮助。事实上，整个巡回演出都进行得非常愉快和顺利。再也找不出比沃尔特·丹罗希更为善良的指挥和更加可爱的伙伴了。他身上具有一种典型的大艺术家的气质。在休息时，他可以坐下来好好地美餐一顿，然后再弹上几小时的钢琴，从不知什么是疲倦；而且，他总是和蔼可亲，让人觉得非常轻松愉快。

回到纽约以后，我听银行说我的户头上已经有了一大笔存款，这让我非常满意。如果不是因为我总挂念着我的孩子和我的学校，我宁愿永远都不离开美国。一天早晨，在码头上，我与为我送行的朋友们——玛丽、比利·罗伯茨以及那些伟大的诗人和艺术家一一告别，然后踏上了返回欧洲的旅程。

第二十二章

伊丽莎白带着舞蹈学校的二十个学生还有我的宝宝到巴黎迎接我。我已经六个月没有看到我的孩子了，可以想象，当时我是多么的高兴！孩子看到我时，眼神显得很陌生，然后便大哭起来。当然，我也哭了。我又能抱着她了，这是多么奇妙的感觉啊！还有我的另一个孩子——我的学校，令人欣喜的是，孩子们都长高了。这次团聚真是太让人高兴了，我们又唱歌又跳舞，玩了整整一个下午。

著名艺术家吕涅·波[①]负责我在巴黎的一切演出事宜，他曾经将埃莉诺拉·杜丝、苏珊·德普雷斯[②]和易卜生介绍给巴黎的观众。他觉得我的艺术也需要良好的背景作为衬托，于是邀请了科龙尼乐队[③]在欢乐剧场[④]为我伴奏，由科龙尼[⑤]亲自指挥，结果这在巴黎产生了很大的轰

① 吕涅·波（Lugné-Poe，1869—1940），法国著名戏剧商、演员、舞台背景设计师。

② 苏珊·德普雷斯（Suzanne Desprès，1875—1951），法国女演员，因擅长悲喜剧表演而闻名。

③ 科龙尼乐队（The Colonne Orchestra），一支法国交响乐团，1873 年由法国小提琴家、指挥家爱德华·科龙尼创建。

④ 欢乐剧场（Gaîté Lyrique），法国巴黎著名歌剧院，现在是巴黎数字艺术和现代音乐厅。

⑤ 科龙尼（Édouard Colonne，1838—1910），法国小提琴家、指挥家。

动。一些著名的诗人，如亨利·拉夫丹[①]、皮埃尔·米勒[②]、亨利·德雷尼耶[③]等，都用充满激情的笔墨对我的演出进行了赞美。

巴黎向我们露出了迷人的笑容。

我的每一场演出，都吸引了很多的艺术界和知识界知名人士，似乎我的美梦即将成真，我办学的渴望可以很轻易地变成现实。

我在丹东路5号租了一套两层的大公寓，我住在一楼，孩子们和教师住在二楼。

有一天，日场的演出即将开始，一个坏消息把我吓了一大跳。我的孩子突然喘不上气来，而且咳嗽不止。我害怕她会得可怕的咽喉炎，便急忙叫了一辆出租车满巴黎去找尚未出诊的医生，最后终于让我找到了一位很有名气的儿科专家。他很爽快地跟着我回到了住处，并很快就让我放下心来。他说这不是什么大不了的病，孩子得的只不过是一般的咳嗽而已。

那天的演出，我上台时已经迟到了半小时，在这段时间里，科龙尼努力地为观众演奏着音乐。整个下午，在我跳着舞时，都觉得浑身在颤抖，我的心里充满了恐惧和担忧——我太爱我的孩子了，如果她有什么不测的话，我也会活不下去的。

母爱是多么坚强、自私而又狂热啊，它占据了我的整个情感世界，但是我并不觉得这有什么值得赞美的。爱所有的孩子，这才是一种令人无限钦佩的情感。

迪尔德丽现在已经能够跑来跑去，并且已经会跳舞了。她很招人

---

① 亨利·拉夫丹（Henri Lavedan,1859—1940），法国剧作家、诗人、记者。

② 皮埃尔·米勒（Pierre Mille，1864—1941），法国作家、诗人和文艺评论家。

③ 亨利·德雷尼耶（Henri de Régnier，1864—1936），法国象征主义诗人。

喜欢，简直就是一个小小的埃伦·特里，这也许是我总是思念埃伦、钦佩埃伦的结果。我认为，随着人类社会的逐步发展，将来所有的孕妇在生育之前，都应该隔离在某个地方，受到妥善的保护，这个地方应该用雕像、图画和音乐包围。

那个季节最为著名的艺术盛事就是布里松舞会，巴黎文学艺术界的所有名人都接到了邀请。每一个人都必须以各种艺术作品中的人物的身份参加舞会，我是以欧里庇得斯笔下的酒神女祭司形象去参加这个舞会的。作为酒神的女祭司，我在那里发现了穿着一件希腊长袍的莫奈·苏利，他装扮的可能是酒神狄俄倪索斯。整整一个晚上，我都和他跳舞，或者至少是围着他跳舞，因为伟大的莫奈很瞧不起现代舞。我们在一起跳舞的事情后来被传得沸沸扬扬，好像我们干了什么见不得人的勾当一样。但我们真的是清清白白，我只不过是让这位伟大的艺术家享受到了几个小时的放松——这是他应得的。我那美国式的单纯，在那天晚上竟然轰动了巴黎，这可真是咄咄怪事。

最新发现的心电感应现象证明，人的脑电波是可以通过与其同频共振的空气传送到其目的地的，有时甚至连发送者都没有意识到这种脑电波的传送。

我又面临经济崩溃的边缘了，学校在不断地发展状态，开支也变得越来越大，凭我的财力根本无法负担所有的开支。我一个人挣的钱，要用来抚养和教育四十个孩子，其中二十个在德国，二十个在巴黎；另外，我还要帮助其他的人。一天，我开玩笑似的对我姐姐伊丽莎白说："不能再继续这样下去了！我银行的存款已经透支了，要想把学校办下去，就非得找个百万富翁不可。"

这个愿望一出口，就一直萦绕在我的心头。

"我一定要找一个百万富翁！"这句话我每天都要重复上百次。刚开始，我还只是在开玩笑，可是后来——按照法国精神治疗专家库埃[①]的观点——就真的希望它能够变成现实了。

在欢乐剧场举办了一场特别成功的演出之后，第二天早晨，正当我穿着晨衣坐在梳妆镜前，头发上卷着卷发纸，头上戴着一顶花边小帽，为下午的日场演出作准备时，侍女给我送来了一张名片，上面印着一个尊贵的名字，我脑海中突然闪现出了一个念头：“他就是我要找的百万富翁！”

“请他进来！”

他进来了——身材挺拔，一头金色的卷发，蓄着胡须，我马上便猜了出来，他就是罗恩格林[②]。他愿意当我的骑士吗？他说话的声音非常动听，好像还有点儿羞涩，就像一个戴着假胡子的大男孩儿一样，我想。

“您不认识我，但我经常为您的伟大艺术而鼓掌。”他说。

这时，我突然产生了一种奇怪的感觉：我以前曾经见过这个人。在哪里见过呢？就好像在梦里一样，我想起了波利尼亚克亲王的葬礼——那时我还是个小姑娘，哭得非常伤心，由于是第一次参加法国葬礼，我觉得很不适应。在教堂边的过道上，亲王的亲属排成了一列长长的队伍。有人往前推我：“得过去握手！”他们小声说道。我为失去这位亲爱的朋友感到非常的悲痛，然后跟他的每一位亲属都握了手。我记得自己当时突然注意到了其中一个人的眼睛——就是现在站

① 库埃（Émile Coué，1857—1926），法国心理学家、药学家。是“库埃体系”的创建者，该体系是基于人类乐观精神基础上的一种心理治疗和自我提升相结合的精神疗法。

② 罗恩格林（Lohengrin），《圆桌骑士》中的一位骑士的名字。这里是指帕里斯·辛格（Paris Singer），后来曾与邓肯成为伴侣关系，两人育有一子。辛格是美国辛格缝纫机公司的法定继承人、房地产开发商和慈善家。

罗恩格林与邓肯

在我面前的这个高个子男人！

我们的第一次相遇竟然是在教堂里的一个棺材旁边，那绝对不算什么幸福的预兆！但不管怎么说，从现在起，我就把他当成了我的百万富翁。我已经发出脑电波去寻找他，而且，不管命运如何，我与他相逢都是早已注定的事情。

“我崇拜您的艺术，崇拜您办学的理想和勇气。我是来帮助您的。我能为您做什么呢？比方说，您是否愿意和这些孩子们一起，到里维埃拉海滨的一幢小别墅里去创作几段新的舞蹈呢？至于费用，您不必担心，我愿意承担所有的费用。您已经做了一件了不起的事情，现在一定很累了，那么就请允许我为您挑起这副重担吧。”

在不到一个星期的时间里，我和我的学生们就坐进了头等车厢，向着大海，迎着阳光疾驶而去。罗恩格林穿着一身白色的西装，满面笑容地在车站迎接我们。他把我们带到了一幢可爱的海滨别墅里，然后从阳台上指着他那艘白色船翼的游艇给我们看：

“这艘游艇名字叫‘艾丽西娅夫人号’，”他说，“可是从现在开始，我们要为它改名叫彩虹女神‘艾丽丝号’。”

孩子们的身上穿着随风飘拂的淡蓝色丘尼卡，手里捧着鲜花和水果，在橘子树下自由自在地舞蹈。罗恩格林对每个孩子都很好，处处体谅和照顾大家，让每个人都觉得非常高兴。他对孩子们如此尽心尽力，使我不禁对他心存感激，而且产生了充分的信任。随着与他接触的加深，我每天都能感受到他那迷人的魅力，我对他的感情也变得越来越强烈。不过，那时我只是将他当成是我的骑士，远远地对他感激崇拜，完全是一种精神上的关系。

我和孩子们住在博利厄的一幢别墅里，而罗恩格林则住在尼斯的一家很时髦的大酒店里。他经常邀请我与他一起用餐。记得有一次，我穿着朴素的希腊丘尼卡赶到那里，却看到了一位身穿华丽的长袍、浑身珠光宝气的女人，这顿时让我有些局促不安。我立刻产生了一种感觉——她就是我的劲敌，我的心里感到一阵惊慌。后来的事实证明，我的预感是正确的。

一天晚上，罗恩格林以其惯有的慷慨，在夜总会里举行了一次盛大的化装舞会，并为每位来宾发了一套用白色锦缎做成的飘逸长袍作为化装舞服。这是我第一次穿化装舞服，也是第一次参加这种公开的化装舞会。当时的气氛非常热烈，但我的心里却一直笼罩着一片阴云——那个浑身珠光宝气的女人也穿着白色的长袍来参加舞会了。我一看见她就觉得难受。可是，我记得后来我又和她一起疯狂地跳起舞来——爱与恨就是这样相生相克——后来，舞会的总管拍了拍我们的肩膀，说不允许这样跳，我们这才分开。

就在大家跳舞的时候，有人突然叫我去听电话。博利厄别墅的人告诉我，我们学校那个叫埃里克的小宝贝突然得了咽喉炎，病得很严重，可能要不行了。我从电话间直接奔向罗恩格林的餐桌，他正在那里招待客人。我告诉他，我必须要打电话找到一位医生。就在那个电话间的旁边，由于全都对孩子的病情感到焦虑和担忧，我们两个人之间的防线在此时完全崩溃了，我们两个人的嘴唇第一次碰到了一起。但我们并没有浪费时间——罗恩格林的汽车就停在门口。就这样，我们穿着白色的化装舞服开车去接了医生，然后火速赶到博利厄别墅。小埃里克几乎都要窒息了，小脸憋得发紫。医生马上开始施救。我们两个仍然穿着怪模怪样的衣服，提心吊胆地站在床边等待诊断的结果。两小时以后，窗户上已出现了薄薄的晨曦，医生说孩子已经脱离了危险。泪水夺眶而出，把我们两个人脸上的化妆油彩冲得一塌糊涂。罗恩格林搂住我说：“坚强些，亲爱的！现在我们该回去陪客人了。”在回去的路上，他在车里紧紧地抱住了我，在我耳边小声地说道：“亲爱的，就算只为了这一个晚上，为了这一次难忘的经历，我也要永远永远地爱你。”

在夜总会里，时间过得很快，大多数客人都没发觉我们曾经离开过。

可是有一个人却在一分一秒地计算着时间，那个满身珠宝的女人用燃烧着妒火的目光看着我们离开，当我们回到舞会的时候，她从桌上抓起一把餐刀直接扑向了罗恩格林。幸亏他及时识破了她的意图，一下就紧紧地抓住了她的手腕，然后又将她高高地举了起来，把她送到了女宾休息室，好像这一切都是在开玩笑一样，好像这是为狂欢舞会事先准备好的一个节目一样。在女宾休息室里，罗恩格林把她交给了侍从，简单地交代说她有点儿歇斯底里，而且很显然，她需要喝杯水，然后他就若无其事地回到了舞厅，脸上仍然挂着笑容。就是从那一刻开始，整个舞会的气氛也变得越来越热烈，到凌晨五点钟时，大家的情绪到达了高潮。我已经如痴如醉，跟马克斯·迪尔雷[①]跳了一支奔放的探戈舞。

太阳出来了，舞会也终于结束了，那个浑身珠宝的女人独自一人回到了她的宾馆，罗恩格林则和我待在一起。他对孩子们的慷慨大方，对小埃里克病情的由衷担心和操劳，这一切都赢得了我对他的爱。

第二天早晨，他向我提议，乘坐由他重新命名的游艇去游玩。于是，在带上我的小女儿，又把学校委托给女教师们照料之后，我们乘上了游艇，向意大利进发。

一切金钱都会给人带来灾祸，有钱人的快乐总是充满了变数。

---

①马克斯·迪尔雷（Max Dearley，1874—1943），法国舞台剧和电影演员。

如果我能够早点儿意识到——与我朝夕相处的这个男人就像一个被宠坏的孩子一样，那么我的一言一行就会变得小心谨慎，尽量不去拂逆他的意思，这样也许就万事大吉了。可是我当时太年轻、太幼稚，不明白这些事情，总是喋喋不休地对他谈我的人生理想，谈柏拉图的《理想国》，谈卡尔·马克思，谈我改造这个世界的设想——我丝毫没有意识到，我的这些话会造成什么样的不妥。因为我的勇敢和大方，这个男人郑重地对我说，他已经深深地爱上了我。可是当他发现被自己带上游艇的女人是一个激进的革命者时，他开始变得惊慌失措。他逐渐认识到，我的理想与他平静的内心根本无法达成一致。直到有一天晚上，他问我最喜欢哪一首诗的时候，这种矛盾达到了顶点。我非常高兴地给他拿来了我的床头小书，为他朗读了沃尔特·惠特曼的《大路之歌》，当时我沉醉在激情之中，却没有注意到他对此的反应。当我抬起头的时候，我吃惊地发现他那张英俊的脸已经快要被气歪了。

“都是些什么乱七八糟的东西！”他大声喊道，“这种人就该永远饿肚子！”

“但是你看不出来吗？”我也大声喊道，“他在憧憬一个自由的美国！”

“去他的憧憬吧！”

猛然间我全都明白了，在他的心目中，美国就是那十几个能够为他带来滚滚财源的大工厂而已。女人就是这样的不可救药，我常常和他这样争吵，但是吵完之后，我还是会一下子扑进他的怀里，在他狂暴的爱抚下忘记所有的不愉快。我甚至还常常安慰自己，总有一天他会睁开自己的眼睛，看清楚这一切，到那时，他就会帮助我，为人民的孩子创办一所伟大的舞蹈学校。

这时，那艘豪华的游艇正在蔚蓝色的地中海上劈波斩浪。

直到今天，当时的情景仍然历历在目：宽宽的甲板，整套整套的水晶和银制餐具，还有我亲爱的迪尔德丽，她穿着白色的丘尼卡跳来跳去……我当时的确已经沉醉在爱情之中了。但是，我还是经常会想到机舱里的司炉工、艇上的五十个水手以及船长和大副——所有这些庞大的开支，仅仅是为了让两个人感到快活。对我来说，这样的生活每过去一天都是工作的损失，一想到这里，我的潜意识里便会产生深深的不安。有时候，我会将这种安逸舒适的奢华生活、没完没了的宴席游乐，与我年轻时的艰苦漂流和闯荡进行比较，真是天壤之别啊！顿时，我觉得整个身心都变得一片明亮，好像从黎明前的黑暗之中一下子来到了炫目的阳光下。罗恩格林，我的圣杯骑士，你也来和我分享这一伟大的思想吧！

我们在庞贝古城待了一天，罗恩格林突然产生了一个很浪漫的想法，他想看我在月光下的帕埃斯图姆[①]神庙前面跳舞。于是他马上请来了那不勒斯的一个管弦乐团，并且安排他们赶到神庙，等着我们的到来。可那天天公不作美，下了一场夏季的暴风雨，暴雨一连下个不停，游艇根本无法离港。最后当我们赶到帕埃斯图姆神庙时，乐团的人可怜巴巴地坐在神庙的台阶上，浑身都被浇透了，他们竟然在那里整整等了我们二十四小时！

罗恩格林叫了几十瓶酒和一只裴利卡式烤全羊，我们就像阿拉伯人一样吃起了手抓羊肉。饿坏了的乐师们吃多了也喝多了，再加上在

---

① 帕埃斯图姆（Paestum），是意大利坎帕尼亚地区的城镇。它位于奇伦托地区北部，那不勒斯东南方85公里萨莱诺省靠近海岸的地方，以古希腊建筑多立斯柱式神庙而闻名。帕埃斯图姆现存3座多立克风格的希腊神庙：2座赫拉神庙和雅典娜神庙，建于公元前6世纪上半叶。

雨中等了那么长的时间，早都变得疲惫不堪了，因此他们无法伴奏了。这时又下起了毛毛细雨，我们便坐上游艇前往那不勒斯。乐师们还想在甲板上演奏，但是船却颠簸起来，他们一个个被颠得脸色发青，只好回到船舱去休息了……

在月光下的帕埃斯图姆神庙前跳舞——这个浪漫的想法——就这样不了了之了。

罗恩格林还想继续在地中海航行下去，但想到我已经跟经纪人签订了到俄国演出的合同，因此，虽然不太情愿，但我还是不顾罗恩格林的请求，决定履行这份合同。罗恩格林把我送回巴黎——他原本想和我一起去俄国的，但又担心护照有问题。他在我的房间里到处都放满了鲜花，然后我们在款款温情之后告别。

真是奇怪，当与心上人离别时，虽然我们都显得依依不舍，但同时又都体会到了一种解脱后的轻松感。

这次在俄国进行巡回演出，与以前一样，可以说非常成功——只是中间发生了一件事情，差点儿演变成一出悲剧，不过幸好后来是以喜剧的形式收场。一天下午，克雷格来看我，在那一瞬间，我突然觉得，无论是学校、罗恩格林还是其他什么，一切都可以被抛到九霄云外，我的心里只有与他重逢后的喜悦。毕竟，在我的天性中，最主要的还是忠诚。

克雷格非常高兴，他正在为斯坦尼斯拉夫斯基艺术剧院即将上演的《哈姆雷特》忙碌着。剧院里的所有女演员都爱上了他，男演员们也都喜欢他的英俊潇洒、儒雅和蔼和精力旺盛。他常常对着他们大谈自己的舞台艺术构想，而他们也总是尽力去理解他那丰富的想象力。

当我和他重逢时，觉得他还是那么魅力四射，那么令人迷恋。如果当时我不是带着一个漂亮的女秘书在身边的话，事情很可能就会是另外一种结局了。就在我们动身前往基辅的最后一个晚上，我请斯坦尼斯拉夫斯基、克雷格和我的女秘书吃了一顿便饭。席间，克雷格问我有没有想过要留下来和他待在一起。由于我无法马上给出一个准确的答复，于是他又像以前那样勃然大怒，猛地把我的女秘书从椅子上抱起来，进入了另一个房间里，然后锁上了房门。斯坦尼斯拉夫斯基当时被吓坏了，他极力劝说克雷格把门打开，然而毫无用处。我们只好赶到火车站，但火车已经在十分钟前开走了。

我只好和斯坦尼斯拉夫斯基回到了他的公寓。我们的情绪都很消沉，便开始漫不经心地谈起了现代艺术，并极力地回避克雷格这个话题。不过我能够看出来，斯坦尼斯拉夫斯基对克雷格的这种做法感到非常痛苦和震惊。

第二天，我坐着火车去了基辅。几天以后，我的女秘书也来找我了。她脸色苍白，显然是受到了很大的惊吓。我问她是否愿意和克雷格一起留在俄国，她坚决不同意。这样，我们一起回到了巴黎，罗恩格林到车站去迎接我们。

罗恩格林在伏日广场有一套奇特而阴森的公寓，他带着我到了那里，然后把我放倒在了一张路易十四时代的床上，开始疯狂地亲吻和抚摸我，这令我简直无法喘息。就在那个地方，我第一次体会到了人的神经和感官能够到达一种什么程度的亢奋状态。我觉得自己好像突然苏醒了，顿时觉得神清气爽、精神焕发，这种感觉是我以前从来没有体验过的。

他就像宙斯一样，可以变换出各种不同的化身，我觉得他时而像一头公牛，时而变成一只天鹅，时而又变成了闪闪发光的金线雨。他的爱将我拥托到了幸福的波峰浪尖上，我的心好像展开了白色的双翼，在翻滚的波浪中摇荡，在神秘的诱惑下，变成了金色彩云中一尊逍遥的神仙。

接下来，我真正了解到了巴黎城中的所有豪华饭店究竟好在哪里。在这些饭店里，罗恩格林享受着帝王一般的待遇。所有的饭店领班和餐馆厨师都争着在他面前献媚。这也难怪，他总是出手阔绰，挥金如土。我也第一次知道了“焖子鸡”和“炖子鸡”有什么区别，知道了块菌、蘑菇等各种菌类的滋味有什么不同。确实，我舌头上的味蕾和味觉神经已经苏醒了，我学会了品尝各种美酒，通过品尝，我能够知道酒的生产年代，而且我还知道了什么年代的酒味道和气味最好。除此之外，我还知道了很多以前被我忽略了的其他事物。

也是在这时，我有生以来第一次走进了巴黎一家最时髦的时装店，扑面而来的各种面料、各种颜色和款式的服装，还有各种帽子，一下子让我眼花缭乱、目不暇接。在这之前，我总是穿着一件白色的小丘尼卡，冬天穿羊毛的，夏天穿亚麻的，但是现在，我竟然也开始定做和穿着华丽的服装了。面对这样的诱惑，我简直无法抗拒。不过，我也为自己这些改变找到了一个合理的借口——这个时装设计师，保罗·波瓦雷[①]，超凡脱俗，简直就是一个天才，他知道如何能够把一个女人打扮得漂漂亮亮，就像创造一件艺术品一样。但是必须要承认，我正在从神圣的艺术陷入世俗的艺术中。

这一切世俗上的满足，也给我带来了不良的后果。在那段时间里，我们不停地谈论着一种似乎是与生俱来的疾病——神经衰弱。

记得在一个阳光明媚的早晨，我和罗恩格林一起到博利厄的树林里散步，本来都是非常愉快的，可是我却看到他的脸上突然掠过了一丝不易察觉的悲哀表情。我急忙问他发生了什么事，他对我说：

---

① 保罗·波瓦雷（Paul Poiret，1879—1944），法国时尚设计师，被誉为时尚界的幻想主义者。

“我总是看见母亲躺在棺材里时的面容。不管走到哪儿，我都会看到她去世时的面容。既然人最终总免不了一死，那么活着又有什么意思呢？”

这时我才意识到，拥有富裕和奢华的生活并不能让人满足。对于那些富人而言，要想在生活中做些有价值的事情，就更困难了。我就总是看到那艘停泊在港湾里的游艇，它总是诱惑着我——到蔚蓝的大海上遨游吧。

邓肯和舞蹈学校的学生们

第二十三章

那一年，我们乘着游艇前往布列塔尼半岛①，在附近的海上度过了夏天。海上经常会有很大的波涛，我实在无法忍受海浪的颠簸，只好下了游艇，坐着汽车在海岸上跟着游艇走。罗恩格林坚持坐在游艇上，但他也不怎么适应，经常晕船，有时吐得脸色发青。富人们的享乐，其实也不过如此！

9月，我带着孩子和保姆一起去了威尼斯，和她们单独在一起待了几个星期。在此期间，有一天我来到了圣马可大教堂，正当我坐在那里独自欣赏教堂蓝色和金黄色的圆顶时，突然间，我好像看到了一个小男孩的脸，他就像一个小天使——长着一双蓝色的大眼睛，一头金发就像光环一样套在他的头上。

后来我们又去了里多海滨，与小迪尔德丽一起在沙滩上玩耍。接下来的几天，我却陷入了沉思——圣马可大教堂里的幻觉，让我觉得既高兴又不安。我曾经深深地爱过，可现在我已经明白了，男人所谓

---

① 布列塔尼半岛（Brirrany），是法国西北部历史上的一个半岛，文化及行政上的一个地区名称。布列塔尼半岛的北部面向英伦海峡，南部对着比斯开湾，有古城阿摩里卡，范围包括塞纳河和罗亚尔河之间的沿海地区。整个半岛的面积有3.4万平方公里。

的爱情，其实不过是反复无常和自私任性而已；而最终受到伤害的，却是我的艺术，而且这种伤害可能是毁灭性的。我开始强烈地思念起了我的艺术、我的工作、我的学校。和我的艺术梦想相比，眼前的世俗生活简直就是一个累赘。

我认为，在每个人的生命之中，都会有一条向上延伸的精神曲线，我们的现实生活正好依附于这条曲线，并且让它变得更加强大，至于其余的东西，只不过是在我们精神发展进程中从身上掉下来的无用之物。对我来说，这条精神曲线便是我的艺术。在我的一生中，只有两件大事——爱情和艺术——我的爱情经常会毁掉我的艺术，但我对艺术的渴望又常常给爱情带来悲剧性的结局。两者无法调和，总是在不停地斗争。

在这样一种六神无主而又忧郁苦闷的情况下，我来到米兰，找到了一位当医生的朋友，将我的问题全都向他倾诉了。

“太荒唐了！”他惊叹道，“您是一位天下无双的艺术家，现在却想冒险——让世界永远失去你的伟大的艺术？这绝对是不行的！听我一句，千万不要做这种与人类为敌的事情。”

听完他的忠告，我仍然处于苦闷和犹豫不定的状态，甚至一度觉得非常厌烦：我认为我的身体只是艺术的工具，我绝不能再让它发生变形；但此时此刻，我却又一次被回忆和希望，被幻觉中的那张天使的脸、我儿子的脸，给折磨得痛苦不堪。

我让我的朋友给我一个小时的时间，好让我单独作出决定。我记得在那家宾馆的卧室里——那是一个阴森的房间，我突然看见了墙上挂着的一幅画，画面上是一位穿着 18 世纪长袍的女人，她那双漂亮的眸子无情地直视着我，我也盯着她看。她的眼睛似乎在嘲笑我，好像在说：“不管你作出什么样的决定，结局都是一样的。看看我吧，很多年以前，我还拥有光彩照人的风姿，但死亡吞没了我的一切——所有的一切！你何必要遭受那么大的痛苦呢？把生命带到这个世界上来，到头来还不是要被死亡吞没？”

她的眼睛变得更加无情和冷酷，而我也觉得更加的郁闷和痛苦。我捂住双眼，避开了她的目光，开始努力地思考，以便让自己快点作出决定。我泪眼蒙眬地去祈求那双眼睛，可她的眼睛依然很冷漠，依然毫无怜悯之情地嘲笑我。无论生死，可怜的人啊，你都逃脱不了无情的陷阱。

最后，我站起身来，对着那双眼睛说道：“不，你难不倒我。我相信生命，相信爱情，相信至高无上的自然法则。”

这时，那双冷漠的眼睛里突然闪现出了一丝可怕的嘲笑——不知道这是幻觉还是事实。这时，我的朋友进来了，我将我的决定告诉了他。从此以后，我的决定便不再更改了。

回到威尼斯以后，我把小迪尔德丽抱在怀里，小声对她说道：“你就要有一个小弟弟了。”迪尔德丽高兴地直拍手，笑着说：“啊，太好了，太好了！”我也非常激动：“是的，是的，真是太好了！”我给罗恩格林发了一封电报，他火速赶到威尼斯，看上去非常高兴，满怀着喜悦、爱心和温情。我那该死的神经衰弱症暂时也消失无踪了。

我和沃尔特·丹罗希签订了第二份合同，准备10月份和罗恩格林一起坐船到美国去演出。

罗恩格林从来都没有去过美国，他非常激动，因为他也有美国血统。当然，他已经在船上订了一个最大的套间，每天晚上，都有专门为我们准备的菜谱，我们一路上所受的待遇就像王公贵族一般。和百万富翁一起去旅行，确实非常的省事儿，更何况这艘“普拉扎号”游轮上有一套属于我们的最豪华的套间，见到我们的人都会闪到两旁，然后鞠躬致意。

美国有这样一条法律和规定：不允许一对恋人一起外出旅行。可怜的高尔基和他那位相处了十七年的情人就曾经被赶得东躲西藏，狼狈不堪。当然，如果你非常富有的话，这些小麻烦就不在话下了。

这次美国之行非常愉快，非常顺利，非常成功，我也赚了不少钱，有了钱之后就能赚到更多的钱。可是，在1月份的一天，一位紧张不安的老太太走进我的化妆间，大声对我说："亲爱的邓肯小姐，坐在前排的观众能够把您的身体看得清清楚楚。你可不能再这样下去了。"我回答说："噢，亲爱的夫人，那正是我的舞蹈想要传达的意思：爱情—女人—孕育—春天！您知道波提切利[①]的名画《丰收大地》《怀孕的美惠三女神》《圣母玛利亚》《怀孕的风神》吗？万事万物都在波动中孕育、繁衍出新的生命，这正是我舞蹈所要表现的……"听了我这些话以后，这位夫人却露出了不解的神色。不过，我们还是觉得，这次巡回演出到此为止就好了，我们应该回欧洲去了，因为当时我的体态已经非常明显了。

令我非常高兴的是，奥古斯丁和他的小女儿这次要和我们一起回欧洲。他已经和他的妻子分居了，我觉得这次旅行能让他的烦恼减轻一些。

"你愿意乘坐着'待哈比'在尼罗河上溯流而上——远离灰暗阴沉的天空，到那个阳光灿烂的地方去参观底比斯[②]、邓迪拉赫神庙以及所

---

① 波提切利（Sandro Botticelli，1445—1510），原名亚历桑德罗·菲利佩皮（Alessandro Filipepi），欧洲文艺复兴早期的佛罗伦萨画派艺术家。

② 底比斯（Thebes），是一座位于中希腊维奥蒂亚州的城市。因为这座城市是关于卡德摩斯、俄狄浦斯、狄俄尼索斯、七将攻忒拜、特伊西亚斯等故事的发生地，所以它在希腊神话中占有重要地位。在底比斯境内以及周边的考古发掘发现了一处迈锡尼定居点与写有"线性文字B"字符的泥板，显示了该城在青铜时期具有的重要地位。

有你盼望去的地方，然后在那里度过今年的冬天吗？游艇已经做好了准备，随时都可以将我们送到亚历山大港；‘待哈比’上配备了三十名当地的水手、一名一流的厨师；还有豪华的船舱，带洗澡间的卧室……”罗恩格林对我说道。

“啊！可是我的学校、我的工作……”

“你姐姐伊丽莎白会将学校照顾得很好的，你这么年轻，有的是时间去工作。”

就这样，我们在尼罗河上度过了整个冬天。如果没有那该死的神经衰弱——这种疾病就像恶魔的手遮挡住太阳一样不时地出现，那么这次旅行真就可以算是一场幸福的美梦了。

当那艘名叫“待哈比”的大帆船慢慢沿着尼罗河逆流而上时，我们的心也穿越到了一千年—两千年—五千年前的古代，穿过历史的迷雾，我们直接到达了永恒之门。

由于我的体内正在孕育着一个新的生命和希望，因此，那次航行对我而言，是多么的平静和美妙呀！穿过古埃及国王们的神庙和金色的沙漠，一直来到了法老们神秘的陵墓。我体内的小生命似乎隐隐约约地感觉到这是一次通往黑暗与死亡之地的旅程。在一个月光皎洁的夜晚，在邓迪拉赫神庙里，我觉得神庙里所有埃及爱神神像的眼睛，全都在残破的面孔上转动着，最后落在了我那尚未出世的孩子身上，就像在施展催眠术一般。

最精彩的旅程是游历“死亡之谷”，我认为，最有意思的是一位小王子的陵墓，他没能长大成人，没能当上一位伟大的法老，年纪那么小就夭折了，因此尽管多少个世纪都过去了，他仍然被当成了一个孩子。但是如果他现在仍然活着的话，他都已经六千多岁了！

对于那次埃及之行，在我的记忆里还留下了哪些印象呢？深红色的旭日，血红色的残阳，沙漠中金黄色的沙子，还有神庙——在阳光灿烂的日子里，我在神庙的院子里消磨时光，同时幻想着法老们的生活，也幻想着即将出生的宝宝；农妇们沿着尼罗河的岸边行走，漂亮的头上顶着水瓶，壮硕的身体在黑色的披巾下扭来扭去；还有迪尔德丽，她那小小的身影在甲板上跳舞，在底比斯古老的大街上漫步，在神庙里仰视那些残破的古代神像。

看到狮身人面像时，她对我说："啊，妈妈，这个宝宝不好看，可是挺神气的！"

她刚刚学会使用三个音节的单词。

永恒的神庙前——那个小宝宝，法老墓中的那个小王子，国王的山谷，沙漠里的驼队，搅动沙漠的大风暴，这一切都到哪儿去了？

在埃及，早晨四点钟左右，就已经旭日东升，热气蒸腾了。日出之后，就无法再睡觉了，因为从那时开始，尼罗河上的汲水车就开始不断地发出吱吱呀呀的叫声。接着，岸上便出现了劳动者的身影——挑水的、耕地的、赶骆驼的，络绎不绝，直到夕阳下山才会结束，这一切就像一幅流动的壁画。

水手们划着桨，古铜色的身体起起伏伏，"待哈比"在水手们的歌声中缓缓前行。作为悠闲的旁观者，我们心旷神怡地欣赏着眼前的一切。

尼罗河的夜色美极了，我们随船带着一架斯坦威牌钢琴，有一位很有天赋的年轻的英国钢琴家每天晚上都为我们演奏巴赫和贝多芬的曲子。这些庄严肃穆的曲调与当地的环境、埃及神庙的气氛都是非常和谐的。

几个星期以后，我们到达瓦迪哈勒法[①]，进入了努比亚地区[②]。在这里，尼罗河变得非常狭窄，对岸几乎伸手可及。船上的人都在此地上岸去了喀土穆，我和迪尔德丽留在了船上，度过了有生以来最为安静的两个星期。在这个美丽的国家，似乎一切的忧虑和烦恼都与自己无关。我们的帆船似乎也随着几个世纪以来的古老旋律在摇晃着。如果条件许可，乘着这艘设备齐全的“待哈比”沿着尼罗河旅游，那简直是这个世界上最好的疗养方法了。

对于我们而言，埃及就是一个梦幻的国度，而对于当地的贫穷农民来说，这里就是劳动的地方。但不管怎样，这里是我知道的唯一一个可以将劳动和美丽等同起来的地方。尽管这里的农民总是把扁豆汤和未经发酵的面包当作主食，但他们的身体却都非常的美丽柔软，不管是在田间弯腰劳作，还是从尼罗河里汲水，都像是青铜雕刻的模特，令雕刻家们赞叹不已。

返回法国时，我们在滨海自由城[③]登陆，为了度过这个难熬的季

---

① 瓦迪哈勒法（Wadi Halfa），是非洲国家苏丹北部的城镇，位于尼罗河右岸，毗邻与埃及接壤的边境，由北部省负责管辖，是该国的交通枢纽，海拔高度187米。

② 努比亚地区（Nubia），是位于埃及南部与苏丹北部之间沿着尼罗河沿岸的地区，今日位于阿斯旺（位于尼罗河第一瀑布下游）与凯里迈（或称库赖迈，位于尼罗河第四瀑布下游）之间。努比亚一词可能来自埃及语中的金（nub）或诺巴（Noba）。一般的，从阿斯旺到瓦迪哈勒法之间的地区被称为下努比亚，从瓦迪哈勒法到库赖迈之间的地区则被称为上努比亚。有时人们也会将库赖迈到喀土穆之间的地区称为南努比亚。努比亚自古以来便被看作地中海地区的埃及与非洲黑人区之间的交界处。

③ 滨海自由城（Villefranche），是法国普罗旺斯—阿尔卑斯—蓝色海岸大区滨海阿尔卑斯省的一个市镇，位于尼斯以东约6千米的蓝色海岸地区，与尼斯之间有博隆山、阿尔邦山和维奈格里埃山相隔。滨海自由城的天然海湾是地中海所有港口之中最深的海港，可供大型船只安全停泊。

节，罗恩格林在博利厄租了一幢豪华宽敞的大别墅，别墅的台阶一层层地延伸到了大海。他还是和过去一样，因为一时的心血来潮，他在圣让卡弗尔拉[①]买了一块地皮，打算在那里建造一座巨大的意大利风格的城堡。

我们坐着汽车参观了阿维尼翁[②]的塔楼和卡尔卡松[③]的城墙，想为未来的城堡找一个模型。直到现在，他的城堡仍然矗立在圣让卡弗尔拉，可惜，与他心血来潮时所做的其他事情一样，这座城堡一直没有完工。

当时，他正受着一种不正常的焦躁不安的困扰，整天忙忙碌碌的，要么是风风火火地去圣让卡弗尔拉买地，要么就是在星期一乘坐特快去巴黎，然后星期三再返回。我静静地待在这座花园里，面对着蔚蓝的大海，思索着生活与艺术的界限。有时我也在想，一个女人到底能否成为一个真正的艺术家？因为艺术的要求是非常严格、非常全面的，而一个热恋中的女人会为了生活而放弃一切。现在，在这里，我已经是第二次为了生活而完全与艺术脱离了。

5月1日的早晨，天气晴朗，大海湛蓝，到处都充满了勃勃的生

---

①圣让卡弗尔拉（Saint-Jean-Cap-Ferrat），是法国滨海阿尔卑斯省的一个市镇，属于尼斯区（Nice）默河畔自由城县（Villefranche-sur-Mer）。它位于一个半岛上，毗邻滨海博略和滨海自由城。它的宁静而温暖的气候使它成为欧洲贵族和国际百万富翁喜爱的度假胜地。

②阿维尼翁（Avignon），是位于法国南部普罗旺斯—阿尔卑斯—蓝色海岸大区沃克吕兹省、罗讷河左岸的一座城市。阿维尼翁始建于罗马时期。现今是法国南部的旅游胜地之一。

③卡尔卡松（Carcassonne），是法国奥克西塔尼大区奥德省的一个市镇。卡尔卡松分为新旧两个城区，分别坐落于奥德河东西两侧。西部的新城区地势较低且占地较广，而东部的老城区则有城墙围绕。卡尔卡松的防御工事最早可回溯到罗马时代。

机和欢乐的气氛，我的儿子在这个时候降临人间。

聪明的博森医生与诺德威克那个乡下大夫到底是不一样，他知道如何用适量的吗啡来减轻我的痛苦。因此，这次生孩子的感觉与上次的可是大不相同。

迪尔德丽跑进了我的房间，可爱的小脸上充满了一种早熟的母性笑容："啊，多么可爱的小男孩啊。妈妈，你不用担心，我会天天抱着他，照顾他的。"

后来，她死去之后，我经常会想起她这句话，想起她雪白僵硬的小手抱着她小弟弟的情景。上帝呀！——人们为什么要祈求上帝呢？如果上帝真的存在，他为什么会对这一切置之不理呢？

就这样，我又一次怀抱着婴儿躺到了海边——只是这次的地点不是那座在狂风中瑟缩发抖的小小的玛利亚别墅，而是一座雄伟的大厦；不是在阴沉狂暴的北海边，而是蔚蓝色的地中海海边。

第二十四章

回到巴黎后，罗恩格林问我是否想要举办一场隆重的宴会——宴请我所有的朋友；他还让我去草拟宴会的计划，并且愿意让我全权处理宴会的所有事情。我认为，那些有钱人似乎从来都不知道如何进行娱乐，如果让他们举办一场宴会的话，几乎和一个看大门的穷人请人吃饭一样，没有多大的区别。而且，我早就想过，如果一个人真的有了足够多的钱，那么他究竟应该怎样举办宴会，才能变得不同凡响。于是，我便按我的设想去筹备了。

下午四点钟，接到邀请的客人们按时到达了凡尔赛。在此地的一个公园，我们支起了一个大帐篷，帐篷里放着各式各样的食品，鱼子酱、香槟酒、茶水、点心，应有尽有，一应俱全。用完茶点之后，在一片支着一个个遮阳伞的空地上，科龙尼乐队在皮尔纳①的指挥下为我们演奏了瓦格纳的作品。直到现在，我还记得那个美丽的夏日午后，在那些参天大树的树荫下，科龙尼乐队演奏的齐格弗里德的田园曲是

① 皮尔纳（Henri Constant Gabriel Pierné，1863—1937），法国作曲家、指挥家、管风琴家。1870 年入巴黎音乐学院学习，1890—1898 年继弗兰克任圣克洛蒂尔德大教堂管风琴师，1903—1934 年任科龙尼音乐会指挥。皮尔纳的作品风格优美清澈，善于表达细腻的情感，亦常有崇高深邃和诙谐幽默的成分，对各种乐器的使用都有深刻的理解。

何等的美妙，在夕阳西下时，他们演奏的齐格弗里德的葬礼进行曲又是何等的庄严。

音乐会结束之后，一场丰盛的宴席呈现在了客人们的面前。各色的美味珍馐、琼浆玉液，让客人们大快朵颐，一直吃到了午夜时分。这个夜晚，公园里灯火通明，如同白昼，接着在维也纳爱乐乐团的伴奏下，大家翩翩起舞，直到天快亮时才散去。

这才是我的理想中的宴会，我觉得，如果一个有钱人想举行一场让他的朋友们高兴的宴会，就应该这么办。在这次宴会上，聚集了巴黎所有的社会名流和艺术家，他们都很满意。

但是，令人感到非常奇怪的是，尽管我精心安排的这一切都是为了让罗恩格林高兴，而且还花了他五万法郎（是战前的法郎！），但他自己居然没有出席。

宴会开始前大约一小时，我接到了罗恩格林的一封电报，他说自己突然生病，不能来了，让我一个人把客人招待好。

看，要想让有钱人得到快乐，几乎和西西弗斯[①]从地狱里往山上推石头一样，是徒劳无益的。我经常这么想，所以我觉得自己更愿意做一个共产主义者。

尽管我一再向罗恩格林声明，我一直都是不赞成结婚的，但这年夏天，罗恩格林还是突发奇想——他觉得我们应该结婚，

我说："一个艺术家如果结婚的话，就太愚蠢了！而且我这一生要到世界各地去巡回演出，你又怎么可能一辈子都坐在包厢里看我跳舞呢？"

---

① 西西弗斯（Sisyphus），是希腊神话中一位被惩罚的人。他受罚的方式是：必须将一块巨石推上山顶，而每次到达山顶后巨石又滚回山下，如此永无止境地重复下去。在西方语境中，形容词"西西弗斯式的"（英语：sisyphean）形容"永无尽头而又徒劳无功的任务"。

他回答说："假如我们结婚了，你就用不着再去巡回演出了。"

"那我们要干什么呢？"

"我们可以待在伦敦的家里，也可以去乡下的别墅过一种舒服的生活。"

"那以后呢？"

"以后便坐着游艇出去玩。"

"那以后呢？"

他建议我们先过三个月这样的生活，权当一次试验。

"如果你不喜欢这样的生活，那我就太无法理解了。"

于是，我们在那天去了德文郡，在那儿，他拥有一座极其雄伟的别墅——是仿照凡尔赛宫和小特里阿农宫修建的，里面有很多的卧室、浴室，还有很多的套间，我可以随意使用。另外，车库里还停着十四辆汽车，港口里有一艘游艇。不过我没有考虑到下雨的天气，英国一到夏天就会雨水不断。英国人对此似乎早已习以为常了。他们起床以后会先用早餐，吃鸡蛋、熏肉或者火腿、腰子、麦片粥之类的东西；然后就穿上雨衣，到潮湿的乡间走一走，到午饭时分再返回；午饭要吃很多道菜，最后是德文郡奶油；午饭以后，直到下午五点钟，通常是处理一些信件，但是我觉得他们实际上都睡觉去了；五点钟的时候，他们会下楼喝下午茶——有很多种点心，还有面包、黄油、茶和果酱；吃完茶点以后，再装模作样地打上一会儿桥牌，然后就开始进行一天之中"真正"重要的事情——穿上考究的衣服，去赴晚餐。男士们会穿上晚礼服，衬衫领子都浆得直挺挺的，女士们则袒胸露肩，入座以后，就把二十道菜全都消灭光；酒足饭饱之后，他们开始轻松愉快地谈论一些政治上的话题，或者很随意地聊聊哲学，直到应该去睡觉为止。

你能够想象出来，这样的生活能否让我高兴，几个星期之后，我便感到绝望了。

在这座别墅里，有一个非常漂亮的舞厅，墙上挂着法国哥伯兰家族生产的挂毯，还有一幅大卫[①]创作的拿破仑加冕的油画。据说大卫一共作了两幅这样的画——一幅保存在巴黎卢浮宫，另外一幅就挂在德文郡罗恩格林家的舞厅里。

罗恩格林发觉我变得越来越绝望，就对我说："你为什么不再跳舞？为什么不在这个舞厅里跳舞呢？"

我看着那些哥伯兰挂毯和大卫的油画说道："在这些东西的面前，在上了蜡的光滑地板上，我可是一点舞蹈动作都不会！"

他说："如果这些东西会妨碍到你跳舞，那就把你跳舞的幕布和地毯拿来吧。"

于是，我派人拿来了我的幕布，挂在墙上挡住了挂毯，又将地毯铺在了打蜡的地板上。

"但是，我还需要钢琴伴奏啊！"

"那就再请个钢琴师来好了。"罗恩格林说。

于是，我给科龙尼发了一封电报："正在英国消夏，需工作，请速派钢琴师来。"科龙尼乐队那位首席小提琴手长得很奇怪，他的脑袋奇大，而且还经常在他那不和谐的身体上晃来晃去。这位首席小提琴手也擅长弹钢琴，科龙尼将他派到了德文郡。但是，我对这个人很反感，无论什么时候看到他或是碰到他的手，都会让我在心理上产生一种强烈的厌恶感。以前，我每次都会请求科龙尼不要带着他来见我，

① 大卫（Jacques-Louis David，1748—1825），法国画家，新古典主义画派的奠基人和杰出代表，他在18世纪80年代绘成的一系列历史画标志着当代艺术由洛可可风格向古典主义的转变。

但科龙尼却说这个人非常崇拜我，但是我对科龙尼说，我对此人的反感情绪简直到了无法克制、无法忍受的地步。一天晚上，科龙尼生病了，不能指挥乐队为我的舞蹈《狂欢节之情》伴奏，便让此人代替他进行指挥。我非常生气，说道："如果让他指挥乐队的话，我就不跳了。"

他到化妆室里来见我，泪水涟涟地对我说："伊萨多拉，我非常崇拜您，这次就让我为您指挥吧！"

"不，我必须要跟你说清楚，你的样子太令人讨厌了。"

听了我的话，他忍不住失声痛哭起来。

观众们正在等着开演，吕涅·波于是劝皮尔纳暂时代替指挥。

一个大雨天，我收到了科龙尼的回电："已派钢琴师。× 日 × 时到。"

我到火车站去接人，但是当我看到从火车上下来的竟然是这个人，便觉得非常惊讶。

"科龙尼怎么可以派你来呢？他知道我是讨厌你的。"

他用法语结结巴巴地说："小姐，请原谅，是亲爱的大师让我来的……"

当罗恩格林知道钢琴师是什么样的人之后，说道："至少我没有吃醋的理由了。"

罗恩格林觉得自己仍然遭受着疾病的折磨，于是请了一个医生和一个训练有素的护士来别墅里照顾自己。他们都特别强调了我的一举一动对他所产生的影响，因此我被安排到了别墅另一头的房间里，而且被告知在任何情况下都不能打扰到罗恩格林。他每天都待在自己的房间里，靠米饭、通心粉和水为生，医生每个小时就要给他量一次血压；每隔一段时间，他还要被带进一只从巴黎运来的笼子里，承受几千伏的电流。他可怜巴巴地坐在里面，说道：“我希望这样能够对我有好处。”

这一切都让我变得更加烦躁不安，再加上连绵不断的阴雨，这一切都成了不久之后发生的那场变故的起因。

为了驱散胸中的郁闷和苦恼，我开始和那位钢琴师一起排练舞蹈，由于对他厌恶至极，所以当他为我伴奏的时候，我就在他面前放了一座屏风，并且对他说道：“我觉得自己对你有说不出的厌恶，一边看着你一边跳舞，简直无法忍受。”

A伯爵夫人是罗恩格林的老朋友，她这时正好也住在这幢别墅里。

“您怎么可以这样跟那位可怜的钢琴师说话呢？”她说。

每天午饭后，我们都要驱车外出兜风，这天下午，她坚持要我邀请这位钢琴师和我们一起坐车出去兜风。

于是，我非常不情愿地邀请了他。汽车没有折叠的加座，我们只能坐在同一排座位上，我在中间，伯爵夫人在我的右边，钢琴师在我的左边。天气与往常一样，大雨倾盆。驶出乡村不远，我再也无法克制自己对这位钢琴师的厌恶感，便敲了敲玻璃，让司机掉头回家。司机点点头，为了讨我的欢心，他突然来了一个急转弯。乡村的公路本来就凹凸不平，再加上车子是突然转弯，结果我一下子就被甩进了钢琴师的怀抱。他赶紧张开双臂抱住了我。我坐正身子以后看着他，觉得整个身体就像一堆被点燃的稻草一样，猛烈地燃烧了起来。我从来都没有感觉到如此强大的力量。这样看了一会儿，我突然惊呆了——以前我怎么没有看到他这副模样呢？他的脸庞是那么美丽，眼睛里隐隐地燃烧着天才的火焰。从那一刻起，我才知道他是个不一般的人。

在回家的路上，我一直醉眼迷离地盯着他。当我们进入别墅的大厅时，他拉住了我的手，凝视着我的眼睛，温情脉脉地拉着我走到了舞厅里的屏风后面。从那么强烈的反感中竟然能够诞生这么强烈的爱，真是莫名其妙！

那时，医生唯一允许罗恩格林使用的一种兴奋剂就是那个著名的新发明——那种现在销量巨大、被认为能够刺激白血球的新药。男管家奉命向每位客人提供这种兴奋剂，并附上了罗恩格林的赠言和问候。后来我才发现，这种药每次正常的用量应该是一茶匙，但罗恩格林当时却坚持让我们用酒杯来喝。

从一起驱车兜风的那一天开始，我和那位钢琴师就都开始变得有些心猿意马了，总是渴望着能够单独待在一起——在温室里，在花园中，甚至长时间地在乡村泥泞的小路上漫步。但是天下没有不散的筵席，终于有一天，我的钢琴师不得不离开了这座别墅，并且一去不返——为了挽救一个被认为已是垂死之人的生命，我们做出了这一带有自我牺牲性质的决定。

过了很久以后，当我听到《基督的明镜》的美妙旋律时，我猛然意识到，我的感觉是对的，那人确实是个天才，而对我来说，天才总是有着致命的诱惑。

但这件事也证明了我绝对不适合过家庭生活。于是，在秋季，我便乘船去履行第三次赴美国演出的合同。这一次虽然经过了深思熟虑，但心里也难免感到丝丝悲凉。经过上百次的考虑，我终于决定，从此以后，我要将自己全部的生命都献给艺术——尽管这项工作异常艰巨、辛苦，但它绝对比世俗生活更让人感到愉快和陶醉其中。

在这次巡回演出的过程中，我在美国极力呼吁，希望有人能帮助我建立属于自己的学校。三年的优裕生活使我确信，这种生活是毫无希望的，是空虚和自私的；这同时也表明，要想获得真正的快乐，就必须要创造出一种适合所有人的艺术形式。那年的冬天，面对大都会歌剧院一层层包厢里的观众，我滔滔不绝地大谈我的理想和观点。而新闻报道却歪曲了我的原意，登出了这样的大字标题："伊萨多拉大骂有钱人！"当时我说的话大意如下：

有的人引用我的话，来证明我曾经说过美国的坏话。也许我确实说过——但那并不意味着我不热爱美国。相反，那是因为我太爱美国了。我认识一个男人，他狂热地爱着一个女人，但是那个女人对他却无话可说，而且对他也很不友好。于是，那个男人就每天写一封信来辱骂那个女人。女人问男人："你为什么要写那些粗俗无礼的话给我？"男人回答说："因为我爱你爱得简直要发疯了。"

心理学家们可以向大家解释清楚这个故事，对美国，我大概也是这种心理。我当然热爱美国。你问我为什么？——我的学校、我的孩子们，难道不都是沃尔特·惠特曼的精神的继承者吗？还有我的舞蹈不也是吗？虽然被称为希腊风格的舞蹈，但它却源于美国，属于美国的未来。所有这些舞蹈动作，它们来自哪里呢？来自美国伟大的自然界，来自内华达的山峰，来自冲刷着加利福尼亚海岸的太平洋，来自绵延不绝的落基山、约塞米蒂谷[①]和尼亚加拉大瀑布。

贝多芬和舒伯特毕生都是德国人民的儿子，他们都是穷人，但他们创作那些伟大作品时的灵感却来自全人类，并且属于全人类。人们需要伟大的戏剧、音乐和舞蹈。

我在纽约东区曾经举行过一次免费的义演。有人曾对我说过："如果你在东区表演舒伯特的交响乐，是不会有人理睬的。"

但是，我们还是举行了免费的演出，剧场里没有包厢——真是让

① 约塞米蒂谷（Yosemite Valley），又译优胜美地，位于美国加利福尼亚州中东部内华达山脉西坡的冰川槽谷，长约 11 公里，宽 800—1600 米，深约 300—1500 米。

人觉得舒服。人们一动不动地坐在那里，泪水顺着脸颊滚落——他们并非不理睬，而是非常喜欢。在东区人民的生活中，他们的诗歌、艺术里面都蕴藏着丰富的内涵，并时刻准备着喷薄而出。为他们建造一座圆形的大剧场吧，那将是唯一一座民主式的剧场，每个人的视线都是平等的，没有包厢或楼座；但是，你们看看这座剧场的顶层楼座——让人像苍蝇一样贴着天花板去欣赏艺术和音乐，你们觉得这样做是正确的吗?

建造一座朴素而又美丽的剧场，无须搞得金碧辉煌，也不用进行徒有其表的装饰。一切美好的艺术都源于人的精神，无须外在的点缀。在我们那所学校，没有华丽的戏服，也没有装饰品，只有从洋溢着灵性的人类灵魂中自然流露出来的美，以及象征着这种美的身体。如果我的艺术能够对你们有所启迪的话，我希望你们能够学到这些。美是需要去发现的，在孩子的身上就可以发现它——从他们眼睛的光芒中，从他们伸展开来做出各种可爱动作的美丽的手臂中。你们已经看到她们手拉着手走过舞台，与坐在包厢里的任何一位夫人小姐身上的珍珠和钻石相比，她们都要美得多。她们就是我的珍珠，是我的钻石，有了她们，我别无所求。让孩子们变得美丽、自由和强壮吧！把艺术献给需要它的人民大众吧！伟大的音乐再也不能只属于少数有文化的人，它应该免费地向人民大众提供：他们需要它，就像需要水和面包一样，它是人类精神的美酒佳酿。

在这次巡回演出的过程中，我和天才的艺术家大卫·比斯法姆[①]成了朋友，从我们的友谊中，我得到了很多的快乐。我所有的演出他都会来观看，他所有的演唱会我都会去听。后来，我们还经常在我的房

① 大卫·比斯法姆（David Bispham，1857—1921），美国著名歌剧男中音。

间里共进晚餐，他还经常为我演唱《去曼德勒的路上》[1]或是《丹尼·迪弗》[2]，我们欢笑、拥抱，觉得非常快乐。

这一章的名字可以称为“为浪漫的爱情辩护”，因为直到现在我才发现，爱情既可以是一种轻松的消遣，也可以是一出庄重的悲剧，而我却一直带着一种浪漫的纯真投身其中。人们似乎在渴望美，渴望那种没有恐惧、无须承担任何责任而又让人心情愉快、精神振奋的爱情。演出结束后，我的身上穿着丘尼卡，头上戴着玫瑰花冠，真是太可爱了。为什么这种可爱不能拿出来与别人一起分享呢？对我来说，一边喝着热牛奶、一边读着康德的《纯粹理性批判》的日子已经一去不复返了。现在，一边喝着香槟酒，一边听着身边的人赞扬我的美貌，这种日子似乎更让我觉得舒心。浪漫的肉体，炽热的唇吻，紧抱的双臂，依偎在爱人肩上甜蜜地入睡——所有这一切都让我觉得既天真浪漫又幸福惬意。有些人对此可能会深恶痛绝，但是我不明白，既然你的身体生来就要遭受一些痛苦，比如断牙、拔牙、镶牙；既然无论你人品有多么高尚，都难免会遭受疾病的折磨，比如头痛、感冒，那为什么当有机会的时候，你不能通过自己的身体去享受最大的快乐呢？一个整天从事脑力劳动的人，难免会为了一些要紧的事和一些烦心琐事而费心劳神，为什么他就不能躺在一个美丽的臂弯里，让自己的痛苦得到一些安慰、享受几个小时的美好时光、暂时忘掉一切烦忧呢？我希望，在我这里得到安慰的所有人都能够记住这一切，就像我一样，要记住自己得到的快乐和安慰。我没有时间在这部回忆录中写

---

①《去曼德勒的路上》(*On the Road to Mandalay*)，根据英国诗人鲁德亚德·吉卜林的诗歌改编的歌曲。

②《丹尼·迪弗》(*Danny Deever*)，根据英国诗人鲁德亚德·吉卜林的诗歌改编的歌曲。

下所有的人，就好像要把我以前在森林里或在田野里度过的那些美好时光，把我听莫扎特或者贝多芬的交响乐时所感受的那种极大的欢乐，把我和伊萨伊[①]、沃尔特·拉梅尔[②]、汉纳·斯基恩[③]等著名艺术家的交往过程中的那些美妙时刻，全都一一记录下来，对于一本回忆录来说，这显然是不可能的。

“是的，”我继续大声说道，“就让我做一个异教徒，做一个异教徒吧！”其实，就我的所作所为而言，可能从来都没有超越一个异端的清教徒或是清教徒的异端。

我永远都不会忘记刚刚回到巴黎时所见到的那一幕。我将孩子留在了凡尔赛，由一位保姆照顾。当我打开家门的时候，我的小儿子跑到我的跟前，金色的卷发围在他可爱的小脸周围，就像一圈光晕，非常美丽。我当初离开他的时候，他还只能在摇篮里躺着呢。

1908 年，我买下了吉维克斯位于讷伊[④]的工作室，工作室里有一间音乐室，像小教堂那么大，我跟孩子们住在里面。我经常整天都在工作室里工作，有时甚至是通宵达旦，和我在一起的，是我忠实的朋友汉纳·斯基恩。他是一位非常有天分的钢琴家，精力旺盛，工作起

① 伊萨伊（Eugène-Auguste Ysaÿe，1858—1931），又译易沙意，比利时小提琴家、作曲家、指挥家。伊萨伊身材魁梧，力量惊人，善于驾驭各种高难度的技巧性乐段，因此被米尔斯坦誉为“小提琴家中的沙皇”。同时他的音色也非常迷人动听，可谓开克莱斯勒之先河。伊萨伊不仅善于演奏各种协奏曲和小品，更着力于室内乐的传播，并促成许多作曲家为他创作室内乐作品，成为音乐史上一段佳话。

② 沃尔特·拉梅尔（Walter Morse Rummel，1887—1953），德国作曲家、钢琴家。

③ 汉纳·斯基恩（James Henry Skene，1877—1916），英国钢琴家。

④ 讷伊（Neuilly），是法国巴黎西北郊的市镇，属于巴黎以西的上塞纳省。讷伊条约的签署地。

来不知疲倦。我们经常从早上就开始工作，由于工作室的四周挂着蓝色窗帘，外面的阳光照不进来，我们点着弧光灯照明，因此也不知道时间的早晚。有时我会问："你不觉得饿吗？我想知道几点了？"于是我们看看时钟，才发现已经是第二天凌晨四点钟了！我们就是这样沉迷于工作，就像进入了印度人所说的"宁静无欲的状态"。

在花园里，有一间专门留给孩子们、保姆和护士居住的房间，这样，音乐声就不会打扰到他们。花园非常的漂亮，在春夏之交的那段日子，每次跳舞，我们都会把工作室所有房间的门全部打开。

在这间工作室里，我们不仅工作，而且也安排一些娱乐活动。罗恩格林喜欢举办各种形式的聚会，因此这间巨大的工作室就常常变成一个热带花园或者西班牙王宫，巴黎所有的艺术家和知名人物都曾经光顾这里。

记得有一天晚上，塞西尔·索雷尔[①]、加布里埃尔·邓南遮和我一起即兴表演了一出哑剧，邓南遮展示出了非凡的表演天赋。

多少年来，我一直都对邓南遮抱有成见，因为我崇拜杜丝，但邓南遮对杜丝的态度看上去很不友好，所以我一直不愿意与他见面。曾有一位朋友对我说："我能带邓南遮来见你吗？"我回答道："不，别带他来，如果我见到他，肯定会对他不客气的。"但不管我怎么反对，有一天这位朋友还是把邓南遮带来了。

尽管我以前从未见过邓南遮，但当我看到这位光彩照人、魅力非凡的人物时，仍然禁不住脱口而出："欢迎欢迎，您真是一个可爱的人！"1924年，当邓南遮在巴黎见到我时，他就下决心一定要征服我的心。这倒不是我在自夸，因为邓南遮总是想征服世界上所有知名的

① 塞西尔·索雷尔（Cécile Sorel，1873—1966），法国著名喜剧女演员。

女人，并且将她们拴在自己的腰里——就像印第安人将敌人带头发的头皮拴在自己的腰里一样。但是，凭着对杜丝的钦佩，我成功地抵制住了他对我的诱惑。我想，我也许是世上唯一一个能够抵御他的诱惑的女人。这是一种英雄的本能冲动。

邓南遮想要征服一个女人，就会在每天早上送给她一首小诗和一朵表达诗意的小花。我每天早上八点钟都会收到一朵小花，但是我仍然坚持自己英雄的本能。

我在拜伦饭店附近的街上有一间工作室。一天下午，邓南遮用一种非常奇怪的口吻对我说："半夜时我过来找你。"

然后，我和我的朋友整理了这间工作室。我们在屋里摆满了百合花等白色的花——都是葬礼上用的花；然后又点上了很多蜡烛。当邓南遮来到工作室，看到屋里的布置时，他的眼睛都直了。工作室里点着很多的蜡烛，四周放满了白色的花朵，就像一座哥特式教堂。他走了进来，我热情地接待，领着他到了用垫子堆成的长沙发上，然后又请他坐下。我先为他跳了一曲舞；接着，我把花覆盖在他的身上，在他的周围摆满了蜡烛，然后和着肖邦的《葬礼进行曲》跳起了轻柔缓慢的舞步。慢慢地，我一支一支地吹灭了蜡烛，只留下他头边和脚边的那些蜡烛。他像是被催眠了似的，躺在那里一动不动。我仍然随着音乐轻轻地舞动着，又把他脚边燃烧着的蜡烛吹灭。但是，当我表情肃穆地向他头边的蜡烛移动时，他猛然用力地跳了起来，带着一声恐怖的喊叫逃出了我的工作室。这时，钢琴师和我终于忍俊不禁，我们抱在一起，笑得简直喘不过气来。

我第二次抵抗邓南遮的诱惑，是在凡尔赛的时候。当时我邀请他在特里阿农饭店一同吃午餐。这大概是在两年之后，我们开着我的汽车到了那里。

"您不想在午餐之前到森林里去散散步吗？"

"啊，当然想，太好了。"

我们开着车到了马里树林，然后下车进入树林。邓南遮显得有些大喜过望。

我们转悠了一会儿之后，我提议说："现在我们回去吃饭吧。"

但是我们却找不到车了，于是只好步行去特里阿农饭店。走了半天，我们怎么也找不到出口！邓南遮开始像个孩子似的喊叫起来："我要吃午饭！我要吃午饭！我长着一个脑袋，脑袋想要吃饭，不吃饭我就走不动了！"

我尽力地安慰他，最后我们总算找到了出口，回到了饭店。邓南遮吃了一顿极为丰盛的午餐。

我第三次抵御邓南遮的诱惑，是在几年之后的战争期间，当时我正在罗马，住在雷吉那饭店。因为不可思议的巧合，邓南遮竟然住在了我隔壁。每天，他都要和卡沙狄侯爵夫人[①]共进晚餐。一天，侯爵夫人请我赴晚宴，我来到她的府邸，走进了带有希腊装饰风格的会客大厅，坐在那里等待侯爵夫人的到来。这时候，令人难以想象的是，我听到一连串的脏话向我劈头盖脸地骂来。我看了看四周，发现原来是一只绿色的鹦鹉在叫，我发现它的脚并没有被绑住。我站起身来闯进了隔壁的会客室，突然又听到了一阵刺耳的声音——汪汪汪……是一只白色的小狗，它也没有被拴住！于是，我又闯进另一间会客室。这间屋子的地上铺着白色的熊皮，墙上也挂着熊皮。我在房间里坐了下来，继续等着侯爵夫人。这时，我突然听到一阵嘶嘶的声音，往地上一看，只见一个笼子里有一条眼镜蛇正立起身子嘶嘶嘶地向我吐着芯

① 卡沙狄侯爵夫人（Marchesa Casati，1881—1957），意大利爵位女继承人、冥想者、艺术资助人。

子。我急忙又闯进了另一间会客室，这间屋子里放满了老虎皮，有一只大猩猩正冲着我龇牙咧嘴。我连忙又躲进了另一个房间，这里是一个餐厅，在这里，我总算找到了侯爵夫人的秘书。最后，侯爵夫人终于大驾光临，她的身上穿着金黄色的轻薄睡衣。我说："我想，您一定非常喜欢动物吧？"

"是的，我非常喜欢它们——特别是那只猴子。"她看着自己的秘书回答道。

但是很奇怪，虽然喝了刺激的开胃酒，但是晚餐的气氛显得并不热烈。

晚餐之后，我们来到了那间养着猩猩的会客室，侯爵夫人派人请来了一位女相士。女相士的头上戴着一顶高高的尖帽子，披着女巫的斗篷，进入房间之后，她就开始用扑克牌为我们算命。

这时，邓南遮进来了。天哪，这个家伙竟然穿得怪里怪气。邓南遮是个非常迷信的人，他相信所有算命人说的话。这位女相士给他讲了一个非常离奇的故事，她对邓南遮说："你将在天空中飞翔，同时做着一件可怕的事情。最后，你将在死亡之门的前面跌落，你将经历死亡并超越死亡，最后洪福永享。"

对我，她则是这样说的："你将为世界各国创立一种新的宗教，并将在世界各地建立教堂。你会得到最周全的保护，无论你发生什么意外，伟大的天使都会守护着你。你将寿与天齐，万世流芳。"

回到饭店以后，邓南遮对我说：

"每天晚上十二点钟，我都会到您的房间里去。我已经征服了世界上所有的女人，但还没有征服伊萨多拉。"

后来，他真的在每天晚上十二点钟到我的房间里来。

我鼓励自己说："我要做一个与众不同的女人，我要成为世界上唯一个能够抵挡得住邓南遮诱惑的女人。”

他向我讲了他生活中最光彩的事情，讲了他的青年时代和他的艺术追求。

“伊萨多拉，我要不行了！快抓住我，抓住我！”

我深深地折服于他的天才，以至于在当时那种场面下，我都不知道该如何应付了，于是我只好温情脉脉地把他从我的房间拉出来，然后送他回自己的房间。这种情况持续了大约三个星期，我终于忍不住了，我毫不犹豫地冲到车站，坐上头班列车离开了罗马。

他曾经问我：“为什么您就不能爱上我呢？”

我说：“因为埃莉诺拉。”

在特里阿农饭店，邓南遮养了一条金鱼，他非常喜爱这条金鱼。金鱼被养在一个非常漂亮的水晶鱼缸里，邓南遮经常给它喂食，并且和它交谈。这条金鱼也经常摇头摆尾，嘴巴一张一合，似乎是在回答他。

有一天，我向服务员问道：“邓南遮先生的金鱼到哪儿去了？”

“唉，小姐，太可怜了！邓南遮先生去意大利之前，交代我要好好地照料它。邓南遮先生说：‘这条金鱼和我有心灵感应，它是我的幸福的象征！’后来他经常发来电报询问：‘我最亲爱的阿多尔夫斯（那条金鱼的名字）怎么样了？’一天，阿多尔夫斯可能是在寻找邓南遮先生，它慢慢地绕着鱼缸游了一圈，然后就停下来……我把它拿出来扔到了窗外。但邓南遮先生的电报很快又到了：‘我觉得阿多尔夫斯不太舒服。’我回电说：‘阿多尔夫斯昨天晚上死了。’邓南遮先生回电说：‘把它埋在花园里，为它修座墓。’因此我就把这条鱼捡回来，用银纸包好，埋在了花园里，还立了一个墓碑，上面刻着‘阿多尔夫斯之墓’。邓南遮回来后就问：‘阿多尔夫斯的墓在哪儿呢？’我带着他到了花园，给他看了阿多尔夫斯的坟墓。他买来了许多鲜花放在坟墓上，久久地站在墓前，泪流不止。”

但是，有一场盛大宴会却是以悲剧告终的。我把工作室布置得像个热带花园，在浓密的枝叶和珍贵的植物中间，放着一些双人桌椅。这时，我基本上已经全部了解了巴黎社会各种各样的偷情密会手段，因此也有办法让那些渴望婚外恋情的人得偿夙愿。这当然会让一些做妻子的女人以泪洗面了。客人们身上都穿着波斯长袍，在一个吉卜赛乐队的伴奏下跳舞。在客人当中，有亨利·巴特耶[①]和他的作品最杰出的诠释者博西·巴迪[②]，他们都是我多年的老朋友。

我前面曾经提到，我的工作室就像一个小教堂，四周的墙壁上挂着大约有十五米高的蓝色幕布。在高高的阳台上，有一个小套间，经过波瓦雷特匠心独运的巧妙装饰之后，它变成了一个充满诱惑力的地方。深黑色的天鹅绒幕布，映在墙上的一面面镶着金边的镜子里；地上铺着一块黑色的地毯，还有一张长沙发，上面放着用中国丝绸做成的靠垫，这就是这间小屋里所有的东西。窗户被封上了，门的形状很奇怪，就像古代意大利伊特鲁里亚[③]陵墓的入口一样。正如波瓦雷特在完成这些装饰时所说的一样：“在这里，人们可以做很多在其他地方不

---

① 亨利·巴特耶（Henry Bataille，1872—1922），法国剧作家、诗人。

② 博西·巴迪（Berthe Bady，1872—1921），法国女演员。

③ 伊特鲁里亚（Etruscan），是伊特鲁里亚地区（今意大利半岛及科西嘉岛）于公元前12世纪至前1世纪所发展出来的文明，其活动范围为亚平宁半岛中北部。伊特鲁里亚人早在前8世纪就到达了台伯河流域的北部地区，公元前500年左右又扩展到南部的坎帕尼亚和北部的波河流域。伊特鲁里亚人在半岛上建立起兴盛先进的文明，于公元前6世纪达至巅峰，在习俗、文化和建筑等诸多方面对古罗马文明产生了深远的影响，但其最终在罗马共和国时期被罗马完全同化。早期罗马（王政时代）曾长期被伊特鲁里亚人所主导。公元前616—前509年，罗马先后有三位来自伊特鲁里亚的国王。

敢做的事，说很多在其他地方不敢说的话。”

确实如此，这间小屋真的非常漂亮和迷人，同时也非常危险。这里的家具与其他地方的家具并没有什么本质的区别，可以分成什么正经的睡床和邪恶的卧榻、纯洁的椅子和淫荡的沙发——这就是所谓的本质区别。但是，波瓦雷特的话又是千真万确的，在这间小屋里，人的感觉和言语，和待在我那间像教堂一样的排练室里的时候，的确不一样。

在那个非同一般的夜晚，就像罗恩格林平时大宴宾客一样，酒香四溢。凌晨两点钟时，我和亨利·巴特耶一起坐在了这个小屋里的长沙发上，尽管他一直就像我的兄弟一样，但这个晚上，他被这个地方迷住了，一言一行都和平时大不一样。就在这时，不是别人，正好是罗恩格林，他出现了。当他从无数镜子的反射中看到我和亨利·巴特耶在长沙发上的情景时，他怒气冲冲地跑进了我的排练室，当着客人的面把我臭骂一通，然后对众人宣布他要离开这里，永远都不再回来了。

对客人们来说，这实在是一件极为扫兴的事情，我的情绪也一下子由喜转悲。

“快，”我对斯基恩说道，“演奏《伊索尔特之死》，否则这个晚上就全完了。”

我迅速地脱下了绣花的丘尼卡舞衣，穿上一件白色的长袍。现在，斯基恩的钢琴弹得比以前更为优美动听，我在他的伴奏下一直跳到了黎明。

但是，这个夜晚注定要以悲剧告终。尽管我们是清白的，但罗恩格林就是不肯相信，并且发誓说他永远都不要再见到我。我恳求他并且向他解释，但一点儿用都没有；亨利·巴特耶也被这件事搞得心神不宁，他给罗恩格林写了一封信进行解释并道歉，仍然毫无用处。

罗恩格林只是同意在他的汽车里再见我最后一面，他把我骂了个狗血喷头，那咒骂声就像魔鬼的钟声一样在我的耳边叮当乱响。突然，他停止了咒骂，打开车门，把我推入了夜色之中。一连好几个小时，我独自一人在深夜的街头徘徊，心中一片茫然。一些陌生的男人向我做着鬼脸，并含含糊糊地提出了下流的邀请。一瞬间，这个世界好像变成了一个淫荡的地狱。

两天以后，我听说罗恩格林去了埃及。

第二十五章

那段时间，我最好的朋友和最大的安慰者就是音乐家汉纳·斯基恩。他的性格很怪，视功名利禄和个人野心如粪土。他非常崇拜我的艺术，只有在为我伴奏时，他才觉得幸福。在我认识的人中，他是对我最为钦佩的一个。同时他还是一位非常优秀的钢琴家，有着钢铁一般的毅力，经常整夜整夜地为我伴奏——有时弹贝多芬的交响曲，有时弹整部的歌剧《指环》——从“莱茵河的宝藏”直到“曙光”。

1913 年 1 月，我们一起到俄国去巡回演出。这一次，有一件奇怪的事情发生了。有一天的黎明时分，我们到达基辅之后，便坐着雪橇前往饭店。我又困又累，睡眼惺忪，却突然清楚地看见道路两旁摆着两排棺材，但不是普通的棺材，而是小孩的棺材。我连忙抓住了斯基恩的手。

“你看，”我说，“都是孩子——孩子们都死了！”

他安慰我说：“可是我什么都没看到啊！”

“什么？你没有看见吗？”

“不，那儿除了雪什么都没有。道路的两边都是堆积起来的雪。这是多么奇怪的幻觉啊！你肯定是太累了！”

那一天，为了消除疲劳、放松神经，我去洗了一个俄国浴。在俄国的澡堂里，热气蒸腾的房间里摆放着一层层用长木板钉成的木头架子。我在其中一层木头架子上躺着，服务员出去了，突然，一股热浪将我击倒，我从木头架子上跌落在大理石地板上。

后来，服务员发现我躺在地上，已经失去了知觉，只好把我送回饭店，请来了一位医生，医生的诊断结果是轻度脑震荡。

“今晚说什么你也不能再跳舞了——你正在发高烧。”

“那样的话恐怕会让观众们失望的。”我坚持要到剧院去。

这次演出用的是肖邦的音乐，在节目的最后，我突发奇想，对斯基恩说道：“弹肖邦的《葬礼进行曲》。”

“为什么？”他问道，“你从来都没有跳过这首曲子！”

“我也不知道为什么。你就弹吧。”

在我的一再坚持下，他只好同意了我的要求。于是，我便按照进行曲的节奏跳了这首曲子。我所表演的人物是一个可怜的女人，她抱着自己死去的孩子，用缓慢迟疑的脚步，走向最后的长眠之地。像死人走向坟墓一样，我慢慢地跳着舞。最后，我又变成了一个幽灵，挣脱了肉体的束缚，迎着天堂的光明飞升，向着复活飞升。

舞蹈结束之后，帷幕落了下来，全场一片死寂。我望着斯基恩，他的脸色苍白得没有一点血色，浑身不住地颤抖，双手冰凉。

“千万不要再让我演奏这首曲子了，”他请求道，“我经历了一次死亡。我甚至闻到了白花——葬礼上的白花的气味，而且我也看到了孩子们的棺材……棺材……”

我们全都受到了极大的震撼，内心变得极不平静。我相信，那天晚上是神灵在向我传达一种独特的警示，预示了将要发生什么事情。

我们在1913年的4月回到了巴黎。在特罗卡德罗剧院，当长时间的演出即将结束时，斯基恩再次为我演奏了这首肖邦的《葬礼进行曲》。一阵宗教式的静默过后，观众的心里仍然充满了恐惧，但接下来便响起了一阵雷鸣般的掌声。一些妇女泪如雨下，有人竟然无法自已，几乎到了疯狂的地步。

也许，过去、现在和将来就像一条漫漫长路，在每一个转折点，路都会继续向前延伸，只不过我们没有办法看清楚，因此觉得这里就是未来，但其实未来已经在前面等着我们了。

自从在基辅表演《葬礼进行曲》时产生幻觉后，我就有一种预感——灾难即将降临，我总是觉得心神不宁。回到柏林，在演了几场节目之后，我又一次像着了魔似的，想创作一支全新的舞蹈，表现一个人正在一帆风顺地前进时，突然被一个可怕的灾难击倒，但这个遭受致命打击的受伤者却没有因此垮掉——她复活了，重新爬起来，向着新的希望继续前进。

在去俄国巡回演出期间，我的孩子一直和伊莉莎白住在一起，现在我将他们接到了柏林，跟我住在一起。他们长得非常健康，精力旺盛，整天蹦蹦跳跳的，非常快活。后来我又带着他们返回了巴黎，住进了位于讷伊的那所宽敞的房子里。

我又一次回到了讷伊，又和孩子们在一起了。我经常站在阳台上，偷偷地看着迪尔德丽跳由她自己编排的舞蹈。她还能根据自己创作的诗歌来编排舞蹈——在宽敞的蓝色的排练室里，一个幼小的孩子用甜甜的童音说道："现在，我是一只小鸟，我飞到云彩里，飞得那么高。"还有一首："现在，我是一朵花儿，就这样，一边看着小鸟，一边摇啊摇。"看着她那优雅美丽的样子，我想，也许她将来会继承我的事业，按照我的设想继续办学。她会成为我最好的学生。

帕特里克——我的儿子，他自己创作出了一些怪诞的音乐，并且开始在这些音乐的伴奏下跳舞。他从没要求我教他跳舞，反而总是煞有介事地对我说："帕特里克要跳就跳帕特里克自己的舞蹈。"

在讷伊的这段时间，每天在工作室里工作，在书房里读几个小时的书，或是在花园里跟孩子们一起玩，或是教他们跳舞，我觉得非常快乐，真害怕巡回演出会将我们分开。孩子们长得一天比一天漂亮，我也更加不愿意离开他们。我以前总是预言，一个能够将音乐和舞蹈这两种艺术天赋结合在一起的伟大的艺术家即将诞生，现在，当我看到儿子跳舞的时候，我觉得他或许就是这样一位艺术家——能够根据新的音乐创造出新的舞蹈。

我和这两个可爱的孩子之间，不仅有着肉与血的联系，同时还与他们有着超乎常人的更加伟大的联系——艺术上的联系。他们都非常喜欢音乐，当斯基恩弹钢琴时，或者是在我练习舞蹈时，他们总是要求留在排练室里。他们会安安静静地坐在旁边，认认真真地听着、看着。有时，我都不免觉得惊诧：这么小的孩子，竟然能够在艺术学习方面表现出如此严肃认真和专心致志的态度。

记得有一天下午，著名艺术家拉乌尔·帕格诺[①]正在演奏莫扎特的作品，孩子们悄无声息地走了进来，站在了钢琴的两旁，静静地听着。当他弹完之后，孩子们不约而同地将长满金发的小脑袋钻进他的怀抱，用充满崇拜的眼神盯着他，帕格诺不禁大吃一惊，大声说道："这是从哪里冒出来的两个小天使——莫扎特的天使？"这时，两个孩子都笑了起来，他们爬到了他的膝盖上，将小脸藏进了他的大胡子里。

看着眼前这动人的一幕，我的心中充满了无限的爱意与激动。但是，我又怎能想到，眼前这老少三人当时已经非常接近那块黑暗的"永不复返"的领地了呢？

---

① 拉乌尔·帕格诺（Raoul Pugno，1852—1914），法国作曲家、教育家、风琴家、钢琴家。以演奏莫扎特的作品而闻名。

这时已经是阳春三月，我轮流在夏莱特和特罗卡第罗这两家剧院进行表演，尽管当时我的生活无论从哪一方面来看，都可以说是非常幸福的，但是在我的内心深处，还是不断地感觉到了一种奇怪的压抑感。

一天晚上，斯基恩用管风琴为我伴奏，我又一次在特罗卡德罗剧院跳起了肖邦的那首《葬礼进行曲》，并且又一次觉得额头上有一股冰冷的寒气，同时还闻到了一阵与上次同样强烈的白色晚香玉和葬礼花的味道。迪尔德丽身上穿着一身白色的衣服，坐在正中间的包厢。她看到我跳这支舞时，突然大声哭了起来，好像难过得心都要碎了一样，她哭着喊道："啊，妈妈为什么这么难过呢？"

这只是悲剧序曲中最开始演奏出来的一个微弱音符。不久以后，这出悲剧就会结束我对一切自然、快乐生活的所有希望，而且让我陷入万劫不复的境地。我相信，尽管一个人看上去跟别人一样，都在生活着，但在他的身上，可能总会发生一些悲伤的事情，将他生存的希望扼杀；一个人的肉体看上去好像仍然存在于这个世界，但是他的精神可能已经崩溃了——永远地崩溃了。我曾经听人说过，悲伤能够让人变得高贵。但我只能说：在最后的灾难降临之前，在我现实生活中的最后那几天，实际上便是我精神世界里的最后时光。从那以后，我便只有一个愿望：飞——飞——飞，飞离那场灾难带给我的恐惧。在我以后的生命历程中，正是这一系列不可思议的逃避的轨迹，让我像个犹太人一样只能到处流浪，又像传说中注定在海上漂泊的荷兰人一样永远不得停息。我觉得，我的生活只不过是一艘虚无缥缈的船，行驶在虚无缥缈的大海上。

这真是一种让人觉得非常奇怪的巧合，某些心理活动经常会在一些具体的客观事物上表现出来。在波瓦雷特为我设计的那套房间里——我前文曾经提及，那套房间里充满了神秘诡异的气氛——每一扇金色的门上都装饰着两个黑色的十字。最初我觉得这个设计很有创意，也很怪诞，但是这些黑色的双重十字架正在逐渐地用一种非常奇怪的方式影响着我。

我之前曾经说过，虽然我的生活看起来很幸福，但其实在我的内心深处一直存在着一种奇怪的压抑感，这是一种不祥的预感。现在，我经常会在半夜里突然惊醒，觉得非常可怕，因此我总是在床前留着一盏通宵不熄的夜灯。一天晚上，借着夜灯昏暗的光线，我看到床对面的双重十字架上闪现出了一个活动的身影，它穿着一套黑色的衣服，走到了我的床前，然后用可怜的目光注视着我。我被吓坏了，半天动弹不得，等我将所有的灯都点亮以后，那个身影就突然一下子消失了。但是，这种奇怪的幻觉——这是我第一次见到——以后又出现过很多次。

我饱受折磨，苦恼不堪，于是在一天晚上，当我的好朋友雷切尔·博耶德夫人请我吃晚饭的时候，我将一切告诉了她。以她那种惯有的热心肠，她非常担心，并且坚持要立刻打电话请她的私人医生过来。她说："你的神经肯定出毛病了。"

年轻英俊的雷纳·巴迪特医生来了，我将自己看到幻象的事情告诉了他。

"很显然，您的神经过于紧张了。您必须到乡下去休养一段时间。"

"但是我还要履行在巴黎演出的合同呀！"我回答道。

"那就到凡尔赛去吧——那里离巴黎很近，您可以坐车去，那里的空气对您来说，会有很大的好处。"

第二天，我将这一切告诉了孩子们的护士，她也非常高兴："凡尔赛对孩子们也是很有好处的。"

于是，我们简单地收拾了一下行装，准备出发，这时，一个全身穿着黑色服装的瘦长身影出现在了大门口，正慢慢地沿着小路走了过来。究竟是我的神经过度紧张，还是那天晚上从双重黑色十字架上出现的身影再次现身了呢？我还在想的时候，她已经走到了我的面前。

“我特意赶来，就是为了要见你。”她说道，“最近我总是梦见你，我觉得自己一定要和你见一面。”

直到这时，我才认出她——被废掉的那不勒斯王后。前几天，我还带着迪尔德丽去看望过她。那天，我对迪尔德丽说：“迪尔德丽，我们要去见一位王后。”

“噢，那我得穿上我那件节日礼服。”迪尔德丽说道。那是波瓦雷特意为她精心设计、缝制的一件镶着花边的小衣服——迪尔德丽总是称它为“节日的礼服”。

我先是花了一点时间教会她如何行标准的宫廷屈膝礼，刚开始的时候她很高兴，但到了最后她又哭起来，对我说：“噢，妈妈，我害怕去见真正的王后。”

我想，可怜的小迪尔德丽认为她将要被带到在神话哑剧中见过的那种真正的宫廷里去。但是当她被领到布洛涅树林旁边的一座漂亮的小房子里之后，心里就变得轻松了。她被引见给一位身材修长、头上盘着白色发辫的尊贵的女士之后，便勇敢地行了一个标准的宫廷屈膝礼，后来又笑着扑进了伸开双臂的王后的怀抱。在仁慈善良的王后面前，她一点儿都不觉得害怕。

我们要出发去凡尔赛的那天，王后穿着一身丧服来到了这里，我向她解释了要到凡尔赛去的原因，她说她非常高兴能够跟我们一起去——这真是一个偶然的巧合。在路上，她忽然非常亲切地把我的两个孩子揽在了自己胸前。但是当我看到两个金发的小脑袋被包裹在那黑色的丧服里时，我又一次真切地感觉到了最近常常困扰我的那种奇怪的压抑感。

到了凡尔赛后，我和孩子们先是陪着王后一起高高兴兴地吃了茶点，然后又将王后送到了她的住处，并且在那儿见到了她的妹妹。我从来没见过这位时乖运蹇的王后的妹妹，也从来没有见过比她妹妹更可爱、更善良和更聪明的女人了。

第二天早上，在特里阿农饭店的花园中，当我醒来时，我所有的恐惧和不祥的预感都消失得无影无踪。医生说得太对了，我确实需要乡间的环境。但令人遗憾的是，当时那里如果再有一支希腊悲剧合唱队就好了，他们或许会在演唱中提到这样的先例：我们经常选择相反的道路来躲避厄运，但是结果却向着它迎面走去——不幸的俄狄浦斯王就是一个很好的例子。如果当初我没有去凡尔赛躲避那让我惶惶不可终日的死亡预兆，那么三天以后，孩子们也就不会在同一条公路上遇险身亡了。

那天晚上的情景至今仍然历历在目，因为我以前从没有那么激情澎湃地跳过舞。那时的我不仅仅是一个女人，而是欢乐的火焰——一团不断升腾的火焰，是从观众的心里喷薄而出的滚滚浓烟。那天的演出有十几次谢幕，作为最后的节目，我跳了《音乐瞬间》。在我跳舞时，似乎有一个声音在我的心里吟唱："生命和爱情，是最伟大的幸福和欢乐，我要将它们全都奉献出来，献给那些需要它们的人。"突然，我又觉得迪尔德丽好像正坐在我一侧的肩上，而帕特里克则坐在另一侧，非常的平稳，非常的快乐——当我跳舞的时候，我的目光左顾右盼，就像看到他们欢乐、美丽的小脸蛋上写满了婴儿般的笑意——而我的腿却一点儿都不觉得劳累。

那次表演结束之后，还发生了一件让我觉得意外和高兴的事情，自从几个月前去了埃及之后就再也没见过面的罗恩格林，突然走进了我的化妆间。也许是那晚的舞蹈和重逢的喜悦深深地打动了他，他提议与我们一起到香榭丽舍饭店的奥古斯丁套间里共进晚餐。我们先赶到了那里，然后坐在摆好的餐桌前面等着他。几分钟过去了，一个小时过去了，他却一直没有出现。他这样的态度让我非常紧张，尽管我知道他不会只身一人去埃及旅行，但还是为自己能够见到他而高兴，因为我还一直爱着他，并且希望他能够见见自己的儿子，这孩子在他不在身边时已经长得非常健康英俊了。但是，一直等到半夜三点钟，他还是没有来，我非常的伤心和失望，于是便离开饭店返回了凡尔赛。

跳舞时激情澎湃，等待罗恩格林时伤心失望，这一切都让我变得精疲力竭，倒在床上便昏昏沉沉地睡着了。

第二天早上，直到孩子们冲进我的房间时，我才醒了过来。按照以往的习惯，他们要先在我的床上又叫又闹地折腾上一阵子，然后我们才会一起去吃早餐。

帕特里克比平常变得更加吵闹——他把椅子推倒来取乐，每推倒一把椅子，他就快活地尖叫。

这时又发生了一件奇怪的事情。就在前一天晚上，有人（至今我也不知道是谁）给我送来了两册装订精美的巴比·德瑞雷利[①]的著作。我随便从身边的桌子上取出了其中的一册，正要制止帕特里克的吵闹时，我偶然翻开了这本书，目光落在了“尼俄柏”这个名字还有下面这段话上：

你这美丽的母亲，养育出了像你一样美丽的孩子。每当人们谈起

① 巴比·德瑞雷利（Jules Barbey d’Aurevilly，1808—1889），法国小说家。作品影响了后来的亨利·詹姆斯、马塞尔·普鲁斯特和维利耶·德·利尔－阿达姆。

奥林匹亚山时，你就忍不住露出嘲讽的微笑。为了惩罚你，神祇的利箭将要射穿你那些可爱孩子的头颅，而你裸露的胸膛却无力庇护他们。

这时保姆说道："帕特里克，不要闹了，你影响到妈妈了。"

我家的保姆是一位可爱善良的女人，是这个世界上最有耐心的女人，她非常喜欢这两个孩子。

"唉，随他去吧，"我大声说道，"你想啊，如果没有孩子们的吵闹声的话，这生活还有什么意思？"

这时，有个念头突然闪现在了我脑海中：如果没有这些孩子，生活该是多么的空虚和黑暗啊——是他们让我的生活充满了欢乐和阳光。他们带给我的欢乐，比舞蹈艺术带给我的欢乐要多得多，比爱情带给我的快乐更是多出了千百倍。我继续往下读：

当你只有胸膛可以被射穿的时候，你只能不顾一切地把胸膛对准发出箭矢的地方……等待着！但是，你所等着的事情并没有发生，高贵而不幸的女人。神祇的弓弦已经松开了，他只是在嘲弄你。

就这样，你用自己一生的时间来等待着——在无助的绝望中等待、在无尽的黑暗中等待。你的胸膛从来没有发出过人类的哀号。你看上去像是槁木，像是死灰，于是人们就说你变成了岩石，其实你的内心才像岩石一样不屈不挠……

我把书合上，因为有一阵突如其来的恐惧紧紧地揪住了我的心。我张开双臂，把孩子们叫到跟前，然后紧紧地抱在了怀里，我忍不住泪流满面——那天早上的每一句话、每一个动作，我直到今天都记得非常清楚；在那以后的无数个不眠之夜，当时的情景总是一幕幕地重现在我的眼前。尽管已经于事无补，我还是经常扪心自问：为什么没有继续出现一些幻象，能够给我发出警告，能够让我防止即将发生的悲剧？

那是一个带着些暖意的灰暗早晨。面对着花园的窗户敞开着，可以看到含苞欲放的花儿。这是今年以来我第一次感受到一种独特的欣喜，它随着初春的和风充溢在我的心中。欣赏着明媚的春光，面对可爱的幼子，我觉得非常幸福。我无法抑制自己内心的欢乐，突然从床上跳了下来，开始和孩子们一起跳起舞来。我们三个人笑声不断，其乐融融，连保姆也在旁边微笑地看着我们。

突然，电话铃响了——是罗恩格林的声音，他让我带着孩子们到城里去和他见面。“我想见见他们。”——他已经四个月没有见过孩子们了。

我非常高兴，觉得这次见面或许能够让我和罗恩格林重修旧好。我悄悄地把这个消息告诉了迪尔德丽。

她大声喊道：“唉，帕特里克，你知道我们今天要去哪里吗？”

直到现在，我的耳边还经常回响起她那充满稚气的声音：“你知道我们今天要去哪里吗？”

我那可怜、稚嫩、美丽的孩子们啊，残酷的命运即将降临在你们的头上——如果事先能够知道该多么好啊。那天你们到哪里去了，到哪里去了呢？

这时，保姆对我说：“夫人，我觉得这天气可能会下雨，最好还是别让孩子们出去了。”

如同沉浸在可怕的噩梦中一样，日后我无数次地听到了她的这声警告，并且咒骂自己竟然将这句话当成了耳旁风。我当时只是觉得，如果孩子们在场的话，我和罗恩格林的会面会变得轻松一些。

在坐车从凡尔赛到巴黎去的路上——这是最后一次，我用双手抱着我的两个小宝贝，内心充满了对生活的全新的希望和信心。我敢肯定，当罗恩格林看到帕特里克的时候，一定会忘掉所有对我的反感；

我也梦想着我们能够破镜重圆，进入一个真正伟大的境界。

在去埃及以前，罗恩格林在巴黎的市中心买下了一大片地皮，想要在那儿为我的学校兴建一座剧院，并让它变成全世界所有伟大的艺术家聚会的圣地和销魂的乐园。我想，这里一定会成为杜丝表演她那神圣艺术的最合适的场所，而莫奈·苏利也一定能够在这里实现他的夙愿——演出《俄狄浦斯王》《安提戈涅》[①]和《俄狄浦斯在科洛诺斯》三部曲。

这些想法都是在前往巴黎的路上产生的，我的内心也因为对艺术充满了新的伟大希望而觉得异常轻松。但是那座剧院注定是不会建成的，杜丝也没能找到与她相配的艺术殿堂，而莫奈·苏利至死也没有实现演出索福克勒斯的三部曲的愿望。为什么艺术家们的希望总会变成一场虚无缥缈的幻想呢？

正如我预料的那样，再次见到自己的小儿子，罗恩格林觉得非常高兴，他对迪尔德丽也非常喜欢。我们在一家意大利餐馆吃了一顿快乐的午餐——吃了很多的意大利实心面，喝了很多意大利香槟酒，并且愉快地谈论了正在规划中的那座宏伟的剧院。

罗恩格林说："它将被命名为'伊萨多拉剧院'。"

我说："不，它应该叫作'帕特里克剧院'，因为帕特里克将成为

①《安提戈涅》(Antigone)，是古希腊悲剧作家索福克勒斯公元前442年的一部作品，被公认为是戏剧史上最伟大的作品之一。该剧在剧情上是忒拜三部曲中的最后一部，但是最早写就的。剧中描写了俄狄浦斯的女儿安提戈涅不顾国王克瑞翁的禁令，将自己的兄长，反叛城邦的波吕尼刻斯安葬，而被处死，而一意孤行的国王也招致妻离子散的命运。剧中人物性格饱满，剧情发展丝丝相扣。安提戈涅更是被塑造成维护神权/自然法，而不向世俗权势低头的伟大女英雄形象，激发了后世的许多思想家如黑格尔、克尔凯郭尔、德里达等的哲思。

一位伟大的作曲家，并将为未来的音乐创作舞蹈。”

吃完午餐后，罗恩格林说：“今天十分高兴，我们为什么不到幽默者沙龙去坐坐呢？”

可是我事先已经定好了，要去排练节目，所以罗恩格林只好带着和我们一起来的年轻朋友 H.S. 先走了，而我则带着孩子们和保姆返回讷伊。在剧场门前，我对保姆说：“你与孩子们一起进来等着我一起回去好吗？”

但是她对我说：“不，夫人，我想我们最好还是回去吧，孩子们累了，需要休息了。”

于是，我吻了两个孩子，并且对他们说：“我很快就会回家。”

坐汽车离开的时候，小迪尔德丽将她的嘴唇贴在了车窗玻璃上，我弯下身子，隔着玻璃亲了亲她——冰冷的玻璃给我带来了一种奇怪而又可怕的感觉。

我走进排练大厅，排练的时间还没到，我想先休息一会儿，就上楼走进我的房间，躺在了沙发上。屋子里放着很多别人送来的鲜花和一盒糖果，我伸手拿了一块糖，很随意地吃着，同时还在想：“不管怎么说，我也算是很幸福了——也许是这个世界上最幸福的女人。我拥有了艺术、成功、幸运、爱情，最重要的是，我还拥有一对可爱而漂亮的孩子。”

我随意地吃着糖，对自己微笑着，接着想：“罗恩格林已经回来了，一切都会好起来的。”就在这时，我突然听到了一声凄厉的、不似人间应有的哭喊声。

我回头一看，发现罗恩格林正踉踉跄跄地像个醉汉似的向我走过来。他双膝一软，瘫倒在了我的面前，接着，从他的嘴里说出了这样的话：

“孩子们……孩子们……都死啦！”

我记得当时我似乎像突然得了一种奇怪的病一样，觉得喉咙灼痛，就像吞下了烧红的煤块。但我不明白究竟发生了什么事。我想安慰他，温柔地对他说，这不是真的。后来又进来一些人，我更加搞不清楚究竟发生了什么事。接着，又进来了一位留着黑胡子的人，有人对我说他是医生。医生说：“这不是真的，我要救活他们。”

我相信了他的话，并想跟着他一块儿进去，但是人们拦住了我。我现在才明白，他们是不想让我知道孩子们确实是不行了。他们怕我承受不了这样的打击。可我当时的心情却很亢奋。看见周围的人都在哭，我倒是很想去安慰每一个人。现在想想，还是搞不清为什么当时会产生这种奇怪的心情。我真的看破红尘了吗？我真的知道死亡是不存在的吗？难道那两个冰冷的小蜡像并非我的孩子，而只是他们脱掉的外套吗？我的孩子们的灵魂会不会在天堂中得到永生？在人的一生中，母亲的哭声只有两次是听不到的——一次是在出生前，一次是在死亡后。当我握住他们冰凉的小手时，他们却再也无法握住我的手了，我哭了，这哭声与生他们时的哭声一模一样。一种极度喜悦时的哭声，一种极度悲伤时的哭声，为什么会是一样的呢？我不知道是为什么，但我知道这哭声真的是一样的。茫茫人世间，是不是只有一种伟大的哭声——一种能够孕育生命的母亲的哭声，既能包含忧伤、悲痛，又能包含欢乐、狂喜呢？

当我们早晨出去办一些小事时，会有多少次遇到黑色的、悲伤的基督教送葬队伍，让我们变得浑身颤抖，一想到我们所爱的人，便希望自己永远都不要成为这种黑色队伍中的一员。

从童年时代开始，我就对与教会或者教义有关的一切东西都非常反感。在读了英格索尔[①]和达尔文的作品以及一些异教哲学的著作之后，这种反感就变得更深了。我反对现在的婚姻制度，而且我觉得现代的丧葬观念也是非常恐怖和丑陋的，甚至已经到了野蛮的程度。以前，我有勇气反对婚姻，拒绝让我的孩子接受洗礼；现在，当他们死了以后，我也反对为他们举行那种被人们称为基督教葬礼的可笑仪式。我只有一个愿望，那就是：这件可怕的事情应该变成一种美！面对如此巨大的不幸，眼泪已经无法表达我的心情。我欲哭无泪，很多朋友眼含着热泪来看我，成群结队的人们站在花园里、站在大街上为我的不幸而哭泣，可是我却没有哭。我向他们表达出了这样一个强烈的愿望——希望所有身着黑色礼服前来向我表示慰问或同情的人都能够变成一种美。我并没有穿丧服——为什么要换上丧服呢？我一直觉得，身穿丧服不仅是非常荒唐和可笑的，而且也没有任何的必要。奥古斯丁、伊丽莎白和雷蒙德明白了我的心愿，便在排练室里堆满了鲜花。当我清醒时，我最先听到的音乐就是科龙尼乐队演奏的凄美挽歌《俄耳甫斯》。但是，要想在朝夕之间改变人们这种丑陋的本性，并且创造出一种美，是一件多么的困难的事情啊！按照我的愿望，就应该让这些头戴黑帽的不祥面孔消失，让灵车消失，还有那些毫无用处的、丑陋的送葬仪式也都应该消失——正是这些拙劣的表演，将死亡变成了一种令人毛骨悚然的恐怖事情，而并非让人变得崇高。拜伦在海边的柴堆上焚化雪莱遗体的行为，是多么了不起的伟大举动啊！在人类的文明中，我唯一能够选择的，就是火葬这种并不算美丽的解决办法。

---

① 英格索尔（Robert G. Ingersoll，1833—1899），美国著名人权律师、政治家、演说家。美国内战期间就一直维护黑人的权利，后是《排华法案》的绝对反对者，并为在美华人辩护。

孩子们，还有与他们一同死去的保姆——当我向他们的遗体告别时，我非常想看到一种舞蹈的场面，看到他们最后的笑靥。我相信，总有一天，人们会用自己的智慧来反抗那些丑陋的教会仪式，创造并参加一些悼念死者的美的仪式。与土葬这种可怕的习俗相比，火葬已经是很大的进步了。肯定还有很多人与我的观点一样。当然，正是我积极坚持的这种观点，却遭到了许多正统宗教人士的抨击和深恶痛绝。他们把我看作一个冷酷绝情的女人，因为我不想让亲人的遗体埋在地下被蛆虫吞掉，而是将他们放在火上烧掉——在和谐、绚丽、光和美中与亲人永别。不知道我们还要等多长时间，才能看到这样的明智之举在我们的生活、爱情甚至死亡中战胜愚昧的习俗？

来到火葬现场，看着面前摆放着的棺材——就在它的里面，有我最亲爱的金发飘拂的小脑袋，有曾经紧紧搂抱着我的像花朵一样的小手，有曾经不停奔跑的小脚丫——现在，这一切都要付之一炬了，从此以后，只有让人肝肠寸断的一捧骨灰留在这个世上。

回到讷伊的排练室之后，我已经万念俱灰，并且制订了具体的计划，想要了此残生。失去了我最亲爱的孩子们，我怎么还能活得下去呢？但是，我的舞蹈学校里的小姑娘们围着我说：“伊萨多拉，为了我们，请活下去吧。我们不也是你的孩子吗？”她们这些话提醒了我，让我觉得有责任去安慰那些伤心的孩子们，她们站在那里，正在为迪尔德丽和帕特里克的死而悲恸欲绝。

如果这些悲伤早一点儿来到我的生活中，我也许还能够克服；如果晚一点儿到来，也许我不会觉得如此可怕；但它们恰恰在我年富力强的时候出现，这彻底地摧毁了我的精神世界。如果那时还能有伟大的爱情让我忘情其中，并带着我离开，也许……但是，罗恩格林对我的呼唤并没有做出反应。

雷蒙德和他的妻子佩内洛普想要到阿尔巴尼亚去为难民服务，他劝我和他们一起去。但是当时我和伊丽莎白还有奥古斯丁已经动身前往希腊的科孚岛[①]，当我们中途在米兰过夜时，我被带到了四年前住过的那个房间，当时我正在为生不生帕特里克而犹豫。后来，他降生了，他带着我在圣马可教堂里梦见的那张天使的面容来到了人间，但是现在，他又离我远去了。

当我再次望向那幅画像中的那个女人的不祥的双眼时，她似乎正在对我说："我的预言是不是应验了？一切都将归于死亡。"我不禁毛发倒竖，心惊胆战，急忙跑到楼下的走廊，央求奥古斯丁带我另外找一家饭店住宿。

我们乘着船从布林迪西起程，在一个可爱的早晨，我们到达了科孚岛。大自然绚丽多姿，但是我却没有感受到丝毫的安慰。与我同行的人告诉我，在那段日子里，我总是坐着发呆。我已经丧失了时间概念，陷入了一片灰暗沉郁的世界中，没有丝毫生存或活动的愿望。当一个人因遭遇不幸和打击而悲哀到极点的时候，反而是没有任何动作和表情的。就像尼俄柏变成石头一样，我呆呆地坐在那里，渴望着自己能够在死亡中毁灭。

罗恩格林当时还在伦敦。我想，如果他能来看我的话，也许能够让我从死一般的麻木状态中解脱出来。也许只要能够感觉到他那温暖的双手在爱抚我，我就能够重新振作起来。

一天，我将自己关在了屋子里，不让任何人打扰，我拉上窗帘，在黑暗中平躺在床上，紧握的双手交叉着放在胸前。我已经到了绝望

---

① 科孚岛（Corfu），属希腊克基拉州。科孚岛面积580平方公里，是爱奥尼亚群岛中第二大的岛屿，隔科孚岛海峡与阿尔巴尼亚相望。此岛是爱奥尼亚大学的所在地。

的最后的边缘，嘴里一遍又一遍地念叨着自己发给罗恩格林的电报。

“来看看我吧，我需要你。我就要死了，如果你不来，我就要去找孩子们了。”

我反复说着，就像是在念祷文一样，一遍又一遍地说着。

当我起来的时候，已经是半夜了，后来，又经过了很长时间，我才在痛苦中睡着了。第二天早上，奥古斯丁叫醒了我，手里拿着一封电报，上面写道：

“请告知伊萨多拉近况，我即将前往科孚岛。罗恩格林。”

从此以后，我便怀着这唯一的希望，等待着，就像在黑暗中企盼光明一样。

终于，在一天早晨，罗恩格林来到了我的身边。他脸色苍白，神色焦虑。

“我以为你死了。”他说。

接着，他告诉我，就在我给他发电报的那天下午，他看到我像一团雾气似的出现在他的床前，所说的话与电报上的内容一模一样：“来看我吧……我需要你……我就要死了……如果你不来，我就要去找孩子们了……”

当我知道我们之间仍然存在着如此惊人的心灵感应时，我的心里又燃起了希望，我希望能够通过自己主动的爱来弥补过去的不愉快，让我再次感受到内心激情的涌动。但是物极必反，我的渴望还有那需要抑制的痛苦太过强烈，甚至让罗恩格林根本无法承受。一天早上，他突然不辞而别了，望着驶离科孚岛的那艘轮船，我知道他肯定就在上面。遥望轮船逐渐在碧波荡漾的海面上消失的场景，孤独无依的感觉又一次笼罩了我。

这时，我对自己说道：“要么立即结束自己的生命，要么就必须想办法活下去。”但是，持续不断的痛苦不分日夜地吞噬着我的心，让我痛不欲生。每天晚上——不管是醒来还是睡着——我总是觉得自己仍然生活在那个可怕的早晨，我的耳边老是听到迪尔德丽在说：“你知道我们今天要去哪里吗？”还有保姆说的“夫人，今天最好还是不要让孩子们出去了”。我听到自己在狂乱中做出的回答：“你说得对。好保姆，你应该和他们留下，好好地看护他们，今天就不应该让他们出去。”

雷蒙德从阿尔巴尼亚回来了，与平常一样，他仍然精力充沛。“在那里，整个国家都需要帮助。农村满目疮痍，孩子们一直在忍饥挨饿。你怎能总是沉浸在自己的痛苦中呢？来帮我们一下吧，去救助那些孩子们，去安慰那些妇女们吧！”

他的请求打动了我，我又一次穿上了我的丘尼卡舞衣和便鞋，跟着雷蒙德一起去了阿尔巴尼亚。他别出心裁地创建了一个救济阿尔巴尼亚难民的营地。在科孚岛的集市上，他买了一些生羊毛，把羊毛装在他租来的一艘小轮船上，运到了难民集中的港口萨兰达[①]。

我问道：“雷蒙德，你要怎么做才能用生羊毛填饱这些人的肚子呢？”

雷蒙德说：“等一下你就能看到了。如果我给他们带来的只是面包，那就只能帮他们解决今天的饥饿；但是如果我经常给他们带来羊毛的话，就可以解决他们将来的吃饭问题。”

在萨兰达布满岩石的海滩上，我们的船靠了岸，雷蒙德在那里建

① 萨兰达（Santi Quaranta），是位于阿尔巴尼亚南部的一个沿海城市，属夫罗勒州萨兰达区一部分。萨兰达是阿尔巴尼亚全国最重要的旅游城市之一，其附近的文化古城布特林特被列入世界文化遗产名录之中。萨兰达也是阿尔巴尼亚重要的港口。

立了一个救助中心，门口有块牌子，上面写着："愿意来这里纺羊毛线的人，一天可以得到一个德拉克马。"

很快，一群贫穷、瘦弱、饥饿的妇女排起了长队——她们可以用挣到的德拉克马买到希腊政府在港口出售的黄玉米。

然后，雷蒙德又驾着小船返回了科孚岛，他已经在那里让木匠为他做了一些织布机，又将它们运回了萨兰达，同时宣布："谁愿意把羊毛线织成布，一天能得一个德拉克马。"

很多饥饿的人前来要求工作，雷蒙德教她们如何纺织古希腊花瓶上的图案。很快，他就在海边拥有了一支纺织女工队伍。他还教她们如何和着纺织的节奏齐声合唱。当这些图案织好以后，就变成了一件件漂亮的地毯。雷蒙德将这些地毯运到伦敦出售，可以赚到百分之五十的利润。然后他用赚来的钱建造了一个面包房，面包房能够生产白面包，价格比希腊政府出售的黄玉米便宜一半。就这样，雷蒙德建立了自己的村庄。

我们住在海边的一顶帐篷里。每天早晨，当太阳升起的时候，我们就到海里去游泳。雷蒙德经常会有多余的面包和土豆，我们便翻山越岭赶到另外一些村庄，将食物分发给那里的饥民。

阿尔巴尼亚是一个奇特而又悲惨的国家，那里有第一个供奉雷神宙斯的祭坛。当地人称宙斯为雷神，因为在这个国家，不管冬天还是夏天，都经常有雷电和暴雨。我们经常身穿丘尼卡和便鞋在雷电和暴雨中长途跋涉。我觉得被大雨冲洗比穿着雨衣更让人兴奋。

我见到了很多悲惨的场景：一位母亲坐在树下，怀里抱着一个婴儿，身边还依偎着三四个孩子——他们一个个全都饥肠辘辘的，无家可归——他们的家被烧掉了，女人的丈夫、孩子们的父亲被土耳其人杀害了；牲口也被抢走了，庄稼被毁了。这位母亲只能带着活下来的孩子们在那里坐以待毙。这样的人到处都是，雷蒙德分给他们很多袋土豆。

返回营地时，我们已经疲惫不堪，但是我的内心却产生了一种异样的快感。我的孩子们走了，但是还有很多其他的孩子，他们正处于饥寒交迫的状态，难道我就不能为了这些孩子而生活下去吗？

萨兰达没有理发师，所以有生以来我第一次自己将头发全都剪掉，并且扔进了海里。

当我恢复了精神和体力以后，就觉得不能继续在这些难民中间生活下去了。这并不奇怪，艺术家的生活和圣徒的生活有很大的不同。我的艺术生命已经在我的内心复活，同时我认为，单凭我这有限的力量，根本不可能阻止阿尔巴尼亚的难民潮。

第二十六章

有一天，我觉得自己必须离开这个群山绵延、岩石遍布、四季多雨的国家。我对佩内洛普说道："我觉得自己真的不能再看这些苦难的情景了。我想伴随着清静的灯光，踩着波斯地毯，在清真寺里静静地坐着。对于走过的路，我已经感到疲倦。你和我一起去一趟君士坦丁堡吧。"

佩内洛普当然很高兴。我们脱掉丘尼卡，穿上了朴素的衣装，坐上了开往君士坦丁堡的轮船。白天，我就在客舱里待着，到了晚上，等其他旅客都睡着以后，我才包着围巾，走出舱门，来到月光下的甲板上。有一个男青年正倚着船舷凝视月亮，他穿着一身白色的衣服，甚至连手套都是用白羊皮做的。手里拿着一本小小的黑皮书，不时地看上两眼，嘴里念念有词，似乎是在祈祷。在他苍白而又憔悴的脸上，有一双黑色的大眼睛，满头的黑发在月色中闪闪发光。

当我走近他时，这个陌生人对我说道：

"我冒昧地同您讲话，因为我与您有一样巨大的悲伤。我要回君士坦丁堡去安慰我的母亲，她正遭受着痛苦的折磨。一个月前，她听到了我大哥自杀的噩耗；两个星期后，又一出悲剧发生了，我的二哥也自杀了。我成了她仅存的一个儿子。但我如何才能安慰她呢？我自己也是极端的绝望，觉得还不如跟我哥哥一样死掉才好。”

我们交谈起来，他告诉我他是一名演员，手上的那本小书正是名剧《哈姆雷特》的剧本，他正在研究自己要扮演的那个角色。

第二天晚上，我们又在甲板上见面了。像两个不幸的幽灵一样，我们分别沉浸在自己的痛苦中，却互相从对方身上寻找到了一些安慰，就这样，我们一直待到了黎明。

轮船到达君士坦丁堡的港口时，有个身穿丧服的高大漂亮的女人来接他，见到他之后，一下就将他抱在了怀里。

我和佩内洛普住进了佩拉王宫饭店。最初的两天，我们在君士坦丁堡随便看了看，主要是游览了老城内狭窄的街道。第三天，有一位不速之客来找我——就是船上那位悲伤的朋友的母亲，也就是在港口接他的那个女人。她显得非常痛苦，她先是给我看了她死去的两个漂亮儿子的照片，然后又对我说：“他们走了，我无法将他们追回来，但我来这里是求您帮我救救最后一个儿子——拉乌尔。我觉得他正在走哥哥的老路。”

“我能为您做什么呢？”我问道，“他处于一种什么样的危险中呢？”

“他已经离开了这座城市，独自去了圣斯蒂法诺村的一幢别墅。从他离开时那种绝望的表情中，我产生了一种不祥的预感。你给他留下了非常深刻的印象，所以我觉得只有你能够让他明白自己的做法是不对的，让他可怜可怜他的母亲，回到现实生活中来。”

“但是他为什么要走这条绝望之路呢？”我问道。

“我不知道，也不知道他的两个哥哥为什么要自杀。他们都那么的年轻、英俊和幸运，为什么非要走这条不归路不可呢？”

这位母亲的哀求深深地打动了我，我答应到圣斯蒂法诺村去一趟，尽我所能让拉乌尔清醒过来。服务员对我说，到那里去的道路崎岖不平，而且几乎无法通车。所以，我去港口租了一条小拖船。那天刮着大风，博斯普鲁斯海峡波浪翻滚，但最终我们还是安全抵达了那个小村子。按照他母亲的描述，我找到了拉乌尔的别墅。这是一座白色的房子，位于一座花园中偏僻的一角——这座花园的附近是一片古墓。别墅没有安装门铃，我敲了敲门，没有得到回音。我用手推了推门，发现门是开着的，便走了进去。一楼的房间里空无一人，于是我爬了一小段楼梯，打开了另一个房间的门——拉乌尔就在这间粉刷得雪白的小房间里，屋里的墙壁、地板和门都是白色的。他正躺在铺着白布的沙发上，穿着那天我在船上看到的白衣服，戴着雪白的手套。沙发的旁边是一张小桌子，上面放着一只插着白色百合花的水晶花瓶，旁边还放着一把手枪。

我相信这个男孩至少已经有两三天没有吃任何东西了，他像身在远方一样，连我喊他的声音都听不见了。我尽力将他推醒，对他说，他的母亲正为他两个哥哥的死悲恸欲绝。最后，我用力拉住了他的手，费了九牛二虎之力才将他拖到一直在那儿等着的小船上——我非常小心地把左轮手枪留在了别墅里。

路上，他不停地哭泣，不愿意回到母亲那儿去，于是我就劝他先到我在佩拉王宫饭店的房间待一会儿，想搞清楚他为什么如此悲伤。因为我已经隐隐地感觉到，虽然两个哥哥的死让他很悲伤，但却不是造成他目前这种状态的原因。最后，他终于小声地对我说：

“是的，你的猜想是对的，不是因为我两个哥哥的死，而是因为西尔维奥。”

“谁是西尔维奥？她在哪里？”我问。

“西尔维奥是这个世界上最美丽的人，”他回答，“他现在和他的母亲住在君士坦丁堡。”

一听说西尔维奥是个男孩子，我有些吃惊；但是，由于我对柏拉图有一定的研究，并且认为他的《斐德罗篇》是一首空前优美的情歌，所以我没有像有些人那样异常惊骇。我相信，最崇高的爱情应该是一种纯洁精神的火焰，其中并不一定需要存在性爱。

我决定竭尽全力来挽救拉乌尔的生命，所以就不再继续讨论这件事，而是直截了当地问道：“西尔维奥的电话号码是多少？”

很快，我就在电话里听到了西尔维奥的声音——这是一个从美好心灵里发出的甜美声音。我说：“你必须马上到我这里来一趟。”

西尔维奥——一个大约十八岁的可爱的美少年，很快就赶到了饭店。侍酒美童伽倪墨得斯[①]让法力无边的宙斯心猿意马时，可能就是这副模样。

当这种感情不断地向前发展，在体操练习或者其他场合，当他们见面的时候，他就渐渐地靠近他，并且拥抱他，正当宙斯爱上伽倪墨得斯的时候，欲望之泉流淌出来，淹没了这个可爱的人。有些流进了他的心灵，有些在注满他的心灵以后又从他的体内流了出来，就像微风或者声音在光滑的岩石上反射回来一样，美丽的泉水穿过眼睛这扇心灵的窗户之后，又回到了美丽的偶像跟前；天神展翅飞临的次数越来越多——为他们浇灌泉水，让他们快点成长。他就这样爱着，却又不明就里，无法理解也无法解释自己为什么会这样。因为对方，他好

---

① 伽倪墨得斯（Ganymede），希腊神话中的一个美少年。是特洛伊国王特罗斯之子，母亲为卡利罗厄。特罗斯有三子：伊洛斯、阿萨剌科斯和伽倪墨得斯，伽倪墨得斯在其中最年少貌美，因此受到众神之王——宙斯的喜爱，将他带到天上成为宙斯的情人并代替青春女神赫柏为诸神斟酒。较晚期的神话说宙斯变成巨鹰把伽倪墨得斯从伊达山上劫走。之后宙斯为了抚慰其父特罗斯，送给后者一对神马。

像得了瞎眼病一样，爱上了镜子里的自己；但是面对镜子的时候，他并没有意识到里面其实就是自己。

——乔伊特[①]

我们一起吃了晚饭，并且度过了整整一个晚上。后来，当我们站在阳台上欣赏博斯普鲁斯海峡的美丽景色时，我看见拉乌尔和西尔维奥正在温柔地窃窃私语，便觉得非常高兴：拉乌尔的生命暂时得救了。我给他的母亲打电话，告诉她我的努力成功了。这个可怜的女人喜出望外，简直不知道应该如何表达对我的感激之情。

那天晚上，当我和这两位朋友道别时，觉得自己挽救了这个英俊青年的生命，做了一件积德行善的好事。但是，没过几天，那位孤苦无助的母亲又找到了我。

“拉乌尔又到圣斯蒂法诺的别墅去了，您务必再救他一次吧。”

对于我那善良的天性来说，这简直是一种沉重的负担；可是我又不忍心回绝这位可怜的母亲。不过，我觉得坐船太过颠簸，便决定这一次冒险坐汽车前往那里。我找到了西尔维奥，告诉他必须要跟我一起去。

“这次你们到底又出了什么事？”我问他。

“哦，是这样的，”西尔维奥说道，“我也真心爱着拉乌尔，但是我无法说我爱他就像他爱我那么深，于是他就说自己不想活了。”

太阳落山时，我们动身了，经过一路的颠簸，最终到达了那座别墅。我们径直闯了进去，再次将意志消沉的拉乌尔带回饭店。我们和佩内洛普一起研究，到底有什么好的办法能够治好拉乌尔的怪病，我们一直谈到了很晚。

---

① 乔伊特（Benjamin Jowett，1817—1893），英国教育家、导师、神学家和牛津大学贝利奥尔学院院长。因翻译柏拉图和修昔底德作品而闻名。

第二天，我和佩内洛普到君士坦丁堡的老街上闲逛，在一条又暗又窄的小巷子里，佩内洛普指着一块招牌让我看。上面写的是亚美尼亚文字，她能翻译，说是这里有个人会算命。

佩内洛普说："咱们去算算命吧！"

我们走进了一幢老房子，沿着弯弯曲曲的楼梯，穿过了几条污秽不堪的过道，最后进入了里边的一间屋子，看见一个老妇人正蹲在一口散发着怪味的大锅旁边。她是亚美尼亚人，但是能说一点希腊语，因此佩内洛普能够听懂她的话。她告诉我们，土耳其人最后一次进行大屠杀的时候，就是在这间屋子里，她眼睁睁地看着自己的儿子、女儿、孙子甚至还有幼小的婴儿惨遭杀害，从此，她便拥有了超人的洞察力——能够预见未来。

"请您给我算算，我的未来是什么样子的？"我通过佩内洛普问道。

老妇人盯着大锅里冒出的烟雾看了一会儿，然后说了几句话。佩内洛普翻译给我听：

"她说你是太阳神的女儿，她要向你致敬。你被派到人间来，为人们送来了巨大的快乐。在这诸多的快乐中，你将创立一种宗教。经过许许多多的坎坷曲折之后，在晚年时，你将在世界各地建起许多神殿。在这个过程中，你还会回到这座城市，也将在这里建起一座神殿。所有的神殿都将供奉美神和快乐之神，因为你是太阳神的女儿。"

当时，我处于悲伤和绝望之中，但这诗一般的预言却让我有一种奇怪的感觉。

然后，佩内洛普又问道："我的未来是怎样的呢？"

老妇人又对着佩内洛普说了起来。这时，我注意到佩内洛普的脸色开始变得苍白，一副非常害怕的样子。

我问她："她对你说了什么？"

"她的话让人觉得非常不安，"佩内洛普回答道，"她说我有一只小羊羔——指我的儿子梅诺尔卡斯。她还说：'你还想再得到一只小羊羔。'这肯定是指我一直希望再生一个女儿。但她说这个愿望将永远无法实现。她还说，我很快就会收到一封电报，说我所爱的一个人重病不起，而我爱的另一个人即将死去。还有，"佩内洛普接着说，"她说我的生命也不会长久，但是我将在一个高高的地方俯瞰世界，进行最后的思索，然后离开这个人世。"

佩内洛普非常紧张，她给了这老妇人一些钱，然后便起身告辞。佩内洛普拉着我的手跑过了走廊，下了楼梯，来到了窄窄的街上。我们找了一辆出租车，急急忙忙地赶回饭店。

刚进饭店，侍者就递给了我们一封电报，倚着我的手臂的佩内洛普几乎瘫倒在地。我只好把送她回到房间，并立即打开了电报，上面写着："梅诺尔卡斯病重，雷蒙德病重。速回。"

可怜的佩内洛普简直要疯了。我们急忙把东西装进了箱子里，我向侍者询问何时有开往萨兰达的船。侍者说傍晚就有一班船。虽然我们行色匆匆，但仍然没有忘记拉乌尔的母亲，我给她写了一封信："如果您想让自己的儿子从危险中被解救出来，那么必须马上让他离开君士坦丁堡。不要问我为什么要这么做。如果可能的话，请将他带到我的船上来，我将在今天下午五点钟坐船离开。"

我没有收到回信，但是在船即将起航时，我看见拉乌尔拿着一个手提箱，无精打采地匆忙上了船。我问他是否有船票或舱位，但是他什么都没有。好在这些东方的客轮都非常友好，他们乐于助人，不过由于船上已经没有空舱位了，当我们与船长协商之后，就让拉乌尔睡在了我那套舱房的起居室里。我觉得自己真的像母亲一样关心这个孩子。

到了萨兰达之后，我们发现雷蒙德和梅诺尔卡斯正在发高烧。我苦口婆心地劝雷蒙德和佩内洛普离开阿尔巴尼亚这个让人沮丧的国家，跟我一起回欧洲去，而且我还让船上的医生跟我一起劝他。但雷蒙德说什么也不同意离开村子里的难民们，佩内洛普自然也离不开他。就这样，我只好让他们留在了那片狂风呼啸、飞沙走石、靠一顶小小的帐篷遮风避雨的荒凉山地。

轮船径直向里雅斯特驶去，我和拉乌尔都没有办法高兴起来，他的眼泪就没有干过。我怕坐火车会跟其他的乘客有接触，于是就发了一封电报，让我的小汽车到里雅斯特来接我们。然后，我们坐着汽车向北行进，穿过山区，最后到达了瑞士。

在日内瓦湖畔，我们停留了几天。我们两个都是非常奇特的人，全都沉浸在各自的痛苦中。也许正是由于这个原因，我们都觉得对方是自己的好旅伴。我们在湖上泛舟，几天之后，我总算让拉乌尔向我郑重承诺，看在他母亲的份上，以后永远不会再有自杀的想法。

就这样，在一天早上，我送他上了火车，让他返回自己的剧院，从此以后，我再也没有见过他。后来，我听人说，他在事业上非常顺利，他塑造的哈姆雷特获得了巨大的成功。这一点我是相信的，因为不会有什么人能够比可怜的拉乌尔对“生存还是死亡”这句台词理解得更深刻、说得更准确。无论如何，他还那么年轻，我希望他以后能够找到属于自己的幸福。

独自一个人在瑞士，我觉得心情郁闷，情绪非常低落，我再也无法在一个地方长住。由于烦躁不安，我开着车走遍了瑞士。最后，在一种不可抑制的冲动驱使下，我开着车直奔巴黎。我完全是孤身一人，因为我已经无法与别人交往了，甚至连特地赶到瑞士来陪伴我的哥哥奥古斯丁，也对我的孤独自闭感到无能为力。最后，我甚至到了一听到有人说话就非常反感的地步，即便有人到我的房间里来，他们也好像远在天边，虚幻缥缈。在这种情况下，一天晚上，我回到了巴黎，回到了位于讷伊的住所。这个地方现在已变得非常荒凉，只有一个老人在照看花园，他住在门房里，再没有其他的人。

我走进了那间宽敞的排练室，看到了蓝色的幕布，于是我马上想起了我的艺术和我的工作，我下定决心要努力回到我的艺术上来。因此，我让我的朋友汉纳·斯基恩来为我伴奏，可是当熟悉的琴声响起时，又勾起了我对往事的回忆，我悲从中来，泣不成声。实际上，这是我第一次为之哭泣。这里的一切，只能将我带回到以前的欢乐时光中。很快，我就产生了一种幻觉，好像听到孩子们正在花园里唱歌。一天，当我偶然走进孩子们住过的小房间时，看见他们的衣服和玩具被放得到处都是，顿时有一种天旋地转的感觉，我意识到自己再也不能住在讷伊了。不过我还是强打精神，请一些朋友来我这里做客。

但是，一到晚上，我还是难以入睡。一天，我实在无法忍受这样的气氛，便驾车直奔南方。只有驾着汽车，以七十英里或八十英里的时速飞奔的时候，我那日夜承受的、难以言状的痛苦才能稍微得到缓解。

穿过阿尔卑斯山脉，进入意大利境内后，我继续漫游。有时我会坐在威尼斯运河的平底船里，让船夫整夜整夜地划船，有时我又会到里米尼古镇上去游逛。我在佛罗伦萨住了一夜，得知C[①]也住在这里，便很想请他来见一面，但当我得知他已经结婚并且过着幸福的家庭生活时，我想如果他来了，只能引起他的家庭不和，于是就忍住了。

---

①C，指克雷格。

一天，在海边的一个小镇，我收到了一封电报：“伊萨多拉，我知道你正在意大利漫游。我恳求你到我这里来。我一定会尽自己最大的努力来安慰你。”署名是：埃莉诺拉·杜丝。

我不知道她是如何发现我的行踪并且发来这封电报的，但是一读到这个带有魔力的名字，我就觉得埃莉诺拉·杜丝正是我希望见到的人。电报是从维亚雷焦[1]发来的，正好位于当时我所在海角的对面。我给埃莉诺拉·杜丝回电表示感谢，并告诉她我很快就到，然后便立即驱车前往。

到达维亚雷焦的那个晚上，正好赶上了一场暴风雨。埃莉诺拉住在远郊的一幢小别墅里，但是她在格兰特大饭店里给我留下了一张便条，让我到她那里去。

①维亚雷焦（Viareggio），是位于意大利托斯卡纳大区北部的一个城市，是卢卡省内第二大城市。维亚雷焦既是一个海滨度假胜地，也是一个制造业中心。

第二十七章

第二天早上，我开着车去见杜丝，她住在一幢玫瑰色的别墅里——位于一片葡萄园的后面。她从一条笼罩着葡萄藤的小路上走出来迎接我，依然像一个光彩照人的天使。她张开双臂抱住我，美丽绝伦的眼睛里面充满了深情厚爱，我感觉就像是但丁在《神曲》最后一节“天堂”里遇到了仙女贝缇丽彩一样。

以后的日子里，我就住在了维亚雷焦，因为我从埃莉诺拉眼睛的光芒里寻找到了鼓励。她经常抱着我轻轻地摇着，抚慰着我心中的痛苦——不仅仅是抚慰，她还将我的痛苦注入了自己的心里。直到这时，我才意识到自己为什么不能忍受其他人的陪伴，因为其他的人总是在拙劣地表演，总是想着让我忘记过去，进而振作起来。而埃莉诺拉却对我说：“对我说说迪尔德丽和帕特里克的事情吧。”她还让我给她讲他们那天真的语言和习惯，给她看他们的照片。她亲吻着那些照片，然后流下泪来。她从来都不对我说“不要悲伤”之类的话，而是和我一起悲伤。孩子们死后，这是我第一次觉得有人分担我的悲伤。埃莉诺拉·杜丝真是异乎寻常，她的胸怀是那样的博大和宽广，可以装得下世界上所有的悲剧；她的精神是那么的光彩夺目，能够照亮人世间所有的阴暗和凄凉。我们经常一起到海边散步，我觉得她的头可以触及日月星空，她的手可以够到山巅。

有一次，她望着那座山对我说道："你看看克罗齐山两侧那巍峨陡峭的山势，它和旁边郁郁葱葱、姹紫嫣红的吉拉多山坡相比，显得多么的阴森恐怖！但是当你看到克罗齐山黑暗高耸的山顶之后，就会发现，那里的白色大理石在阳光下熠熠生辉，正在等待雕塑家将其变成永恒的作品。吉拉多山只能满足人们的世俗需求，而克罗齐山却激励着人们的梦想。艺术家的生活就是这样，虽然有黑暗、忧愁和悲伤，但是却能够给人带来白色大理石一样的光辉，让人们的灵性展翅翱翔。"

埃莉诺拉热爱雪莱，9月底的某一天，在频繁的狂风暴雨中，当一道道闪电划破天空，掠过翻滚的波涛时，她指着大海说道："看，那是雪莱光明的一生的余光——他就在那儿，漫步在波峰浪尖之上。"

旅馆里总是有些陌生人盯着我看，看得我心烦意乱，于是我就租了一幢别墅。这幢别墅是一座红砖砌成的大房子，位于一片苍郁的松树林深处，四周是一片高耸的院墙。别墅外面让人感到一片荒凉和阴暗，别墅内部则让人产生了一种无法言说的忧郁和压抑。据说，这幢别墅里曾经住着一位夫人，当她经历了与奥地利王宫里的某位显赫人物（有人说就是弗朗茨·约瑟夫[①]本人）的一段不幸恋爱之后，灾难便接踵而至，他们的私生子也疯了。在别墅的顶层有一个小房间，窗户上装着铁栅栏，墙壁上画满了一些稀奇古怪的图案，门上还有一个方形的小窗口——很显然人们就是从这个窗口把食物递给那个疯子——一旦他对别人产生威胁，他就会被关在这里。屋顶上有一个很大的露

① 弗朗茨·约瑟夫（Franz Josef I，1830—1916），奥地利皇帝兼匈牙利国王（1848—1867），奥匈帝国缔造者和第一位皇帝（1867—1916）。弗朗茨·约瑟夫一世从1850年至1864年间担任德意志邦联主席。在他长达68年的统治中，获得大多数国民的敬爱，因此在晚年被尊称为（奥匈）帝国的"国父"，也成为奥地利的标志性存在。

天平台，在上面既可以俯瞰大海，也可以仰望远山。

这幢至少有六十个房间的阴暗的房子，是因为我的一时心血来潮才租下来的，可能是因为周围葱郁的松树林和从平台上所看到的美景打动了我。我问埃莉诺拉是否愿意跟我一起住在这里，她婉言谢绝了，不过她也从那栋夏季别墅搬了出来，住在了与我邻近的一座白色小房子里。

杜丝和别人通信的时候，总是保持着一个非常特别的习惯。如果你身在国外，三年之中恐怕她也只会偶尔给你发一封长长的电报；但如果她跟你是比邻而居的话，她差不多每天都要给你发上一封短笺，写上一两句感人至深的话，有时她甚至一天要写两三封这样的信。收到信以后，我便去见她，然后我们一起到海边散步，这时杜丝就会说："舞蹈的悲剧之神与诗歌的悲剧之神走到了一起。"

一天，我和杜丝正在海边散步的时候，她转过身来面对着我。落日的余晖在她的头上映射出一个火红的光环。她出神地盯着我，盯了好长一段时间。

"伊萨多拉，"她的声音中带着哽咽，"不要，不要再追求什么幸福了。你的眉宇之间显示着你将会成为这个世界上最不幸的人之一。你现在所遭受的不幸，只不过是一个序幕。不要再去和命运抗争了。"

唉，埃莉诺拉，如果我当时能够听从你的警告就好了！但是，希望就像一棵砍不死的大树，不论砍掉多少枝条，它仍然会长出新的枝芽。

那时候，杜丝正处于人生和智慧的顶峰，在海边散步时，她步伐矫健，气度不凡，我所见过的任何其他女子都无法与她相比。她不穿束胸的内衣，身材高大丰满，这也许会让一些追求时尚的仰慕者看了以后觉得不顺眼，但她全身上下却洋溢着一种高贵威严的气质。她身上的一切都能够表现出她那颗高贵而又饱受折磨的心灵。她经常给我朗读希腊悲剧或是莎士比亚的戏剧。当我听她朗读《安提戈涅》的某些台词时，我就想，她如此美妙的诵读竟然无法展现在世人的面前，简直是作孽。杜丝在自己处于艺术巅峰期时却长时间地远离舞台，并非像某些人所认为的那样，是因为一段不幸的爱情，或是其他一些感情问题，或是健康原因；而是由于她孤立无助，或者说她没有足够的资金来按照自己的意愿去实现艺术理想——事情的真实原因就是如此简单，但却应该让世人感到羞愧。这个世界一直在标榜“热爱艺术”，但却让这样一位世界上最伟大的表演艺术家在孤独和贫困中度过了十五年的凄惨时光。当莫里斯·杰斯特最终认识到她的天才，并与她签订了在美国巡回演出的合同的时候，已经太晚了——在去美国之前的一次巡回演出中，她不幸去世。举行那次巡回演出的目的，是为了尽快筹集到足够的资金，以便让自己的事业能够继续发展。

我租了一架大钢琴，放在别墅里，接着又给我忠实的朋友斯基恩发了一封电报，他立刻就赶到了我这里。埃莉诺拉酷爱音乐，斯基恩每天晚上都会为她演奏贝多芬、肖邦、舒曼和舒伯特的曲子。有时，她会用低沉的音调和优美的声音演唱她最喜欢的歌曲《让我在黑暗的坟墓里哭泣》，当唱到最后一句“负心的人……负心的人……”的时候，她的声音和表情都充满了刻骨铭心的悲哀和谴责，看到这种情景，每个人都忍不住潸然泪下。

一天傍晚时分，我突然站起身子，让斯基恩弹琴伴奏，为杜丝跳了一段贝多芬的《悲怆奏鸣曲》中的柔板。这是从 4 月 19 日以来我第一次跳舞。杜丝非常感动，把我搂在怀里不住地亲吻着。

“伊萨多拉，”她说，“你还在这里干什么呢？你要回到你的艺术中去，这是你唯一的出路。”

埃莉诺拉知道我几天前曾经收到过一封信，信中请求我签订去南美洲进行巡回演出的合同。

“签了这份合同吧！”她开导我说，“你知道，人生非常短促，没有多少时间可以耗费在这种无聊的等待上——无聊，无聊，没完没了的无聊！赶紧从这种悲伤和无聊中解脱出来吧，解脱出来吧！”

“解脱出来吧，解脱出来吧！”她一再这样对我说着，但是我的心情实在太沉重了。只有在埃莉诺拉面前，我才可以无拘无束地做动作，但让我重新走到观众面前去表演，我却暂时无法做到。因为我的身心受到了严重的摧残——我的心脏的每一次跳动都是对孩子们的大声呼喊。跟埃莉诺拉在一起时，我觉得心情舒畅，但是到了晚上，在这幢死寂的别墅里，听着从每个阴暗昏沉的房间里传出的空荡荡的回声，我感到自己备受煎熬，只能盼望着黎明的到来。天一亮，我就赶紧起床下海游泳。我真想游得远远的，远得回不来才好呢；但是我的身体却总是不遂我的意，最后我又回到了岸边——这也许是青春活力在起作用吧。

一个灰蒙蒙的秋日的午后，我正独自一人在海滩上散步，走着走着，我突然看到迪尔德丽和帕特里克的身影在前面手拉手走着。我喊他们的名字，但他们却笑着往前跑，让我追不到。我跟在他们的后面，一面追赶，一面呼唤。突然，他们消失在了浪花里。这时，一阵恐惧向我袭来，难道这是我的孩子们的幻影吗？我是不是疯了？那时，我能够清醒地感觉到，我的一只脚正踏在疯狂与理智的分界线上。我看到了精神病院，那种沉闷单调的生活好像就摆在了我的面前。在深深的绝望中，我跌倒在地，失声痛哭起来。

不知道在那里躺了多久，直到我觉得有一只手在怜悯地抚摸着我的头。我抬起头，看到了一位像意大利西斯廷教堂里默祷塑像一样的人，他刚从海里游泳归来，此刻站在我面前，对我说道：

“您为什么总是哭泣呢？我能为您做点什么——帮助您呢？”

我盯着他看了一会儿。“好吧，”我回答道，“您救救我吧——不是救我的生命，而是救救我的理智，它比我的生命还要重要。请你给我一个孩子吧！”

那天晚上，我们在我的别墅的露天平台上站了很久。夕阳渐渐沉入海里，月亮正在升起，将银辉洒在了大理石山坡上。当他那强壮有力的胳膊紧紧地抱着我，当他的嘴唇压着我的嘴唇，当他那意大利人的热情浇灌在我的身上，这时，我觉得自己从痛苦和死亡中被拯救了出来，被重新带回了光明之中——我又一次徜徉在爱河里。

第二天早上，当我将这一切告诉埃莉诺拉时，她一点儿都不觉得惊讶。艺术家的生活总是充满了传奇和幻想，因此，米开朗琪罗塑造的美少年从海里出来安慰我，这在埃莉诺拉看来，似乎是再正常不过的事情。尽管她讨厌看见陌生人，但却非常爽快地答应，要跟我一起去见一见我的米开朗琪罗。我们拜访了他的工作室——他是一位雕塑家。

“你真的觉得他是个天才吗？”看了他的作品之后，她问我。

“当然，”我回答说，“也许他就是第二个米开朗琪罗。”

年轻人的可塑性很强，容易相信一切。我几乎可以肯定，新的爱情将会战胜我的痛苦。那时，连续不断的可怕的痛苦已经让我变得疲惫不堪。我经常朗读维克多·雨果的一首诗，想努力地说服自己：“是的，他们将会回来；他们一直在等着回到我身旁。”但是，唉，这种幻象并没有维持多长时间。

事情大概是这样的：我的情人在一个传统的意大利家庭长大，他与一个同样属于传统家庭的意大利姑娘订了婚。起先，他并没有把这件事告诉我，后来有一天他在信里向我解释了一切，然后便起身告辞了。我一点都不生他的气，我觉得是他拯救了我的理性，从此我知道自己不再孤独；而且从这时开始，我进入了一个强烈的幻想阶段，总是觉得两个孩子的灵魂就在我的身边徘徊，他们将重新回到人间来安慰我。

秋天即将到来的时候，埃莉诺拉搬到了位于佛罗伦萨的公寓，我也放弃了那幢阴暗郁闷的别墅，先是去了佛罗伦萨，然后又到了罗马，打算在那里过冬。在罗马过圣诞节的时候，那情景真是让人伤心，但是我对自己说："无论如何，我都没有进入坟墓或者疯人院——我还在这里。"我那忠实的朋友斯基恩一直在我身边陪着我。他从来都不问为什么，也从来不怀疑什么，他把他的友谊、崇敬，还有音乐，全都献给了我。

对于一颗忧伤的心而言，罗马是一座漂亮的城市。当雅典那令人炫目的光芒和完美让我倍感痛苦的时候，罗马随处可见的伟大古迹、陵墓和令人心生崇敬之情的纪念馆——这些古代圣贤的遗物，便成了治愈我伤痛的良药。我特别喜欢清晨时在亚壁古道①上漫步。古道的两旁是一片古墓，运酒的大车从弗拉斯卡蒂②驶来，车夫醉眼蒙眬，就像

① 亚壁古道（Appian Way），是古罗马时期一条把罗马及意大利东南部阿普利亚的港口布林迪西连接起来的古道。罗马军队的成功，道路发展起到了举足轻重的作用。道路的使用在战前的准备和战争期间的物资装备的补给，而亚壁古道就是这样一条战略要道。从公元前350年开始，以后的很多年里亚壁古道为罗马帝国的扩大发挥了重要作用。亚壁古道古时被称为路之女王（Regina Viarum），斯巴达克斯起义在公元前71年被扑灭后，被俘的6000个奴隶就是在这里被钉在十字架上死去的。

② 弗拉斯卡蒂（Frascati），是意大利中部罗马省拉丁区的一个小镇，位于罗马市东南20公里处，面积22平方公里。弗拉斯卡蒂镇风景秀丽，以其众多的教宗别墅而闻名。

疲劳的农牧神一样斜靠在酒桶上。我觉得时间好像停止了，自己就像一个在亚壁古道上徘徊了上千年之久的幽灵——在广袤无垠的康巴涅的空间里、在无边无际的拉斐尔的天空下——上下翻飞，自由翱翔。有时，我仰面向天，高举双臂，就像一个在古墓中舞蹈的悲剧精灵。

晚上，我与斯基恩散步的时候，经常会在喷泉旁边逗留一会儿。这里的喷泉很多，泉水从山上永无停止地流淌着。我喜欢坐在喷泉的旁边，听着泉水飞溅和流动的声音，心里静静地流泪，我那好心的同伴则满怀同情地握着我的手。

有一天，罗恩格林给我发来了一封很长的电报，让我从悲伤和迷茫中彻底惊醒。他以艺术的名义恳求我返回巴黎。在这封电报的吸引下，我坐火车回到了巴黎。途中经过维亚雷焦时，我又看到了松树林中那幢红砖别墅的屋顶，我想起了在那里度过的绝望与希望交替的几个月，想起了已经和我分别的神圣的朋友埃莉诺拉。

在克里戎饭店，罗恩格林已经为我订下了一套摆满鲜花的豪华房间，从里面可以俯视协和广场。我将自己在维亚雷焦的经历和我梦见孩子们再生和归来的神秘情形告诉了他。他把脸埋在双手中，似乎在进行一场激烈的思想斗争，最后他这样说道：

"1908 年，我第一次来到你身边的时候，是想着要帮助你的，但是我们的爱情却导致了一场悲剧。现在，让我们按照你最初的意愿，重建你的学校吧！让我们在这个悲伤的世界，一起为别人创造美吧。"

然后他又告诉我，他已经在贝尔维买下了一家大旅馆，从旅馆的高台上可以俯瞰整个巴黎，花园顺势而下直到河边，房间里可以容纳一千个孩子。现在，只要我同意，这所学校就可以永远地办下去。

"如果你愿意将所有的个人感情放在一边，并且愿意为了一个理想而生活下去的话……”他说。

生活已经给我带来了无尽的痛苦与灾难，只有我的理想仍然光辉灿烂，纯洁无瑕，为了理想，我同意了他的意见。

第二天一早，我们便参观了贝尔维，此后，我指挥着装修师和工匠们开始了工作，把这个相当俗气的旅馆改造成一座未来的舞蹈殿堂。

我在巴黎市中心举行了一次考试，挑选了五十名新的学生，另外还有原来舞蹈学校的学生和老师们。

舞蹈教室是原来旅馆的餐厅，现在挂上了蓝色的幕布。在狭长的房间的中央，我修了一个平台，并修建了可以上下的台阶。这个平台可以给观众用，也可以供那些试演作品的作者使用。我一直觉得，普通学校的生活之所以单调沉闷，是因为地板处于同一水平线。因此，我在许多房间之间修建了一条小过道，一边向上，一边向下。餐厅被改造得像是伦敦的英国下议院，座位从中间分成了两个区域，一排一排地逐渐升高，年龄大的学生和老师们坐在稍高的位子上，年纪小的孩子坐在下面较低的座位上。

在这种充满活力的生活中，我又一次焕发出了教学育人的勇气，这帮学生学得也非常快。刚开学三个月，每个人都取得了很大的进步，来学校观摩她们表演的艺术家都大为惊奇，赞叹不已。每个星期六是“艺术家日”，从上午十一点到下午一点，是一节面向艺术家们的公开课，之后，按照罗恩格林的习惯，要举行一次盛大的午宴。天气晴好的时候，午宴就在花园里举行，午宴之后，还有音乐演奏、诗歌朗诵和跳舞。

罗丹此时就住在对面的默东山上，他经常来做客。他经常坐在舞蹈教室里，为正在跳舞的小孩子们画速写。有一次，他对我说：

“我年轻时要是有这样的模特儿就好了！这都是会活动的模特儿，

会按照自然和谐规律活动的模特儿！我曾经有过漂亮的模特儿，但是从来没有像您的学生们那样理解运动科学的模特儿。”我给孩子们买了五彩缤纷的披肩，当她们离开学校到林中散步时，当她们跳舞和跑步时，简直就像一群美丽的鸟儿。

我觉得在贝尔维的这所学校会永远地存在下去，我也会在那里度过自己的余生，并将我所有的艺术成果都留在那里。

6月，我们在特罗卡德罗剧院举办了一场表演，这一次，我坐在了包厢里，看着我的学生们翩翩起舞。有些节目刚一演完，观众们就高兴得起立热烈欢呼；整场表演结束时，他们长时间地鼓掌，久久不愿离去。这些孩子并非受过长期专门训练的舞蹈家或演员，但是却受到了如此异乎寻常的热烈欢迎。我相信，这说明人们正热切地企盼着一种新的运动出现。我已经隐约地预见到了这种运动，正是尼采所希望的舞姿：

“舞蹈家查拉斯图特拉，轻盈的查拉斯图特拉，他展开双翅，发出召唤。他振翅欲飞，召唤所有的鸟儿做好准备。他因幸福的降临而欣喜。”

未来，这些孩子们将会成为表演贝多芬第九交响曲的舞蹈家。

第二十八章

在贝尔维的生活从清晨开始便充满了欢声笑语，先是小脚丫在走廊奔跑的声音，然后又是孩子们齐声歌唱的声音。等我下楼的时候，她们已经在舞蹈教室里等候，一见到我，就大声说："早上好，伊萨多拉！"在这样的环境里，谁还会愁眉不展呢？尽管我经常在她们中间寻找那两个已经消失的面孔，并且回到我自己的房间之后便独自垂泪，但是每天我仍然有勇气教她们跳舞，而且她们那优雅可爱的舞姿，也激励着我要勇敢地活下去。

公元100年的时候，罗马的一座小山上建造了一座学校，名叫"罗马教士舞蹈研修院"。这座学校的学生都是从最显赫的贵族家庭中挑选出来的——他们的家族必须拥有几百年的历史，在这几百年中，他们的家世不能有任何不纯洁的地方。尽管学生们也会学习各种艺术和哲学，但舞蹈是他们最主要的课程。一年四季，他们都要在剧院里表演舞蹈。每到重要的日子，他们还会下山，来到罗马，参加一些仪式，并且为人们表演舞蹈，让观众的灵魂得到净化。这些男孩的舞蹈极其纯洁，充满了欢乐和喜庆，就像是用药物来治疗疾病一样，他们用舞蹈让观众的灵魂得到净化和升华。当我最初创办自己的学校时，也怀着这样一种理想。我相信，巴黎近郊这座像雅典卫城一样的小山上，这座贝尔维学校，肯定也能像罗马教士舞蹈研修院那样，对巴黎和巴黎的艺术家们产生重大的影响。

每个星期，都会有一群艺术家带着速写本到贝尔维来，因为我们的学校已经被证明——是艺术家们产生灵感的源泉。数百幅速写和很多舞蹈雕塑形象都是从这里获得的原型，时至今日，这些作品依然存在。我想，通过这所学校，可以在艺术家和他们的模特儿之间建立一种新的理想的关系，并且可以通过我的学生们在贝多芬和塞扎尔·弗兰克[①]的音乐中起舞，可以用舞蹈动作来表演希腊悲剧中的大合唱，可以用舞蹈来表现莎士比亚的剧作。模特儿再也不是艺术家的工作室里那些僵硬、可怜的小傻瓜，而是一种生机勃勃的表现生命的形式。

为了进一步实现这些理想，罗恩格林现在计划恢复那个悲惨地夭折了的设想——他想在贝尔维的小山上修建一座剧院，并希望将它发展成一个节日剧院，这样巴黎人就能够在盛大的节日在这里狂欢，他还想为剧院配备一个交响乐团。

他又一次请来了建筑师路易斯·休，曾经被束之高阁的剧院模型重新被摆放在了图书室里，而且地基也已经被标了出来。在这座剧院里，我希望能够实现我的梦想——将音乐、悲剧和舞蹈以最纯洁的形式融合在一起。莫奈·苏利、埃莉诺拉·杜丝或者苏珊·德普雷斯可以在这里表演《俄狄浦斯》《安提戈涅》《厄勒克特拉》，而我的学生们也将为这些悲剧的大合唱表演舞蹈。我还希望让一千名学生同时表演第九交响曲，用来庆祝贝多芬的百年诞辰。我经常想象这样一幅画面：有一天，孩子们像雅典娜女神一样从山上走下来，乘舟过河，在残废

---

① 塞扎尔·弗兰克（César-Auguste-Jean-Guillaume-Hubert Franck，1822—1890），比利时裔法国作曲家、管风琴演奏家和音乐教育家。李斯特曾经评价他的管风琴演奏为“巴赫在世”。

院上岸，继续神圣的旅程——向先贤祠行进，最后在那里表演一场纪念某位伟大的政治家或者英雄人物的舞蹈。

每天，我都要用几个小时的时间来教我的学生，当我累得站不住的时候，便靠在沙发上挥动手臂来指导她们。我教学生的能力似乎到了一种神奇的地步，只需要向孩子们伸出我的双手，她们就会跳起来；甚至好像不是我在教她们跳舞，而是我为她们开辟了一条道路，让舞蹈之神附在了她们的身上。

我们计划演出欧里庇德斯的《酒神女祭司》，我的哥哥奥古斯丁将扮演酒神狄俄倪索斯，他背熟了整出戏的台词，他每天晚上都要给我们朗读这出剧，或是莎士比亚的剧本，或是拜伦的《曼弗雷德》。邓南遮对我们的学校也非常热心，经常和我们一起吃午餐或晚餐。

学校最早的一小批学生，现在已经变成了亭亭玉立的大姑娘。她们帮着我带小同学。看到姑娘们身上所发生的巨大变化，看到她们在我的教导下增长知识、增强信心，我的内心特别欣慰。

但是，在 1914 年的 7 月，一种奇怪的压抑感传遍了世界各地，我和孩子们也都深有同感。当我们站在台阶上俯瞰巴黎市区时，孩子们经常沉默不语，心情郁闷。天空中乌云翻滚，一种可怕的沉寂笼罩着大地。我觉得腹中的胎儿的活动也变得微弱了，不像之前那么有力。

我想尽快摆脱过去的痛苦和悲伤，投入到全新的生活中，但事情并没有想象的那么容易。7 月，罗恩格林建议将学生送到英国德文郡他的家里去度假。于是，在一天早晨，孩子们两个两个地前来向我道别，她们将在海滨度过 8 月份，等 9 月再返回学校。她们走了以后，整幢房子都显得空空荡荡的，不管我如何强打精神，仍然无法摆脱压抑与寂寞，我觉得身心俱疲。有时候，我会长时间地坐在台阶上眺望巴黎，并且感到某种从东方产生的危险悄然逼近巴黎，而且越来越近。

一天早上，奥地利皇太子斐迪南大公遇刺的噩耗传来，整个巴黎都陷入了一片混乱和恐惧之中。这是一个悲惨的事件，而且是以后更大悲剧的导火索。斐迪南殿下一直是我艺术上的知音，也是我的学校的挚友，听到这个消息，我觉得非常震惊和悲痛。

我焦躁不安，忧心忡忡。孩子们已经都走了，贝尔维变得空旷落寞，静寂无声，那间宽敞的舞蹈教室看上去也令人伤感。为了尽力驱散心中的恐惧，我就这样想——婴儿很快就会出生，孩子们很快就会回来，贝尔维很快又会成为生活和欢乐的中心，但我仍然觉得时间过得太慢。

一天早上，我的朋友博森医生——我们座上的常客——突然脸色煞白地来找我，手里拿着一份报纸，我一看，上面刊登着斐迪南大公遇刺的醒目消息。接着谣言四起，不久，战争爆发已经成为确定无疑的事实。在事情发生之前，总会预先投下阴影，这真是太有道理了！现在我终于明白了，上个月我感觉到的那片笼罩在贝尔维上空的阴影，原来就是战争。我哪里会想到，当我在计划如何复兴戏剧艺术，以及举办令人欢乐兴奋的狂欢节时，有些人却在策划战争、死亡和灾难。上帝啊，面对这突如其来的一切灾难，我一个人的力量该是多么的微不足道啊！ 8月1日，我第一次感到了分娩的阵痛。在我房间的窗户下面，人们在大声宣读着征兵通知。那天天气炎热，窗户开着，我的喊声、呻吟和挣扎的声音，与外面的阵阵鼓声和叫喊声交织在了一起。

我的朋友玛丽拿着一个摇篮来到了我的房间里，摇篮上挂着白色的纱幔。我目不转睛地看着摇篮，相信迪尔德丽或者帕特里克即将回到我的身边。外面的鼓声仍然咚咚咚地响个不停，动员——战争——战争。战争要开始了吗？我想知道答案。但是我的孩子必须生下来，可是让他来到这个世界却是如此的困难。一位陌生的医生取代了我的朋友博森，因为博森医生接到动员令，加入了部队，已经随军离开了。医生不停地对我说："夫人，坚持，坚持住！"可是对一个饱受痛苦折磨的人说"坚持住"又有什么用处呢？如果他对我说："忘记你是一个女人，忘记你应该豁达地忍受痛苦这一类废话，忘记这一切，尽情地尖叫、喊叫……"或许会好得多；如果他能够再仁慈一点，给我一杯香槟，那就更好啦。但是这个医生自有他的一套办法，他总是说："坚持住，夫人。"护士也非常着急，不停地对我说："夫人，这是战争——这是战争啊！"我想："肯定是个男孩，但是他太小了，还无法参加战争。"

我终于听到了婴儿的啼哭声——他哭了，证明他还活着。在过去的一年里，我一直处于巨大的痛苦和恐惧中，现在，巨大的欢乐降临了，一切不幸和灾难都消失得无影无踪。悲伤、哀痛和眼泪，长久的等待和痛苦，都被一种巨大的喜悦之情代替。毫无疑问，如果有上帝，他便是最伟大的舞台指挥。当一个漂亮的男婴被放进我的手中时，所有漫长的悲伤和眼泪都转化成了喜悦。

但是鼓声仍然继续传来，"动员——战争——战争"。

"战争爆发了吗？"我觉得很奇怪，"但是，这关我什么事呢？我的宝贝在这里，安全地躺在我的怀抱里。现在，让他们去发动战争吧，关我什么事呢？"

人的欢乐就是如此的自私。在我的房间外面，人来人往，吵吵嚷嚷，妇女的哭泣声、喊叫声、讨论征兵动员声响成一片。可是，屋里的我把孩子抱在怀里，觉得非常高兴，就像进入了天堂。

晚上，房间里挤满了前来祝贺的人。看见我抱着孩子，他们都说："现在你又一次得到了幸福。"然后，祝贺的人一个接一个地离开了，只剩下了我和孩子。我轻轻地对他说："你是谁？迪尔德丽还是帕特里克？你又回到我身边了。"突然，这个小东西憋住了呼吸，好像被一口气噎住了；接着，他从冰冷的小嘴里吐出了长长的一口气，就像吹口哨似的。我赶紧叫来护士，她一看，急忙从我手里把孩子抱了过去，我听到了另一间房子里传来了要氧气、要热水的声音。

一个小时的痛苦等待之后，奥古斯丁进来说：

"可怜的伊萨多拉……你的孩子……死啦……"我相信，我在那一刻所遭受的痛苦，是人世间所有痛苦中最惨烈的，因为这个孩子的死亡就像那两个孩子又死了一次一样，我再次遭受了第一次失去孩子时的那种巨大痛苦的打击，而且这次的痛苦更为强烈。

玛丽流着眼泪走进房间拿走了摇篮。我听到隔壁的房间里传来了锤子的敲打声——在钉棺材——这是我那可怜孩子的唯一的摇篮。叮叮当当的锤声奏出了最后的绝望之音，每一下都敲打在我的心头。我孤苦伶仃地躺在床上，忍受着痛苦的无情折磨，任凭泪水、奶水和血水这三股苦难的泉水在我的心里流淌。

有个朋友来看我，劝我说："你个人的悲伤又算得了什么？战争已经夺去了成百上千人的性命——伤病员、阵亡者正源源不断地从前线送回来。"这样的话，我将贝尔维贡献出来作为战时医院也就成了一件很自然的事情了。

在战争期间，真可以说是群情激奋。人们表现出的参战热情不断高涨，随之又出现了满目疮痍、尸骨累累的荒凉景象，这其中的是非对错，谁又能说得清呢？当然，这种争论现在已经变得毫无意义，况且我们又怎敢妄加评价呢？罗曼·罗兰身在瑞士，超越了现实的恩怨，只是对战争提出了抗议，结果他白发苍苍、充满睿智的头颅遭到了一些人的无情诅咒，当然，也有另外一些人的深情祝福。

不管怎么说，从那个时候开始，我们大家都变得激昂慷慨起来，甚至连艺术家都说："艺术算得了什么？孩子们正在付出生命，战士们正在付出生命——艺术在这个时候又有什么用呢？"如果当时我还有一丝理智的话，我就会说："艺术比生活更伟大！"但是当时的我却选择了随波逐流，顺着别人的意愿说："把我这些床拿去吧，把这座为艺术而造的房子拿去用吧，拿去建一座医院来照顾伤员吧！"

有一天，两个抬担架的人来到了我房间，问我是否愿意去看看我的医院。由于我无法走动，他们就用担架抬着我一间房一间房地挨个儿看。在那些房间里，我看到我的酒神女祭司、舞蹈的农牧神、仙女和森林之神的浮雕，以及我所有的幕布和屏帐统统都被摘了下来，转而挂上了黑色基督在金色十字架上受难的廉价雕像。这些雕像是由一家天主教商店制造的——战争期间，这家商店生产了很多这样的雕像。我想，那些从伤痛中苏醒过来的可怜伤员们，如果睁开眼睛时能够看到原来的装饰，该是多么的高兴啊！为什么要让他们面对这个可怜的、伸开双臂钉在金色十字架上的黑色基督呢？对他们来说，这是多么令人伤感的景象啊。

在我那间漂亮的舞蹈室里，蓝色的幕布全都没有了，摆放着一排排的行军床，正在等着那些受着伤痛的人。我那间收藏着许多诗集的书房，现在也变成了一间手术室，等待着受难者的到来。当时我的身体处于极端虚弱状态，这些景象更是深深地刺激了我。我感到狄俄倪索斯已经被彻底打败了，这是一个被受难的耶稣统治的时代。

不久之后的一天，我听到了沉重的脚步声，担架兵开始往这里送伤病员了。

贝尔维，我心目中的雅典卫城，我原本想将你变成我灵感的源泉，变成一所在哲学、诗歌和伟大的音乐激励下创造崇高生活的学堂，但是，从这一天开始，艺术与和谐已经无影无踪。在这座房子里，我第一次听到了哭声——既有一位受伤的母亲的哭声，也有受到人间战火惊吓的婴儿的哭声。我的艺术殿堂变成了受难者的灵堂，最后又变成了一座血淋淋的阵亡者的停尸房。在这里，我曾经向往过天堂的音乐，现在却只能听到痛苦的叫喊声。

萧伯纳曾经说过，只要人们仍然不断地折磨、屠宰动物，并且吃掉它们的肉，就永远无法消灭战争。我认为所有神志清醒、头脑健全的人都会同意他的看法。我学校里的孩子们都是素食主义者，她们只吃蔬菜和水果，但照样长得健康漂亮。战争期间，有时一听到受伤者痛苦的喊叫声，我就会想起屠宰场里那些动物的哀鸣，我想，如果我们折磨这些可怜无助的动物的话，神灵便会折磨我们。有谁会喜欢这个被称为“战争”的可怕的家伙呢？这可能是那些杀生的肉食者的惯性，因为他们已经习惯了杀生——屠杀飞禽走兽，捕杀担惊受怕的温柔的麋鹿，猎获狐狸——最后他们免不了要杀人。

屠夫穿着血迹斑斑的围裙，只能造成流血和屠杀，难道不是这样吗？从割断小牛的喉咙到割断我们兄弟姐妹的喉咙，中间只有一步之遥。只要我们的肠胃仍然是被宰杀动物的坟墓，我们就不能指望这个世界上会有理想的环境！

等到我能够走动以后，我就和玛丽离开贝尔维到海滨去了。通过战区时，当我说出自己的名字后，我们受到了极高的礼遇，一个值勤的哨兵对同伴说：“她是伊萨多拉，让她过去吧。”我觉得这是我平生所得到的最高荣耀。

我们来到了杜弗尔，在诺曼底饭店租了几个房间。我疲惫不堪，病痛缠身，能够在这个休养胜地住下来，真是让人高兴。几个星期过去了，我仍然是萎靡不振、身体虚弱，以至于连到海边散步或吹一吹海风都无法成行。我觉得自己确实是病了，便让玛丽到医院去请医生。令我奇怪的是，医生居然没有来，只是给了我一个含糊其辞的答复。由于无法得到治疗，我只好待在诺曼底的饭店里，因疾病而劳心伤神，至于将来怎么办，就更是没有精力去考虑了。

当时，诺曼底饭店是巴黎许多上层人物的避难所。在隔壁的一套房间里，住着勃朗蒂埃尔伯爵夫人，她有一位客人，是诗人罗伯特·德·孟德斯鸠伯爵[①]，晚饭以后，我们经常够能听到他用柔和的假声朗诵自己的作品。在战争和杀戮之声不绝于耳的环境中，听到他如此痴心地颂扬歌颂美的力量，真是让人觉得心情舒畅。

萨夏尔·奎特里[②]也是诺曼底饭店的客人，他每天晚上都要在大厅里讲一些逸闻趣事，这让大家觉得非常高兴。

但是，来自前线的信件总是带来一些与这场世界悲剧有关的消息，这时人们又清醒了过来，重新回到了悲惨的现实世界中。

很快，我就对这种生活感到厌倦了。但是由于疾病缠身，无法外出旅行，我便租了一套带家具的别墅——“黑白别墅”，里面的所有东西，例如地毯、窗帘、家具都是黑色和白色的。租的时候，我觉得它非常新颖有趣，但住进去后才觉得太过沉闷和压抑了。

在贝尔维的时候，我满怀着希望——对我的学校、艺术和未来新生活的希望；现在，我却住进了海边这所狭小孤寂的黑白别墅。但最糟糕的还是疾病，我几乎连到海边散步的力气都没有。到了9月，秋天带着狂风暴雨到来了。罗恩格林来信说，他已经将学校迁到了纽

---

① 罗伯特·德·孟德斯鸠伯爵（Robert de Montesquiou，1855—1921），法国唯美主义运动代表人物、象征主义诗人、艺术品收藏家。

② 萨夏尔·奎特里（Sacha Guitry，1885—1957），法国舞台剧演员、电影演员、导演、编剧。

约，他想在那里找一个战争避难所。

一天，我莫名地感到空前的凄凉，就亲自去医院找那位不肯来为我看病的医生。这是一位留着黑胡子的矮个子医生。不知是幻象还是真实，我觉得他一看见我就马上转身走开了。我急忙走上前去问道："医生，为什么您不肯前去为我看病呢？是对我有什么意见吗？难道你不知道我真的有病而且非常需要你吗？"

带着那种惊慌失措的神情，他支支吾吾地说了几句表示歉意的话，不过他还是答应第二天来看我。

第二天早晨，秋天的暴风雨又下了起来，海上浊浪排空，大雨倾盆如注。医生如约来到了黑白别墅。

我坐在房间里，想把壁炉点着，但是由于烟囱不通炉火，没能点着。医生为我测量了脉搏，又问了一些常规性的问题。我将自己在贝尔维所遭受的痛苦——我那个没有活下来的婴儿的事情告诉了他。他继续用那种惊慌失措的眼神看着我。突然，他一下子将我搂在了怀里，爱抚着我。

"你没有病，"他激动地说道，"你得的是心病——因为爱而生病。能够治愈你的唯一的良药就是爱，爱，更多的爱。"

当时的我正处于孤寂落寞、心力交瘁的状态，对于这种强烈而又自然的感情爆发只觉得非常感激。在这位奇怪的医生的眼里，我看到了爱情，于是我便用自己那伤痕累累的身心中所蕴含的全部的悲伤力量回报了他。

从此，他每天结束了自己在医院的工作之后，就到我的别墅来，告诉我这一天里他所遇到的种种可怕的事情，如伤员们如何痛苦，还有经常进行的毫无希望的手术等这一切由可怕的战争造成的恐怖。

有时候，我会和他一起去值夜班，这时，这家设在夜总会里的大医院已经安静下来，只有中央大厅里的灯还亮着。无法入睡的伤员们转动着身子，发出一声声疲惫的叹息和呻吟。医生挨个儿地轻声探问和安慰他们，或者给点水喝，或者给他们注射一针珍贵的麻醉剂。

经过了这样辛苦的白天和可怜的黑夜之后，这位古怪的医生更加需要狂热而又缠绵的爱情。在火热的拥抱中，在令人癫狂迷乱的快乐中，我的身体康复了，又可以到海边散步了。

一天晚上，我问安德烈——这个古怪的医生的名字——为什么会在我第一次请他时拒绝来看我，他没有回答我，但是他的眼睛里却充满了痛苦和悲伤。我不敢再追问这个问题，但我却越来越好奇。这里面肯定有什么秘密。我觉得我的过去与他不愿回答问题肯定有着某种联系。

11 月 1 日是亡灵节，站在别墅的窗前，我注意到花园里有一块地方是用黑白两色的石头布置的，看起来就像两座坟墓。花园里的这种装饰，成为一种幻象，看得我不由自主地浑身发抖。每天，我都孤独地待在别墅里，或是在凄冷的沙滩上徘徊，真像是陷入了一张痛苦和死亡织成的大网中。一列列火车抵达了杜弗尔，运回了悲惨的伤员和垂死的士兵。曾经灯红酒绿的夜总会，在上个季节还充斥着爵士乐的响声和人们的欢笑声，现在却变成了一个巨大的苦难者的客栈。我觉得越来越郁闷，而安德烈医生在夜里也变得越来越压抑，当初那些充满幻想的激情逐渐消失了。他常常用一种绝望的眼神盯着我，就像一个受着可怕记忆纠缠的人。每当我碰到他这种眼光时，他就说："如果你了解了一切，那么我们两人就该分手了。请你千万不要再问我了。"

我向他哀求道："告诉我究竟是什么原因，我再也受不了这种猜谜似的生活了。"他后退了几步，站在那里让我细细地打量——一个身材不高的健壮的男人，留着黑胡子。

他问道："你真的不认识我了吗？"我盯着他看了又看，想了又想。迷雾散尽了，我猛地放声大哭起来，我想起了那个可怕的日子，就是这个医生让我保持希望，就是他用尽了一切办法想救活我的孩子们。

他说："现在，你知道我为什么那么痛苦了吧？你睡着的时候，跟你的小女儿在那儿躺着的时候太像了。我尽了最大的努力想挽救她，一连好几个小时，我一口气一口气地尽力把我的呼吸——我的生命——通过她可怜的小嘴，传递给她……"

他的话勾起了我无尽的哀痛，我伤心绝望地哭了整整一夜，而他心中的痛苦却也不比我轻。

那天晚上之后，我意识到我对这个人的爱简直强烈到了异乎寻常的地步。但是随着爱情和欲望变得日益强烈，他的幻觉也越发加重。一天晚上，当我醒来以后，发现他那可怕的、充满哀伤的眼睛盯着我，我突然有一种感觉——始终纠缠他的那些痛苦的回忆，最后可能会让我们两个人都发疯。

第二天早晨，我沿着海滩散步，越走越远，我当时想，再也不回那令人悲伤的黑白别墅里去了，也再不回到那包围着我的死一般的爱情中去了。我走了很远，一直走到了黄昏时分，天都快黑了，我才意识到自己必须要回去。潮水汹涌而来，我就在潮涨潮落间行走。虽然潮水很凉，但我却有一种强烈的愿望，就是迎着这些海浪径直走进大海，永远地结束那无法忍受的悲痛，因为无论是艺术，还是再次生孩子，还是爱情，都无法让我找到安慰。我尽一切努力来摆脱不幸，但最终得到的却只是毁灭、痛苦、死亡。

在回来的半路上，我碰到了安德烈。他非常焦急，因为他在海滩上找到了我无意中丢掉的帽子，他还以为我已经在汹涌的波涛中结束了自己的生命。他走了几英里路，看到我活着向他走来，高兴地就像个孩子似的大声喊叫起来。我们回到了别墅，互相安慰着，但是我们都意识到，如果我们两人都不想发疯的话，就必须要分开，因为与我们的爱情相伴的，始终是那些痛苦的回忆，它最终只能导致死亡或者疯狂。

另外，还有一件事情让我觉得更加悲伤。我让人从贝尔维送来了一箱御寒的衣服。箱子被送到了别墅，但是却送错了箱子，我打开一看，发现里面装的竟然是迪尔德丽和帕特里克生前穿过的衣服！那些衣服又一次摆在了我的眼前——他们小衣服、外套、鞋子和小帽子。我又一次听到了我看见他们死后躺在那里时所发出的哀号——那是一种奇怪的、撕心裂肺的尖声长叫。连我自己都没意识到，那就是从我喉咙里发出的声音，听起来就像某个伤痕累累的动物临死前发出的哀号一样。

安德烈回来的时候，看到我已经神志不清地趴在打开的箱子上，双手还紧紧地抱着孩子们的那些小衣服。他将我抱到隔壁的屋子里，又赶紧把箱子弄走，后来，我再也没有看到过那只箱子。

第二十九章

英国宣布参战以后，罗恩格林将他位于德文郡的别墅改造成了一所医院。为了保护学校里那些来自不同国家的孩子们，他让他们都坐船去了美国。奥古斯丁和伊丽莎白此时与学生们一起待在纽约，他们经常发电报来让我到他们那里去。这样，我终于决定去美国。

安德烈把我送到了利物浦，又送我上了库纳德游轮公司①开往纽约的一艘大客轮。

我已经心力交瘁，航行期间，我白天几乎从来没出过舱门，只有到了晚上，当其他乘客都酣然入睡之后，我才会来到甲板上站一会儿。当奥古斯丁和伊丽莎白到纽约来接我的时候，看到我身体虚弱、满面愁容的样子，都觉得非常吃惊。

我们的学生被安置在一座别墅里，这是一群快乐的战时难民。我在第四大街和第二十三大街交会的地方租了一间很大的工作室，然后在房间的四周挂起了蓝色的幕布。我们又开始工作了。

从正在浴血奋战的法国回来，看到美国对战争漠不关心的态度，我觉得非常愤慨。一天晚上，在大都会歌剧院里，当预定的节目演出

---

① 库纳德游轮公司（Cunard Line），成立于1840年，是一家拥有百年历史的英国邮轮航运公司。

结束之后，我就围上了红色的大围巾，即兴表演了一曲《马赛曲》，号召美国的热血青年站出来保卫我们这个时代的最高文明——从法国传播到世界各地的文化。第二天一早，各大报纸都对此事进行了热情洋溢的报道，其中一家报纸这样写道：

伊萨多拉·邓肯小姐在演出即将结束时所表演的激情昂扬的《马赛曲》，受到了异常热烈的欢迎，观众们全体起立欢呼，长达几分钟的时间……她那悲壮的舞姿，正是在向凯旋门上的不朽形象致敬。当她通过自己的加工，将这座著名的拱门上的艺术形象艺术地再现出来时，观众们激动不已。这时的她，肩膀是裸露的，半边身子裸露到了腰际，但是，一切都和谐地统一在了一个舞蹈动作中。这是对崇高艺术作品的生动再现，观众们为此发出了双重的欢呼和赞叹。

我的工作室很快就成了诗人和艺术家们的聚集地。从这时起，我又恢复了昔日的勇气。当我看到新建的世纪剧院还闲着无人使用时，便把它租了下来，以便作为将来演出之用，并且，我可以在那里创作自己的《酒神舞》。

但是这座剧院的装饰过于庸俗和拙劣，我很不满意，为了将它改造成为一个古希腊式的剧场，我清除了乐队的座席，在上面铺上了一块蓝色的地毯，这样合唱队就可以在上面走动了。我又用大块的蓝色幕布将丑陋难看的包厢遮挡住，然后安排了三十五位演员、八十位乐师和一百位合唱队员，共同演出《俄狄浦斯》。我的哥哥奥古斯丁饰演男主角，我的学生们和我一起参加了悲剧合唱队的演出。

我的观众大都来自纽约东区，他们都是当代美国真正的艺术爱好者。东区人民的赏识令我非常感动，于是我带着全体人员和一个乐队赶到那里，在意第绪剧院举行了一场免费演出。如果资金充足的话，我想会留在那里一直为他们表演，因为他们的灵魂天生就适合欣赏音乐和诗歌。但是，这次巨大的冒险被证明是一次昂贵的试验，它让我陷入了彻底破产的境地。我向纽约一些百万富翁去求助，却招致了这样的疑问：“你为什么要表演什么希腊悲剧呢？”

那时，爵士舞风靡整个纽约，上层社会的男男女女都将时间消耗在了类似巴尔的摩饭店那样大饭店的舞厅里，在黑人乐队呕哑嘲哳的音乐声和叫喊声中大跳狐步舞。我曾经应邀参加过一两次这样的盛大舞会，一想到法国人正在流血，急需美国人的帮助，但这里竟然如此的纸醉金迷，我就忍不住义愤填膺。事实上，1915 年这一年，整个美国的气氛都让我极为反感，所以，我决定带着我的学校回欧洲去。

但是这时我的手头已经非常拮据，没钱给大家买船票。虽然我自己已经预订了“但丁·阿利格埃里号”客轮返航的舱位，但却没钱为其他人买船票。轮船起锚之前三小时，我还没有凑够足够的船票钱。这时，一位衣着朴素的美国青年妇女走进了我的工作室，问我们是不是今天就准备去欧洲。

“你瞧，”我指着整装待发的孩子们说，“我们都已经准备好了，可就是没有足够的钱买船票。”

“你们需要多少钱？”她问。

“大概两千美元吧。”我回答道。这时，这位了不起的年轻女士拿出了钱包，从里面抽出两张千元大钞，放在了桌子上，对我说：“能在这种小事上对你有所帮助，我非常荣幸。”

我惊奇地看着这位与我素昧平生的女士，她甚至连任何感谢都不要就将这么大一笔钱给了我。我当时在想，她肯定是一位不愿透露姓名的百万富翁，但是后来我才知道，其实并不是这样的。事实上，为了能够送给我这笔钱，她在前一天把所有的股票和公债给卖掉了。

她的名字叫露丝。

她和许多人一起到码头为我们送行。她对我说了这样一句话："你的人就是我的人，你的事业就是我的事业。"从此以后，她始终都对我这么好。

由于无法继续在美国演出《马赛曲》了，我们便站在甲板上，每个孩子的衣袖里都藏着一面小小的法国国旗——我提前告诉孩子们，当汽笛拉响、轮船离岸时，便一起挥舞着旗子高唱《马赛曲》。我们这样做了，都非常高兴，码头上的官员们却大惊失色。

我的朋友玛丽也来为我们送行，但是到了最后一刻，她却不忍与我分别。虽然没有行李，也没有护照，但她却一个箭步跳到了甲板上，和我们一起高唱《马赛曲》，然后对我说："我和你们一起走。"

于是，唱着《马赛曲》，我们离开了为富不仁、耽于享乐的1915年的美国，带着我的这所流浪的学校，向意大利驶去。终于有一天，带着满怀喜悦，我们抵达了那不勒斯。当时意大利已经决定参战，能回到这里，我们都很高兴。我们还在乡间举办了一次盛大的宴会，记得我对一群围观的农民和工人发表了演说："感谢上帝赐予你们如此美丽的家园，用不着羡慕美国。在这里，在你们美丽的土地上，天空湛蓝澄澈，大地长满了葡萄和橄榄，你们比美国任何一个百万富翁都更加富有。"

在那不勒斯，我们讨论了下一步的去向。我希望能够到希腊去，在科帕诺斯建立一个营地，在那里坚持到战争结束。但是年龄稍大一些的学生被这个想法吓坏了，因为她们这次出行所持的都是德国护照。既然如此，我就决定到瑞士去寻找一个暂时栖身的地方，在那里我们能够进行一系列的演出。

抱着这样的目的，我们到达了苏黎世。一个著名的美国百万富翁的女儿就住在这里的湖滨饭店，我认为这是个很好的机会，我可以让她对我的学校产生兴趣。一天下午，我让孩子们在草坪上为她表演了舞蹈。孩子们表演得简直太棒了，我想这肯定能够打动她。但是等到我和她谈论资助我的学校的话题时，她回答道："是的，孩子们很可爱，但是这并没有引起我的兴趣。我只是对分析自己的灵魂感兴趣。"多年以来，她一直跟随著名的弗洛伊德的信徒荣格医生学习精神分析法，每天，她都要花上几个小时把自己前一天夜里的梦记录下来。

那年夏天，为了离我的学生们近一些，我住进了洛桑的湖畔饭店，我的房间非常漂亮舒适，阳台正对着湖水。我又租下了一个曾经用来做饭厅的大棚，在它的周围挂上了那种永远都能激发出我的灵感的蓝色幕布，将大棚改造成了一座殿堂，每天的下午和晚上，我就在这里教学生们跳舞。

一天，我非常高兴地接待了奥地利音乐家魏因加特纳[①]和他的妻子，而且整个下午和晚上，我都在格鲁克、莫扎特、贝多芬和舒伯特的音乐伴奏下，为他们表演舞蹈。

每天早晨，我都能从阳台上看到一群身穿闪亮丝绸衣服的漂亮男孩，他们聚集在另一个阳台上，俯瞰湖上的风光。他们经常从所处的阳台上对着我微笑。一天晚上，他们邀请我共进晚餐，我发现他们是一群聪明可爱的难民。

有几个晚上，他们约我一起坐着小汽艇到充满浪漫情调的莱芒湖

① 魏因加特纳（Paul Felix von Weingartner，1863—1942），奥地利指挥家、作曲家。生于一个下层贵族家庭，1883 年到魏玛师从李斯特学习，之后在德国各地歌剧院担任指挥。1891 年他执掌柏林皇家歌剧院，后来又到维也纳国家歌剧院接替马勒的职位。1927 年他移居瑞士，1940 年在伦敦演出了最后一场音乐会。他是当时最出色的指挥家之一，其古典主义指挥风格在历史上影响很大。他留下了史上第一套贝多芬交响曲全集的录音。作为作曲家，他也有很多作品，例如多达七部的交响曲。

上游玩。船上充满了香槟酒的香气，大家都很高兴。通常，我们都是在凌晨四点才在蒙特勒上岸。在那里，有一位神秘的意大利伯爵请我们吃了一顿凌晨四点钟的夜宵。这位英俊而又令人生畏的美男子白天睡觉，晚上才出来。他经常从口袋里掏出一个银色的小注射器，熟练地将针头刺入他那苍白的细胳膊上，但大家对此都视而不见。打完针以后，他又变得精神起来，显得非常快活，不过他们说他在白天忍受着非常可怕的痛苦。

与这些迷人的年轻人在一起，使我原本悲伤孤独的心情得到了放松，但是他们对女性的魅力却显得无动于衷，这伤害了我的自尊心。我决定试着施展我的魅力，结果大获成功。一天晚上，在这群青年人的头头——一位年轻的美国朋友的独自陪伴下，我们两个人坐着一辆豪华的梅塞德斯汽车出发了。这是一个美丽的夜晚，我们飞驰在莱芒湖畔，从蒙特勒飞驰而过，我高喊着："继续走！继续走！"到了天快亮的时候，才发现我们已经来到了维加，我还在喊着："继续走！继续走！"于是我们又飞速驶过了终年积雪的山峰和圣伯纳德山口。

我想到了这位年轻人那帮可爱的伙伴们，忍不住笑了出来——他们早上起来，会惊奇地发现他们的首领跟一个可恶的女人跑了，他们肯定会对这件事非常吃惊。一路上，我极尽诱惑之能事，很快，我们又向南进入了意大利境内，一路向南，直达罗马，然后又从罗马开往那不勒斯。当我看到大海的时候，我又非常渴望能够再次看到雅典。

于是我们又坐上了一艘意大利小游艇。在一天早上，我重新踏上了彭特利库斯山那白色的大理石台阶，走向了神圣睿智的雅典娜神庙。直到今天，我还清楚地记得上次到这里时的情景。在这许多年间，我违背了智慧与和谐，为了那些让我意乱情迷的恋情，我付出了多么惨痛的代价，一想到这些，我就禁不住羞愧万分。

当时的雅典城正处于骚乱之中，我们到达以后的第二天，韦尼泽洛斯首相[①]下台的消息就传开了，当时人们认为希腊王室很可能会与德国皇帝站在一起。那天晚上，我举行了一场丰盛的晚宴，来宾中包括国务大臣梅勒斯先生。我在餐桌中央放了一堆红玫瑰，下面藏了一台小留声机。在同一间屋子里，还有来自柏林的一群高级官员，这时，从他们那边突然传来了祝酒声："皇帝万岁！"我马上将玫瑰花推开，打开留声机播放起了《马赛曲》，与此同时，我举杯祝酒："法兰西万岁！"

国务大臣看起来相当吃惊，但其实他非常高兴，因为他也热情地支持协约国的事业。

这时，一大群人聚集在了我们窗外的广场上。我将韦尼泽洛斯的画像高高地举过头顶，让我那位年轻的美国朋友拿着留声机跟在我的后面，勇敢地反复播放《马赛曲》。来到广场中间，伴随着这件小乐器播放出的音乐和热情高涨的群众的歌声，我跳起了这首法国国歌，然后向人们发表了演讲。我说："你们拥有了第二个帕里克勒斯，他就是伟大的韦尼泽洛斯——你们为什么要让他受到干扰呢？你们为什么不追随他呢？只有他才能让希腊变得繁荣富强。"

然后我们又组织了一次游行，来到韦尼泽洛斯家的门前，在他的窗下，高唱希腊国歌和《马赛曲》。后来，军队来了，士兵们端着上了刺刀的枪，不由分说地驱散了我们。

这段小插曲让我非常高兴。后来，我们乘船返回了那不勒斯，继续我们的旅程，最后又回到了洛桑。

从那时开始，直到战争结束，我不顾一切地保持着学校的完整，

---

① 韦尼泽洛斯首相（Eleftherios Venizelos，1864—1936），希腊现代历史上最著名的政治家之一，曾七次出任希腊王国首相。

我认为战争即将结束，我们即将回到贝尔维。但是战争仍在继续，为了维持学校在瑞士的运转，我不得不以五分的利息借了高利贷。

1916年，为了这个目的，我接受了一份到南美去演出的合同，然后便乘船前往布宜诺斯艾利斯。

在撰写回忆录的过程中，我越来越明确地意识到，要想写出一个人的一生，或者说写出我在生活中所见过的各式各样的人，那简直是不可能的。有些在当时看来好像要持续一生的事情，到了我的笔下，只占了短短几页的篇幅，好像几千年漫长的苦难都变得很短暂了。而我为了生存，为了在纯粹出于自卫的斗争中脱胎换骨，却完全变成了另一个人，这一段对我来说原本极为漫长的过程，落在纸上也变得短得可怜。我经常绝望地问自己：什么样的读者才能将我勾勒出的框架变成有血有肉的形象呢？我努力地记录下事实的真相，但真相却经常躲藏起来，让我无法看见。怎样才能描绘事实的真相呢？如果我是一位作家的话，并且创作出二十本描写我的生活的小说，也许这样才有可能比较接近真相。如果真的是这样，那么在创作完这些小说之后，我就应该写一写艺术家们的故事，让它与前二十部书的内容完全不同。因为我的艺术生活和艺术思想都是自己独自发展出来的，而且现在仍然在发展变化着，它们就像一个独自存在的有机体，似乎完全独立于我的意志之外。

现在我仍然努力地记录着发生在我身边的所有真实的事情，我害怕这些事情最终会让我写得一塌糊涂。但是你们能够看到，虽然将一个人的生活完全记录下来是不太可能的，但这项工作既然已经开始，我就准备将它坚持到底，即便我会听到世界上所有的“贞节贤淑的女人”说“这是一段非常不光彩的历史”，或者“她所有的不幸都是她所犯下的罪孽的报应”——尽管我并不觉得自己犯下过什么罪孽。尼采说："女人是一面镜子。"我只不过是将曾经紧紧控制着我的人和力量反映出来而已。就像古罗马诗人奥维德的《变形记》中的女主人公们一样，会根据不朽神祇的旨意来改变自己的外形和性格。

奥古斯丁不想让我在战争时期独自旅行，因此当船在纽约靠岸时，他就上船来陪我。有他陪在我的身旁，对我来说是一种极大的安慰。同船的还有一些拳击手，为首的名叫特德·刘易斯①。他每天早上六点钟起床训练，然后在船上的咸水池里游泳。早上，我和他们一起参加训练，晚上就跳舞给他们看，因此我的旅途很愉快，根本不觉得路途漫长，也不觉得寂寞。钢琴家莫里斯·蒂麦斯尼勒②也和我同行。

巴西的巴伊亚③是我此行到达的第一个亚热带地区，这里气候温暖，四季常绿，潮湿多雨。大雨经常不停地下，身穿印花布衣服的妇女却照常在街上行走，衣服淋湿之后贴在身上，她们也不在乎，似乎衣服是干是湿都无所谓。在这里，我第一次看到白人和黑人杂然相处，相互间都非常的自然随意。在我们用餐的一个饭馆里，一个黑人男子和一个白人姑娘坐在一起，另一张桌子旁边则坐着一个白人男子和一个黑人姑娘。在小教堂里，一些妇女抱着光着屁股的混血婴儿去受洗。

在这里，每个花园里都盛开着木槿花。整个巴伊亚到处都有黑人和白人在谈情说爱。在一些街区，一些黑种、白种和黄种妇女懒懒地靠在妓院的窗边——在这个地方的妓女身上，似乎看不到那些大城市妓女常有的憔悴面容或者鬼鬼祟祟的做派。

---

① 特德·刘易斯（Ted Lweis，1893—1970），英国著名职业拳击手，曾两次赢得次中量级拳击世界杯冠军。

② 莫里斯·蒂麦斯尼勒（Maurice Dumesnil，1884—1974），法国古典音乐钢琴家、作曲家。德彪西的学生。

③ 巴伊亚（Bahia），是巴西的26个州之一，地处东北部。面积565733平方千米，首府是萨尔瓦多（Salvador）。

到达布宜诺斯艾利斯几天以后，我们在一天晚上去了一家大学生酒吧。这里照例是一间狭长的屋子，屋顶很低，烟雾弥漫，挤满了皮肤黝黑的小伙子和皮肤浅黑的姑娘们，他们挤在一起，正在跳着探戈舞。我从来没有跳过探戈舞，但是我们那位年轻的阿根廷导游非要让我试一试。刚刚迈出羞怯的第一步，我便感到自己的脉搏与这种节奏欢快、撩人春情的舞蹈的节奏发生了共振反应。它就像长久的爱抚一样甜蜜，就像南方天空下的爱情一样令人心醉，就像神秘无际的热带雨林一样充满了诱惑和危险——当这个黑眼睛的年轻导游紧紧地搂着我，并且不时地用他那大胆而自信的眼睛盯着我的双眼时，我体会到了所有这些感觉。

突然，大学生们认出了我，他们把我围起来，纷纷告诉我说，今晚是庆祝阿根廷获得自由的纪念日，于是他们请我用阿根廷国歌来表演舞蹈。我一向愿意让学生们高兴，就同意了他们的要求。听完了阿根廷国歌的歌词翻译之后，我把阿根廷国旗裹在身上跳了起来，努力表现他们遭受殖民者奴役时的痛苦和推翻暴君后获得自由的欢乐。我的演出获得了意想不到的成功，学生们以前从未见过这样的舞蹈，他们激动地欢呼起来，并要求我一次又一次表演这首国歌，他们则一遍又一遍地唱着。

回到饭店以后，我非常高兴，并且喜欢上了布宜诺斯艾利斯这座城市。但是，我高兴得太早了。第二天早上，我的经纪人读到了一篇关于我昨晚表演的不实报道，他非常气愤，通知我说，根据法律，他认为我们之间的合同失效了。布宜诺斯艾利斯所有的上等人家纷纷取消了我演出的预订票，并且一致抵制我的演出。就这样，那场令我十分愉快的酒吧晚会毁掉了我在布宜诺斯艾利斯的巡回演出。

生活中存在的混乱和不和谐，在艺术作品中往往都被赋予了一种和谐的形式。一部好的小说，当以艺术的形式发展到高潮的时候，通常不会草草地收场并转入低谷。艺术作品中的爱情，如伊索德的爱情，是以一种悲剧性的美妙音调结束的。但生活中却充满了急转直下的低谷，现实生活中的爱情通常也会以不和谐为结尾。就像一段音乐突然中断，接下来全是刺耳的、喧闹的不谐音。而且，在现实生活中，当爱情达到高潮之后，如果再持续下去的话，最后往往会陷入争夺财产和支付诉讼费用的坟墓中。

我原本希望通过这次巡回演出来获得足够的资金，以维持我的学校在战争期间的花费。但是当我收到一封从瑞士发来的电报，说我汇去的钱由于战争时期的限制已经被扣下了，我当时的惊讶之情可想而知。本来我把孩子们安置在了一个寄宿学校，但如果不付钱的话，那位女校长就无法继续收留她们，孩子们也面临着要被扫地出门的危险。我一向是个感情冲动的人，这次也不例外，我坚持要让奥古斯丁带着足够的资金，马上前往日内瓦去救助我的学生们——但我却没有意识到，这样一来我就没有足够的钱支付饭店的租金了。这时，我那位怒气冲冲的经纪人已经带着一个喜剧团到智利去演出了，我和我的钢琴师蒂麦斯尼勒只能留在布宜诺斯艾利斯，陷入困顿之中。

这里的观众冷漠、迟钝，不具备欣赏能力。事实上，在布宜诺斯艾利斯，我唯一一次成功的演出就是那次在酒吧里跳阿根廷国歌。作为抵押，我们被迫将箱子留在饭店里，然后前往蒙得维的亚[①]作旅行演出。幸运的是，我跳舞所穿的丘尼卡舞衣在饭店老板的眼里一文不

① 蒙得维的亚（Montevideo），是乌拉圭首都兼蒙得维的亚省首府，位于拉普拉塔河下游，濒临南大西洋，面积为530平方公里。它是乌拉圭全国政治、经济、交通和文化的中心，乌拉圭的最大海港，也是乌拉圭的海上门户。

值，可以随身带去。

在蒙得维的亚，观众们的反应与阿根廷观众截然不同——几乎到了疯狂的程度，这样我们便能够继续前往里约热内卢进行演出。当我们到达那里时，已经变得身无分文，也没有行李，幸好市立歌剧院的经理很爽快地答应立即为我的演出售票。我发现这里的观众非常聪明，反应也很快，能够及时地与台上的演员产生共鸣，这也让任何在观众面前进行表演的艺术家能够发挥出自己的最高水准。

在这里，我遇到了一位诗人——让·德·里约[①]，他很受里约热内卢青年人的喜爱，因为里约热内卢的每个青年都是诗人。我们一起散步时，后面经常跟着一群年轻人，他们一路高喊："让·德·里约万岁！伊萨多拉万岁！"

蒂麦斯尼勒在里约热内卢很受欢迎，他不愿意马上离开，我只好与他分手，然后独自返回纽约。一路上，我非常的忧心和孤独，因为我一直牵挂着我的学校。一些拳击手也和我同船，他们在船上做一些杂务。因为他们的表演同样不成功，也没能赚到钱。

在这些乘客中，有一个总是喝酒的美国人，每天晚饭时，他都会对乘务员说："把这瓶 1911 年产的波马利酒拿到伊萨多拉·邓肯的餐桌上去。"大家对此觉得非常惊讶。

到达纽约时，没有人来接我，由于战争的原因，我的电报没有被

---

①让·德·里约（Jean de Rio，1893—1945），即马里奥·安德拉德，巴西诗人、小说家、音乐学者、艺术史学家、评论家、摄影家。他是巴西现代主义的创始人之一，其 1922 年出版的诗集《幻觉之城》是巴西现代诗歌的开端。他对 20 世纪巴西诗歌产生了巨大影响，并且是民族音乐学的先驱者之一。

送到。我偶然想起了一个老朋友阿诺德·金赛[①]，便决定给他打个电话。他不仅是一位天才，而且还是个魔术师一样的人物。他放弃了绘画，转行摄影，但是他的摄影作品非常怪诞，就像变魔术一样。他的确是拿着相机对着人们拍照，但照片洗出来后上面显示的却不是被拍的人，而是他用催眠术将被拍照者弄出来的想象中的样子。他给我拍了很多照片，但一点都不像我的外在形体，更像是我的精神状况的反映，其中有一张，简直就是我灵魂的真实再现。

他一直都是我最好的朋友之一，因此当我孤独地伫立在码头时，便给他打了个电话。让我非常吃惊的是，电话里传来了一个非常熟悉的声音，不是阿诺德，而是罗恩格林。这是一次意外的相遇，那天早上他去看望阿诺德，恰好接了电话。当听说我无依无靠、孤独地待在码头上时，罗恩格林立即答应来接我。

几分钟之后，他就到了。当再次看到他那高大威严的形象时，一种难以解释的信任感和安全感从我的心底油然而生。能够再次见到他，我觉得很高兴；自然，他也很高兴能够见到我。

顺便说一句，在这部自传里，你可能已经注意到，我总是忠于我的爱人的。而且，说实话，如果他们忠实于我，我也许根本就不会离开他们之中的任何一个。因为只要我爱过他们，我就会永远爱他们，无论过去、现在还是将来；如果说我已经先后和很多个曾经爱过的人分手的话，那也只能怪这些男人见异思迁，只能怪命运残酷无情。

总之，经过这几次多灾多难的旅行之后，我非常高兴能够再次见到罗恩格林，而且他还是来救助我的。他带着惯常的那种威严气派，很快就从海关上提出了我的行李，然后我们一起去了阿诺德·金赛的

① 阿诺德·金赛（Arnold Genthe，1869—1942），德裔美籍摄影师。曾经拍过多位时代人物。

工作室，接着又跟他一起去了沿河大道上吃午饭，在那里，可以看到格兰特将军的陵墓。

对于这次团聚，我们都觉得非常高兴，也喝了很多香槟酒。我觉得回到纽约是一种幸福的征兆。罗恩格林仍然那么慷慨豪爽。午饭以后，他急忙到大都会歌剧院预订场地，并用了整个下午和晚上的时间发请柬，邀请所有的艺术家前来观看规模宏大的招待演出。这次演出是我一生中最美好的经历之一。几乎所有身在纽约的美术家、演员和音乐家都来了。因为没有票房收入的压力，我跳得特别尽兴。当然，在演出的最后，我表演了《马赛曲》——战争期间，我一直都是这样做的，观众们掌声雷动，为法国和协约国欢呼。

我告诉罗恩格林，我已经派奥古斯丁去了日内瓦，还告诉他我非常担心学校的孩子们。他二话没说，立刻汇去了一笔款项，要把学生们接到纽约来。但可惜的是，这笔钱到得太晚了，对学校而言已经没有什么意义了。大部分的学生都被他们的父母领回家去了。为了学校，我耗尽了多年的心血，如今心血一朝付之东流，我自然痛心不已。好在奥古斯丁回来的时候，六个稍大一些的孩子也跟着回来了，对我来说，这多少还算是一种安慰。

罗恩格林还像以前那样慷慨豪爽，无论是对孩子们还是对我，都给予了大力支持。他在麦迪逊广场花园的顶层租了一间大工作室，我们每天下午在那儿训练。早晨，他经常开着车带我们到哈得孙河畔兜风。他还为我们每个人送上了礼物。事实上，由于金钱的魔力，这时的生活简直可以说是幸福美满。

但是，随着纽约严冬的到来，我的身体状况开始恶化。于是，罗恩格林建议我去古巴休养一段时间，并派他的秘书与我做伴。

古巴给我留下了非常好的印象。罗恩格林的秘书是个年轻的苏格兰人，是一位诗人。我的健康状况不允许我再进行任何演出，于是我们就在哈瓦那尽情地游玩。我们开车沿着海边跑了三个星期，欣赏着如画的风景。我至今还记得，在古巴，我们曾经遇到一件让人哭笑不得的事情。

距离哈瓦那大约两英里远的地方，有一座高墙环绕的古老的麻风病院，但是围墙并不算太高，有时人们还能够看到，在墙的里面有一些可怕的面孔正在向外窥探。当局认为这个地方紧挨着豪华的冬季旅游胜地，实在不太合适，便决定把它迁走。但是麻风病人们却拒绝搬迁，他们死命地抱着大门，或者趴在墙上，有些还爬到了屋顶，甚至有谣传说一些麻风病人已经逃到哈瓦那藏了起来。后来我总是觉得这座麻风病院的搬迁就像比利时戏剧家梅特林克的戏剧一样，太过神秘和怪诞了。

我还去看过一座房子，里面住着当地最古老的家族的一位后人。她特别喜欢猴子和猩猩。在这座老房子的花园里，放满了铁笼子，笼子里养着这位女士的那些宠物。她的房子是所有游客都非常喜欢的一个地方，她也非常的热情好客。在接待客人时，她常常是肩上驮着一只猴子，手里牵着一只猩猩。这都是她最为温驯的动物，但有些却不是很听话，要是有人从它们的铁笼子前面经过，它们就会摇晃着铁棂子大声尖叫或者做鬼脸。我向她询问这些动物是否安全，她满不在乎地回答说，有时候它们可能会跑出笼子咬死某个园林工人，其他时候还是挺安全的。听了这话反而让我更加害怕，直到离开那里之后我才放下心来。

这个故事的奇怪之处不止于此。这位女士非常漂亮，眼睛又大又传神，而且她知识丰富，喜欢请世界上文学艺术界的名人到家里来做客。但是如何解释她对猴子和猩猩的古怪癖好呢？她对我说，她已经立好遗嘱，要在死后将自己喂养的所有猴子和猩猩都捐赠给巴斯德研究院，用于研究癌症和结核病的实验工作。这真是一种独特的表达爱意的方式。

我还记得在哈瓦那发生的另外一件有趣的事情。在一个节日的夜晚，所有的酒吧和咖啡馆都挤满了人。沿着海岸和草原转了一大圈儿之后，大概已经是凌晨的三点钟了，我们来到了一家典型的哈瓦那咖啡馆。在这里，可以看到各种各样的人，有吸食吗啡、可卡因、鸦片的，还有酗酒者，还有其他一些被生活遗弃了的人。咖啡馆的房顶低矮，灯光昏暗，烟雾缭绕。我们在一张小桌子旁边坐了下来。这时，我的目光被一个人吸引住了。这个人面色苍白，精神恍惚，脸上的表情就像个死人一样。他那细长的手指在钢琴键盘上跳跃着，居然弹出了肖邦的《前奏曲》，这真是让我大吃一惊。他的演奏表现出了令人惊奇的理解力和天赋。我听了一会儿，便走到他的跟前跟他交谈，可他的话却前言不搭后语。我的举动引起了咖啡馆其他人的注意。当我确认这里真的没有人认识我时，我竟然产生了要为这些陌生观众表演舞蹈的奇怪想法。于是，我将披肩围在身上，让这位钢琴师为我伴奏，和着《前奏曲》中的几段音乐，我跳起了舞蹈。咖啡馆里喝酒的人全都安静了下来。我继续跳着，不仅引起了他们的注意，甚至令某些人哭了起来。这位钢琴师也从吗啡的迷醉中清醒过来，好像突然产生了灵感，开始满怀激情地演奏起来。

我一直跳到了第二天天亮，当我们离开的时候，他们全都上前与我拥抱。这次演出比在任何剧院都要让我感到自豪，因为没有任何经纪人的帮助或节目预告，便在观众中产生了如此强烈的反响，我觉得这才真正证明了我的天才。

不久之后，我和我的诗人朋友乘船去了佛罗里达，我们在棕榈滩上了岸。在那里，我给罗恩格林发了封电报，他便到布莱克斯饭店来与我们相会了。

当一个人遭受了巨大的悲痛之后，最可怕的其实并不是在一开始的时候——那时悲痛突然袭来，会使人猛地陷入一种迷茫的状态，对于悲痛，反倒是浑然不觉了。最可怕的其实是当悲痛过去很久，人们突然说“啊，她终于挺过来了”或者“她现在好了，终于渡过难关”的时候。就像在一场欢乐的宴会上突然被悲痛击中，那种感觉就像一只冰冷的手一把抓住了你的心，或是像一只烧红的铁爪一样猛然插进你的喉咙——冰与火、地狱和绝望战胜了一切。此时，你只能高举酒杯，强装欢笑，努力让痛苦在麻木中被遗忘——不管是否能够做到。

这便是我那段时间的真实处境。我所有的朋友都在说：“她已经忘了，她挺过来了。”事实上，只要看到别人的孩子突然走进屋里喊“妈妈”，我就心如刀绞，我的整个身心都会痛苦地痉挛，在我的头脑深处，我只能求助于忘川之水，希望它可以将一切的痛苦都冲刷干净。我渴望着从这种可怕的痛苦中创造出新的生活、新的艺术。唉，我是多么嫉妒那些结了婚的女人——她们听天由命，无所企求，跪在别人的棺材前，用苍白的双唇默默地为别人祈祷。这样的性情怎能不让艺术家们羡慕呢？艺术家总是喜欢反抗，总是叫喊：“我要爱情，爱情！我要创造快乐，快乐！”多么可悲啊！

罗恩格林带着美国诗人珀西·麦凯一起来到了棕榈滩。一天，我们一起坐在阳台上，罗恩格林对我说，他准备按照我的设想来创建一所舞蹈学校，并且已经买下了麦迪逊广场花园——作为新学校的校址。

尽管我对此表示非常高兴，但却并不赞同在战争期间兴建如此巨大的工程。这可把罗恩格林给气坏了，回到纽约后，他撕毁了购买花园的合同，就像当初决定购买花园时一样，罗恩格林总是那么意气用事。

一年前，珀西·麦凯曾经在纽约看过孩子们跳舞，之后，他写了一首优美的诗：

炮弹刚刚在巴黎圣母院炸响，
德国人又将战火烧到了比利时的土地上，
俄国在东方苦撑危局，
英格兰还在犹豫彷徨。

我放下报纸，闭目沉思。
蔚蓝的大海出现在眼前。
灰色的礁石和野草，
在夕阳下显得暗淡迷离。
忽然传来天真无邪的欢笑，
像蜜蜂发出了甜蜜的鸣叫。
一群孩子欢聚在海岸边，
欢声笑语在她们中间飞散；
又像是仙女飘然降临，
大海礁石便是她们的衣衫。
歌声阵阵，舞姿翩翩，
欢乐洋溢在天光水色之间。
面对渐渐西沉的红日，
她们真诚地祈愿。
歌罢舞停，她们将要归去。
就像倦飞的鸟儿将要回巢。

恬静活泼，款款而行，

她们聚在女老师面前。

屈膝行礼，道一声深情的“晚安”，

不同的语言表达出共同的心愿。

这些四面八方的人儿聚在一起，

团聚在这个神圣的艺术之家，

将基督和柏拉图的梦想，

在这里变成现实，

快乐的身影渐渐远去。

主啊，一切看似那样的祥和，

只可惜眼前战火又起，

鲜血飞溅，尸骨万千……

忽然传来一阵欢笑，

还有一阵古老的歌声，

飘浮在暮色中的海岸边：

“伽利略啊！古老的雅典！”

在熄灭的灯光里又传来深情的呼唤：

“晚安！晚安！祝您晚安！”

第三十章

1917年春天，我开始在大都会歌剧院举行演出。当时，我和其他人一样，都觉得整个世界的自由、复兴和文明的希望，完全寄托在了协约国的身上，只要它们最终赢得这场战争，那么希望就能够实现。因此，每次演出的最后，我都要跳《马赛曲》，观众们也会全体起立。同时，我也仍然在理查德·瓦格纳的音乐伴奏下跳舞，我认为一切有理智的人都会同意我这么做——由于战争便抵制德国艺术家，是很不公平的，同时也是一种愚蠢的行为。

当俄国爆发革命的消息传来的那一天，所有热爱自由的人内心都充满了希望和欢乐。那天晚上，我怀着作者创作歌曲时所拥有的真正的革命激情跳起了《马赛曲》；接着，我又即兴表演了《奴隶进行曲》[①]，其中有部分的旋律是沙俄国歌，于是我就用那段音乐表现了皮鞭抽打下被压迫的农奴形象。这种与音乐相对立的不协调的舞蹈动作，获得了观众长时间的掌声。

令人感到奇怪的是，在我整个艺术生涯中，我最喜欢的恰好就是这些绝望和反叛的舞蹈动作。我穿着红色的丘尼卡舞衣，跳着歌颂革

---

①《奴隶进行曲》(Marche Slave)，由俄国作曲家柴科夫斯基1876年创作的交响曲。

命的舞蹈，呼唤那些被压迫的人勇敢地拿起武器进行反抗。

俄国革命爆发的那天晚上，我在演出的时候，内心深处产生了一种极其强烈的兴奋感。一想到那些受尽苦难、不屈不挠的人最终获得了解放，我的心里便会产生一阵阵抑制不住的激动。难怪罗恩格林一晚又一晚地坐在包厢里看我演出时，心里总是感到惴惴不安。他也许在问自己——他倾力资助的这所崇尚和谐与美的学校会不会变成一种危险的东西，最后将他与他的百万家产全都消灭。但是我的艺术冲动实在是太强烈了，即便是让所爱的人不高兴，我也不想压制它。

罗恩格林在雪莉酒店为我举办了一场盛大的宴会，先是午宴，然后是舞会，最后是精心制作的晚宴。在宴会上，罗恩格林当着众人的面送给了我一条极其精美的钻石项链。我从来都不喜欢什么珠宝翠钻，也从来不戴任何的珠宝，但是为了让他高兴，我还是同意他把项链戴在了我脖子上。到第二天黎明时，客人们已经不知道喝了多少香槟，我也因为心情愉快而喝多了，变得有些飘飘然，竟然产生了一个非常糟糕的念头：教在场的一个英俊的小伙子跳我曾在布宜诺斯艾利斯跳过的那种快步探戈舞。我们正跳着的时候，我突然觉得我的手臂被一只铁钳般的大手抓住了，回头一看，罗恩格林像怒目金刚一样站在我的身后。

这是我唯一一次戴这串倒霉的项链——这件事发生之后不久，罗恩格林又一次勃然大怒，然后便和我分别了。他走了以后，给我留下了饭店的一大笔欠账，另外，我还要负担学校的巨额开支。当我向他苦苦求助无果之后，这串精美的钻石项链便进了当铺，此后我再也没有见过它。

不久，我发现自己已经身无分文，陷入了巨大的困境。当时，演出的季节已经结束，不可能再进行任何演出。幸好我的行囊里还有一件貂皮大衣，箱子里还有一块极为贵重的祖母绿宝石——那是罗恩格林从一个在蒙特卡洛输得精光的印度王子的手里买下的，据说是从一个著名的神像头上取下来的。我将貂皮大衣卖给了一位著名的女高音歌唱家，把祖母绿卖给了一个女中音歌唱家，然后又在纽约长岛租了一套别墅度夏，将我的学生也安置在了那里。我等待着秋天的到来——那时候我才能够演出挣钱。

在生活上，我一直都没有什么计划，有了钱，我便租别墅、租汽车，买生活用品的时候也是大手大脚的，至于将来怎么办，我从来都没有考虑过。当时实际上我已经身无分文，要是我能够聪明一点儿，就应该把卖大衣和卖宝石的钱投资到股票和债券中，但是我并没有想到这一点。我们在长岛度过了一个愉快的夏季，而且还像往常一样，招待了很多艺术界的名人。在和我们共处了几个星期的宾客中，有天才的小提琴家伊萨伊，从早到晚，他那优美的小提琴旋律让我们这座小小的别墅充满了快乐。我们没有工作室，便在海滩上跳舞。我们还特意为伊萨伊举办了一次庆祝活动，他高兴得像个孩子似的。

但是，度过这个愉快的夏天之后，当我们返回纽约时，就又变成了穷光蛋。心烦意乱地过了两个月之后，我就签订了一份到加利福尼亚进行巡回演出的合同。

在这次巡回演出过程中，我发现自己离故乡越来越近。在刚刚到达加利福尼亚时，我从报纸上得知了罗丹的死讯。一想到再也见不到这位好朋友了，我便忍不住潸然泪下。到奥克兰的时候，我看到火车站台上许多想要采访我的记者正在等着，为了不让他们看到我哭肿的眼睛，我便急忙把一块黑色的面纱罩在了脸上，结果在第二天的报道中，他们就说我故意装出一副神秘的样子。

自从离开旧金山，开始伟大的冒险历程以来，已经过去了二十二年。经过了大地震和1906年的火灾之后，一切都改变了模样，因此，对我来说，到处都是新鲜的，我几乎已经认不出来了。你们能够想象出来，当我回到自己的家乡时，心情该有多么的激动。

哥伦比亚剧院里的观众都很不一般，虽然票价昂贵，他们也愿意花钱，而且对我非常友好，也非常欣赏我的表演，评论界也是如此。但我仍然觉得不满意。因为我希望自己能够为更多的人表演。但是当我向他们表示，自己想在希腊剧场进行表演时，却遭到了拒绝。我一直不知道被拒绝的原因是什么——是我的经纪人想不出办法？还是某种我无法理解的恶意？

在旧金山，我又见到了母亲。我们已经好几年没有见面了，因为一种难以解释的思乡之情，她拒绝在欧洲居住。她看上去已经很老了，显得非常憔悴。有一次，我们到悬崖小屋①吃饭，我从镜子里看着我们两个人的面孔：我是一脸的忧伤，母亲则显得衰老憔悴。想想二十二年前那两个满怀信心地去寻找名誉和财富的富有冒险精神的女人，真是让人不堪回首！现在，名和利都已经找到了，但是结局为什么这么悲惨呢？也许在这令人非常失望的地球上，最初的生活环境就是违背人类意愿的，而现在的生活也只能沿着这个趋势发展，无法逆转。在我的一生之中，我结识了很多伟大的艺术家和杰出的人士，还有很多成就突出的名人，但是没有一个人算得上幸福，尽管有人自诩有多么多么的幸福，但实际上并非如此。只要稍具鉴别力，便不难发

① 悬崖小屋（Cliff House），是一所位于美国旧金山以西大洋海滩悬崖边上的一座房屋，后为一座餐馆。悬崖小屋自1858年到现在，经历了5次改建。1858年，一个来自缅因州的富有前摩门教长老塞缪尔·布兰南用1500美元买了一艘船，在玄武岩悬崖下面打捞沉没的木材，并用那批木材建造了第一代的悬崖小屋。后来，它被装修为餐馆。目前它属于金门国家风景区的一部分，由美国国家公园管理局管理。

现，在虚假的面具之后，他们并不幸福，反倒充满了苦恼。也许，在这个世界上，所谓的幸福根本就不存在；即使有，也是稍纵即逝。

这种稍纵即逝的幸福，我在旧金山时也深有体会。在那里，我遇到了我在音乐上的孪生灵魂——钢琴家哈罗德·鲍尔[①]。让我觉得非常惊讶和高兴的是，他觉得我这个人与其说是一位舞蹈家的话，还不如说是一位音乐家。他说我的艺术教会了他如何去理解巴赫、肖邦和贝多芬作品中那些深奥难解的部分。在接下来那几个令人感觉奇妙的星期里，我们在艺术上进行了极为融洽的合作，双方都觉得非常愉快。因为不仅如他所说，我向他揭开了音乐艺术的秘密，而且我做梦都没有想到的是，他也向我揭开了舞蹈艺术的某些寓意。

哈罗德有着超人的洞察力和非凡的智慧。他不像其他一些音乐家——他的知识范围并不限于音乐，对所有的艺术都有着精辟独到的见解，对诗歌还有深奥的哲学问题也都很有研究。两个具有同样崇高艺术追求的人遇到了一起，自然便产生了一种相见恨晚的感觉。在很长的一段时间里，我们两个全都深深地陶醉在了一种"心有灵犀一点通"的欢乐中，每一次神经的颤动，几乎都给我们带来了新的希望，这让我们心潮澎湃，欣喜如狂。每当我们的目光在这样的希望中变成在现实中相遇时，都会感受到一种强烈的喜悦，以至于我们的对话就像遭受痛苦时的叫喊：

"你是不是觉得肖邦的这段音乐应该这样表现呢？"

"是的，正是如此，甚至还不止呢，我要为你用动作将它再现出来！"

"啊，多么精美的再现啊！我现在要为你将它弹奏出来！"

---

① 哈罗德·鲍尔（Harold Bauer，1873—1951），英裔美籍著名小提琴家、钢琴家。

“啊，太高兴啦——简直高兴到极点了！”

我们就这样在对话中互相促进，共同提高，更深地投入到了我们两个人都热爱的音乐里。

我们两个曾经一起在旧金山的哥伦比亚剧院同台演出了一次，我觉得这次演出是我演艺生涯中最令人兴奋的一次。与哈罗德·鲍尔的相遇，又一次让我进入了一种光明与欢乐的绝妙气氛中，这样的感觉只有在和像他这样聪明睿智的人合作时才能够产生。我曾经希望这样的合作能够永远地持续下去，这样的话，我们或许可以共同创造一种全新的表现音乐的天地；但遗憾的是，实际中的情况变幻莫测，我们的合作最后因为某种压力而戏剧性地结束了。

在旧金山的时候，我与杰出的作家、音乐评论家雷德芬·梅森成了朋友。一天，在鲍尔的音乐会结束之后，我们三个一起用晚餐，他问我他怎样做才能让我在旧金山变得高高兴兴。我说只要他能够保证，无论付出多大代价，他都要满足我的一个要求。他同意了。于是我便拿起了一支铅笔，创作了一首歌颂鲍尔音乐会的长诗，我用莎士比亚的一首十四行诗作为开头那一段：

我的音乐，你常常奏响，

在被祝福的森林中，音符飞扬，

就像纤细的手指在轻轻弹动，

让森林发出了迷人的音响……

我真是羡慕那些欢快灵巧的鸟儿，

亲吻着音乐的掌心……

诗的结尾是：

既然鲁莽的鸟儿是那么的兴奋，

就将你的手递给它们，

让我亲吻你的双唇。

这让雷德芬感到非常尴尬，但他又必须信守自己的承诺。当这首诗以他的名字在第二天发表时，他所有的同事们都对他大加讽刺，说他突然对鲍尔产生了新的感情。这位好心的朋友无声地忍受了这些讽刺。当鲍尔离开了旧金山之后，他便成了我最好的朋友和安慰者。

尽管哥伦比亚剧院里高朋满座，观众们对我的舞蹈欣赏有加，但我仍然觉得失望，因为我家乡的人们对于我建立舞蹈学校的梦想并没有多大的热情。虽然他们之中已经有几个人模仿我建立了几所学校，并对此沾沾自喜，但他们觉得我的艺术中比较严肃的部分可能会招惹是非。因此我的模仿者们全都学会了甜蜜的奉承，他们将我作品中受人欢迎的部分单独拿出来，教给了学习者，并称之为“和谐与美”，但是对于较为严肃的内容则忽略不提——他们所忽略的，恰恰是我的舞蹈最主要的动力和真正的意义！

沃尔特·惠特曼热爱美国，他曾经预言：“我听见美国在歌唱。”我能够想象出惠特曼所听到的伟大歌声，它从太平洋澎湃的波涛中产生，越过了平原，到处飞扬；它是所有的儿童、青年以及男人女人的大合唱，是民主精神的大合唱。

当我读到惠特曼这首诗时，便在想象中看到了美国在舞蹈，这样的舞蹈足以表现出惠特曼当时所听到的美国的歌声。在这种音乐里，有一种雄壮的旋律，就像落基山脉一样富有节奏和韵律，令人感到振奋。与爵士乐轻快的节奏毫不相同，它更像是颤动的美国灵魂在拼搏向上，正在努力通过自己辛勤的劳动来换得和谐幸福的生活。在我的想象中，这种舞蹈并没有狐步舞或查尔斯顿舞的任何痕迹，反倒更像是儿童向着高处欢快地跳跃——向着未来的伟大成就、向着代表美国未来生活的新世界——欢快地跳跃。

当人们将我的舞蹈称为“希腊舞蹈”时，我经常觉得好笑，有时又有点儿哭笑不得。因为我知道，我那种舞蹈源自我的爱尔兰血统的外祖母经常对我讲的一些往事。她对我说起了她与外祖父在1894年坐着带篷的四轮马车穿过大草原时的情景，当时她十八岁，外祖父二十一岁；她还对我说，在与印第安人进行的一次非常著名的战斗中，她的孩子在马车里出生了；她还对我说，当印第安人终于被打败之后，外祖父将头伸进了车里，向刚刚降生的孩子表示了问候，当时他手里的枪还冒着青烟。

当他们到了旧金山之后，外祖父建起了外来移民的第一间木头房子，记得我在小时候还曾经去过这间房子。我的外祖母一直在思念着爱尔兰，经常唱爱尔兰歌曲，跳爱尔兰快步舞。但是，我觉得，在外祖母跳的这种爱尔兰快步舞里，已经融入了开拓者的英勇奋斗精神和与印第安人战斗的英雄气概，也许还吸收了一些印第安人的舞蹈动作。另外，还有我的外祖父托马斯·格雷上校，他从南北战争前线回来时，给外祖母带来了《扬基歌》的旋律。我就是从外祖母那里学习的舞蹈。在我自己创作的舞蹈中，我还加入了一些美国年轻人的理想追求，最后又融入了我从沃尔特·惠特曼诗句中感悟到的伟大的生活精神。这就是我那在世界上广泛传播的所谓的“希腊舞蹈”的根源。

当我到了欧洲之后，又受到了三位大师的影响，他们是本世纪最伟大的舞蹈先驱——贝多芬、尼采和瓦格纳。贝多芬创造了节奏雄浑的舞蹈，瓦格纳创造了雕塑式的舞蹈，尼采则创造了精神意识的舞蹈。尼采可以说是这个世界上第一位舞蹈哲学家。

我经常想，会不会有这样一位美国作曲家，他能够听到惠特曼的美国的歌声，能够创作出真正美国舞蹈音乐的节奏——这种节奏不包含爵士乐，不包含屁股的扭动，而只是来自大脑——这一灵魂的家园。这种节奏飘荡在代表广阔天空的星条旗上，飘荡在广阔天空下广袤无际的土地上——从太平洋，经过大平原，越过内华达山脉和落基山脉，直到大西洋岸边。我恳求你，年轻的美国作曲家，为了舞蹈创作音乐吧，去展现惠特曼的美国，去展现亚伯拉罕·林肯的美国吧。

有些人相信，爵士乐的节奏能够表现美国的精神，这真是荒谬透顶。爵士乐的节奏所表现的只是最原始的人类。美国的音乐应该与爵士乐不同——它还没有产生。迄今为止，还没有一位作曲家能够把握住这种美国的节奏——对于大多数人的耳朵来说，它都太过雄伟壮丽了。但是，总有一天，它会从广袤的大地上喷薄而出，从辽阔的天空中轰然而下——美国将在这种化混乱为和谐的伟大音乐中得到完美的展示。那些长腿、靓丽的青年男女将伴随着这种音乐翩翩起舞，不是像跳查尔斯顿舞一样、像猿猴一样胡乱摇摆，而应该是一种明显的奋发向上的动作，它要上升到一种高度——超过金字塔顶、超过希腊雅典娜神庙的高度，并且表现出一种现代文明无法企及的美和力量。

这样舞蹈将不再包含芭蕾舞那种可笑的舞姿，也不会包含黑人舞蹈那种淫荡的感官刺激的动作。它应该是纯洁的。我已经看到美国在舞蹈，她将一只脚高高地踏在落基山之巅，张开的双手从大西洋一直伸展到了太平洋，美丽的头颅耸入云霄，头上戴着由千万颗星星组成的闪着金光的皇冠。

但是美国却提倡所谓的形体学校、瑞典体操学校和芭蕾舞，这实在是太荒唐了。真正典型的美国人是绝对不会学习跳芭蕾舞的。美国人的腿太长，身体太柔软，精神太随意，不适合跳这种虚伪做作、需要用脚尖站立的舞蹈。而且，众所周知，所有著名的芭蕾舞演员都是身材小巧的小个子女人。那些身材高大、体格健美的女人——最能代表美国风格的人，她们绝对不应该去学习芭蕾舞，也绝对不会跳芭蕾舞。无论多么出格的胡思乱想，你都无法想象自由女神跳芭蕾舞时的模样。既然如此，那美国为什么还要接受芭蕾这种舞蹈形式呢?

亨利·福特曾经表示：要让福特城里所有的孩子都有想要跳舞的愿望。他并不赞成孩子们去跳现代舞，而是想让他们跳老式的华尔兹、玛祖卡舞和小步舞。可是老式的华尔兹舞和玛祖卡舞表现的是一种病态的伤感和浪漫的情怀，现在的年轻人早就已经超越了这个阶段；小步舞表现是路易十四时代朝臣们向身穿拖地长裙的贵妇人大献殷勤时的媚态，这些动作与美国的自由青年有什么关系呢？难道福特先生真的不知道吗？动作与语言一样，都能够传递出特定的思想感情。

我们的孩子为什么要跳那种膝盖弯曲、过分讲究、奴性十足的小步舞呢？为什么要跳那种把人转得头晕脑涨还要装出一副多愁善感之状的华尔兹呢？还不如让他们昂首阔步、大开大阖地表现出美国人的开拓进取，表现英雄们的坚韧不拔，表现政治家的公正纯洁和仁慈，表现母亲们由衷的爱心和温柔。当美国的孩子能够跳出这样的舞蹈时，他们就会成为一个美丽的人，一个无愧于最伟大的民主国家的荣誉的人。

这才是真正的美国的舞蹈。

第三十一章

关于我的生活，有时像是一段珠宝遍地的金色传奇，有时像是一片百花争艳的富饶土地，有时又像是清新光明的绚丽旭日，每时每刻都洋溢着爱情和幸福。在这个时候，我简直无法表达自己内心的快乐和甜蜜——我的办学理想就像是天才的光芒，尽管效果还不明显，但已经取得了巨大的成就；我的艺术也是一种伟大的复兴。但是，回顾过去的生活，我又经常感到厌恶和极度的空虚。以前，我经历的似乎只是一系列的灾难，而未来，肯定会更加不幸，我的学校也只是一个疯狂念头的闪现。

究竟什么是人生的真谛呢？又有谁能够发现它呢？恐怕就连上帝自己也都不明白是怎么回事。在痛苦和快乐的交替中，在黑暗与光明的转换中，在既有地狱之火燃烧，又有英雄主义和爱的光辉闪耀的身体中，人生的真谛又表现在什么地方呢？——恐怕只有上帝或者魔鬼才知道。不过我怀疑，他们谁都不明白。

在那段充满了奇思妙想的日子里，我的大脑就像一扇安装着彩色玻璃的窗户，透过它，可以看到光怪陆离、千姿百态的虚幻的美丽；而在另外的日子里，我的大脑又像是安着灰蒙蒙、乌突突玻璃的窗户，透过它往外看，便让人觉得所谓的生活其实尽是一些肮脏、沉重的垃圾。

如果我们能够像深入海底从紧闭的贝壳中取出珍珠的潜水员一样，也能够潜入自己的内心深处，从潜意识中取出我们的思想，那该有多好啊！

为了保住自己的学校，我长期孤军奋战，变得身心俱疲，贫困交加，心情也极为沮丧，因此便想回巴黎去。在巴黎，或许还能靠变卖家产换点钱。这时，玛丽从欧洲回来了，她在巴尔的摩给我打了个电话。我将我的困境告诉了她，她说："我的好朋友戈登·塞尔弗里奇明天就要到欧洲去了。如果我请他帮忙，他肯定能给你一张船票。"

那时我已经对在美国继续努力感到心灰意冷，于是便高兴地接受了玛丽的这个建议。第二天早上，我就从纽约乘船离开了。但是不幸并没有放过我，在船上的第一天晚上，我在甲板上散步，由于战时实行灯火管制，四周一片漆黑，我掉进了一个大约十五英尺深的洞里，摔得很重。戈登·塞尔弗里奇非常豪爽地将他的舱房让给我用，而且一路上非常友善可爱地照顾我。我向他讲述了二十多年前的一件往事，当时我还是一个饿着肚子的小姑娘，为了工作，我向他赊购了一件跳舞用的衣服。

这是我第一次与一位脚踏实地的实干家相处。令我深感惊讶的是，他的人生观与我以前结识的那些艺术家和梦想家截然不同——与那些人相比，他几乎可以说是另外一个世界的人，因为我过去那些情人身上都带着一种明显的女人味。以前那些与我关系亲密的男人，也有一些人或多或少有神经衰弱的毛病，他们要么是抑郁寡欢，要么是醉酒狂欢。但塞尔弗里奇却与众不同，他在任何时候都很快乐。同时，他滴酒不沾，这也让我感到非常吃惊，因为我从来没有意识到，有人会认为生活本身就是一种快乐。过去，我一直认为，只有通过艺

术和爱情才能让人偶尔品尝到稍纵即逝的快乐，但这个男人却是从现实生活寻找快乐。

到达伦敦的时候，我已经没有钱继续前往巴黎了，所以我就在杜克大街租了一间公寓，暂时先住下来，然后我给在巴黎的朋友发电报求助。大概是由于战争，我发出的电报都没有回音。在那里待了几个星期之后，我已经穷困潦倒，无依无靠，心情也变得极为郁闷。我只身一人，贫病交加，学校被毁，战争又没完没了——在夜里，我经常坐在漆黑的窗前看空袭，真希望有一颗炸弹能够落在我的身上，彻底结束我的痛苦。自杀是多么的吸引人啊！我一生中经常会想到自杀，但每次都会有一种东西把我拉回去。真的，如果自杀药丸能够像预防药一样公开出售的话，我想世界上所有的知识分子都会在克服自己的痛苦之后，在一夜之间离开人世。

在绝望中，我给罗恩格林发了一封电报，可是没有得到回音。一个经纪人为我的学生安排了几场演出，他们想到美国去寻找一条生路。后来，他们以“伊萨多拉·邓肯舞蹈学员”的名义进行了巡回演出，但巡回演出的收益却与我毫无关系，我仍然无法摆脱自身的困境。后来，我总算遇到了法国驻英国大使馆一位可爱的工作人员，他热心地帮助了我，把我带到了巴黎。我在巴黎奥赛饭店租了一间房，靠借贷来维持生计。

每天早上五点钟，我们都会被大炮的轰鸣声惊醒，开始不祥的一天。前线不断有可怕的消息传来。死亡、流血、屠杀，时时刻刻都充斥着不幸。到了夜里，时常会传来刺耳的空袭警报声，令人胆战心惊。

在这段日子里，我唯一一段闪光的回忆是有天晚上在一个朋友家里遇到了著名的“王牌飞行员”加洛斯[1]，那天由他弹奏肖邦的曲子，我跳舞，后来他又步行送我回去，从帕希一直送到了奥赛路。当时正巧有空袭，但是我们并没有躲避。就在空袭中，我在协和广场上为他跳舞，他坐在喷泉池边为我鼓掌，他那忧伤的黑眼睛在炸弹的火光中闪闪发光。那天晚上，他告诉我他渴望能够战死沙场。不久之后，英勇战士的守护神将他带走了——从他并不喜欢的世俗生活中。

生活以一种可怕的沉闷和单调延续着，如果能够做一名护士，我倒是非常高兴，但是申请当护士的人排成了长队，再加进我这份微薄之力也没有多大的意义。因此我仍然想回到我的艺术中，尽管我都不知道自己的双脚还能不能承受得起如此沉重的心情。

我非常喜欢瓦格纳的歌曲《天使》，它说的是有一个精灵正在忧伤凄凉地坐着时，一位光明的天使来到了他的身旁。在那段凄风苦雨的黑暗的日子里，我的身边也终于来了一位这样的天使——我的一个朋友带着钢琴家沃尔特·拉梅尔来了。

当他进来的时候，我还以为是青年李斯特从画框上走了下来。他身材修长，高高的前额上有一绺闪亮的头发，双眸就像闪闪发亮的清泉。他为我弹奏钢琴，我称他为“我的天使长”。我们在剧院的休息室里工作，这是慷慨的莱热纳[2]借给我使用的。在隆隆的炮声和四处传播的战争消息中，他为我弹奏了李斯特的《荒野的祈祷》，即圣方济对

① 加洛斯（Roland Garros，1888—1918），法国民族英雄，一战时期的战斗机飞行员。1920年，法国巴黎的一个网球场以他的名字命名为罗兰·加洛斯球场，这个球场用来举办网球大满贯赛事之一的法国网球公开赛。不久，这项赛事就被法国人称为“罗兰·加洛斯赛”。法国殖民地留尼汪岛上的国际机场也以“罗兰·加洛斯”命名。

② 莱热纳（Gabrielle Réjane，1856—1920），法国著名舞台剧和早期默剧女演员。

小鸟说的话。受他的演奏的启发，我创作了一些新的舞蹈，表现出了自己对于甜美和光明的企盼。我的精神重新恢复了活力——他的手指触动琴键，弹奏出的圣洁而美丽非凡的曲调，将我拉回到了现实生活中。这是我一生中最神圣、最微妙的爱情的开端。

没有谁能够像我的天使长[①]那样，把李斯特的作品弹奏得那么美妙。因为他有着丰富的想象力，能够透过乐谱抓住狂想引发的狂热，每天对天使诉说自己的幻觉。

表面上，他温文尔雅、恬静随和，但内心却有着火一般的激情。他在演奏时总能表现出一种难以言传的狂放不羁的豪气。敏感的神经正在消耗着他的灵魂，但他的灵魂却不愿屈服。他从来不会因为年轻人本能的冲动而屈从于激情，相反，他对这种激情非常的反感，这一点就像控制他的那种不可抗拒的激情一样，非常明显。他就像一个在燃烧的火盆上跳舞的天使。爱上这样一个男人是非常危险和困难的——对爱情的厌恶使他很容易变得对示爱者感到憎恨。

通过接触一个人的躯体，可以发现他的灵魂——先让他的躯体得到享受、快感、幻觉，再去发现他的灵魂——真是太奇妙，也太可怕了。啊！特别是通过躯体和外表来得到人们称之为快乐的幻觉，也就是所谓的爱情，确实是非常奇妙的。

读者肯定能够感受得到，我的回忆贯穿了自己多年的生活历程。每一次，当有新的爱人来到我身边时——不论他是以恶魔的面目出现，还是像个天使或者凡人——我都相信这是我长久等待的唯一的爱人，而

---

① 天使长（Archangel）（基督新教译名），总领天使、总领天神（天主教译名），是于《圣经》之中只被提及数次的圣天使米迦勒，其中包括基督教、伊斯兰教、犹太教和琐罗亚斯德教，在《圣经》原文里，译作“天使长”的词语，总是以单数而不是复数的形态出现。这表示天使长只有一位。天使长一词来自希腊文。

且我相信这次爱情将会是我生命中的最后一次复活。我想，也许爱情总是能够带给人这样的信念吧。我生活中的每一次爱情都能够写成一部小说，但它们却总是不幸的。我一直期待着自己能拥有一段有着圆满结局的爱情，而且是最后一次——就像一部大团圆结局的电影一样。

爱情的奇妙之处，在于它能够演奏出千姿百态的主旋律和曲调，而一个男人的爱与另一个男人的爱相比较，就像听贝多芬的音乐和听普契尼[①]的音乐一样，各不相同，而感悟这些美妙旋律的乐器便是女人。我想，只体验过与一个男人相爱的女人，就像一辈子只听过一个作曲家作品的人一样。

当夏季逐渐到来的时候，我们在南方找到了一个幽静的隐居之地。在圣让卡弗尔拉港口附近，我们找到了一家几乎空置的饭店，然后将空荡荡的汽车库改造成了工作室。每天，他从早到晚地演奏美丽非凡的音乐，而我则一直跳舞。

这段时间，我感到无比的幸福。我的天使长陪伴在我的身旁，周围是大海，生活在音乐的海洋中，就像天主教徒企盼自己死后所升入的天堂一般。人生就像一个钟摆——有时陷入痛苦的深渊，有时又处于快乐的高峰——每一次所陷入的痛苦越深，快乐的程度也便越高。

我们经常走出隐居的地方，去救济那些不幸的人，有时会为伤病员举行演出，但大多数时候只是我们两个人在一起。通过音乐和爱情，通过爱情和音乐，我的灵魂在快乐的高峰找到了栖息之所。

在附近的一座别墅里，住着一位令人尊敬的神父，还有他的姐妹

---

① 普契尼（Puccini，1858—1924），意大利作曲家。著名的作品有《波希米亚人》《托斯卡》与《蝴蝶夫人》等歌剧，这些也是当今世界上经常演出的歌剧。这些歌剧当中的一些歌曲已经成为现代文化的一部分，其中包括了《贾尼·斯基基》的《亲爱的爸爸》与《图兰朵》中的《今夜无人入睡》在内。

吉拉迪女士。神父曾经在南非当过白衣修士。他们是我们唯一的朋友，我经常在李斯特灵光四射的神圣的音乐伴奏下为他们表演舞蹈。当夏季逐渐过去之后，我们在尼斯找到了一个工作室，直到宣布停战时，我们返回了巴黎。

战争结束了。我们观看了阅兵式，胜利的队伍从凯旋门经过，我们高喊着："世界得救了。"此时此刻，我们都变成了诗人，但不幸的是，诗人醒来以后仍然要为他的爱人寻找面包和奶酪；世界醒来之后，也感到了生活用品的紧缺。

我的天使长拉着我的手，一起来到贝尔维，但是房子已经变成了一片瓦砾。我们想，为什么不能重建呢？我们花了几个月的精力，四处筹措资金，想要完成这项不可能完成的工程，结果自然是不了了之。

最后，当我们确信这项工程是不可能完成的之后，我们便接受了法国政府给出的合理价格，把房子卖给了政府。法国政府觉得这座大房子可以用来建成一座毒气制造工厂，以供下一次大战时使用。我先是看到我这座酒神的圣殿变成了一座伤员医院，现在又注定要放弃它，让它变成一个生产战争武器的工厂。失去贝尔维实在是太可惜了——贝尔维——这真是一个美丽的宝贝地方。

交易完成后，钱被存入银行，我在邦普大街买了一处房子，这里从前是贝多芬展览馆，我的工作室就设在了里面。

我的天使长有着非常可贵的同情心，他似乎能够感受到我的痛苦——令我心情沉重、夜不能寐、以泪洗面的所有痛苦。每当这种时候，他都会用充满爱怜、闪闪发亮的双眼凝视着我，让我的精神得到安慰。

在这间工作室里，两种艺术不可思议地融合在了一起。在他的影响下，我的舞蹈变得更加超凡脱俗。他是第一个启发我对李斯特作品精神含义进行全面领悟的人，我们根据李斯特的音乐创编了一整套节目。在贝多芬展览馆幽静的音乐室里，我研究了一些伟大壁画中的动作和光线，并且想用《帕西法尔》这部作品将它们表现出来。

在那里，我们度过了一段神圣的时光，两个心心相印的人，在一种神秘力量的支配下，同呼吸、共命运——我跳舞，他演奏，当我抬起双手的时候，我的灵魂就会从体内向上升腾，就像在圣杯的银光中得到升华一样。这时，我们经常觉得我们好像已经创造出了一种独立于我们身体之外的精神实体，声音和舞姿全都归于无限的空间，一个悠远的回声从天际反射回来。

当我们的精神在爱情和一种神圣的力量之间产生和谐的共鸣时，我相信，凭借这种音乐瞬间的精神力量，我们已经跨入了另一个世界的门槛。我们的观众能够感受到合力的威力，剧院里能够产生一种我从未见过的崇高的神秘气氛。如果我的天使长和我继续进行这些研究的话，可以肯定的是，我们能够自然而然地创造出适应这种精神力量的舞蹈动作，给人类带来一种全新的启示。但可悲的是，这种神圣的对于崇高之美的追求，往往会被世俗的欲望打断。因为正像神话中所说的那样，人的欲望总是无法满足的，迟早要潘多拉的盒子会把魔鬼放出来，制造巨大的灾难。此时的我已经不再满足于眼前得到的幸福，重建学校的想法死灰复燃。为此，我给在美国的学生发去了电报。

学生们来了之后，我又召集了几个好朋友，对他们说道："我们一起去雅典卫城看看吧，如果可能的话，我们就把学校建在雅典。"

一个人的动机是多么容易被曲解啊！1927年的《纽约人》杂志在谈到这次旅行的时候，写道："真是挥霍无度啊，她举办了一个家庭舞会，从威尼斯开始，一直开到了雅典。"

我的上帝啊！我的学生们都到了，她们都那么年轻、漂亮，而且小有名气。我的天使长对着她们看了又看，然后一把抓住了其中一个——他爱上了那个女孩。

怎样描绘我这次走向爱情坟墓的旅程呢？第一次发现他们产生感情，是在里多山上的伊克塞西奥饭店，我们在那儿停留了几个星期；在去希腊的船上，我更加确信无疑。最后，我已没有兴致去欣赏什么雅典卫城的月色了——其实，这一切只不过是走向爱情坟墓的一个中转站而已。

到了雅典之后，学校的一切似乎都非常顺利。在好心的韦尼泽洛斯的安排下，扎皮翁宫[①]交给我们使用，我们在这里开辟了一个专门的工作室。每天早上，我都要和学生们一起在这里练功，竭尽全力地激发她们的热情，鼓励她们用精美的舞蹈来体现卫城的价值。我打算训练一千名儿童，在为了庆祝酒神节而举行盛大的庆祝活动时，让他们在大竞技场上集体表演舞蹈。

我们每天都要去卫城，记得我第一次到这里的时间是 1904 年，现在，看到年轻健美的学生们表演的舞蹈，我觉得 16 年前自己在这里的一部分梦想已经实现，真是让人感慨万千啊。现在，一切迹象表明，战争已经结束，我应该可以在雅典建立起我朝思暮想的学校了。

学生们从美国回来以后，身上有了一些虚伪做作的坏习惯，这让我很不喜欢。现在，在雅典阳光灿烂的天空下，在壮丽的群山、大海和伟大的艺术的激励下，她们全都改掉了这些坏习惯。

和我们一起来的，有一位名叫爱德华·史泰钦[②]的画家，他在雅典

---

① 扎皮翁宫（Zappeion），是希腊首都雅典的一座建筑，位于市中心的雅典国家花园内，用于官方和私人的会议和仪式。

② 爱德华·史泰钦（Edward Steichen，1879—1973），美国摄影师、画家和美术画廊主人。

卫城和酒神剧场画了很多美丽的画，基本上表现出了我渴望在希腊创造出来的辉煌灿烂的景象。

科帕诺斯山上的房子这时已经变成了一堆废墟，里面住着牧羊人和成群的山羊，但这并没有让我感到畏惧，我决定马上清扫地面，重建房屋。工作立刻展开，积聚多年的垃圾被清扫一空，我们请来一位年轻的建筑师，他负责安装门窗和屋顶。在高大的起居室里，我们铺上了一块用来跳舞的地毯，并且运来一架大钢琴放在里面。每天下午，当西沉的落日洒下紫红色的晚霞，映照着雅典卫城和一望无际的海面时，我的天使长就会为我们弹奏起巴赫、贝多芬、瓦格纳和李斯特那辉煌壮丽的音乐。在舒适凉爽的晚上，我们会从街上的雅典小男孩那里买一些可爱的白色茉莉花，把这些花编成花环，戴在头上。之后，我们就漫步下山，到海边的费拉龙去吃晚餐。

身处这群头戴花环的姑娘们中间，我的天使长就像帕西法尔在康德莱花园里一样，但是我开始注意到他的眼里闪现出了一种新的表情——一种更为世俗的表情。我原本以为，我们的爱情无论从理智上还是精神上都已经结合得非常牢固了，但直到现在我才突然发现，他那闪亮的天使之翼已经变成了热情的手臂，能够抓住和拥抱林中的仙女了。虽然曾经有过多次失恋的经历，但这次的失败对我而言仍是一个非常可怕的打击。从此，我总是感到心神不宁、痛苦不堪，开始不由自主地偷偷观察起了他们日益火热的爱情。让我感到害怕的是，在我的内心深处，竟然产生了一个邪恶的念头：我真想杀了他们。

一天傍晚，当我的天使长——他已经越来越像个凡夫俗子了，在刚刚弹完《神祇的黄色》进行曲之后——最后的旋律仍然在空中飘荡，好像融化在了紫色的霞光中，又从伊梅图斯山反弹回来映照着大海，这时，我突然发现他们的目光相遇，眼睛里闪烁着炽热的火焰，就像鲜红的落日一样。

看到这里，我简直怒不可遏，气得浑身颤抖，连我自己都对自己内心的狂怒感到恐惧。我转身走开了，整个晚上都在伊梅图斯附近的山上徘徊，咀嚼着绝望带给自己的痛苦。以前，我早就知道嫉妒恶魔的毒牙能给人带来难以忍受的痛苦，但是我从来没有像现在这样，感受到如此强烈的痛苦。我深深地爱着他们，同时也深深地恨着他们。这种感受，让我对那些因为无法忍受妒忌带来的痛苦而杀掉自己所爱之人的不幸者，产生了由衷的同情和理解。

为了避免这样的灾难发生，我带着一部分学生，还有我的朋友爱德华·史泰钦，我们一起沿着通往古底比斯的风景秀丽的山路，来到了查尔西斯。在那里，我看到了金色的沙滩，就在这个地方，尤比亚的姑娘们曾经为了伊菲革涅亚痛苦的婚礼而跳舞。

可就在这一时期，古希腊所有的辉煌也无法驱散盘踞在我心头的那可怕的恶魔，它不断地用留在雅典的两个人眉目传情的画面冲击着我的大脑，撕咬着我的肌体，像强酸一样腐蚀着我的灵魂。当我们返回时，看见他们两个依偎在卧室窗前的阳台上，一副浓情蜜意、难舍难离的样子，这让我更加痛苦。

无法理解，当时我为什么会如此执迷不悟，深陷情网之中，就像感染了猩红热和天花一样无法逃避。尽管如此，我仍然每天教导学生并且继续计划着自己在雅典开办学校的事情，一切似乎都非常顺利。韦尼泽洛斯的内阁对我的计划非常支持，雅典的群众也很关心这件事。

一天，我们被邀请去参加在大竞技场举行的祝贺韦尼泽洛斯和年轻国王的大型集会，五万名群众以及所有希腊宗教界人士都参加了这次活动。当年轻的国王和韦尼泽洛斯进入会场时，受到了非常热烈的欢迎。一队宗教长老缓缓步入场内，他们的身上穿着绣着花朵、在阳光下闪闪发光的锦缎长袍，令人觉得非常奇异。

当时我穿了一件古希腊式的无袖长衫，后面跟着一队就像塔纳格拉塑像似的学生。和善的康斯坦丁·梅勒斯走上前来，给我戴上了一顶桂冠，说道："伊萨多拉，你又一次为我们带来菲狄亚斯[①]的永恒之美，使古希腊的伟大时代重现在我们眼前。"我回答说，"啊，请帮助我去培养一千位优秀的舞蹈演员，他们会在这座大竞技场里表演舞蹈，他们会跳得十分精彩，全世界的人都会到这里来，用惊奇和惊喜的眼光注视着他们。"

当我这番话说完的时候，我注意到我的天使长正欣喜地握着心上人的手。这时我突然觉得自己变得心平气和了一些。在伟大的理想面前，我个人的感情是多么的渺小啊！于是，怀着爱意和原谅之情，我向他们露出了微笑。但是到了晚上，当我看到他们两人头挨着头坐在月光下的阳台上时，我又一次被褊狭渺小的个人感情打败了，只觉得心烦意乱，于是我就一个人到处乱走，想像萨福一样从帕台农神庙的山岩上纵身跃下。

我所遭受的感情上的折磨，真的无法用语言来形容。四周的美丽景色，更增强了我内心的痛苦。或许我已经陷入了难以摆脱的绝境。难道我真的要沉湎于这种世俗的感情纠葛，放弃我那不朽的音乐合作计划吗？我既不能将自己培养的学生赶走，又无法忍受内心的极度痛苦——每天都看到他们共浴爱河的幸福模样。事实上，当时我已陷入绝境之中。当然，我还有一种选择，那就是超脱这一切，进入崇高的

---

① 菲狄亚斯（Phidias，约公元前480—前430），古希腊的雕刻家、画家和建筑师，被公认为最伟大的古典雕刻家。其著名作品为世界七大奇迹之一的宙斯巨像和帕台农神殿的雅典娜巨像，两者虽然都早已被毁，不过有许多古代复制品传世，其中的雅典娜巨像甚至在20世纪末，在美国有人做出1:1尺寸的翻版品。

精神境界。但不幸的是，因为内心的痛苦，我就更加努力地练习，还到山上长跑，每天到海里去游泳，这让我食欲大增，我的感情需求反而也因此变得更加强烈。

就这样，我一方面努力地向学生们传授着美与宁静、哲理与和谐；另一方面，在我的内心深处，却是波涛翻滚、痛苦万分，一刻也无法宁静。如果任由这种情况发展下去，到底会出现什么样的结果，真的是难以设想。

我唯一能做的，就是装出一副非常高兴的样子，每天晚上，当我们在海边吃饭时，拿着希腊葡萄酒一通猛灌，试图将心中痛苦的火焰浇灭。或许还能有更高明的办法吧，但是我当时实在是找不到了。无论怎样，这都是我人生之中唯一的一次可怜的经验，我努力地将它们记录在这里，暂且不去管它们是不是有意义，或许至少能够对大家有一点参考价值——告诉人们“到底什么事情是不可以做的”。当然，也许每个人都有自己的高招，能够摆脱这些灾难和痛苦。

这种令人无法忍受的处境，最终因为一次偶然的命运转折而宣告结束。至于事情的起因，就实在是有些微不足道了——有一只贪玩的小猴子，它咬了希腊国王一口，就是这一口，却要了国王那年轻的性命。

国王在生死线上挣扎了几天以后，便传来了他驾崩的消息。这在希腊国内引发了一场全国性的动乱和革命，结果韦尼泽洛斯与他的内阁再次倒台；我们也随着他一起倒台——因为我们是以韦尼泽洛斯的客人的身份被邀请到希腊的，这自然也就让我们成了这种局势的政治牺牲品。所有花在重建科帕诺斯山及修建工作室的钱都打了水漂，我只好放弃在雅典建立学校的梦想，乘船经罗马返回巴黎。

1920 年，我最后一次到雅典、最后又从雅典返回巴黎的经历，成了我人生经历中一段既奇特又痛苦的回忆。回到巴黎之后，我再度陷入了痛苦中——我的天使长走了，那个学生也离我而去。尽管我觉得自己才是这些痛苦的受害者，但那个学生的看法却正好相反，她责备我不应该心存嫉妒，不能任由其顺其自然地发展。

最后，邦普大街的房子里只剩下了我一个人，看着我为天使长准备好的贝多芬音乐室，我万念俱灰。在这里，我曾经幸福地生活了一段时期，如今，睹物思情，这份凄凉我又怎能忍受呢？我真渴望自己能够从这所房子里飞出去，能够从这个世界上飞出去。因为我相信，到了那时，世界和爱情对我来说，就都已经彻底地死亡了。在一个人的一生中，会多少次得出这样的结论啊！但是，只要看一下对面的山谷，就会发现那里鲜花盛开、姹紫嫣红，正在等着我们的到来。我憎恨很多女人得出的这样的结论——她们说女人过了四十岁，就要过一种没有性爱的尊贵生活。唉，真是愚蠢至极！

肉体是人类感知世上一切事物的媒介，它是多么的神奇和不可思议啊！最初，只是一个羞怯纤弱的女子（当初我就是如此），然后就变成了一个强壮的亚马逊女战士；后来又变成头戴葡萄藤冠的酒神女祭司，浑身浸泡在美酒之中，在贪酒好色的山神的拥扑之下，变得浑身酥软，毫无反抗地瘫倒在地；柔软细腻的肉体在膨胀和增长，胸部变得那么敏感，即便是最微小的刺激，也能感受得到，并且将一阵阵快感迅速传送到每一根神经；爱情让人变成了一朵怒放的玫瑰，肉感的花瓣向外张开，随时准备将入侵者捕获。就像精灵生活在云彩中一样，我生活在我的肉体这朵云彩中——云彩中燃烧着玫瑰一样的火焰，充斥着强烈的情欲。

人如果总是歌唱爱情和春天，也会觉得非常无聊。秋天的色彩其实更加的绚丽多姿、变幻无穷，秋天给人的快乐更是比春天浓烈千万倍，同时也更加的雄壮和美丽。我多么同情那些可怜的妇女啊，她们的观念是那么的狭隘可笑，这也让她们根本无法享受到爱情的秋天慷慨地赐予她们的丰硕果实。我那可怜的母亲便是这样的人。因为这种荒谬的观念，在她还处于青春洋溢的年纪时，身体便已经开始衰老，大脑也不像原来那样聪明灵巧了。我曾经也是一个懦弱的小女孩，后来才变成了勇敢的酒神女祭司。现在，我淹没着我的情人，就像大海淹没一个冒险的游泳者似的——用汹涌澎湃的波涛围住他，旋转他，缠裹他。

1921年春天，身在伦敦的我收到了苏联政府发来的一封电报，内容如下：

“只有苏维埃政府才能理解您。欢迎到我们这里来，我们将为您建立学校。”

这电报是从什么地方发来的？从地狱里吗？不，但却是从离地狱最近的地方——从象征着欧洲的地狱的地方——莫斯科苏维埃政府那里发来的。看着四周空荡荡的房子，没有我的天使长，没有希望，没有爱情，于是我发了一封回电：

“来电敬悉，同意赴俄。我愿意教贵国的孩子跳舞，唯一的条件是一间工作室和必需的资金。”

回电是“同意”。就这样，我离开了伦敦，坐着船沿泰晤士河顺流而下，从列巴尔[①]中转，最后到达了莫斯科。

在离开伦敦之前，我找人给我算了命，那人说：“您将要进行一次长途旅行。会有很多新奇的经历，也会遇到很多麻烦，您将会结婚——”

①列巴尔（Reval），即现在的塔林，爱沙尼亚共和国首都。

一听到“结婚”这个词儿，我忍不住大笑起来，然后便打断了她的话。我不是一直反对结婚的吗？我绝对不会结婚的。“走着瞧吧。”算命的人对我说。

在去俄国的路上，我有了一种终于获得解脱的感觉，就像灵魂在我死了后飞升到另外一个更高的境界似的。我想，我已经将自己在欧洲的生活永远地抛在了身后。我确信俄国是一个“理想国”，是柏拉图、卡尔·马克思和列宁所梦想的理想国，这个理想国现在已经奇迹般地从地狱中被创造了出来。我多次尝试着想要在欧洲实现我的艺术理想和追求，但都以失败告终。现在，我要将自己所有的精力，都献给这个共产主义的理想领地。

我没有带什么衣服——在我的想象中，我将会穿上红色的法兰绒外套，周围的同志们也都是一样的朴素装束，大家相互之间充满了兄弟之爱。

当船一路向北前行时，我回头看了看自己即将离开的欧洲资产阶级的旧制度和旧习俗，心中充满了厌恶和轻蔑的感觉。从今以后，我要成为同志们之中的一员，去实现那个为全人类奋斗的宏伟计划。再见啦，让我的学校无法建成的旧世界，你所给我的，只有不平等、不公正和野蛮无情！当最终到达莫斯科的时候，我的心也在激烈地颤动着。这一次，我的心是为了这个美丽的新世界而激动！是为同志们创造的新世界而激动！释迦牟尼头脑中曾经孕育的梦想，基督圣训中曾经宣扬的梦想，所有伟大的艺术家孜孜以求的梦想，现在被拥有巨大魔力的列宁在莫斯科变成了现实。我现在正在进入这个梦想，我的工作和生活也将成为它伟大辉煌的光明前景的一部分。

旧世界，永别了！新世界，我来了！

邓肯和诗人谢尔盖·叶赛宁

邓肯和诗人谢尔盖·叶赛宁及领养的女儿

名人传记系列

《查理·卓别林自传》

《赫伯特·胡佛传》

《亨利·福特传》

《尤利西斯·辛普森·格兰特传》

《安德鲁·卡内基自传》

《托马斯·爱迪生传》

《沃尔特·惠特曼传》

《伊萨多拉·邓肯自传》

欢迎关注，与编辑互动